住房和城乡建设部"十四五"规划教材

高等职业教育房地产类专业"十四五"数字化新形态教材

FANGDICHAN SHICHANG YINGXIAO

房地产市场营销

周中元　马异观　主　编

陈洪海　主　审

中国建筑工业出版社

图书在版编目（CIP）数据

　房地产市场营销 / 周中元，马异观主编 .—北京：
中国建筑工业出版社，2022.7
　住房和城乡建设部"十四五"规划教材　高等职业教
育房地产类专业"十四五"数字化新形态教材
　ISBN 978-7-112-27604-2

　Ⅰ.①房…　Ⅱ.①周…　②马…　Ⅲ.①房地产市场—
市场营销学—高等学校—教材　Ⅳ.① F293.35

　中国版本图书馆CIP数据核字（2022）第119572号

　　本书从真实工作场景出发，按照知名房地产企业的营销流程与营销岗位的职业能力标准，全面、系统地梳理、介绍了高职房地产经营与管理专业必需的房地产市场营销基本理论知识与实务，将全部教学内容贯穿于5个工作项目之中，并穿插了大量的市场典型案例，配备了全新教学资源（如案例、视频、题库、教案、课件等），尽力反映房地产市场营销理论、理念与实践的最新发展动态与最新教学成果。本书主要内容包括：项目1认识房地产市场营销、项目2城市房地产市场评价、项目3房地产项目定位、项目4房地产项目营销策划、项目5房地产项目销售实务等。每个项目后面均附有项目小结与复习思考题，以便学生自主学习，及时理解、掌握和灵活运用房地产市场营销基本知识点与技能点。

　　本书主要作为职业院校、高等院校、继续教育的房地产经营与管理、现代物业管理等专业教材，也可供房地产市场从业人员培训、学习之用。

　　本书既可适合于传统课堂教学，也可迭代为线上线下混合式教学，并可为移动课堂、手机APP等学习终端提供个性化学习方案。

　　为更好地支持相应课程的教学，我们向采用本书作为教材的教师提供教学课件，有需要者可与出版社联系，邮箱：jckj@cabp.com.cn，电话：（010）58337285，建工书院 http: //edu.cabplink.com。

责任编辑：牟琳琳　张　晶
责任校对：张惠雯

住房和城乡建设部"十四五"规划教材
高等职业教育房地产类专业"十四五"数字化新形态教材

房地产市场营销
周中元　马异观　主　编
陈洪海　主　审
＊
中国建筑工业出版社出版、发行（北京海淀三里河路9号）
各地新华书店、建筑书店经销
北京海视强森文化传媒有限公司制版
北京圣夫亚美印刷有限公司印刷
＊
开本：787毫米×1092毫米　1/16　印张：19½　字数：387千字
2022年8月第一版　　2022年8月第一次印刷
定价：**49.00**元（赠教师课件）
ISBN 978-7-112-27604-2
　　　（39791）

出版说明

　　党和国家高度重视教材建设。2016 年，中办国办印发了《关于加强和改进新形势下大中小学教材建设的意见》，提出要健全国家教材制度。2019 年 12 月，教育部牵头制定了《普通高等学校教材管理办法》和《职业院校教材管理办法》，旨在全面加强党的领导，切实提高教材建设的科学化水平，打造精品教材。住房和城乡建设部历来重视土建类学科专业教材建设，从"九五"开始组织部级规划教材立项工作，经过近 30 年的不断建设，规划教材提升了住房和城乡建设行业教材质量和认可度，出版了一系列精品教材，有效促进了行业部门引导专业教育，推动了行业高质量发展。

　　为进一步加强高等教育、职业教育住房和城乡建设领域学科专业教材建设工作，提高住房和城乡建设行业人才培养质量，2020 年 12 月，住房和城乡建设部办公厅印发《关于申报高等教育职业教育住房和城乡建设领域学科专业"十四五"规划教材的通知》（建办人函〔2020〕656 号），开展了住房和城乡建设部"十四五"规划教材选题的申报工作。经过专家评审和部人事司审核，512 项选题列入住房和城乡建设领域学科专业"十四五"规划教材（简称规划教材）。2021 年 9 月，住房和城乡建设部印发了《高等教育职业教育住房和城乡建设领域学科专业"十四五"规划教材选题的通知》（建人函〔2021〕36 号）。为做好"十四五"规划教材的编写、审核、出版等工作，《通知》要求：（1）规划教材的编著者应依据《住房和城乡建设领域学科专业"十四五"规划教材申请书》（简称《申请书》）中的立项目标、申报依据、工作安排及进度，按时编写出高质量的教材；（2）规划教材编著者所在单位应履行《申请书》中的学校保证计划实施的主要条件，支持编著者按计划完成书稿编写工作；（3）高等学校土建类专业课程教材与教学资源专家委员会、全国住房和城乡建设职业教育教学指导委员会、住房和城乡建设部中等职业教育专业指导委员会应做好规划教材的指导、协调和审稿等工作，保证编写质量；（4）规划教材出版单位应积极配合，做好编辑、出版、发行等工作；（5）规划教材封面和书脊应标注"住房和城乡建设部'十四五'规划教材"字样和统一标识；（6）规划教材应在"十四五"期间完成出版，逾期不能完成的，不再作为《住房和城乡建设领域学科专业"十四五"规划教材》。

　　住房和城乡建设领域学科专业"十四五"规划教材的特点，一是重点以修订教育部、住房和城乡建设部"十二五""十三五"规划教材为主；二是严格按照专业标准规范要求编写，体现新发展理念；三是系列教材具有明显特点，满足不同层次和类型的学校专业教学要求；四是配备了数字资源，适应现代化教学的要求。规划教材的出版凝聚了作者、主审及编辑的心血，得到了有关院校、出版单位的大力支持，教材建设管理过程有严格保障。希望广大院校及各专业师生在选用、使用过程中，对规划教材的编写、出版质量进行反馈，以促进规划教材建设质量不断提高。

住房和城乡建设部"十四五"规划教材办公室

2021 年 11 月

前　言

　　改革开放以来，我国房地产业已逐步成长为国民经济的支柱性产业之一。房地产市场营销作为房地产项目开发经营过程中的重要环节也随着市场体制的日益完善和营销观念的不断更新，获得了空前的发展。人们早已从计划经济时代实物分房的传统观念中解放出来，开始在市场背景下的房地产营销中选择心仪的房地产产品。如今，人们不再排队分房，而是通过楼书、售楼处、平面媒体、网络媒体、微信、短视频、电商等各种渠道获得最新的楼盘资讯。进入数字经济时代，房地产企业也在不断向数字化营销转型，诸如客群大数据分析、新媒体营销、IP营销等房地产营销理念和方法也在不断地创新和发展。新冠肺炎疫情暴发以来，房地产企业开始大规模使用数字化营销手段拓展看房渠道，具体包括网上售楼处及3D看房，利用网络直播等IP营销方式推广。未来，房地产企业将利用更多的新技术、新理念，贴合客户信息习惯，提升客户体验，解决营销问题，实现降本增益。房地产市场瞬息万变，国家因城施策，鼓励各地方政府陆续出台了"二手房指导价"等调控政策。站在新时代的起点上，在"房住不炒"的新定位下，房地产市场营销面临新的研究和挑战。

　　房地产市场营销是一门理论与实践紧密结合的课程。在面向市场、面向岗位、工学结合的高职教育背景下，编者总结了在高职房地产市场营销课程教学中二十多年的成功经验和心得体会，充分考虑本教材所面对的教学对象的特点，以工作过程为导向，以职业能力标准为主线，将知名房地产企业营销部门真实的工作流程、岗位职责与课程教学内容结合起来，并适时结合房地产市场的最新发展状况和最新的市场营销理念，对本书进行了精心编纂。营销理论阐述力求准确、简练，以"必需""韧性"为原则，强调理论联系实际；注重房地产市场营销知识的实践性、应用性和可操作性。营销案例的选取以"典型、新颖"为标准，突出从案例讨论到理论认知的教学方法，让学生轻松完成从房地产营销案例的感性认知到房地产营销理论的理性认知的过程。通过本书的学习，使学生初步具备房地产市场营销理论认知与应用能力、城市房地产市场评价能力、房地产项目定位能力、房地产项目营销策划能力、房地产项目销售实务能力等，满足行业和学生就业岗位对必备的营销知识和就业创业能力的需求。

　　本书内容按照真实工作过程设计为5个项目，由深圳职业技术学院周中元、马异观担任主编，负责全书5个项目的编写、统筹、修改、定稿工作。由克而瑞深圳区域总经理陈洪海担任主审，负责全书的审稿工作；克而瑞深圳区域高级研展经理肖清华、深圳职业技术学院房地产经营与管理专业老师周志刚、朱祥波、吴翊胁等也为本书的资料查找、修改和校稿工作付出了辛苦的劳动，在此表示诚挚的谢意。

　　本书整合传统理论、创新技术、典型实战案例、龙头房地产企业岗位能力标准与营销岗位培训体系、新媒体展示、题库等多种类型的案例和习题，形成了丰富的电子资源，这是教材编写组在数字化领域的探索与实践，以资兄弟院校教材建设参考。

本书既可适合于传统课堂教学，也可迭代为线上线下混合式教学，并可为移动课堂、手机 APP 等学习终端提供个性化学习方案。

本书在编写过程中参阅了大量的文献资料，包括许多有关房地产市场营销的教材、论著、报告、讲话和案例解析，在此谨向它们的作者表示衷心的感谢，并对他们的辛勤工作表示由衷的敬意。特别感谢中国建筑工业出版社、深圳职业技术学院等单位的大力支持和帮助。

身处数字经济时代，房地产市场营销理论与实践都在飞速发展之中。由于时间匆忙，编者的水平学识较为有限，书中难免存在疏忽、错误之处，敬请读者批评指正。

编 者

2022 年 5 月

目 录

项目 1

认识房地产市场营销

项目要点

市场营销观念是随社会经济的发展而不断进步的。目前主流的市场营销理论有"4P""4C""4R""4I"理论等。随着市场营销理念被运用到房地产开发与经营中而不断发展与完善，房地产市场营销正由乱象丛生发展到更加规范透明。房地产公司营销组织基本形式主要有：职能型组织、产品型组织、地区型组织、产品/市场型组织，房地产公司不同的营销岗位有不同的职责与能力要求。

导学视频

任务 1.1 什么是市场营销

◈ **学习目标** ────────────────────────────────────

1. 熟悉市场营销的基本概念；
2. 掌握市场营销基本理论内涵与特点。

◈ **【案例导入】"双十一"不仅是"光棍节"** ──────────────

    11 月 11 日，因该日期易产生与单身人群的联想，被戏称为"光棍节"，而在 2009 年，其节日内涵悄然发生了转变。

    2009 年 11 月 11 日，某电商平台进行大规模的打折促销活动，在短短一天内创造了 5000 万元的销售额。随后，多个平台跟进，均在"双十一"举行大规模的营销活动，"双十一"的影响力与日俱增。2020 年仅该电商平台"双十一"成交额突破 4982 亿元。至今，"双十一"在中国已经成为大型购物促销狂欢日。

    该电商平台"双十一"利用营销活动，不仅改变了"光棍节"的定义，更是改变了用户的消费习惯。可以发现，如果一家企业或一种商品找到了适合的营销方法，可以大大地提升产品销量和溢价能力。同理，对于房地产企业而言，如果掌握房地产市场营销的内在规律和发展逻辑，在科学营销理论指导下，便可事半功倍，取得良好的发展。

◈ **【思考】什么是市场营销？如何策划市场营销活动以取得好的效果？**

1.1.1 市场营销的概念

    市场营销（Marketing），作为一种社会性活动，受到不同消费观念、市场、生产技术等众多因素的影响，在特定的社会经济水平和特定的供求态势下，市场营销的内涵不同。人们对市场营销的认识是随社会经济的发展而不断进步的。目前有代表性的市场营销概念主要包括以下几种：

    美国市场营销学会（AMA）认为，"市场营销是引导产品与劳务从生产者流向消费者或使用者的企业活动"。

    麦卡锡（E.J.McCarthy）认为，"市场营销是引导产品和劳务从生产者流向消费者或使用者的企业活动，以满足顾客需求并实现企业的目标"。

史坦顿（W.J.Stanton）认为，"市场营销是一个完整的企业活动，即计划、产品、定价、推广和分销来满足现实和潜在的顾客需求"。

菲利普·科特勒提出："市场营销是个人或集团通过创造、提供并与他人交换产品和价值，以获得满足其需求、欲望的社会和管理过程"。

2004 年，美国市场营销学会（AMA）更新了市场营销的定义，认为"市场营销是一种企业管理职能，是为顾客创造、沟通和传递价值及管理客户关系的一系列活动的总称，营销活动的受益者是组织和利益相关者"。

通过市场营销的上述概念，可以看出这些描述都包含的核心内容：客户需求、产品、价值、客户关系。从市场营销的实践来说，市场营销是企业在激烈的市场竞争中求生存、求发展的一门科学、一种技术和一门艺术，它具有科学性、艺术性、技术性的特点。由此可见，市场营销是以市场为起点，以客户的需求为导向，以市场营销为手段，赢得客户满意，实现企业经营目标的一种社会和管理过程，是一项科学性和艺术性相结合的创造活动。在学习过程中需要认识到市场营销的双重性，一方面，市场营销是有规律可遵循的，是可以熟练掌握和操作的；另一方面，它具有很强的艺术性，并非将营销知识背诵得滚瓜烂熟就一定可以取得良好得营销业绩。

1.1.2 市场营销理论的发展

市场营销理论同其他观念的演变一样，也会随着社会的发展而发展。目前主流的理论有"4P""4C""4R""4I"理论。

1. 以产品为导向的"4P"营销组合论

1960 年，美国密歇根州立大学的麦卡锡教授提出了著名的"4P"营销组合论：产品（Product）、价格（Price）、渠道（Place）、宣传（Promotion），是以生产为中心的营销四要素组合的总称。

第一，产品（Product）是指注重开发的功能，要求产品有独特的卖点，把产品的功能诉求放在第一位。第二，价格（Price）是指根据不同的市场定位，制定不同的价格策略，产品的定价依据是企业的品牌战略，注重品牌的含金量。第三，渠道（Place）是指企业并不直接面对消费者，而是注重经销商的培育和销售网络的建立，企业与消费者的联系是通过分销商来进行的。第四，宣传（Promotion）主要是指企业以利用各种信息传播手段刺激消费者购买欲望，促进产品销售的方式来实现其营销目标，其中包括对同促销有关的广告、人员推销、营销推广、公共关系等可控因素的组合和运用。

"4P"营销理论实际上是从管理决策的角度来研究市场营销问题。从管理决策的角度看，影响企业市场营销活动的各种因素（变数）可以分为两大类：一是企业不可控因素，即营销者本身不可控制的市场、营销环境，包括微观环境和宏观环境；二是可控因素，即营销者自己可以控制的产品、商标、品牌、价格、广告、渠道等，而"4P"理论就是对各种可控因素的归纳。"4P"理论产生于短缺经济时代，由于当时生产效率较低，人们对产品的需求量较高，市场表现为供不应求，是典型的卖方市场，产品的稀缺性突出，因此主要表现为企业只需降低成本，增加产量便可盈利，对产品的营销关注较低。比如，在20世纪90年代中国经济快速增长，商品房市场也随之快速升温，整体供不应求，因此房地产企业只需打磨产品，把控渠道和宣传，让价格保持在合理区间，便可实现盈利。

2. 以消费者需求为导向的"4C"营销组合论

随着工业技术的发展，发达国家的生产效率大大的提升，市场呈现供过于求，卖方市场向买方市场转换，企业之间的同质性的竞争加剧，市场的规则也发生着变化。罗伯特·劳特朗先生在1990年对应传统的"4P"提出了新的观点，即营销的"4C"理论：客户（Customer）、成本（Cost）、便利（Convenience）、沟通（Communication）。

第一，客户（Customer）是指研究客户的需求欲望，并提供相应产品或服务；第二，成本（Cost）是指考虑客户愿意付出的成本、代价是多少；第三，便利（Convenience）是指考虑客户获取产品渠道的便利性；第四，沟通（Communication）是指积极主动和客户沟通，寻找双赢的认同感。他强调企业首先应该把追求客户满意放在第一位，产品必须满足客户需求，同时降低客户的购买成本，产品和服务在研发时就要充分考虑客户的购买力，然后要充分注意到客户购买过程中的便利性，最后还应以客户为中心实施有效的沟通。

可以发现，与"4P"理论相比，产品本位已悄然向客户本位的方向过渡，"4C"理论更关注消费者的需求，通过降低客户购买商品的成本，提升便利性，增加与客户的沟通，打动客户，留住客户，进而增加企业竞争力。如房地产企业通过调研客户深层次的需求、生活经历、受教育程度、个人审美、家庭结构、工作性质等因素，探明客户为满足自身的需求而愿意付出的成本，再进行设计产品，才能确保项目的成功，销售人员积极与客户沟通，及时掌握客户的需求变化，为客户提供适合的产品，减少客户选择的时间成本，才能真正给客户带来便利，赢得客户的信任。

3. 以保持与客户关系为导向的"4R"营销组合论

"4C"相比"4P"虽然取得了一些发展，仍存在实用性和可操作性方面的缺陷。鉴于此，2001年唐·舒尔茨在"4C"营销理论的基础上提出的新营销理论"4R"。"4R"是指关联（Relevance）、反应（Reaction）、关系（Relationship）和回报（Reward）。

第一，关联（Relevance）是指企业与顾客是有联系的，需要建立并发展与顾客之间的长期关系是企业经营的核心理念和最重要的内容；第二，反应（Reaction）是在相互影响的市场中，对经营者来说最现实的问题是在于如何站在顾客的角度及时地倾听和从推测性商业模式变成为高度回应需求的商业模式；第三，关系（Relationship）是指企业与客户之间建立长久稳定的关系，才能实现长期的利益；第四，回报（Reward）是指任何交易与合作关系的巩固和发展，最终都是经济利益问题。因此，合理的回报既是正确处理营销活动中各种矛盾的出发点，也是营销的落脚点。

"4R"营销理论以关系营销为核心，重在建立顾客忠诚度的一种理论，既从企业的利益出发又兼顾客户的需求，积极地适应顾客的需求，而且主动地创造需求，运用优化和系统的思想去整合营销，通过关联、关系、反应等形式与客户形成独特的关系，把企业与客户联系在一起，形成竞争优势，最终获取长久的效益。如许多经纪人进行"养客"，即与潜在的客户建立并保持好的关系，可以保持客户的忠诚度，方便了解到客户的需求动态，方便在客户需求的时候能尽可能快地提供相应的产品。如果客户需求得到了较好的满足，会向其他亲朋转介绍，为营销的拓客提供了便利，从而实现"圈层营销"，最后取得丰厚的回报。"4R"是一个更为实际、有效的营销理论，是对"4C"的深化。

4. 以持续竞争为导向的"4I"营销组合论

网络时代，信息的传播方式发生了变化，营销理念也随之发生转变。在传统媒体时代，信息传播是单向流动，客户只能被动接受信息。而在网络媒体时代，信息传播是发散式、双向互动式流动。新媒体与传统媒体相比，新媒体具有交互性强、表现方式多样、用户集中、宣传视觉性强、宣传成本较低等五大特点，新媒体时代的营销也具有以上特点。2010 年，刘东明提出的网络整合营销"4I"原则：趣味（Interesting）、利益（Interests）、互动（Interaction）、个性（Individuality）。

第一，趣味（Interesting）是指传播产品信息需要有趣的文字、图片和视频展示内容，枯燥乏味的话题将不再有营销价值；第二，利益（Interests）是指让受众关注，需要一些利益的刺激；第三，互动（Interaction）是指社会化媒体营销最大的特征，企业可以通过平台与目标用户可以直接沟通，企业可以收到用户反馈，用户也可以得到解答，互动可以减少两者之间的交流障碍，拉近彼此的距离；第四，个性（Individuality）是指企业需要拥有自己的性格和态度，使用个性化的语言，才能区别于其他同行企业，给用户留下印象。

"4I"理论是在新媒体时代的背景下产生的，信息传播的速度加快、渠道增多，在此基础上，促使"互动"的便利性显著提升，与客户的交流成本降低，进一步拉近了与客户之间的距离；而"趣味"与"个性"原则突出了企业的辨识度，更容易让客户投其所好，更容易引发互动与购买行为；"利益"原则更是吸引客户的注意力，减少用户的购买商品的成本。通过以上的原则可以增加客户的黏性，企业更容易产生长期的利益。现实中，有许多企业就奉行"4I"原则。比如，2020 年 11 月 7 日下午 15：30，某地产集团华北区域联合多个房地产营销企业及平台推出总裁直播专场活动，主题活动是：总裁直播，王炸盛宴。活动推出"专享特价房源，最低折扣 6 折起，直播期间手机、温泉度假、高尔夫体验等不间断好礼送出，派发万元红包雨"。可以看出：该地产集团使用直播的方式卖房，标题新颖、个性，发送多样的礼品，吸引客户，通过弹幕可以拉近与客户的沟通，充分体现了"4I"原则。

市场营销组合模式的对比见表1-1。

市场营销组合模式（4P、4C、4R、4I）的对比　　　　表1-1

类别	组合模式			
	4P	4C	4R	4I
营销理念	产品生产为导向	消费者需求为导向	以保持与客户关系为导向	持续竞争导向
营销方式	规模营销	差异化营销	整合营销	体验营销
营销目标	满足现实的、具有相同或相近的顾客需求，并获得目标利润最大化	满足现实的潜在个性化需求，培养顾客忠诚度	适应需求变化，并创造需求，追求各方互惠关系最大化	满足顾客追求个人体验和价值最大化
顾客沟通	一对多单向沟通	一对一双向沟通	一对一双向或多向沟通或合作	一对一外部合作
投资成本和时间	短期较低，长期高	短期较低，长期较高	短期高，长期低	短期高，长期极低

纵观上述理论可以发现，不同社会背景，其信息环境、生产效率、供求结构、企业竞争环境等各不同，营销理论一直处于螺旋上升的态势。对于营销模式的多种组合模式的发展，可以发现以下几个特点：第一，企业市场营销离客户的需求越来越"近"了，从最初的企业只关注产品的价格和生产到与客户沟通互动，与客户的沟通周期在缩短，沟通的频次在增加，与客户的关系越发紧密；第二，企业从追求短期利益到追求长期利益，企业从短期投资，注重规模效应，到与客户建立长久关系，实现品牌效应，这需要漫长时间周期；第三，个性化在加强，产品或企业的个性化程度越高，意味着受众群体越集中，目标人群将进一步细分。

任务1.2　我国房地产市场营销发展现状与趋势

 学习目标

1. 掌握房地产市场营销概念；
2. 认识我国房地产市场营销发展现状与趋势。

1.2.1 房地产市场营销的概念

房地产市场营销是指房地产企业以了解、满足和创造顾客现实的或潜在的房地产需求为中心，以市场为导向，以实现企业经营目标为目标，正确组织产品的生产和供应，适应不断变化的市场需求，合理组织产品的供应和销售，实现房地产企业的经济效益和社会效益而进行经营管理的整体过程。房地产营销内容包含：房地产市场调研、市场细分、预测决策、目标市场选择、产品开发、楼盘命名、产品定价、分销渠道选择、市场营销组合、促销和物业管理等一系列活动。

1.2.2 我国房地产市场营销的发展现状

我国房地产从 20 世纪 80 年代开始发展，从开始的住房由国家政策分配转为商品房，可以进行买卖，房地产真正成为一个产业。随着房地产市场的发展，市场营销的理念也被运用到房地产开发与经营中而不断发展与完善，目前，我国房地产市场营销出现了一些特点值得关注。

1. 房地产市场营销行为有待进一步规范

目前我国房地产市场营销的有关行为需要进一步的规范。目前部分市场上的热销盘存在人为"流摇"，违规预售，捂盘惜售，捆绑装修包、车位，团购费、茶水费、诚意金、众筹打新、借票代持等行为；而部分滞销盘则采取了首付贷、找水军充人数、虚假宣传、恶意降价、渠道捆绑、0 首付或首付分期。这些不规范的营销行为，不仅降低客户对房地产企业的品牌预期，造成行业恶性竞争，也是对广大客户群体利益的损害。

2. 房地产营销策略的区域特性明显

我国不同地区经济发展水平、人口结构不同，房地产市场的发展水平也不同。因此，房地产营销表现为明显的区域性。如，一线城市人口多，需求大，房地产较为火热，表现多为热销盘，而四、五线城市人口少，需求较低，房地产发展较为冷淡，多为滞销盘。因此房地产市场所在不同城市，不同区域，市场表现明显不一，营销策略需因地制宜。

3. 房地产营销渠道价值攀升

由于客户性质变化，自用型客户与楼盘匹配困难增加，近年来，房地产销售主要依赖销售渠道，对于营销造成压力。从 2016 年到 2019 年，我国典型房地产企业平均在售项目从 29 个增加到 2019 年的 61 个，而单盘产能从 10 亿元降到 5.9 亿元。在这一情况下，现有常规手段已然逐渐失效，卖房全依赖于渠道。房地产销售渠道占比不断增加，2018 年之前销售渠道占比小于 5%，2018 年升到 10% ～ 15%，2019 年达到 50%。房地产销售过程中，销售渠道已经从辅助手段，逐渐演变成了主要方式，导致很多房地产企业被销售渠道"绑架"。

1.2.3 我国房地产市场营销的发展趋势

据国家统计局数据，2020 年我国 GDP 总量为 101.6 万亿元，同年商品房销售额突破 17 万亿元，房地产业增加值为 7.45 万亿元，房地产对国民经济的贡献率为 7.34%。近几年，我国坚持"房子是用来住的，不是用来炒的"主基调，政策在收紧，行业告别快速上升期，进入调整期。2018 年，某知名房地产企业董事会主席在南方区域月度例会上的讲话说，"集团要做的第一件事情，就是进行战略检讨，以'活下去'为最终目标。"短期来看，政策收紧，整个行业层面承压，但从长远来看，政策会倒逼产业发展，行业整体安全性提升，房地产营销也会随着行业的发展而不断演变。

1. 房地产市场营销规则将更加规范透明

目前我国房地产营销乱象较多，解决问题的唯一措施就是建立长效的行业监管机制，加强行业监管。如：2021 年，呼和浩特市针对房地产市场营销环节乱象行为，为保护购房者合法权益，市住房和城乡建设局联合市市场监督管理局出台《关于进一步规范房地产市场营销行为的通知》，从房地产广告发布和营销宣传行为等环节制定"房地产营销'十方面、33 不得'行为准则"，要求房地产开发企业和房地产中介严格遵照执行。行业规则的建立与执行需要企业、政府各部门通力合作，补齐监管短板，才能营造一种良性的竞争环境，促进行业健康发展，保护消费者合法权益。

2. 房地产市场营销的热点区域将转移

房地产市场在哪，营销区域就在哪。纵观过去十几年的房地产的发展状态，不管是中国的南方还是北方城市，无论是大城市还是小县城，房地产都经历着爆发式增长。而房地产未来该何去何从，是很多人关注的话题。某证券首席经济学家提供了一个受到了业界的普遍认可分析框架，即房地产长期看人口、中期看土地、短期看金融。人是需求，土地是供给，金融是杠杆。人的流动性决定了房地产需求端的走向。随着我国城市化进程的推进，未来多数人口将向三个热点地区聚拢：中心城市、大都市圈、城市群。房地产不会继续之前的全面发热的状态，但会在局部成为热点，营销的热点区域也会随之转移。

3. 房地产营销手段将更加现代化

近年来政策收紧，资金流成为房地产企业的关注重点，资金回笼成为突出问题，营销的压力重重。各房地产企业将更多的新技术、新理念植入营销过程中，技术的使用提升客户体验，实现降本增益。目前，多个房地产企业使用新媒体方式营销扩大项目的推广力度，从线下至线上，增加宣传广度，利用自媒体营销增加营销的精度，最大程度上接触到客户。在 2020 年新冠肺炎疫情期间，房地产项目线下的推广压力进一步催化了线上推广的力度。房地产企业开始大规模使用数字化营销增加看房的渠道，包括网上售楼处及 3D 看房，利用"网红"或总裁直播等 IP 营销方式推广，吸引了大量的关注度，秒杀特价房也被抢空，效果显著。如在 2020 年"双十一"活动中，某电商平台与房地产营销企业和开发商联手打造一次历史上最大规模的房产线上销售，共吸引了超过 300 家房地产企业参与，覆盖 236 个城市，2628 个楼盘，最终实现线上总订单数 59152 笔。未来，房地产企业将利用的更多的新技术、新理念，贴合客户信息习惯，解决营销过程中的问题，不断提高营销效率，营销的成本将进一步下降。

任务 1.3　房地产营销管理

 学习目标

1. 了解房地产营销组织基本形式；
2. 熟悉房地产公司的营销岗位的职责与能力要求。

在房地产营销过程中，一个高效的营销组织至关重要。从计划制定、执行、管控，到达成目标这一复杂的过程中，需要多个环节、多个岗位通力合作，才能达到既定的目标。因此需要了解营销组织架构和职业能力要求，才能更清楚地认识房地产营销。

1.3.1 房地产公司营销组织基本形式

在房地产营销过程中，因为企业自身情况不同，营销部门有多种形式。

1. 职能型组织

职能型组织是最常见的组织形式，如图 1-1 所示，在营销总监的领导下，集合各种

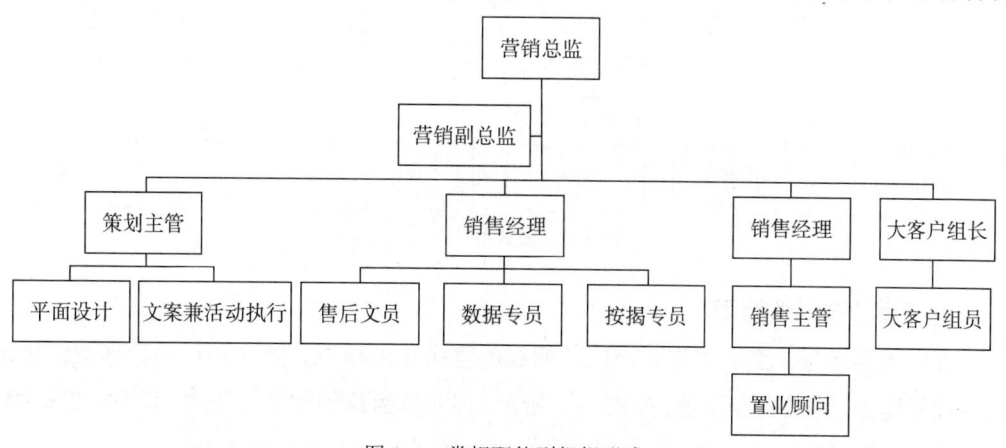

图 1-1　常规职能型组织形式

营销人员,如策划、售后、销售等,各部门职能不同,共同配合,完成营销目标。这种组织主要优势是:行政职能明确;主要劣势是:产品种类越多,不利于指导企业产品结构调整;各部门负责人长期从事专项的营销职能,不利于高级管理者的培养。

2. 产品型组织

有些企业存在多类产品,单纯的职能型组织难以控制,需要按照产品或品牌建立市场营销组织。产品型组织以产品经理来协调各职能型部门,如图1-2所示,由一名产品营销经理负责,下设多个产品线经理,实施分类管理。这种组织形式的优势是:产品营销经理能有效地协调各种营销职能,并对市场作出积极的反应,有助于培养管理性人才;劣势是:管理存在多头领导、权责不明,造成管理上的混乱;产品管理人员的增多,致使人力成本增加。

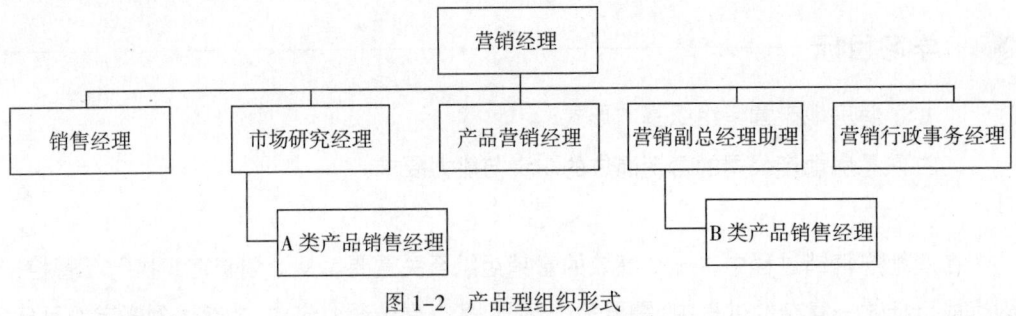

图 1-2　产品型组织形式

3. 地区型组织

业务遍及多区域的企业,可以按照地理区域组织管理销售人员。如图1-3所示,从全国到地区,管理层级可以逐级增加。这种组织形式的优势是:地区型组织结构形式适合大规模、布局地域广的房地产企业,便于地区经理制定地区的长远战略发展目标计划;劣势是:范围扩展太大,不利于总公司的管控。

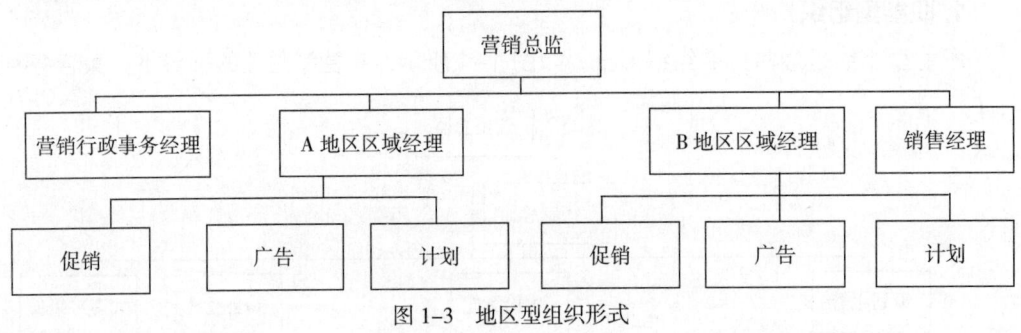

图 1-3　地区型组织形式

4. 产品 / 市场型组织

面向不同市场,企业可以采取矩阵组织的营销管理模式,既采用产品管理型,还兼顾市场管理型,弥补各自不足,如图1-4所示。但矩阵组织的管理费用高,管理权责模糊,容易产生内部冲突。

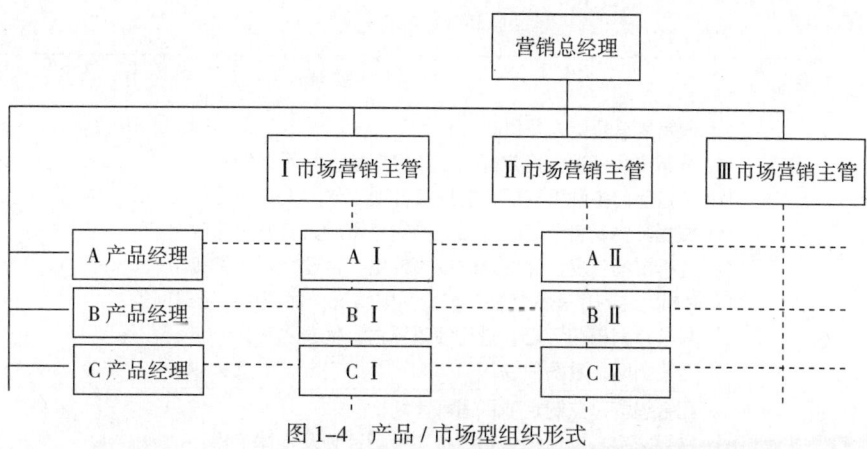

图1-4 产品 / 市场型组织形式

1.3.2 房地产公司营销岗位的职责与能力要求

在房地产公司的营销架构中，不同职能部门对应多个岗位，现以 ×× 企业为例，看其营销组织架构的具体情况分析不同岗位职责的具体内容和素质要求（图 1-5、表 1-2）。

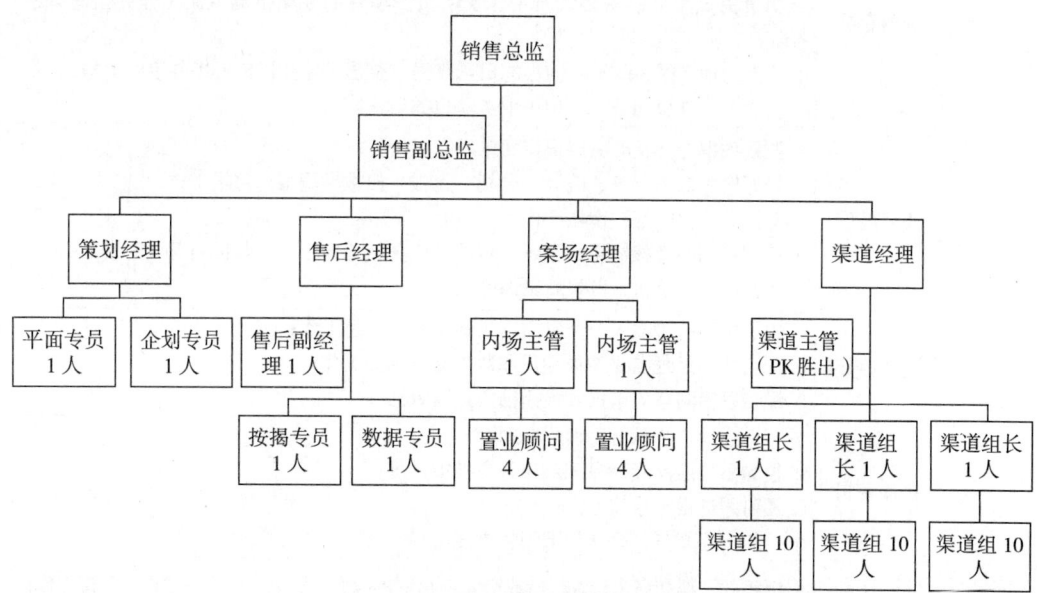

图1-5 ×× 企业营销部组织框架

×× 企业营销部各岗位职责

表 1-2

职能	岗位	职责
负责人	销售总监	a. 负责项目重要节点销售目标及销售有关重大事务调整的决策； b. 销售部所有人事变动的决策权； c. 负责裁决和协调与销售有关的有异议奖罚问题

职能	岗位	职责
负责人	销售副总监	a. 向销售总负责人负责； b. 分析市场状况，拟定部门全年度销售目标及计划； c. 拟定部门各种管理规章制度及各项工作的规范流程； d. 根据具体销售节点设计相关的销售激励方案及销售政策； e. 分析市场状况，评估媒体投放效果，合理控制销售费用； f. 时刻关注销售签约情况，资金回笼情况，保证资金及时回笼； g. 按节点对部门员工，进行绩效评估，优奖劣汰； h. 凝聚团队，激发狼性
策划	策划经理	a. 配合销售总监制定项目销售计划； b. 按要求完成项目销售相关推广策划计划及具体工作； c. 定期参与销售例会和客户分析，熟悉项目销售整体情况； d. 监督平面专员及时完成相应的工作，并做好文案配合工作
策划	平面专员	a. 服从策划经理安排，负责项目对外宣传及广告、产品、活动的平面设计； b. 负责与项目相关所有物料及宣传渠道的设计、发包制作； c. 定期参与销售例会和客户分析，熟悉项目销售整体情况
策划	企划专员	a. 完成所负责项目的前期策划、商业营销推广等工作，协助撰写各阶段的策划方案并配合执行； b. 负责完成策划的基础调研工作及所负责项目的专项市场调研工作并撰写调研报告； c. 负责房地产相关政策、信息的日常收集、整理工作，形成汇编并定期上报； d. 负责与广告公司等外部相关业务单位的日常协调
售后	售后经理	a. 监督按揭专员及时完成银行回款并完成指标； b. 做好客户数据整理、统计、分析、上报（日报、周报、月报）； c. 做好销售合同签约审核工作； d. 按照各指标考核结果，整理、统计、上报销售佣金，并督促财务及时发放； e. 配合内外场销售，做好后勤保障工作
售后	售后副经理	a. 主要负责销售部人力资源招聘面试及辞退善后工作； b. 配合售后经理监督按揭专员和数据专员相关工作； c. 配合营销副总监申报各营销相关方案审批
售后	按揭专员	a. 客户按揭、公积金手续的办理； b. 监督置业顾问及时办理对应客户按揭进度； c. 及时跟进银行放款工作； d. 对接公司财务，确认按揭到款进度
售后	数据专员	a. 销售部资料和各未成交、已成交客户资料的收集、汇总、整理及建档、保管工作； b. 协助售后经理做好内务及各种会议记录等工作； c. 做好日报、周报、月报等基础销售信息报告
案场	案场经理	a. 案场销售团队的管理； b. 销售团队的目标及计划的制定； c. 客户开拓渠道的拓展； d. 新客户的开发及老客户维护； e. 员工的培训； f. 销售团队的增援以及激励

续表

职能	岗位	职责
案场	内场主管	a. 负责内场销售具体工作的分配，分解并监督内场销售人员完成下达的销售指标； b. 编制培训资料，组织销售人员上岗培训及考核； c. 处理和协调内场具体工作调整； d. 按节点对内场销售主管和置业顾问，进行绩效评估，优奖劣汰
	外场主管	a. 负责渠道部具体事务，客户报备，指标分化； b. 编制培训资料，组织渠道人员上岗培训及考核； c. 处理和协调外场具体工作调整； d. 按节点对外场渠道组长及渠道人员，进行绩效评估，优奖劣汰
	置业顾问	a. 完成销售经理下达的销售指标和具体任务； b. 在规定时间内通过销售培训，并熟练的完成客户接待、下定、签约等工作； c. 做好客户来电来访登记工作，按要求整理客户资料管理； d. 做好老客户维护工作
渠道	渠道经理	a. 负责项目渠道团队组建、培训、梯队建设等工作的有效落实； b. 负责根据项目营销节点编制各阶段渠道拓客策略、拓客地图、拓客计划，并对过程执行管控； c. 负责外部拓展资源等相关单位的联络，促进项目推广工作的顺利进行； d. 负责建立项目企业、圈层、大客户渠道资源库，并深入圈层资源客户的挖掘导入，促进成交
	渠道主管	a. 执行和完成区域内的渠道公司开拓，拓展和维护区域内渠道的协作关系； b. 负责所分管的重要客户和大客户的关系发展及维护； c. 掌握区域经纪公司情况，促成与地产代理、中介公司达成良好合作关系
	渠道组长	a. 主城区通过商铺、小区登门拜访等所有有关外场销售拓客工作； b. 带领各自小组完成每个阶段下达的外场销售指标
	渠道人员	a. 主城区通过商铺、小区登门拜访等所有有关外场销售拓客工作； b. 完成每个阶段下达的个人销售指标

　　房地产销售作为整个房地产营销过程中的重要部分，直接影响客户的购买的意愿。因此，对于营销岗位而言，其能力有一定的要求。

　　销售人员能力要求：

1. 人际沟通的能力

　　销售人员直接面向客户，沟通能力是首要的能力，需要在较短时间问清楚客户的需求，为其匹配合适的产品，介绍相应产品。形成良好的互动，是客户购买产品的第一步。

2. 灵活应变的能力

　　在推销过程中，每个客户的需求、性格都不相同，客户随时会提出自己的问题，在销售过程中固定的套路可能被打乱，因此，营销人员要灵活应变，熟悉业务，提前做足准备，方能应对自如。

3. 自我驱动的能力

销售是个挑战性很强的工作，可能遇到各种问题与挫折。如果想变得出类拔萃，就更需要拥有强大的心理与自学能力，学习适应环境，了解客户心理变化，照顾客户的利益。只有不断蜕变才能不断进步。

4. 创新意识

销售市场、客户、整个环境都在不断地变化，如果想要适应发展，销售人员就需要有不断创新的意识，打磨销售技能，创新销售理念。如利用互联网的渠道，微信营销、全民营销、跨界电商营销、新媒体话题营销等创新营销形式，吸引目标客户，线上与线下联动，这样就解决了传统营销曝光率小、传播面小的问题。

5. 专业知识储备

销售人员在跟客户接触之前，就需要熟悉房地产相关的知识：企业、市场、行业、政策环境、客户需求等要素，每一个因素都至关重要，影响着销售结果。包括清楚地掌握产品详情及其定位人群，了解规划、交通、位置、环境、学校、医疗等配置，产品结构、功能、用途、价格、装修等物业知识，充分了解客户需求、购买动机；了解项目周边的其他竞争项目特点及分布；对整个市场动态、政策环境敏感等。如 2020 年 7 月，深圳市住房和建设局等 8 部门联合发布《关于进一步促进我市房地产市场平稳健康发展的通知》（简称《通知》），《通知》规定，深户居民家庭、成年单身人士（含离异）须在本市落户满 3 年，且在本市连续缴纳 36 个月及以上个人所得税或社会保险证明，方可购买商品住房。非深户需要在本市连续缴纳 5 年及以上个人所得税或社会保险证明方可购买商品住房。此条政令的颁布提升了购房的门槛，将限制一部分购房人群。对于销售人员而言，如果不能及时获取此条政策改变，不仅浪费双方的精力和时间，也让客户对自己的专业性提出质疑。

项目小结

1. 市场营销是以市场为起点，以客户的需求为导向，以市场营销为手段，赢得客户满意，实现企业经营目标的一种社会和管理过程，是一项科学性和艺术性相结合的创造活动。

2. 市场营销理论主要有：

4P：产品（Product）、价格（Price）、渠道（Place）、宣传（Promotion）

4C：客户（Customer）、成本（Cost）、便利（Convenience）、沟通（Communication）

4R：关联（Relevance）、反应（Reaction）、关系（Relationship）、回报（Reward）

4I：趣味（Interesting）、利益（Interests）、互动（Interaction）、个性（Individuality）

3. 房地产市场营销是房地产企业以了解、满足和创造顾客现实的或潜在的房地产需求为中心，以市场为导向，以实现企业经营目标为目标，正确组织产品的生产和供应，适应不断变化的市场需求，合理组织产品的供应和销售，实现房地产企业的经济效益和社会效益而进行经营管理的整体过程。

4. 我国房地产市场营销的发展现状主要表现在：房地产营销市场乱象丛生、房地产营销策略的区域特性明显、房地产营销渠道价值攀升。

5. 我国房地产市场营销的发展趋势主要有：房地产市场营销规则将更加规范透明，房地产市场营销的热点区域将转移，房地产营销手段将更加现代化。

6. 房地产营销组织的基本形式及优劣势主要表现在：

（1）职能型组织：优势：行政职能明确；劣势：产品种类越多，越不利于指导企业产品结构调整；各部门负责人长期从事专项的营销职能，不利于高级管理者的培养。

（2）产品型组织：优势：产品营销经理能有效地协调各种营销职能，并对市场作出积极的反应，有助于培养管理性人才；劣势：管理存在多头领导、权责不明，造成管理上的混乱；产品管理人员的增多，致使人力成本增加。

（3）地区型组织：优势：地区式组织结构形式适合大规模、布局地域广的房地产企业，便于地区经理制定地区的长远战略发展目标计划；劣势：范围扩展太大，不利于总公司的管控。

（4）产品 / 市场型组织：优势：面向不同市场，兼顾市场管理型，弥补各自不足；劣势：矩阵组织的管理费用高，管理权责模糊，容易产生内部冲突。

7. 房地产营销人员的基本能力要求包括：

人际沟通的能力、灵活应变的能力、自我驱动的能力、创新意识、专业知识储备等。

复习思考题

一、选择题（每道题有 1 个或多个正确答案）

1. 哪个不是 4I 理论的要素？　　　　　　　　　　　　　　　　（　　）

　A. 趣味　　　　B. 利益　　　　C. 成本　　　　D. 互动

2. 4P 理论是谁提出的？　　　　　　　　　　　　　　　　　　（　　）

　A. 罗伯特·劳特朗　　　　　　　B. 麦卡锡

　C. 刘东明　　　　　　　　　　　D. 唐·舒尔茨

3. 4C 理论的营销理念是什么？　　　　　　　　　　　　　　　（　　）

A. 产品生产为导向

B. 消费者需求为导向

C. 以保持与客户关系为导向

D. 持续竞争导向

4. 助推营销理论发展的动力是什么?　　　　　　　　（　　）

A. 客户需求　　　　　　　　B. 生产技术

C. 市场环境　　　　　　　　D. 供求关系

5. 房地产公司主要的营销组织基本形式是:　　　　　　（　　）

A. 职能型组织　　　　　　　B. 产品型组织

C. 地区型组织　　　　　　　D. 市场型组织

6. 4I 理论的营销方式是什么?　　　　　　　　　　　（　　）

A. 规模营销　　　　　　　　B. 差异化营销

C. 整合营销　　　　　　　　D. 体验营销

7. 房地产营销人员需要有专业的知识储备,以下包含:　（　　）

A. 房地产政策　　　　　　　B. 楼盘情况

C. 客户人群　　　　　　　　D. 市场环境沟通

E. 为了提升产品的价格

8. 4P 理论的提出时间是:　　　　　　　　　　　　　（　　）

A.1930 年　　　B.1940 年　　　C.1950 年　　　D.1960 年

9. 营销过程中可控的因素不包含:　　　　　　　　　　（　　）

A. 产品　　　　B. 广告　　　　C. 市场　　　　D. 商标

10. 4C 理论的营销理念不包含哪一个?　　　　　　　　（　　）

A. 产品　　　　B. 客户　　　　C. 成本　　　　D. 便利

11. 4R 理论是谁提出的?　　　　　　　　　　　　　（　　）

A. 罗伯特·劳特朗　　　　　B. 唐·舒尔茨

C. 刘东明　　　　　　　　　D. 麦卡锡

12. 4R 理论的营销理念不包含哪一个?　　　　　　　　（　　）

A. 关联　　　　B. 回报　　　　C. 成本　　　　D. 关系

13. 房地产营销市场的不合理现象包含:　　　　　　　（　　）

A. 首付贷　　　　　　　　　B. 捂盘惜售

C. 团购费、茶水费　　　　　D. 众筹打新

14. 房地产营销内容不包含:　　　　　　　　　　　　（　　）

A. 市场研究　　　　　　　　B. 开发商拿地

C. 产品定位　　　　　　　　D. 渠道细分

15. 未来房地产市场随着人口转移而转移，热点区域包括：　　　　　（　　）

　　A. 中心城市　　　　　　　　B. 大都市圈

　　C. 特色城市　　　　　　　　D. 城市群

16. 以下不属于房地产营销现代化手段的是：　　　　　　　　　（　　）

　　A. 网上售楼部　　　　　　　B.3D 看房

　　C. 直播卖房　　　　　　　　D. 发传单

17. 房地产营销人员的核心能力要求不包括：　　　　　　　　（　　）

　　A. 沟通能力　　　　　　　　B. 自我驱动

　　C. 创新意识　　　　　　　　D. 风险意识

18. 4I 理论中以保持与客户关系为导向的目的包括：　　　　　（　　）

　　A. 与客户建立长久的关联

　　B. 得到长期的回报

　　C. 以保持与客户关系为导向

　　D. 持续竞争导向

19. 总裁直播运用的营销理念是什么？　　　　　　　　　　　（　　）

　　A.4P　　　　　　B.4I　　　　　　C.4R　　　　　　D.4C

20. 营销理论的特点包含：　　　　　　　　　　　　　　　　（　　）

　　A. 与客户越来越近　　　　　B. 追求长期利益

　　C. 个性化加强　　　　　　　D. 减少成本

二、判断题（根据以下表述判断，正确画"√"，错误画"×"）

1. 4P、4C、4R、4I 可以是相互取代的关系吗？　　　　　　　（　　）

2. 营销策略只要制定好，坚持执行，就能达到预期目标吗？　　（　　）

3. 一支营销团队不仅是内在有文化和精神，外在有激励和考核，共同作用下，才能打造一支有战斗力的营销队伍。　　　　　　　　　　　　（　　）

4. 只要采用现代化的营销手段，营销的效率将会大大提升。　　（　　）

5. 只要产品营销做得好，未来市场占有率就会越高？　　　　　（　　）

6. 房地产营销乱象丛生，需要建立长效机制，加强监管方能解决这个问题。

　　　　　　　　　　　　　　　　　　　　　　　　　　　　（　　）

7. 信息化的时代要求房地产企业符合时代的潮流，房地产营销竞争会加剧。（　　）

8. 有些人认为房地产企业面临的压力越来越大，房地产行业没有未来。（　　）

9. 地区型组织形式适合所有房地产企业。　　　　　　　　　　（　　）

10. 每一种组织架构根据企业的发展形态制定，因地因时制宜。　（　　）

11. 一个企业终生只用一个组织架构便可满足所有需求。　　　（　　）

12. 房地产营销总监需要懂得组织架构，对认识变动具有决策权。　　（　　）

13. 房地产销售人员需要拥有灵活的应变能力与人际沟通能力，不断学习，才能更优秀。　　（　　）

14. 某公司的销冠认为自己的业绩足够好了，把自己的客户维护好，不用学习，仍旧可以保持好的业绩。　　（　　）

15. 房地产营销人员的能力要求是一成不变的。　　（　　）

16. 产品的普适性越强，其销量就越好。　　（　　）

17. 从市场营销的理论发展可以发现企业离客户的距离越来越近了。　　（　　）

18. 4C 的营销方式是规模营销。　　（　　）

19. 4R 的营销理念是以持续竞争为导向。　　（　　）

20. 我国房地产市场营销规则将更加规范透明。　　（　　）

三、简答题

1. 传统的商品一般采用降价的手段来实现销售目标，增加销量，请问房地产是否也可以通过调整价格来刺激市场？

2. 房地产营销组织的形式有哪些，其优劣势是什么？

3. 房地产营销人员的能力要求是什么？

4. 找找你身边房地产企业利用营销理论的场景？

5. 谈谈你对房地产营销的认识？

6. 房地产的营销岗位类别较多，你认为自己适合做哪一个岗位？

7. 找找头部的房地产企业的组织架构，试着分析其优劣？（实践题）

8. 目前多个房地产企业将营销场景搬到了线上，尝试不少于三个房地产企业的线上售楼部，对比一下哪个房地产企业的线上渠道做得最好？（实践题）

项目 2

城市房地产市场评价

项目要点

中国房地产行业长期处于政府调控状态，房地产政策监管多且变动大，政策发展阶段性明显，房地产市场走向与政策导向密切相关。2016年12月以来，中央坚持"房住不炒"主基调不动摇，落实地方政府主体责任，因城施策。

房地产项目投资决策分析是整个开发过程中最为基本、最为关键的一项工作。若项目所在城市符合房地产企业城市战略布局要求，城市房地产投资发展潜力大，则可进入。房地产投资拓展方式主要包括产权交易（如招拍挂、土地转让、城市更新）、企业重组（如收并购）、合作开发途径（如代管代建、管理和品牌输出）等。

城市房地产市场分析主要通过城市地图、板块分析、客户地图等方法，以大数据为基础，以地图形式可视化展现城市、板块、客户（群）整体信息，为房地产企业城市进入及产品打造提供决策参考。

导学视频

任务 2.1　城市房地产政策环境分析

学习目标

1. 了解房地产政策分类及政策如何影响市场；
2. 掌握"房住不炒"的背景及中央为落实"房住不炒"所采取的措施；
3. 了解因城施策对房地产市场平稳健康发展的意义。

【案例导入】深圳出台二手住房成交参考价格机制影响市场周期变化

深圳二手房与新房价格倒挂，尤其 2020 年 6 月以来，连续多月二手房成交均价同比涨幅超 15%，市场投机炒作盛行，为实现"房住不炒"，2021 年 2 月 8 日（2021 第 6 周），深圳市住房和建设局连发 3 条公告，宣布建立二手住房成交参考价格发布机制，并首次发布深圳 3595 个住宅小区的二手住房成交参考价格，基本上指导价为市场价 7 成左右，其目的就是引导银行，根据指导价进行贷款，变相提高首付门槛，例如以 1 套市场总价 800 万元房源计算，首付需比新政前提高 170 万元（表 2-1）。

按市场总价 800 万元，首付可 3 成计算　　　　　　　表 2-1

	新政前（万元）	新政后（万元）
首付	240	410
贷款	560	390
首付门槛提升	170	

购房门槛提升，政策收紧，客户市场预期有所减弱，深圳二手房成交量价逐步下滑，二手房市场由之前高热度逐渐趋冷，可见，政策影响市场预期及供求关系，从而影响整体市场周期变化（图 2-1）。

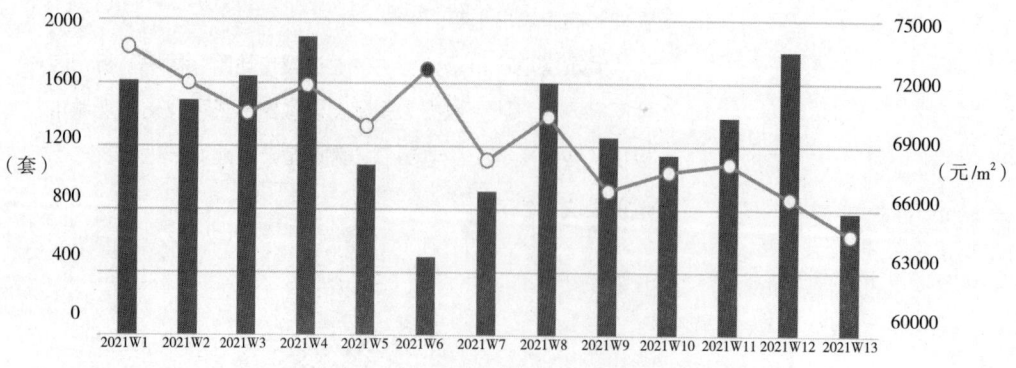

图 2-1　2021 年 1 月以来深圳二手房周度成交量价走势

◆ 【思考】二手房成交参考价格机制是如何影响首付的？其对二手房交易市场的影响如何？

2.1.1 城市房地产政策分析及中国房地产政策演变

中国房地产行业长期处于政府调控状态，房地产政策监管多且变动大。房地产行业政策及历次调控均主要从房地产供需两端对房地产市场进行刺激或遏制。政策主要从以下几个角度进行调控：

1. 中国房地产政策分类及政策作用

（1）宏观层面

1）货币政策

政府利用改变货币供应量、调整存准率和存贷利率等渠道，运用灵活的货币政策有效地刺激或抑制房地产投资规模、信贷规模，从而间接促进或抑制房地产市场的发展。

2）财政政策

对房地产的影响主要为财政收入及财政支出两个方面，收入主要通过税收进行调节，针对房地产企业征收的各类税费会增加房地产企业的开发成本，针对购房者的税收使得购房和持有成本上升，能抑制房地产的投机需求；支出则通过购房、租赁补贴政策进行调节。

（2）中观层面

1）土地政策

政府是土地的唯一供给方，不同区域、不同时期，政府对土地供给量的调控政策都不尽相同。土地供给直接决定了房屋供给，因此，土地政策是影响房地产市场供需均衡的源头因素。

2）户籍政策

在人口流动、购房置业等方面有着重大影响，户籍制度会直接影响房地产需求，随着我国户籍制度的不断改革，落户限制逐步放松，这对促进人口流动、提高城镇化水平、拉动房地产投资有着明显的正向作用。户籍人口城镇化率的提高和住房制度改革的深化有助于有序消化房地产库存，解决区域性、结构性问题。

3）调控政策

调控类型涵盖：限购、限贷、限售、限价政策，限商改住，土拍规则限制等，其他创新政策如：限制企业购房和限制房地产企业外债等、整治乱象、构建住房长效机制、支持棚改、放松落户限制、房地产税纳入立法规划等系列政策，系列调控政策的核心在于整治房地产乱象，切实落实"房住不炒"（表 2-2）。

调控政策分类

表2-2

分类	调控措施	作用
限购	根据是否本地户籍设定限购套数	设置购房门槛，打击投资需求
限贷	限贷首付比例，贷款利率等	提高购房成本，挤压投资需求
限售	要求取得不动产权证或网签签订期满一定期限方可上市交易	遏制短期内进行低买高卖的炒房行为
限价	要求不高于具体某个指导价格	防止房价过快上涨，稳房价
限土拍	提高拿地规则、资金来源、保证金、付款期限、预售管理要求	提供土拍门槛，降低土拍溢价率
限商改住	商办项目不得擅自改为居住用途	整顿市场乱象

（3）微观层面

融资政策：房地产属于资金密集型的行业，具有投资规模大、周期长等特点，故融资为房地产的核心驱动。房地产企业融资渠道主要包括：银行贷款、非标融资、证券市场融资（股权、信用债、ABS）、海外融资（海外股权、海外债券）、私募股权基金、销售回款（个人住房金融）、供应链金融（票据、应付款）等。不同的融资方式的融资政策均会对房地产企业融资产生不同的影响，进而影响整个行业。融资政策的收紧从供给端对房地产企业的融资渠道和规模进行控制，着力于防范资产泡沫和金融。该政策市场供需的冲击力大、调控作用较为明显。

房地产各类政策简析见表2-3。

房地产各类政策简析

表2-3

政策层面	政策分类	影响简析
宏观层面	货币政策	运用灵活的货币政策有效刺激或抑制房地产投资规模、信贷规模，从而间接促进或抑制房地产市场发展
	财政政策	针对房地产企业征收的各类税费会增加房地产企业的开发成本；针对购房者的税收使得购房和持有成本上升，能抑制房地产投资需求
中观层面	土地政策	土地政策是影响房地产供需均衡的源头因素
	户籍政策	户籍人口城镇化率的提高和住房制度改革的深化有利于消化房地产库存，解决区域性、结构性问题
	调控政策	限购、限贷、限价、限售等，有利于控制房价，减少投资性需求，抑制房市过热
微观层面	融资政策	融资政策的收紧从供给端对房地产企业的融资渠道和规模进行控制，着力于防范资产泡沫和金融风险，对市场供需冲击力大

2. 中国房地产发展阶段及房地产政策出台背景

（1）第一阶段：福利房时期（1949～1998年）

随着社会主义公有制的建立，房地产市场住房的分配主要通过计划配置、无偿使用，由国家统一解决居民的住房问题。

主要政策内容：国家福利分配，无房地产政策出台。

（2）第二阶段：房改发展初期（1998 ～ 2002 年）

为应对亚洲金融危机和培育新的经济增长点，1998 年全国商品房市场供给制度建立，福利分房制度退出，我国房地产市场化改革正式开启（表 2-4）。

房改发展初期主要政策及内容　表 2-4

政策	政策内容	影响
1998 年《关于进一步深化城镇住房制度改革，加快住房建设的通知》	停止住房实物分配，逐步实行住房分配货币化，建立和完善以经济适用房为主的多层次城镇住房供应体系	住房商品化

（3）第三阶段：政策收紧期（2003 ～ 2008 年）

1998 年房改后，我国出台了一系列房地产刺激政策，房地产投资额不断增长，居民住房需求提升，房价不断提升，房地产市场持续过热，2003 年，住宅开发投资额同比增长 27.6%，住宅商品房销售面积同比增长 28.9%，住宅商品房销售均价增长 3.86%，为了抑制房地产热，国家实行了紧缩性政策，首轮调控出台（表 2-5）。

政策收紧期主要政策及内容　表 2-5

政策	主要内容	影响
2004 年"831 大限"	各地要严格执行经营性土地招标拍卖挂牌出让制度	土地端加强管理
2005 年老"国八条"	稳定房地产价格，着力增加普通商品住房、经济适用住房和廉租住房供给	拉开全面、综合、高强度调控序幕
2006 年"国六条"	重点发展中低价位，中小套型普通商品住房，经济适用住房和廉租住房	住房产品结构调整
2006 年"国十五条"	90m² 以下住房开发建设达 70% 以上	影响产品结构
2006 年国税局 108 号文件	全国范围内强制征收二手房转让个人所得税	增加购房成本，降低需求
2007 年"927"房贷新政	首套房首付款比例 90m² 以下不得低于 20%；90m² 以上不得低于 30%，二套房首付比例不得低于 40%	首付提升，降低需求

（4）第四阶段：政策宽松期（2008 ～ 2009 年）

2008 年，国际金融危机爆发，国内经济连续四个季度下滑，商品房销售面积和均价出现大幅下滑，在 GDP 增速保 8% 目标下，政府启动四万亿投资计划，房地产行业引擎地位再次被强调，调控政策转向宽松（表 2-6）。

政策宽松期主要政策及内容　　　　　　　　　　　　　　　表2-6

政策	内容	影响
《关于促进房地产市场发展若干意见》	调整普通住房契税税率、暂免个人买卖印花税和营业税、免个人转让出售的土地增值税；降低购买首付比和个贷利率	信贷、首付宽松，刺激购房需求

（5）第五阶段：政策收紧期（2010～2013年）

房地产行情由冷转热，房价快速上涨，房地产调控力度多次升级，宽松政策下房地产市场大幅扩张。投资端，2010年，住宅新开工面积同比增长38.8%，住宅开发投资额同比增长32.9%；销售端，在2009年高基数基础上，2010年住宅商品房销售面积同比增长8.0%，2009年7月起房地产价格持续10个月走高，住宅狭义库存（住宅待售面积）大幅减少，以稳房价为目标的一系列调控措施随即展开，调控趋紧（表2-7）。

政策收紧期主要政策及内容　　　　　　　　　　　　　　　表2-7

政策	重点内容	影响
2009年"国四条"	增加供给，抑制投机，加强监管，推进保障房建设	遏制部分城市房价过快上涨，控房价
2010年"国十条"	要求房价过高城市进一步收紧住房信贷，允许地方政府采取临时性限购政策	限售、信贷收紧
2011年"新国八条"	扩大限购范围，收紧购房信贷和营业税，首次提出限价措施	政策严厉，措施继续加重
2013年"国五条"	完善稳定房价工作责任制，严格执行限购和差别化信贷政策，严格个人所得税征收	信贷收紧

（6）第六阶段：政策放松期（2014～2015年）

房地产行情转冷，库存增加，调控政策转向去库存，三、四线城市去库存压力明显，房地产调控政策再次趋松（表2-8）。

政策放松期主要政策及内容　　　　　　　　　　　　　　　表2-8

政策	内容	影响
2014年"930"新政	加强对居民购房金融支持	刺激市场需求
2015年"330"新政	进一步放松购房信贷政策，首套房用公积金贷款降至2成，二套首付由7成降至4成，营业税免征由5年改为2年	政策全面放宽，本轮政策致一、二线城市快速上涨，三、四线房地产回暖

（7）第七阶段：政策收紧期，短期调控与长效机制相结合（2016年至今）

房地产行情分化，宏观调控政策转向"房住不炒""因城施策""租购并举"，房地产市场健康发展长效机制建设启动，沪深两地"325"新政，打破了过去全国同步宽松的政策走势，开启部分热点城市紧缩型调控新进程，非热点城市则继续执行宽松政策，去库存（表 2-9）。

政策收紧期主要政策及内容　　表 2-9

政策	政策内容	影响
2016 年"930"新政	国庆节调控新政，北京、天津、南京、厦门、深圳、苏州、合肥、无锡、成都、深圳等 19 个城市重启限购限贷	政策收紧、抑制投资
2016 年中央经济工作会议	首提房住不炒，既抑房地产泡沫，又防止大起大落	房住不炒
2017 年银保监会	严厉打击首付贷行为	资金监管趋严
2019 年银保监会	严查各商业银行违规将资金注入房地产行业	资金监管趋严
2021 年央行、银保监会联合发文	要求各档银行房地产贷款余额占比及个人住房贷款余额占比不得超过相应上限	限制银行贷款
2021 年热点城市政策收紧	上海升级限购、深圳出台二手房指导价，围堵"假离婚"漏洞，热点城市相继收紧政策	政策收紧

2.1.2 房住不炒

1. 中央坚持"房住不炒"主基调不动摇，稳定房地产发展

2016 年 12 月，自中央经济工作会议首次提出，要坚持"房子是用来住的、不是用来炒的"的定位，近年来，中央坚持"房住不炒"的政策主基调不变，用以保障房地产市场发展（表 2-10）。

2016 年以来中央层面会议"房住不炒"表述　　表 2-10

时间	会议	内容
2016 年	中央经济工作会议	首次提出"房子是用来住的，不是用来炒的"
2018 年	全国两会	坚持"房子是用来住的，不是用来炒的"定位
2019 年	城乡住房建设	要坚持"房子是用来住的，不是用来炒的"定位，保持定力，不将房地产作为短期刺激经济的手段
2020 年	全国两会	坚持"房子是用来住的、不是用来炒的"定位，因城施策，促进房地产市场平稳健康发展
2021 年	全国两会	坚持"房子是用来住的、不是用来炒的"定位，稳地价、稳房价、稳预期

2. "房住不炒"出台背景

（1）热点城市房地产金融属性增强，"炒房"层出不穷，扰乱房地产秩序

根据国际经验，房地产兼具实体和金融两种属性，究竟哪种属性强，取决于政策导向和行业定位，如新加坡、德国等的房地产市场实体和居住属性更强，而美国等的房地产市场金融和投资属性更强，这背后取决于金融、土地、税收、保障、租赁等深层次住房制度设计。中国自1998年商品房改革以来，总体来讲，房地产兼具实体和金融双重属性，整体上实体属性更强，部分区域金融属性较强，过去20多年，房地产对于实体经济平稳健康运行意义重大，发挥了稳投资、稳就业、稳增长的"压舱石"作用，主要满足人民的自住需求。但由于城镇化快速发展、供求矛盾突出，加之在经济下行压力较大时为了快速启动房地产市场采取了一些金融杠杆政策工具，部分区域房地产市场的金融和投机属性增强。

例如深圳自2015年全国"330"新政发布后，首套二套首付降低，信贷政策放松，深圳房价领涨全国，由2015年底3.3万元/m²涨至2016年5.4万元/m²，同比上涨63.74%，房价暴涨，房地产金融属性增强。而近年来，深圳由于新房限价，"一二手价格倒挂"，如龙华区某新房限价7.53万元/m²，周边二手房市场价9万元/m²左右，以100m²住房为例，成功买到则赚取147万元，在利益驱逐下，"代持炒房""众筹打新"等炒房现象层出不穷，严重扰乱房地产市场秩序（图2-2、图2-3）。

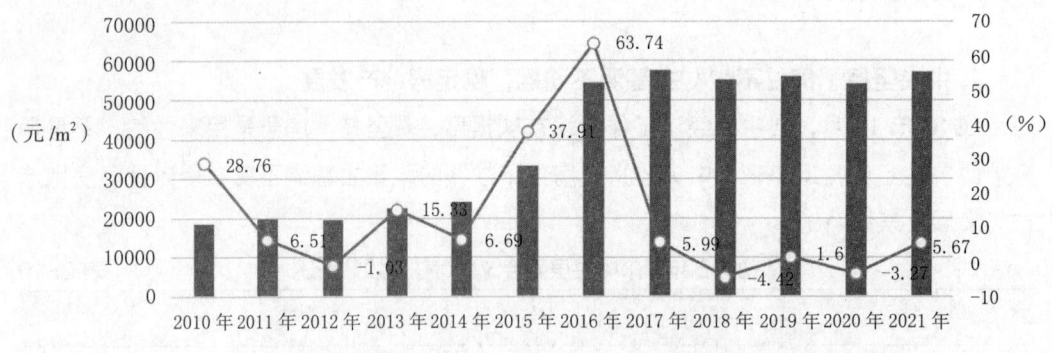

图2-2　2010～2021年深圳一手商品住宅成交均价及均价同比涨幅

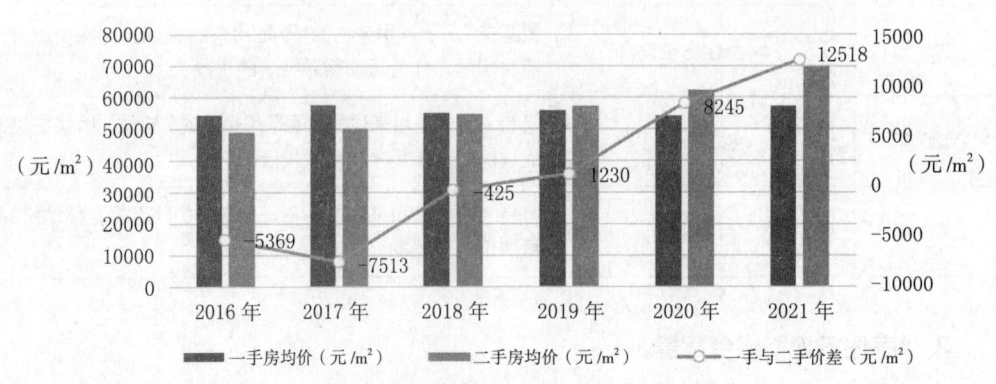

图2-3　2016年以来深圳一手房与二手房价差走势

（2）房贷金融规模增大挤压实体经济，威胁经济发展

近年来，房地产金融属性不断强化，资产泡沫风险不断积累，截至 2020 年年底，房地产贷款余额多达 49.58 万亿元，占各项贷款余额比重已达到 28%（图 2-4），严重挤压实体经济，从这个意义上讲，房地产占用太多金融资源，导致众多金融"活水"没有进入实体经济，容易导致经济发展"脱实就虚"，2019 年，银保监会主席曾多次就房地产金融风险问题公开表态，并直言"房地产是现阶段我国金融风险方面最大的'灰犀牛'，要坚决抑制房地产泡沫，助推实体经济发展。

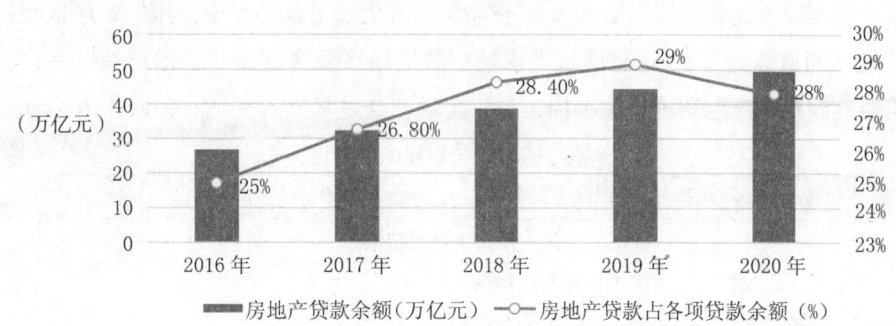

图 2-4　2016 年以来房地产贷款余额走势及其占各项贷款余额占比

3. 中央为落实"房住不炒"所采取措施

（1）从房企端限制融资，到银行端限制放款，"房住不炒"持续贯彻

近年来，随着"房住不炒"的理念深入人心，房地产向居住属性回归，政府对房地产企业的负债管理也逐渐收紧，2020 年 8 月，住房和城乡建设部和央行发布重点房地产企业资金监测和融资管理规则，也就是被称为限制房地产企业融资的"三道红线"——房地产企业剔除预收款后的资产负债率不得大于 70%；房地产企业的净负债率不得大于 100%；房地产企业的"现金短债比"小于 1，根据房地产企业的"踩线"情况，分为"红、橙、黄、绿"四档，然后实施差异化债务规模管理，房地产企业负债总量被全面监管，新增负债规模也被严格控制，给房地产企业资金需求侧去杠杆（表 2-11、表 2-12）。

房地产企业三条红线　　　　　　　　　　　　　　　　表 2-11

红线一	剔除预收款后的资产负债率大于 70%
红线二	净负债率大于 100%
红线三	现金短债比小于 1 倍

房地产企业分档　　　　　　　　　　　　　　　　表 2-12

档位	标准	有息负债规模增速值
红色	踩"三条红线"中三条	0
橙色	踩"三条红线"中两条	5%

续表

档位	标准	有息负债规模增速值
黄色	踩"三条红线"中一条	10%
绿色	未踩线	15%

2020年12月31日，央行和银保监会发布了关于银行业房地产贷款集中度管理的要求，并于2021年第一天正式实施。该制度将全国的银行分为5个档次，分别规定了其"个人房贷占全部贷款的比重上限"，以及"各类房贷占全部贷款的比重上限"，所以也被称为银行业的"两道红线"，这是继从需求端控制房地产资金划出"三道红线"后，再一次从供给端控制房地产融资的一项举措，减少金融资金过多流入房地产领域（表2-13）。

银行房地产贷款集中度管理   表2-13

银行业金融机构分档类型	房地产贷款占比上限	个人住房贷款占比上限
第一档：中资大型银行		
中国银行、中国农业银行、中国工商银行、中国建设银行、国家开发银行、交通银行、中国邮政储蓄银行	40%	32.5%
第二档：中资中型银行		
招商银行、中国农业发展银行、浦发银行、中信银行、兴业银行、中国民生银行、中国光大银行、华夏银行、中国进出口银行、广发银行、平安银行、北京银行、上海银行、江苏银行、恒丰银行、浙商银行、渤海银行	27.5%	20%
第三档：中资小型银行和非县域农合机构		
城市商业银行、民营银行	22.5%	17.5%
大中城市和城区农合机构		
第四档：县域农合机构		
县域农合机构	17.5%	12.5%
第五档：村镇银行		
村镇银行	12.5%	7.5%

"三道红线"严控房地产企业融资，降低房地产企业负债，"两道红线"控制房贷规模，降低居民杠杆风险，从房地产企业的"三道红线"到银行的"两道红线"，我们看到"房住不炒"的长效机制在陆续推出，这也是我国实现高质量发展的必然选择，当金融资本被限制进入房地产市场炒作，那么别的领域就会迎来发展的机会，如高端制造，高新技术、科技创新等其他领域，有利于促进国家实体经济发展。

（2）稳地价，多地实行住宅用地集中挂牌，集中出让，落实"房住不炒"

通过稳地价降低房价上涨预期也是最近备受关注的政策。2021年2月底，在自然资源部牵头下，全国 22 个城市住宅用地实施"集中挂牌、集中供地"两集中供地新政，所谓"两集中"，即"集中发布出让公告，集中组织出让活动"，全年将分 3 批次集中统一发布住宅用地的招拍挂公告并实施招拍挂出让活动。

显然，集中供地会让房地产企业拿地更加谨慎，引导房地产企业前期做好准备工作，有针对性地去争取自己最擅长的地块，毕竟在同一时段可以动用的资金量有限，分散地块的竞拍关注度，进而降低地市竞拍热度，控制地价上涨。截至目前，已有南京、广州、成都等地出台了两集中供地新政，部分细则可圈可点。如成都规定超出"三道红线"的房地产企业禁止参与土地竞拍，有利于减少房地产企业参拍数，引导房价加速去杠杆。

（3）多地严查经营贷，严防房地产炒房蔓延

经营贷违规流入楼市的主要原因是经营贷利率低于按揭贷款利率，银行、购房人、相关中介机构均有利可图，2021 年，中国银保监会、住房和城乡建设部、中国人民银行联合发布《关于防止经营用途贷款违规流入房地产领域的通知》，督促银行业金融机构进一步强化审慎合规经营，严防经营用途贷款违规流入房地产领域。

针对经营贷、消费贷违规流入房地产市场的情况，2021 年，广东银保监局要求辖区内银行机构从授信调查、审查审批、贷后管理以及第三方机构业务合作等方面开展全面自查，广东银保监局则通过大数据筛查、台账分析、流水追踪、人员访谈等多种方式严查经营贷、消费贷违规流入楼市，截至 2021 年 3 月 24 日，广东银保监局查到的涉嫌违规流入房地产的资金达到 3900 多万元，笔数达到 31 笔。这是继"三道红线"以及房地产贷款集中度管理制度后，金融监管部门落实"房住不炒"政策的再一重要举措，此举将有效降低违规炒房者操作空间，抑制楼市非理性发展。

（4）"房住不炒"红线不可触碰，多地政策被撤回

2020 年上半年为减弱疫情防控对房地产市场干扰，多地政府灵活因城施策，在土地市场、房地产交易政策等从供需两端陆续出台相关扶持政策，房地产调控政策呈现边际改善态势，但扶持政策一旦触及"限购限贷"红线，与"房住不炒"主基调相违背，不符合国家稳定房地产市场大逻辑的政策，均被紧急撤回。

这意味着"房住不炒"的红线不可触碰，任何试图变相放松楼市调控政策的行为都是不被允许的（表 2-14）。

2020 年以来政策被撤回城市及政策明细　表 2-14

时间	城市	撤回的政策内容
2020/3/4	广州	取消商服类项目（公寓、商铺、写字楼）的限购政策
2020/3/5	驻马店	下调居民首付款比例，首套房贷款最低首付比例由 30% 下调为 20%；上调住房公积金贷款额度，公积金最高贷款额度由 45 万元提高到 50 万元；降低住房公积金贷款首付比例

时间	城市	撤回的政策内容
2020/3/17	济南	在先行区直管区范围内购买二星级及以上绿色建筑商品住宅的不受济南市限购政策约束
2020/3/24	海宁	暂不执行"非海宁户籍人口在海宁限购一套住房"政策
2020/3/31	柳州	居民首套房首付2成、二套3成;公积金最高贷款额度40万元;买房拿证后不需要满两年才能转让
2020/4/14	青岛	鼓励改善型住房需求,不动产权证书满2年即可上市交易,针对本地相关就业人才购买首套房,不需要落户或社保纳税
2020/4/19	赤峰	鼓励个人购房;给予税收财政补贴;限售政策取消
2020/4/22	荆州	首套房贷款首付比例降至2成、二套房首付比例降至3成;公积金贷款最高额度从45万元提高至50万元;6月30日前买新房全额退还契税
2020/4/23	淮安	外地户口在淮安无房者,可在淮安买一套房子,不限户口所在地,不再要求社保或个税证明
2020/5/18	宁阳	从六个方面促进房地产销售分别是实行购房补贴、取消二手房限售期、保障网签子女入学、降低首付额度、降低贷款利率、鼓励企业优惠打折销售
2020/5/25	无为	取消商品房2年限售
2021/3/24	南昌	推进大南昌都市圈居民购房同权进程

中央多次强调"房住不炒"传递的信号是,这将是很长一段时间内我国房地产市场调控的主基调,一方面强化了房子居住品的定位和功能,另一方面淡化、弱化其投资品的炒作功能,这有利于降低房地产金融风险,促进楼市平稳健康发展。

2.1.3 因城施策

1. "因城施策"内容

"因城施策"指的是根据我国城市的属性,区分不同等级的城市,如一、二线和三、四线等城市,根据城市间不同的房地产市场发展阶段,制定不同的房地产政策。

2. "因城施策"必要性

(1)各地房地产发展阶段不一,"一刀切"政策局限明显

自2003年以来,我国历经了多次房地产调控,既有打压房地产需求的调控,也有刺激房地产需求的调控,在2017年之前的多次房地产调控中,多倚重金融政策手段。

2005~2007年紧缩性金融政策为主,如提高按揭贷款的首付比例,央行加息等,2008~2009年刺激性金融政策为主,以刺激需求为导向,加大自住型和改善型住房

的信贷支持，降低首付比例等，刺激政策使得大量资金流向房地产市场，2009年房价大幅上涨，全国平均房价增长率达23.3%，上海更是达到56.7%，"一刀切"式的倚重金融手段的房地产调控带来的副作用是明显的，每当进入金融扩张期，各地的金融传导存在较大的时间差异，当有些金融发达地区房地产已经出现过热的时候，地处边远的欠发达城市的房地产还没有启动，"一刀切"式的房地产调控使得城市之间的差距越拉越大。

多轮房地产调控的结果是我国很多城市（尤其是核心城市）的房价严重偏离了普通居民的收入水平，房地产市场的风险已经成为我国金融风险的主要隐患。"一刀切"式的房地产调控之所以难以实现预期的政策目标，主要因为各个城市的房地产市场供需结构不一样，人口结构、产业结构、市场需求以及土地供应状况各有差异，过去的调控政策在执行过程中遇到阻碍。

（2）"因城施策"精准调控，效果显现

"因城施策"的房地产调控是从2016年底开始，随着2015年刺激房地产的政策出台，2016年一、二线城市房价暴涨，从第三季度开始，中央开始对部分热点城市的房地产市场进行调控，标志性事件是北京率先决定自2016年9月30日起提高首套房首付比例至35%，二套房首付比例至50%（2017年3月17日起购买二套房、贷款已结清的提高至60%，贷款未结清的提高至80%），此后深圳、广州、厦门、杭州、南京等城市跟进，在一线城市和部分二线城市实行抑制房地产需求的调控政策的同时，三、四线城市房地产市场依然在"去库存"。

不同城市的市场周期处在不同的位置，确保了全国房地产市场总体的平稳运行。从2017年和2018年的房地产市场运行情况看，一线城市和部分二线热点城市的房地产交易在政策影响下明显萎缩，但三、四线城市的房地产市场在"去库存"政策作用下持续活跃，此轮房地产调控实施"因城施策"，在不同时点有针对性地对房价涨幅较大的城市进行调控，而并没有采取全国"一刀切"的方式，这使得房地产调控更精准，结果是全国的房地产市场总体保持了平稳向好的趋势。

（3）落实地方政府主体责任，"因城施策"更加精准

2017年之前的房地产调控都由中央各部委承担主要责任，各地方政府执行中央的政策指令，2017年两会报告中，明确提出"落实城市主体责任，改革完善住房市场体系和保障体系，促进房地产市场平稳健康发展"，城市政府成为房地产调控的主要责任主体，房地产调控责任主体的变化是房地产调控方式的创新，各地政府在落实主体责任时，能更详尽了解、切实掌握本地供需情况，使得调控措施有的放矢，更加精准。

3.因城施策城市表现

"因城施策"在不同城市的房地产市场运行情况上，有着不同的房地产政策。即对过热城市调控收紧的同时，也不乏一些城市对楼市调控政策主动"松绑"。

（1）市场过热城市升级调控，政策逐步收紧

从"收紧"一端看，以近年热点城市为例，上海、深圳等一线热点城市接连出台楼市新政，从"四限"政策等方面不断加码、打"补丁"，土拍规则亦有升级；二线及热点三、四线城市调控政策跟进，如杭州、成都、西安、嘉兴、东莞等城市均已出台相关收紧政策。

如 2021 年第一季度，热点城市房地产市场热度不减，为落实稳地价、稳房价、稳预期目标，合肥、深圳、东莞、成都等 12 市相继升级调控，重点涉及升级限购、升级限贷、升级限价、升级限售、增加房地产交易税费、设立二手房参考价格、新房积分摇号等内容（表 2-15）。

2021 年一季度以来政策升级城市表现　　　　　表 2-15

日期	城市	升级限购	升级限贷	升级限价	升级限售	增加税费	限房价竞地价	二手房参考价	新房积分摇号
1月12日	郑州						√		
3月2日	无锡							√	
1月19日	深圳	√						√	
1月21日	上海	√			√	√			
1月25日	上海	√							
2月6日	上海								√
3月3日	上海				√		√		
1月6日	南平			√			√		
3月16日	嘉兴	√			√				
3月12日	湖州			√					
3月17日	湖州						√		
1月5日	合肥	√							
1月27日	杭州	√			√	√			
3月3日	杭州	√							
2月27日	东莞	√	√	√					

典型调控热点城市如深圳，因城市供需矛盾持续，城市预期持续看好，城市政策稍放松，便刺激楼市，带动房价爆发性上涨，近 4 年多来，深圳整体政策环境偏紧，政策逐步收紧，以维持楼市平稳发展。

1）政策收紧期：2016～2018 年

政策背景：受 2015 年全国"330"政策刺激，2015 年深圳房地产企业开启暴涨模式，2015 年下半年同比月均涨幅超 60%，2016 年随后深圳首轮调控收紧，非深户限购 5 年，公积金政策收紧，限制企业购房，一手住宅限售 3 年，公寓限售 5 年等政策依次出台，抑制房价上涨势头（图 2-5、表 2-16）。

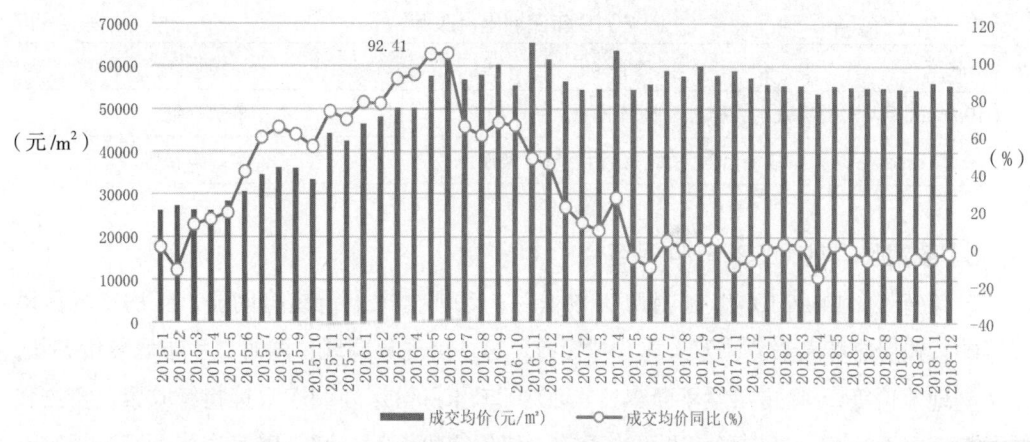

图 2-5　2015～2018 年深圳房价走势图

2016～2018 年深圳重点楼市调控政策　　　　表 2-16

政策	内容	特点
2016 年"325"政策	非深户购房社保由 1 年提高至 3 年，二套首付 4 成	非深户 3 年限购
2016 年"104"政策	非深户 5 年限购，二套首付 5 成	非深户 5 年限购
2018 年"731"新政	针对企事业单位、社会组织等进行限购；新购商务公寓限售 5 年；家庭新购买商品住房限售 3 年	限企，限售出台

2）短暂政策放松期：2019 年 11 月～ 2020 年初

政策背景：随着 2016 年以来，深圳政策持续收紧，楼市进入调整期，房价保持稳定态势，2019 年深圳全国先行示范区政策出台，城市预期看好，尤其 2019 年"双十一"政策出台，豪宅税标准调整，营业税 2 改 1 等调控放松，2019 年深圳楼市上升行情显现（图 2-6、表 2-17）。

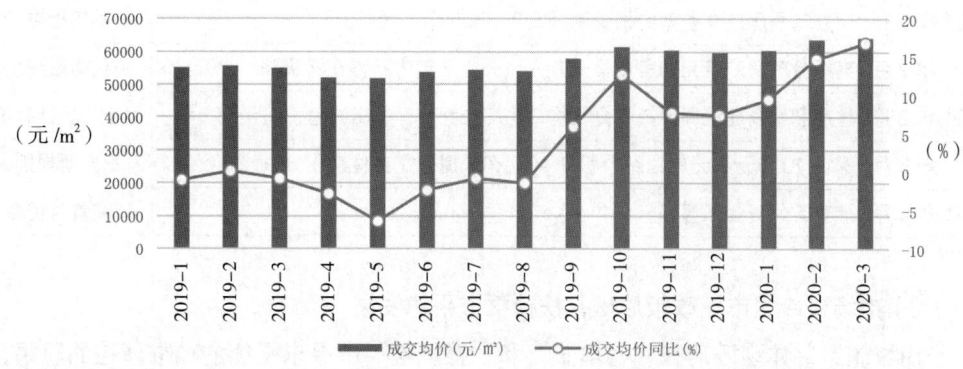

图 2-6　2019 年 1 月～ 2020 年 3 月深圳一手住宅成交均价走势

2019 年深圳出台政策

表 2-17

政策	内容	特点
2019 年 11 月	提高豪宅线标准征收增值税，营业税 2 改 1	税费降低
2019 年 12 月	取消商务公寓"只租不售"条例	公寓政策松绑

3）政策收紧期：2020 年 4 月至今

政策背景：自 2019 年 11 月政策放松后，深圳楼市上行趋势明显，新房市场因限价影响，购房热情高涨，"万人摇""代持"等炒房现象频现，同时二手市场量价齐涨，业主坐地涨价等， 楼市热度不断攀升；2020 年 4 月份深圳调控政策持续收紧，打击代持炒房、限购升级，豪宅税标准再次设定，堵假离婚漏洞，严查购房资格，积分规则难度提升以及二手房出台指导价等，严厉打击市场乱象，稳定市场预期。目前，新房市场打新难度升级，挤压投资，保障刚需；二手房市场成交量锐减，成交均价呈下滑态势，市场恢复平静（表 2-18、表 2-19）。

2020 年深圳部分一手房"日光盘"

表 2-18

项目	区域	开盘时间	推售套数	开盘售价	认筹人数	认筹/认购
××城二期	坪山区	2020/3/30	288	36500	600	2.08
××花园	光明区	2020/6/23	394	50900	8997	22.84
××城	宝安区	2020/8/16	556	47700	5560	10.0
××润玺	南山区	2020/11/25	1171	13200	9690	8.3

2020 年以来深圳楼市重点调控政策

表 2-19

政策	内容	特点
2020 年 4 月	开展打击房地产开发企业、中介机构收取"喝茶费""更名费"行为	整顿市场乱象
2020 年 7 月	深户买房 3 年社保；追溯离婚购房；增值税免征税 5 改 2；豪宅标准划定	限购升级
2020 年 11 月	严查代持	整顿楼市
2021 年 2 月	严查购房资格审查和管理，作假者将禁止买/卖房 3 年	严查购房资格
2021 年 2 月	建立二手房成交参考价格机制，发布 3595 个小区	二手房指导价
2021 年 2 月	离婚分割房产给无购房资格一方，另一方 3 年内不得在深买房	细化离婚购房
2021 年 2 月	住房和城乡建设局严查中介机构二手房挂牌价，超出参考价将受罚	严查二手挂牌价
2021 年 3 月	深圳 10 年无房无转让纪录积分 40；在深拥有 1 套住房积分 0	积分新规则
2021 年 3 月	严查首付资金来源	严查首付资金

（2）市场过冷城市，政策放松，扶持楼市平稳发展

"因城施策"体现政府在"稳增长"和"控风险"中寻求平衡的精准调控的思路，对于库存较低、销售火爆、房价上涨过快的城市，调控逐渐收紧；而对于库存高位、销

售较为冷清的地区，则调控较松或者不调控，实现对需求的合理引导和地区间的结构性平衡（图2-7）。

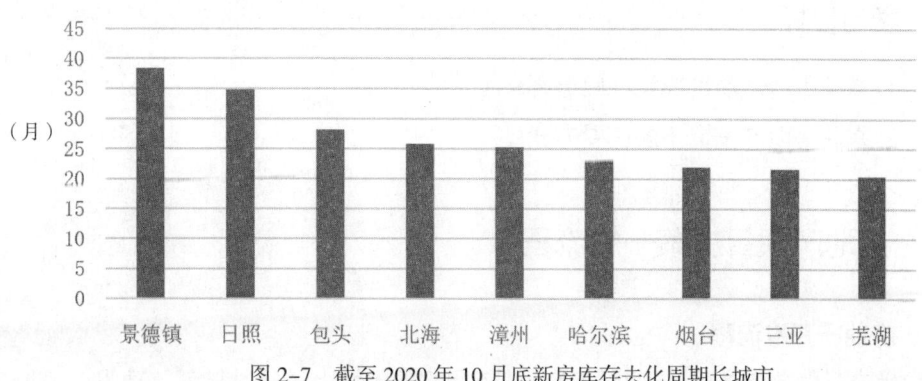

图2-7　截至2020年10月底新房库存去化周期长城市

如哈尔滨，自2019年开始，市场供过于求状态持续，2020年上半年受疫情影响，到10月底，哈尔滨的库存去化周期达23.1个月。

为提振楼市，加速去库存，2020年11月19日，东北网发布新闻，明确哈尔滨将发布《关于疫情期间促进我市房地产市场平稳健康发展相关政策的通知》，"十四条"鼓励房地产企业采取打折促销、团购等方式让利销售新建商品房，同时也在住房公积金、房地产企业预售资金监管等方面亦有所放宽。

2020年末以来，漳州、包头、日照、云南等省市相继放松公积金政策，鼓励地产企业释放优惠，鼓励刚性购房需求等，都说明部分城市在积极落实因地制宜的导向，以进一步去库存和激活住房消费（表2-20）。

2020年年末以来调控放松城市　　　　　　　　　　　　　　　表2-20

时间	省市	政策放松内容
2020/10/29	漳州	引导房地产企业采取相对应的优惠措施，支持合理住房刚性需求
2020/11/19	哈尔滨	鼓励以住房公积金、房地产企业预售资金监管放宽
2020/11/27	日照	使用住房公积金贷款购买装配式住宅，最高贷款额度上浮15%
2020/12/1	文山	个人销售购买2年以上（含2年）的住房，免征增值税
2020/12	云南	鼓励在文山城区购房，税收优惠
2021/3/8	郑州	公积金贷款首付可付3成

"因城施策"有助于地方政府根据实际市场情况，加强市场分析研判，对市场异动及时提示、指导和预警，发现问题快速反应和处置，有利于不断提高调控的针对性、精准性和有效性。

任务 2.2　房地产项目决策流程

 学习目标

1. 掌握房地产项目决策一般流程；
2. 掌握房地产投资拓展主要方式。

2.2.1 房地产项目决策一般流程

1. 房地产开发流程

房地产开发是指在依法取得国有土地使用权的土地上进行基础设施建设，房屋建设并转让房地产开发项目或者销售、出租商品房的行为。从决策、取地、开发、建设、经营、管理的程序上讲，房地产开发一般可分为七个阶段，即投资决策阶段、土地获取阶段、策划定位阶段、规划设计阶段、工程建设阶段、销售阶段和交付使用阶段，其中项目获取前的投资决策分析成为整个开发过程中最为基本、最为关键的一项工作，其目的就是通过一系列的调查研究和分析，为企业选择一个最佳的、可行的项目开发方案提供依据，是关乎这个项目成败的关键步骤（图 2-8）。

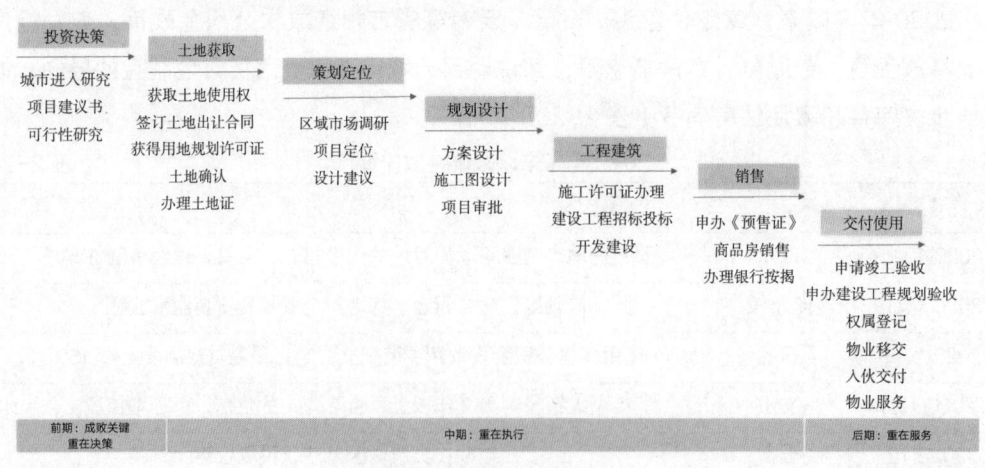

图 2-8　房地产开发全流程

2. 房地产决策流程

一般房地产决策流程分为以下几个阶段，若项目所在城市符合房地产企业城市战略布局要求，城市房地产投资发展潜力大，则可进入，再对地块调研，编写项目建议书，可行性研究，设计任务书，做项目评估及项目审批（图 2-9）。

图 2-9　房地产决策流程

（1）城市准入

通过对城市现状、城市规划、政策环境、市场发展四大维度的分析研究，综合评判城市投资发展潜力，选取进驻城市，通过对拟进入城市调研，寻找投资机会，对于后续选择投资方向，进行目标市场定位，初步确定方案等起着举足轻重的作用。

1）城市现状：了解城市的发展现状是对一个城市最直观的基础认知，因此通过研究城市的基本概况、经济发展基础、人口发展情况及城市的基建配套设施等，充分了解城市的发展成熟度。

2）城市规划：城市的发展规划是判断一个城市未来发展方向最有效的依据，因此通过梳理研究城市的总体规划、产业规划、基建配套规划等，综合多项规划的发展交集与重点区域，有效判断城市未来的发展潜力与方向。

3）政策环境：了解城市的政策环境松紧程度是研究城市房地产发展的基础，因此通过研究城市的四限政策、人才落户政策等，了解各城市的政策环境松紧度，以及城市对人才的吸引力。

4）市场发展：市场发展是城市房地产开发最直接的研究基础，因此通过研究城市的土地市场、住宅市场等，利用一定周期内的相关市场数据研究对比，了解城市的房地产发展阶段，并预判市场的未来走势。

（2）项目建议书

项目建议书是房地产开发企业根据国民经济和社会发展的长远规划、行业规划、地区规划的要求，结合各项自然资源、市场预测与分析，在基本条件确定后向国家、地区项目主管部门推荐的建设性材料。建议书的形成，是基本建设程序中最初的阶段，在项目建议书被相关部门批准后，建设单位即可着手组织对建设项目进行可行性研究。

（3）可行性研究

1）可行性研究概念

可行性研究是指对拟建项目有关的自然、社会、经济、技术等进行调研、分析比较以及预测建成后的社会经济效益，在此基础上，综合论证项目建设的必要性、财务的盈利性、经济上的合理性、技术上的先进性和适应性以及建设条件的可能性和可行性，从而为投资决策提供科学依据。

2）可行性研究工作流程（图2-10）

① 项目投资机会研究：该阶段的主要任务是对投资项目主要是土地进行初步摸底

和意向性谈判，即在一定的地区和部门内，以自然资源和市场的调查预测为基础，寻找最有利的投资机会，主要依靠笼统的估计而不是依靠详细的分析。如果机会研究认为可行的，就可以进行下一阶段的工作。

② 初步可行性研究：在机会研究的基础上，进一步对项目建设的可能性与潜在效益进行论证分析。

③ 详细可行性研究：详细可行性研究是开发建设项目投资决策的基础，是在分析项目在技术上、财务上、经济上的可行性后作出投资与否决策的关键步骤。

④ 项目评估和决策：按照国家有关规定，对于大中型和限额以上的项目及重要的小型项目，必须经有权审批单位委托有资格的咨询评估单位就项目可行性研究报告进行评估论证，未经评估的建设项目，任何单位不准审批，更不准组织建设。

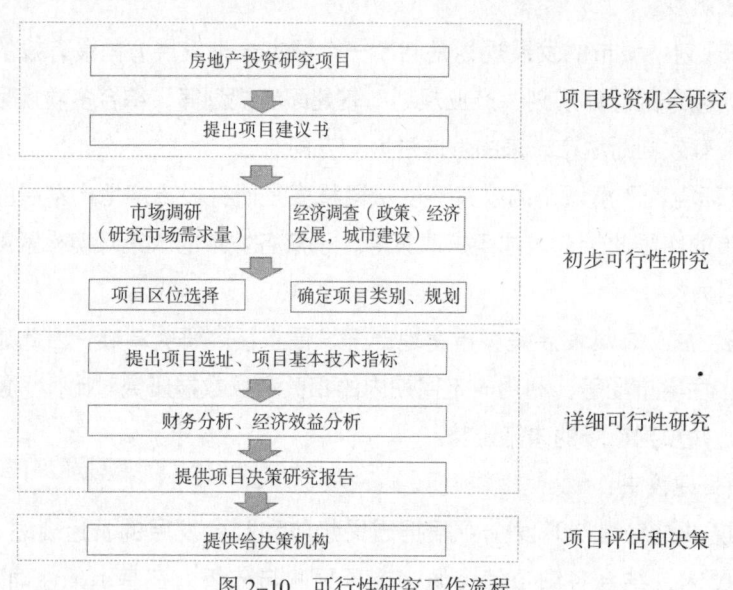

图 2-10 可行性研究工作流程

3）可行性研究报告内容及作用

① 可行性研究逻辑

A. 地块属性分析：了解地块的开发条件、自身优劣势是基础，将直接项目影响项目定位、规划排布和开发进度，因此通过研究项目的开发条件、地块内部情况、地块四至及周边配套等详细分析本体。

B. 区域市场分析：了解目标地块所在的区域及板块的房地产市场，包括研究土地市场、住宅市场、存量等，预判项目未来竞争环境及产品打造方向。

C. 经济测算：筛选目标地块对标的竞品项目，调研竞品项目的销售价格、价格增速、去化周期等，通过市场比较法，预判目标地块入市的销售价格、价格变化、销售周期，同时利用财务测算小工具，掌握地块开发测算技能，通过敏感性分析预判拿地价格上限。

② 房地产项目可行性研究报告框架

A. 项目概况：详细描述项目区位条件、规划条件、地块四至及现状。

B. 项目合规性：地块是否有历史遗留问题，是否为净地、各项手续是否合法。

C. 城市及区域宏观层面分析：城市及区域定位、规划、经济、交通及产业发展。

D. 房地产市场分析：城市及区域房地产市场供求量价存、竞争市场表现。

E. 项目初步定位：项目开发策略、形象定位、客户定位、产品及价格定位。

F. 项目初步规划：地块价值分析、总体规划、户型设计。

G. 项目开发计划：开发分析、节点计划、成本计划、融资计划、管理资源配置。

H. 项目经济效益分析：总投资测算、资金来源及测算表、敏感性分析。

I. 项目风险分析：政策、市场、财务及拿地风险评估。

J. 项目结论：是否可拿等项目结论。

③ 可行性研究报告的作用

可行性研究报告是确定建设项目前具有决定性意义的工作，是在投资决策之前，对拟建项目进行全面技术经济分析的科学论证可行性研究，它一方面充分研究建设条件，提出建设的可能性。另一方面进行经济分析评估，提出建设的合理性。它既是项目工作的起点，也是以后一系列工作的基础，其作用概括起来有以下几方面：

A. 作为建设项目论证、审查、决策的依据。

B. 作为编制设计任务书和初步设计的依据。

C. 作为筹集资金，是向银行申请贷款的重要依据。

D. 作为与项目有关的部门签订合作，是协作合同或协议的依据。

E. 作为引进技术，进口设备和对外谈判的依据。

F. 作为环境部门审查项目对环境影响的依据。

（4）设计任务书

根据可行性研究报告中所提供的项目投资若干方案，包括其中的最佳方案，经再调查、研究、补充、修正、挑选确定，即可作为编制设计任务书的可靠依据。

（5）项目评估

邀请有关技术、经济专家和承办投资贷款的银行，对项目的可行性研究报告进行预审，然后由投资银行的咨询机构或计划决策部门委托有资格的工程咨询公司进行项目评估，即对项目的可行性研究报告和编制的计划任务书进行全面认真仔细地审查、计算和核实，根据审核、评估的结果，编写出项目评估报告。

（6）项目审批

决策部门应对可行性研究报告和计划任务书及评估报告等文件进一步加以审核，如果项目是可行的，即可批准。计划任务书一经批准，就算立项，投资项目决策就基本确定。

2.2.2 房地产投资拓展方式

土地储备，是房地产企业的核心竞争力。近年来，随着土地市场的政策性文件不断出台，土地市场获得国有建设用地使用权的程序越来越规范、严格；另一方面，历年来土地市场价格不断攀升，"地王"频现，也导致了现在的土地一级市场竞争愈加激烈。如何拓展"拿地"途径，是诸多房地产企业需要解决的战略性问题。

房地产企业的"拿地"途径，分为如下几类：产权（土地使用权）交易途径（如：招拍挂、土地转让、城市更新）；企业重组途径（如：收并购）；合作开发途径（如：代管代建、管理和品牌输出）。

1. 产权交易途径

（1）土地招拍挂

土地招拍挂，是长期以来土地市场最为常见的拿地途径，其普遍性、公开性，导致了此种模式极具竞争性。为合理引导土地开发，多个城市的土地出让过程中引入限价、竞配建、竞自持等调控方式，进一步增加了对房地产企业资金链与运营能力的考验。由此衍生出房地产企业"联合拿地"现象，如"房地产企业 + 房地产企业"的联合拿地，"房地产企业 + 投资方"的联合拿地等。

以深圳南山区 2020 年 10 月挂牌出让地块——T102-03××（纯住宅）为例，最终由 NG 置业 +HR 置地 +JD 集团联合竞得（表 2-21）。

南山宅地成交明细 　　　　　　　　　　　　　表 2-21

房地产企业	拿地途径	土地编号	出让方式
NG 置业 HR 置地 JD 集团	招拍挂 （挂牌方式）	深土交告〔2020〕 ×× 号 /T102- 03××	双限双竞 （限地价、限普通商品房销售均价，竞地价、竞无偿移交只租不售的人才住房面积）

（2）土地转让

从房地产企业手中购买已出让的土地使用权，是土地二级市场常见的拿地途径。但该途径具有非常明显的优缺点。优点：交易安全系数高，交易程序相对简便；缺点：转让土地税费较高，再次转让前置条件复杂。

（3）城市更新

随着一、二线热点城市土地资源日益稀缺，房地产企业从招拍挂土地一级市场获地难度加大，在新地供应有限的情况下，城市更新成为房地产企业又一个主要拿地途径。在深圳，近几年来，已有数十家房地产企业通过"城市更新"获取土地。

城市更新拿地与传统招拍挂拿地，最大区别在于获取项目的资金准备量。通过土地招拍挂获取土地使用权，在签订土地出让合同后的短期内须将出让金支付完毕；而城市更新，则可以根据改造进度逐步支付到位。因此，城市更新可以有效缓解房地产开发商、房地产企业的前期准备资金压力。

2. 企业重组途径

收并购的业务又分为资产收购和股权收购。一般地，在房地产行业中，因为资产收购流程更加烦琐，交易难度更大，所以收购主要是以股权转让方式完成。

股权收购，由于不涉及土地使用权过户，可以回避土地使用权过户而需缴纳的大量产权交易税负，因此，该模式在二手土地市场交易中目前被普遍采用。

另外，《中华人民共和国公司法》规定，公司合并时，合并各方的资产，由合并后存续的一家公司承继，因此，通过公司合并方式，来实现一家公司持有的土地并入另一家公司，也成为一些房地产企业拿地的主要方式之一。

3. 合作开发途径

（1）代管代建

随着房地产行业的竞争加剧发展，如今房地产开发的项目已经不全是传统的全流程开发包办的模式，逐渐衍生出"代管代建"模式。很多政府企业或资金型公司，在拿地后往往都不组建自身的专业开发建设团队，而是通过与第三方开发商进行代管代建合作。

（2）管理和品牌输出

房地产企业以较低的持股比例进行项目开发，凭借管理和品牌的输出，实现大量项目的操盘管理，从而推动企业的规模化扩张。目前，多家房地产百强企业均积极尝试该种方式，有效利用外部资源，抢占更多的市场份额。

当前，在融资难度增加、拿地成本攀升的市场环境下，通过管理和品牌输出轻资产方式扩大市场份额已成为部分房地产企业思考转型的方向。

2.2.3 招拍挂

1. 招拍挂背景

为避免过分依赖协议方式出让所带来的土地市场不透明、国有土地资产开发效率低、容易滋生腐败等问题，我国从 1987 年开始探索以"招拍挂"方式出让国有建设用地使用权，提高土地供应的公开、公平、公正。1999 年 1 月 27 日，国土资源部发布《关于进一步推行招标拍卖出让国有土地使用权的通知》，标志着土地供应方式由协议向"招拍挂"为主转变。2002 年 5 月 9 日，国土资源部第 11 号令《招标拍卖挂牌出让国有土地使用权规定》，要求经营性用地必须以招标、拍卖或者挂牌方式出让；但考虑到各地实际建立"招拍挂"制度的不同情况，2003 年 4 月 2 日，监察部、国土资源部将该项制度的起始时间推迟至 2003 年 7 月 1 日，自此，我国"招拍挂"制度开始全面施行。

2. 招拍挂定义

土地招拍挂制度是指我国国有土地使用权的出让管理制度，出让方式分为三种：招标、拍卖、挂牌。

招标出让国有土地使用权，是指市、县人民政府土地行政主管部门发布招标公告，邀请特定或者不特定的公民、法人和其他组织参加国有土地使用权投标，根据投标结果确定土地使用者的行为。具体"招标"流程如图 2-11 所示。

拍卖出让国有土地使用权，是指市、县人民政府土地行政主管部门发布拍卖公告，由竞买人在指定时间、地点进行公开竞价，根据出价结果确定土地使用者的行为。具体"拍卖"流程如图 2-12 所示。

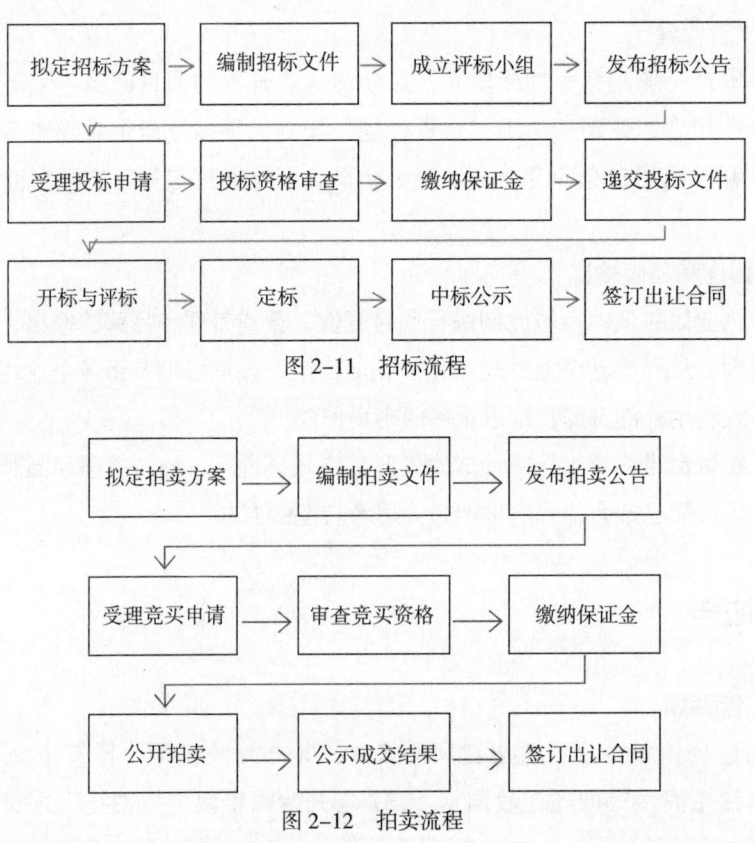

图 2-11　招标流程

图 2-12　拍卖流程

挂牌出让国有土地使用权，是指市、县人民政府土地行政主管部门发布挂牌公告，按公告规定的期限将拟出让宗地的交易条件在指定的土地交易场所挂牌公布，接受竞买人的报价申请并更新挂牌价格，根据挂牌期限截止时的出价结果确定土地使用者的行为。具体"挂牌"流程如图 2-13 所示。

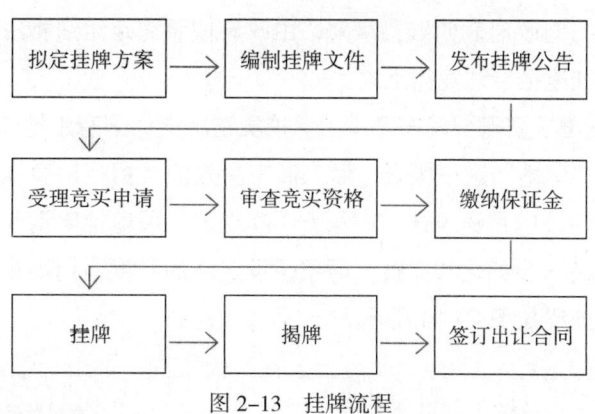

图2-13　挂牌流程

3. 招拍挂三种形式区别

招标、拍卖、挂牌三种出让方式，都引入了市场竞争机制，均具备公开、公平、公正特点，但在运行程序等方面又有所不同，在土地交易中所发挥的作用也存在着一定的差异。具体区别见表2-22。

招拍挂三种方式对比　　　　　　　　　　　　　　　　　表2-22

序号	出让方式	招标	拍卖	挂牌
1	底价是否公开	不公开	不公开	公开
2	是否设定独立于委托人的集体决策组织	设立招标委员会	设立拍卖委员会	不需要
3	报价方式	填写投标书	现场举牌	交易中心电脑报价终端报价
4	报价次数	一次报价机会	可多次报价	可多次报价
5	竞买（投）人数	≥2人	≥2人	≥1人
6	竞价规则	综合利用条件最佳者得	价高者得	规定的截止时间内价高者得
7	公告发布地点	交易中心、互联网，并在指定报刊刊登	交易中心、互联网，并在指定报刊刊登	交易中心、互联网发布
8	公告期限	不少于30日		
9	公告发布方	市、县人民政府土地行政主管部门		

4. 招拍挂其他衍生形式

随着房地产市场规模迅速扩张，需求释放，供给端的"招拍挂"制度逐渐细化和完善，衍生出"勾地""一、二级联动"等补充出让方式。

（1）勾地

勾地最早源于我国香港地区，是从香港地区引进的一种土地出让方式，是指正式招拍挂出让国有土地使用权前，意向用地者提前与政府沟通地块范围、规划指标、供地时间、土地价格等内容，向政府表明购买意向，由政府按照约定组织相应土地出让事宜，单位或个人通过招拍挂途径合法竞得土地。

2006年年初国土资源部发布了《招标拍卖挂牌出让国有土地使用权规范（试行）》第5.4款明确了"勾地"这一概念，后来颁布生效的《招标拍卖挂牌出让国有土地使用权规范》取消了勾地的用语表述，在第5.4款规定了用地预申请制度。勾地制度是对招拍挂出让制度的进一步细化和完善，而不是设定新的制度，用地预申请实际上就是勾地制度。勾地一般流程如图2-14所示。

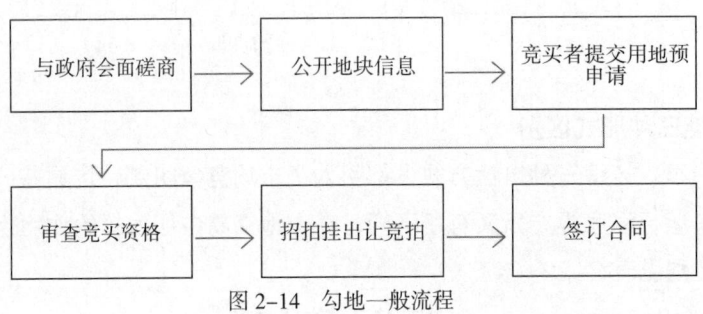

图2-14 勾地一般流程

勾地项目，通常投资巨大，需要长期持有运营且收益回报较弱，因此，政府一般愿意在地价和关联的住宅开发用地上给予相应补偿，以补贴开发商建设经营的损失。在此背景下，勾地"产业+"模式逐渐兴起（表2-23）。

勾地"产业+"主流模式　　　　　　　　　　　　　　　表2-23

模式	特点	代表项目
产业园+地产	产业园区运营及地产开发	华夏幸福创新中心、招商蛇口网谷、联东U谷
文化旅游产业+地产	与地方政府达成协议，打造独具特色的文化旅游区	融创文旅城、华侨城、万达小镇、恒大文旅城
医疗养老康体产业+地产	与著名医疗机构以及地方政府合作，开发运营康养项目	恒大养生谷、融创颐养社区、绿城乌镇雅园

（2）一、二级联动开发

一、二级联动开发，是指由一家企业先后承担土地开发及物业开发，即企业借助参与一级整理的先天优势顺利摘牌开发用地，赚取二级开发收益，从而实现一二级联动的一种开发模式。

总体来看，一、二级联动主要分为合同签约阶段、土储实施阶段、土地出让阶段、投资款返还阶段四个环节。

5. 土地招拍挂新常态——竞拍条件多样化

从以往土地出让历史来看，无限制地推地，往往容易导致房地产企业竞争加剧，变相推高地价，并传导至新房市场房价高企。一线城市的土地市场最为典型，高溢价地块频现，"地王"现象更是屡见不鲜，刺激房价屡创新高。在此现象下，政府着手调整土地出让方式细则，从供给端抑制房价非理性上涨，在多个热点城市相继收紧调控下，实行"限地价、竞自持（或配建）"等土地出让方式，严格控制溢价率和楼面地价。

以北京、上海等一线城市为代表，在土地出让时增加了限制性条件，如限定商品房销售均价、配建政府性房源、竞拍自持面积等，这种有条件的土地出让方式逐渐常态化（表 2-24）。

北上广深一线城市招拍挂限制条件　　　　　　　　　　表 2-24

城市	限制性条件组合
北京	限地价 + 限普通商品房销售均价； 限地价 + 竞商品住房自持面积 + 竞商品住宅建设方案； 竞地价 + 竞公共租赁住房面积 + 竞商品住宅建设方案； 竞地价 + 竞报政府持有商品住宅产权份额 + 竞商品住宅建设方案
上海	自持比例要求（部分自持 + 全自持）； 推行招挂复合出让方式（地块出让需要在经过对申请人资格审查和确认后确定出让方式）
广州	限地价 + 限普通商品房销售均价； 限地价 + 竞配建政府性房源； 限地价 + 竞配建政府性房源 + 摇号； 限地价 + 竞配建政府性房源 + 竞商品住房自持面积 + 摇号
深圳	单限双竞：限地价 + 竞地价 + 竞配建只租不售的人才住房面积； 双限双竞：限地价 + 限普通商品房销售均价 + 竞地价 + 竞配建只租不售的人才住房面积

以深圳为例，土地有条件出让常态化发展历程。2019 年来，深圳土地加快入市，成交 12 宗涉宅地，其中，11 宗采用"单限双竞""双限双竞"竞拍方式出让。到 2020 年，共成交 31 宗涉宅地，其中，28 宗宅地均采用"单限双竞"或"双限双竞"拍地方式。2021 年首批集中出让 6 宗涉宅地，5 宗为"双限双竞"竞拍方式出让。由此可见，有条件的出让方式已成常态化。

6. 未来趋势预判

（1）房地产企业拿地谨慎

2022 年，房地产企业面临着销售市场下行、资金链紧张等多重考验，拿地意愿较为平淡，投资态度较为谨慎。土地招拍挂市场的持续"冷清"有可能产生一系列影响，包括影响房地产项目新开工、施工等环节，进而影响房地产开发投资决策。

为激发房地产企业拿地信心，部分城市结合地方实际情况，根据市场需求采取了重新调整房地产价格约束方式和程度、调整土拍门槛、降低竞买保证金、延长土地出让金缴纳期限、降低竞配建要求等措施，一定程度上释放利润空间，减少房地产企业资金占用。

（2）房地产企业布局偏好呈现集聚效应

当前我国城市化正处于区域间加速分化阶段，区域一体化的发展规划提升了高能级城市及发达区域的综合承载能力，因此潜在购房需求仍存在一定空间。

房地产企业基于不同区域及城市间的投资机遇和风险差异，在布局方面提高了高能级城市拿地占比，2022年上半年拿地资金投向一、二线城市的占比提升至86%，其中22个集中土拍城市拿地占比提升至64%。杭州、宁波、合肥由于供地规模较大，成为50家代表房地产企业拿地机会更多的城市。

同时从几家典型房地产企业上半年拿地进入城市来看，布局策略呈现出进入城市数量少，且进入的多为已经多年布局城市的特点，对于三、四线城市的拿地投资已现明显退潮之势。

（3）央企、国企延续主导，民企拿地自发性收缩

央企和地方国企在土地招拍挂市场上表现抢眼，而民企自去年二批次以来始终保持较为保守的土地扩张意愿，销售回款到拿地的资金循环链条被阻断，叠加债务压力的累积致使多数民企采取收缩策略，土地投资端多数已处于停滞状态，在部分热门城市如南京、北京、厦门、深圳，民企的拿地参与度并不高。

国企、央企与平台公司合作，仍是集中供地的主力军。一方面在资金成本优势下，国企央企持续在核心城市补仓优质土储；另一方面，在土地市场低位运行中，经济压力使得部分城市仍需平台公司"托底"。

土地竞拍市场参与者的减少一定程度上引致了土地招拍挂价格溢价率的下行，典型房地产企业2022年首批次拿地溢价率较去年同期多有明显下降，体现出行业格局变化中房地产企业间竞争趋于理性的回归。

2.2.4 城市更新

我国部分城市正在实现从增量时代向存量时代的转型，城市更新作为城市存量发展的重要途径，对激活城市存量土地、满足居民住房需求、提升城市的未来发展空间意义重大。

1. 城市更新定义

随着我国城市化进程的不断推进，多地结合本土实际，对城市和农村中不符合现代化社会和城市发展的建筑进行了重建和更新，也相继提出了"旧城改造""棚户区改造""城市更新"等相关概念。

（1）旧城改造

"旧改"全称旧城改造，它是根据城市发展的要求和满足城市居民生活的需要，针对城市现存环境中内部功能、建筑、空间、环境等进行的必要的调整和改变，是有选择地保存、保护并通过各种方式提高环境质量的综合性工作，是在城市老化地区有规划地进行城市改造建设。

（2）棚户区改造

"棚改"全称棚户区改造，棚户区改造是我国政府为改造城镇危旧住房、改善困难

家庭住房条件而推出的一项民生工程。棚户区中居民所居住的建筑大多为平房，建成年代久远，人均面积较小，且房屋结构和配套设施质量差，建筑周边居住环境较差，基础设施配套不足，存在较多安全隐患，棚户区内的居住条件已不符合城市整体居住水平。

（3）城市更新

城市更新是指对城市建成区内具有下列情形之一的区域，根据城市更新条例规定进行拆除重建或者综合整治的活动：

1）城市基础设施和公共服务设施急需完善；

2）环境恶劣或者存在重大安全隐患；

3）现有土地用途、建筑物使用功能或者资源、能源利用明显不符合经济社会发展要求，影响城市规划实施；

4）经市人民政府批准进行城市更新的其他情形。

城市更新、旧改与棚改区别见表 2-25。

城市更新、旧改与棚改区别　　　　　　　　　　　　　　　　表 2-25

类别	城市更新	旧改	棚改
改造对象	旧工业区、旧商业区、旧住宅区、城中村及旧村屋等	旧城镇、旧厂房、旧村庄	城镇中不符合整体居住水平的危旧住房
改造主体	地方政府部门、土地使用权人、市场主体	村集体经济组织或其他市场主体	地方政府或地方政府委托的企业
改造目的	完善城市功能、优化产业结构，改善人居环境、推进土地、能源、资源的节约集约利用	局部或整体地、有步骤地改造和城市更新城市的全部物质生活环境	旨在消除旧危住房，改善片区居住环境，完善基础设施配套和公共服务设施
改造原则	政府引导、市场运作、规划统筹、节约集约、保障权益、公众参与	政府引导、市场运作、公众参与	政府主导、国企实施、人才住房
改造方式	重建或再开发，综合整治、功能改变	重建或再开发，综合整治、拆除重建	拆旧建新
改造周期	周期长短视具体类型而定	周期较长	周期较短

2. 城市更新政策演变

（1）全国城市更新政策演变

城市更新作为当前城市存量发展的重要途径，强调用综合的、整体性的观念和行动计划来解决城市存量发展过程中遇到的各种问题，促进城市可持续发展。事实上，过去我国城市化的快速发展虽然推动了城市空间的扩张，但也造成了中心城区土地开发强度的饱和，使得城市的配套功能和空间承载能力并未得到明显提升。而现在，城市更新不断受到国家及地方利好政策的支持（图 2-15）。

未来中国人口和经济会持续集中，城市群都市圈将是未来的城市格局。在此基础上，大中城市人口将持续增加，新增城镇人口的住房需求人有较大空间。因此，盘活存量用地，提高土地利用效率将是未来新型城镇化战略的重要一环。城市更新的力度将持续加大，从而释放城市土地活力，促进城镇化高质量发展。

2013 年	2015 年	2021 年
中央城镇化工作会议严控增量，盘活存量优化结构，提升效率	中央城市工作会议集约发展，框定总量限定容量、盘活存量做优增量、提高质量	政府工作报告深入推进以人为核心的新型城镇化战略，实施城市更新行动
将城市更新工作提高到国家战略高度	科学理解城市更新内涵完善城市更新制度体系	城市更新力度持续加大新型城镇化

图 2-15　近年来重点城市更新政策支持

（2）深圳城市更新重要政策

2009 年 10 月 22 日，深圳率先颁布地方《城市更新（实施）办法》，为日后的城市更新实践活动奠定了坚实的理论基础，而这也是深圳城市更新制度建设迈向新台阶的里程碑。经过 2009 年以来的城市更新实践和政策创新，深圳形成了以《深圳市城市更新办法》《深圳市城市更新办法实施细则》为核心的多层次"1+1+N"政策体系：两个"1"分别为《城市更新办法》和《城市更新办法实施细则》，"N"为覆盖了法规政策、技术标准、实际操作等不同方面的一系列配套文件。深圳城市更新政策始终坚持以《城市更新办法》和《城市更新办法实施细则》为核心，通过《关于加强和改进城市更新实施工作的暂行措施》（以下简称《暂行措施》）等更为细致的配套政策来规范地方城市更新的工作开展，借助《暂行措施》的定期修订和优化，深圳可以灵活应对城市更新实践中出现的各种问题（表 2-26）。

深圳城市更新核心政策主要变化　　　　　　　　表 2-26

所处时期	城市更新政策初期	城市更新政策完善期	城市更新政策发展期
政策变化	211 号文件（2009）	1 号文件（2012）	290 号文件（2016）
政策标志	国内第一部城市更新办法，即《深圳市城市更新办法》对城市更新工作建立制度，开始城市更新制度探索	颁布《深圳市城市更新办法实施细则》与《深圳市城市更新办法》一起构成城市更新 2 大核心政策	修订版本《深圳市城市更新办法》和新版《关于加强和改进城市更新实施工作的暂行措施》，标志城市更新进入新一轮政策变革
政策内容	明确城市更新的概念，综合整治、拆除重建或功能改变的活动	进一步规范深圳城市更新活动开展、界定只能分工、针对综合整治、拆除重建和功能改变三类改造模式提出具体详细的实施规定	对接深圳"强区放权"实现城市更新管理和审批权力下沉，创新实施机制，简化地价体系，提升公共服务水平

深圳城市更新核心政策相对稳定，演进方向是自 2009 年之前的"政府推动"迈向"市场选择"，从曾经的政府主导转向市场主导与多方协作。"政府引导、市场运作"是当前深圳城市更新的基本导向，通过市场选择开展城市更新，推进城市空间改善和产业升级。

3. 城市更新项目分类

（1）按照改造程度分类：拆除重建类、功能改变类和综合整治类

按照改造程度分类表面上是对发生的改造建设行为进行分类，按照改造程度从大到小总体上可分为拆除重建类、功能改变类和综合整治类。

1）拆除重建类：是指进行了完全的物质形态改变的项目，至少发生了整栋建筑的拆除，其开发强度和功能也随之发生变化。

2）功能改变类：即局部改建，是指更新后对原有建筑进行了部分（而非全部）的拆除，并进行了一定程度的改建、加建。

3）综合整治类：不改变建筑主体结构和使用功能，改善消防设施、改善基础设施和公共服务设施、改善沿街立面、环境整治和既有建筑节能改造等内容。

（2）按照开发模式分类：政府主导、市场运作及政府引导、市场主导等形式

以深圳为例，从项目的实施主体来看，城市更新一般分为政府主导、市场运作及政府引导、市场主导等形式。

1）政府主导、市场运作

【案例2-1】某地产深圳大冲城市更新项目

大冲村位于深圳高新园，改造项目占地68.4万 m²，涉及旧改各类建筑物1400栋，整个项目占地约68.5万 m²，建筑面积280万 m²，业态包括商业、写字楼、酒店、公寓、住宅等，定位为创新升级版万象城，大冲旧改将全新的商业模式和生活方式引入旧村改造，建设具有国际品质，展现未来多元化都市活力的新型社区，成为深圳高新技术产业园区重要配套基地，为经济转型和社会转型带来推动和示范效应（图2-16）。

（a）　　　　　　　　　　　　（b）

图2-16　深圳南山大冲改造前后对比
（a）改造前；（b）改造后

政府主导模式是大冲项目的创新，由于规模巨大，近千户村民的利益难以协调一致，为保证城市更新按照政府规划设定方向前进，南山区政府从1998年立项到2011年签约工作都全程介入，据了解，大冲旧改工作团队有100多人，工作组深入村民家中宣讲政策，沟通村里利益诉求，为旧改签约奠定基础，可见这种模式的最大特点是政府主导，全程参与。

2）政府引导、市场主导

• ————————【案例2-2】深圳蔡屋围城市更新项目————————•

蔡屋围村坐落于深圳地王金融中心的核心位置，东接东门商圈，西靠华强北，蔡屋围村整体改造占地面积达12万 m²，涵盖了全村所有未改造区域，需拆除旧村面积等约36.8万 m²，总建筑面积200万 m²，改造范围涵盖47宗地块，打造深圳最高的城市地标，成为集办公、酒店、商业为一体的全球最高都市综合体之一（图2-17）。

图2-17　蔡屋围城市更新项目规划图

开发商主导模式中，房地产开发商投入资金收购原业主物业，除了补偿给原业主的物业外，获得大部分物业产权，该模式能极大激发开发商城市更新热情，推进城市更新进程。

4. 城市更新流程概述

我国当前城市更新流程通常包括申报与立项阶段、规划编制与审批阶段、实施阶段。不同城市对于城市更新流程有不同的规定，具体步骤又会因为更新项目的内容、规模、发起的主体不同、类型不一而不同，图 2-18 以深圳为例。

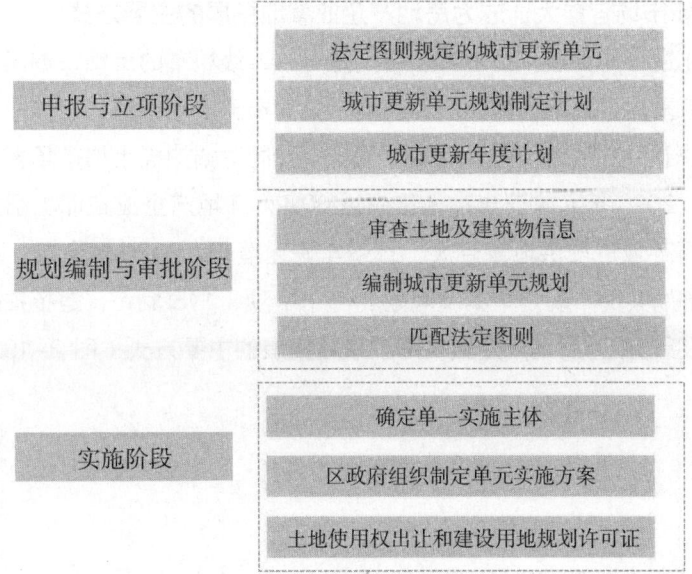

图 2-18　深圳城市更新阶段

（1）申报与立项阶段

申报与立项阶段主要解决的是"能不能改"的问题。其意义首先在于便于政府规范化、制度化控制城市更新项目，其次可以满足公众和利益相关者知情权，为后续工作减少阻碍，也为后续项目融资提供便利，申报与立项阶段中较为核心的两个步骤是意愿征集和划定城市更新单元，二者能否达到各个城市更新政策的要求是立项成功与否的关键。

（2）规划编制与审批阶段

规划编制与审批阶段主要解决的是"怎样改"的问题。在该阶段，一些关于目标定位、更新模式、开发建设指标，公共配套设施、道路交通、市政工程和城市设计等城市更新的细化要求和专项规划被制定，城市更新目标和责任被具体落实。

（3）实施阶段

实施阶段主要围绕实施主体的确定展开，解决"谁来改"的问题。该阶段意义在于将长期的更新愿景转化为公共和私营部门之间的财务、合同和体制关系，是确定更新项目主导力量和运作机制的关键所在，实施主体的资格也意味着正式拆迁和补偿的资格，而拆迁和赔偿也是实施阶段中涉及利益博弈的核心阶段，城市更新的运作主体可以是单一的，也可以是混合的（如政府与企业、业主与企业等）。过去，在早期快速城镇化背景下，城市更新受到土地财政的强力推动，政府与开发商往往通过形成"开发联盟"，以拆除重建的"运动式"更新来快速推进城市的改造和空间面貌的提升，目前大多数城市都鼓励城市更新项目的多主体参与，深圳更是程序性地明确城市更新项目的"多主体申报"可能，并最终确定如开发商、原业主等项目实施主体和主要责任方。

5. 城市更新市场容量大，成为房地产企业拿地拓展的主要方式

随着城市化进程的推进，土地资源特别是一、二线城市的土地日趋紧缺，而一些老旧建筑需要拆除重建，城市更新便成为房地产企业拓宽拿地渠道的有效手段。如深圳，地域面积有限，招拍挂市场新增土地供应严重不足，同时招拍挂土拍市场多以"双限双竞"竞拍方式为主，2020 年人才安居拿地量超过 60%，房地产企业在深圳招拍挂市场拿地难度非常大，而存量市场供地量巨大，且逐年快速增长，2020 年全年，深圳各区城市更新及土地整备局共发布规划草案及规划公告 137 项、1150hm²，是招拍挂土地供应量5.1 倍，城市更新已成为房地产企业在深圳拿地拓展的主要方式（图 2-19）。

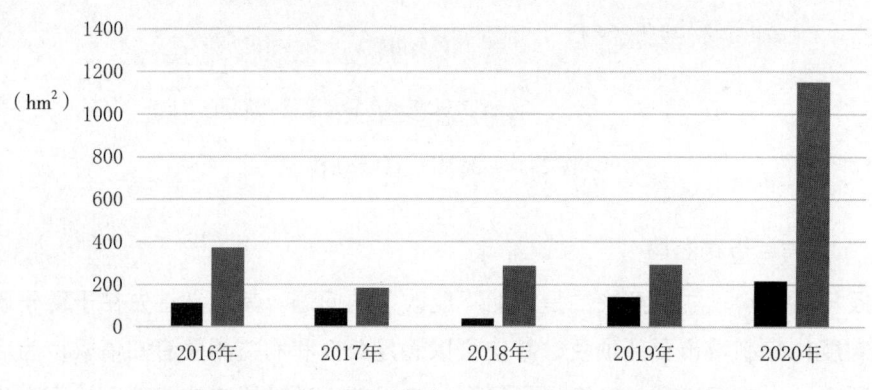

图 2-19 2016 年以来深圳招拍挂与城市更新土地供应量对比

在招拍挂市场供应量有限，且竞拍规则严苛，市场竞争日趋激烈的深圳市场，规模房地产企业通过城市更新获取大量土地，且住宅量占比近半，丰富土储为房地产企业深耕深圳奠定坚实基础（表 2-27）。

2021 年规模房地产企业在深城市更新已批规划总量 表 2-27

序号	房地产企业	已批规划占地（万 m²）	住宅量占比
1	企业 1	627	41%
2	企业 2	611	47%
3	企业 3	527	52%
4	企业 4	496	51%
5	企业 5	451	39%

续表

序号	房地产企业	已批规划占地（万 m^2）	住宅量占比
6	企业 6	341	53%
7	企业 7	267	15%
8	企业 8	222	32%
9	企业 9	222	73%
10	企业 10	184	46%

同时 2020 年 10 月，深圳市规划和自然资源局公示了《深圳市城市更新和土地整备"十四五"规划（草案）》（以下简称"十四五"规划），"十四五"规划积极鼓励开展城中村和旧工业区有机更新，逐步实现城市空间结构优化、住宅供应增加、公共配套水平与基础支撑能力提升，未来城市更新仍将释放大量土地资源（图 2-20）。

深圳城市更新与土地整备的"十四五"规划

到 2025 年，全市城市更新和土地整备实施规模不少于 95km²

有效发挥城市更新单元计划的管控作用，规划期内全市新增更新单元计划规模不少于 30km²，年度规模建议不少于 6km²

规划期内保留提升 100km² 工业区，整备改造 100km² 产业空间

规划期内实现供应商品住房建筑面积不少于 1400 万 m²，力争通过规划筹集公共住房和配套宿舍面积不少于 600 万 m²

图 2-20　深圳城市更新与土地整备的"十四五"规划

目前部分城市房地产行业已逐步步入存量时代，城市更新作为当前城市存量发展的重要途径，对激活城市存量土地、满足住房需求、提升城市的未来发展空间意义重大。对于房地产企业来说，城市更新受中央及地方政策扶持，参与城市更新项目，可以有效降低房地产企业拿地成本，获取更高开发收益。

2.2.5 收并购

1. 收并购背景

近年来招拍挂市场竞争激烈，房地产行业融资监管也愈加趋严，房地产企业资金链进一步承压，融资难度上升，资金面呈现出各种分化；针对该现象，在房地产企业规模化布局及战略调整的驱动下，二级市场"收并购"地产项目成为房地产企业的共识。

2. 收并购定义及分类

收并购是指两家或多家企业合并为一家企业，通常为一家占有优势的公司吸收其他家公司。而房地产企业收并购的对象一般为：房地产企业的房地产和开发项目、一般企业的已建房屋建筑物、土地使用权、在建工程等。常用业务模式分为资产收购和股权收购。

资产收购，是指一家企业购买另一家企业实质经营性资产，通过购买资产并运营该收购资产，从而获得利润创造能力的交易行为。

股权收购，是指收购方通过购买目标公司股东股权或认购增资，获得另一家企业的股权，以实现对被收购企业实施控制的交易。

3. 收并购模式区别

一般来说，在房地产行业中，股权收购交易流程相对简单，由于不涉及土地使用权过户，可以回避土地使用权过户而需缴纳的大量产权交易税负；而资产收购由于流程更加烦琐，税务负担较高，交易难度更大；因此，股权收购模式在二手土地市场交易中采用性更高（表2-28）。

收并购模式区别   表2-28

类型	股权收购	资产收购
标的	目标公司的股权	目标公司的资产
交易主体	收购方、目标公司的股东	收购方、目标公司
交易性质	股权转让或增资	资产买卖
债权债务承担	需承担债务风险	可有效规避债务风险

4. 收并购案例分析

在房地产"三道红线"和银行业"两道红线"政策的实施下，房地产行业集中度进一步提高，竞争格局也随之变化，在此环境下，房地产市场中收并购现象持续活跃。以2020年为例，在国家政策支持下，货币环境较为宽松，房地产行业融资利好，头部房地产企业凭借颇具优势的融资成本与庞大规模，积极引领并推动着房地产企业收并购的市场（表2-29）。

2020年至2021年4月房地产行业部分收并购情况   表2-29

时间	房地产企业	事件
2021年4月	企业1	出资99.1亿元与××集团成立合资公司，持股80%，并购项目多达54个总资产超487亿元
2021年3月	企业2	以10.3亿元获得××地产18%的股权

时间	房地产企业	事件
2020 年 10 月	企业 3	以 72.6 亿元向 ×× 控股集团收购广东 ×× 全部股权
2020 年 9 月	企业 4	70.7 亿元增资 ×× 城建 25% 股权，增资后股权占比为 75%
2020 年 9 月	企业 5	53.3 亿元收购广州水西与镇龙两个 TOD 项目
2020 年 7 月	企业 6	拟收购 ×× 地产近 20% 的股权
2020 年 5 月	企业 7	7.83 亿港元购 ×× 7682 万股
2020 年 5 月	企业 8	收购 ×× 股份 29% 股份正式签约开发类
2020 年 5 月	企业 9	14.41 亿元收购 ×× 股份 29.12% 股份
2020 年 4 月	企业 10	48 亿买入中国 ×× 资产包，并购获地 220 万 m²
2020 年 4 月	企业 11	22.79 亿收购 ×× 上海、沈阳四个项目 35% 股权
2020 年 3 月	企业 12	68.5 亿元收购武汉 ×× 100% 权益及项目
2020 年 3 月	企业 13	37.7 亿元收购 ×× 地产 57.5% 股权
2020 年 1 月	企业 14	收购东莞 ×× 置业 90% 股权
2020 年 1 月	企业 15	并购 ×× 集团部分股权，以获得更多的土地储备

【案例 2-3】Y 集团收购 H 地产股权

　　2021 年 3 月 28 日，H 房地产集团有限公司宣布，与 Y 集团旗下投资平台 Y 资本有限公司签署战略合作协议——Y 资本将以 10.3 亿元收购 H 地产 18% 的股权。据 H 公司年报数据显示，2020 年营收收入 142.4 亿元，同比下滑 13.56%，净利润 17.31 亿元，同比下滑 61.37%；资产负债率达 61.16%，持续走高。对于 H 公司来说，此次合作，不仅有助于其财务上的降杠杆，也与集团"轻资产、重运营"的战略选择相合。

　　从收购方来看，2020 年 Y 集团新增土储货值约 871 亿元，低于 2020 年全年 1310.4 亿元的销售额，因此，在补充有效货值方面有一定需求。而此次收购 H 地产 18% 股权，更为看重的是可以依托 H 集团的资源，拓展在多层级城市的资产管理项目资源。

任务 2.3　城市房地产市场分析

 学习目标

1. 掌握城市地图、板块分析、客户地图等城市房地产市场分析方法；
2. 了解城市房地产市场分析新工具——栅格地图；
3. 掌握房地产市场分析逻辑思路及主要内容，构建城市房地产市场评价体系，形成对城市房地产市场发展的精准认知。

2.3.1 城市地图

1. 什么是"城市地图"？

城市地图：以大数据为基础，以地图形式可视化展现城市整体信息。具体包括展示城市宏观经济发展，城市房地产发展环境，城市房地产发展市场健康度及未来发展潜力等信息。城市地图为房地产企业进驻提供决策参考。

2. "城市地图"包含内容及内在逻辑

城市地图主要包含城市经济环境、人口、交通、产业等宏观基本面信息以及城市土地市场、商品住宅市场等房地产市场面信息（图 2-21）。

图 2-21　城市地图主要涵盖内容

3. 城市宏观基本面分析主要涵盖指标及其含义

城市宏观基本面是房地产市场发展的支撑基础，城市面各项指标俱佳城市，未来城市发展潜力越大，主要包含城市现状及城市规划两大层面。

（1）城市现状

1）城市定位：其含义是通过分析城市的主要职能，抓住城市最基本的特征，引领自身发展的目标、占据的空间、扮演的角色、竞争的位置，例如：深圳在粤港澳大湾区规划中被定位为"四大中心城市之一"，强调深圳在粤港澳大湾区发展中引领辐射带动作用，深圳城市定位高，未来发展潜力大。

2）城市宏观经济：主要判定城市经济动能及发展潜力，常见指标为 GDP 值及增速、城市固定资产投资及增速判定城市房地产开发热度、社会消费额及增速判定城市消费活跃度，支撑城市房地产发展。例如深圳 2020 年 GDP 27670 亿元，增速 2.8%，东莞 2020 年 GDP 9650 亿元，增速 1.8%，深圳经济总量是东莞 2.87 倍，深圳经济发展动力较东莞更强。

3）城市人口：人口是决定房地产市场容量的关键因素，城市常住人口越高，对住房需求越强烈。小学生及在校大学生人口及增速则表示未来城市住房需求大小；其次人口购买力指标一般选取城市人均可支配收入、人均可支配支出，城市人均可支配收入及人均可支配支出越高，人口购买力越强。

4）城市产业：产业对城市中长期发展最为关键，三次产业结构中，三产增加值越高，城市发展成熟度越高；科技创新是推动技术进步和产业发展的关键要素，如重点指标 R&D 经费支出（一般指研究与试验发展经费），表示城市基础研究投入。如深圳、广州三产占比 70% 左右，产业结构升级较快，产业附加值高。

5）城市基建配套：城市最重要的配套是交通、教育、医疗、商业，房地产市场的发展也离不开地区配套的支撑，尤其是交通配套，交通发展影响人口流向，带动房地产需求，尤其轨道交通通达性，与城市中心区通勤距离、重要轨道交通站点、片区地铁条数等影响较大。如深圳地铁 11 号线 2016 年开通后，将宝安沙井、福永与南山、福田等中心区通勤时间缩短至半小时，沙井、福永商品住宅成交量 2017 年同比增长 56%，市场需求量增长明显；其次教育、医疗、商业能级越高，城市竞争力越强。

城市基本面现状涵盖内容见表 2-30。

城市基本面现状涵盖内容 表 2-30

一级指标	二级指标分项	二级指标意义
城市定位	—	仅有一级指标，政府规划导向
城市宏观经济	GDP 及其增速	城市经济能级及潜力
	固定资产投资及房地产投资增速	城市投资热情
	社会消费额及增速	经济实力体现
城市人口	常住人口及增速	人口容量
	小学生及在校大学生数及增速	未来人口增长力
	人均可支配收入及可支配支出	人口购买力
城市产业	三产增加值及结构占比	产业结构
	R&D 经费支出	创新产业发展
城市基建配套	重点轨道站点及交通条数	交通通达性强带动人口流动，从而带来房地产需求
	教育、医疗、商业	城市竞争力

在大数据信息时代，随着"互联网+"技术在各行业内的渗透，城市基本面信息可通过多种可视化平台，有针对性地展示和应用。例如，在某市统计数据公共服务平台上，以饼图、柱状图及折线图等多类型图直观展示经济、人口等宏观经济层面信息，可视化强（图2-22）。

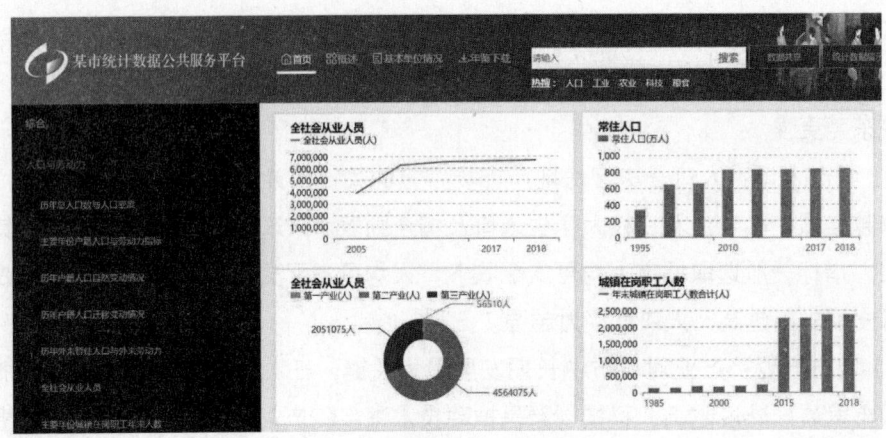

图2-22 某市统计数据公共服务平台

（2）城市规划

1）城市总体规划：反映城市整体未来的发展方向与空间，体现城市的发展能级、阶段及范围。

例如：深圳城市空间规划以中心城区为核心，形成"三轴两带多中心"的轴带组团结构，西联、北拓、东进，加强与东莞、惠州、珠江西岸和粤东地区联系，拓展深圳的空间发展腹地，从深圳规划方向及与大湾区广州、东莞、中山、珠海等其他城市联系来看，深圳向西拓展潜力更大。

2）产业规划：反映城市未来的产业发展方向，侧面体现对于未来人口的吸引力及城市经济的推动力。

例如：武汉全市产业地图中，全市产业总体布局图围绕"主城做优、四副做强"总体要求，明确武汉九大支柱产业，分别为光芯屏端网新一代信息技术、汽车制造和服务、大健康和生物技术、高端装备制造和先进基础材料、智能建造、商贸物流、现代金融、绿色环保、文化旅游等产业，详细描述各支柱产业重点分布结构、分布区域，如光芯屏端网新一代信息技术核心区域为东湖新技术开发区、江夏区及洪山区，未来该区域将是该产业重点发展片区，政府资源支持力度也将大大加大，有助于聚集新一代信息技术领域内龙头企业，吸引该领域高层次人才，带动片区经济增长。

3）基建规划：反映城市基础配套设施未来的完善度，侧面体现城市人民生活的便捷度、城市的发展水平。

4. 城市房地产市场分析

房地产市场分析是指通过房地产市场信息的收集、分析和加工处理，寻找出其内在的规律和含义，预测市场未来的发展趋势。

（1）土地市场

1）土地市场政策：土拍市场政策影响市场预期，压缩企业盈利空间，如深圳地块出让、多限定土地成交价、商品住宅销售价、竞土地价格、竞人才房或者公共租赁住房面积，企业竞争难度大。

2）土地市场供应成交量：城市土地供求量可以反映城市房地产投资开发的活跃度，如佛山年均土地供求量超 1000 万 m^2，而深圳年均土地供求量在 200 万～400 万 m^2，佛山土地市场需求量大，房地产投资活跃度高。

3）土地市场溢价率：溢价率越高，城市土地投资热情高，如东莞近 2 年土拍溢价率在 30% 左右，肇庆多以底价成交为主，近 2 年土拍溢价率在 10% 以下，东莞土地投资热情高于肇庆。

图 2-23 展示了在某商业房地产大数据投资决策系统中，利用柱状图展示土地市场历年供求量价走势，体现土地市场投资热情。

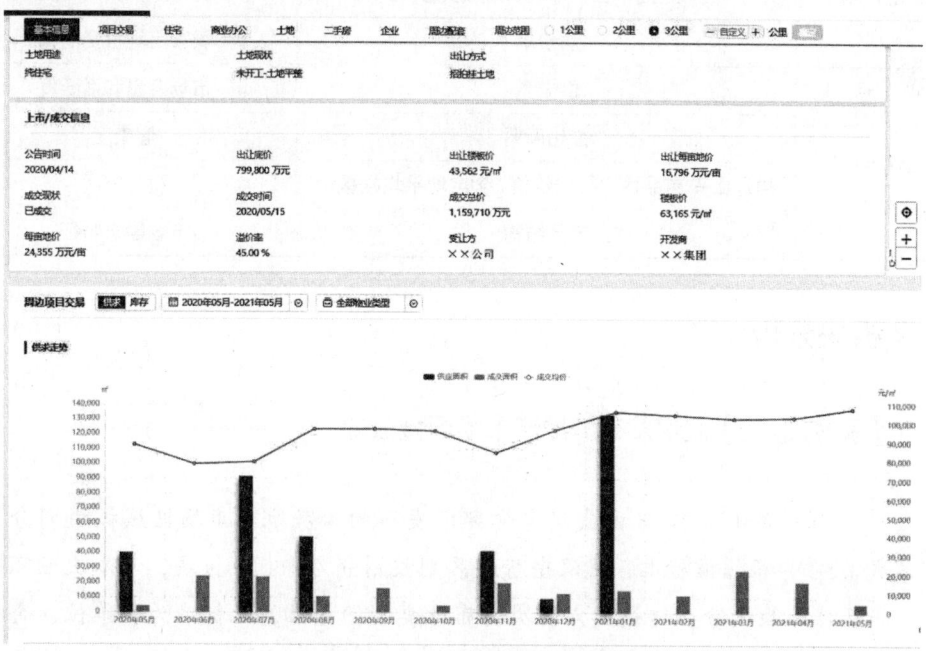

图 2-23　土地市场量价走势图

（2）商品住宅市场

1）商品住宅市场政策：尤其限购限售限贷限价"四限"政策，一般城市房地产市场热度越高，政策越趋紧，同时也会影响未来进驻项目的开发效益。

2）商品住宅市场供求量：反映城市商品住宅市场容量和市场活跃度，商品住宅市场供求量越高，市场供需旺盛，市场活跃度越高。

3）商品住宅库存及去化周期：新建商品住宅去化周期一般由新建商品住宅的存量除以此前12个月月均成交量而得出，主要体现市场健康度，去化周期＞12个月，则市场供过于求，市场去化压力大。

4）盈利空间：主要以楼地比计算，楼地比＝商品住宅平均价格/含宅地平均楼面价，楼地比越高，表示房地产企业盈利空间越大。

5）产品结构：可以反映城市客户对于住宅的产品需求，是以刚性首置需求、改善需求或者高端需求为主等，分析市场供需主力面积段，为房地产企业打造产品提供支撑。例如深圳宝安某小区主力面积段为 70～110m² 的 2～3 房，以刚性首置需求为主；而福田某小区主力面积段为 160m² 以上大面积产品，以改善及高端需求为主。

城市房地产市场重点关注指标见表 2-31。

城市房地产市场重点关注指标　　　　　　　　　　　　表 2-31

一级指标	二级指标分项	二级指标意义
土地市场	政策	影响拿地预期
	近几年土地市场供应成交量	房地产投资活跃度
	溢价率	城市土地投资热情
商品住宅市场	供求量	市场容量和活跃度
	去化周期	健康度
	楼地比＝商品住宅平均价格/含宅地平均楼板价	盈利空间
	产品结构	市场需求特征

2.3.2 板块分析

 【案例导入】武汉发布房地产市场区域板块 ───────────●

2021 年 1 月 14 日由武汉房管部门发布的《房地产市场区域板块划分》正式实施，根据该标准，武汉全行政区划被划分为 160 个板块，而本次颁布房地产区域板块划分，这是国内首次发布此类型的标准，此标准为各单位、企业及机构对市场的分析和研究提供统一标准，也为下一步利用大数据研究房地产市场提供了基础，同时从宏观调控上结合了区域板块、房价走势，便于对各行政区划板块房地产市场情况进行摸底，为武汉分区施策、精准调控做准备，特别是当前分化严重的楼市，确实更需要精准调控，未来部分热点板块将成为重点监控目标。

【思考】房地产市场分析为什么要进行板块划分？其作用是什么？

1. 房地产板块划分

（1）为什么要划分房地产板块

房地产具有极强的地域属性，各板块之间受规划、自然资源、产业格局、人口购买力及交通、商业、教育、医疗公共配套等客观因素影响，房地产发展程度、目标客群、产品打造均呈现不同特点，一般情况下，同一板块的楼盘在户型及组合、楼盘价格、目标客户等特性上较为相近，通过各板块分析及比较，可较为全面掌握市场特征及各板块间竞争态势，为房地产企业板块进驻选择及产品打造提供决策参考，例如深圳共计 11 区 59 个板块，各板块间房地产发展程度，板块价格、目标客群及打造产品差异较大，如同在宝安区沙井及宝安中心区板块，宝安中心区房地产起步早，房地产发展成熟度高，以大面积改善产品为主，而沙井房地产发展起步较晚，目前以刚需产品为主，如某项目均价 5.75 万 /m²，主力面积段 73 ～ 98m²，主要面向刚需客群（表 2-32）。

宝安区沙井及宝安中心区板块产品及客群对比　　　　　　　　表 2-32

区域	板块名称	板块价格	产品特征	目标客群
宝安区	沙井	6 万 /m²	小面积、低总价、刚需面积为主	刚需及刚改
宝安区	宝安中心区	10 万 /m²	大面积、改善产品为主	改善及高端

（2）如何划分房地产板块

房地产板块划分一般以以下几大原则为主：

1）房地产市场区域板块应划分在单一房地产市场区域范围内，不应存在跨房地产市场区域的板块。

2）当一个街道内的地理、房屋、交通、配套、资源环境属性相似，且房地产价格的差距不大时，一个街道即为一个板块，板块四至为街道四至范围。

3）当若干相邻街道的房地产属性较为一致时，应将相邻街道合并为一个板块，板块四至为街道合并后的四至范围。

4）当街道内及相邻街道的房地产属性差异较大或出现街道边界范围复杂时，应充分利用已经明确的道路、铁路、湖泊、河流等相关地物、社区交界作为板块划分的范围边界。

2. 房地产板块分析

房地产板块分析一般包含板块基本面分析及房地产分析两层面，综合两方面分析研判板块发展价值（图 2-24）。

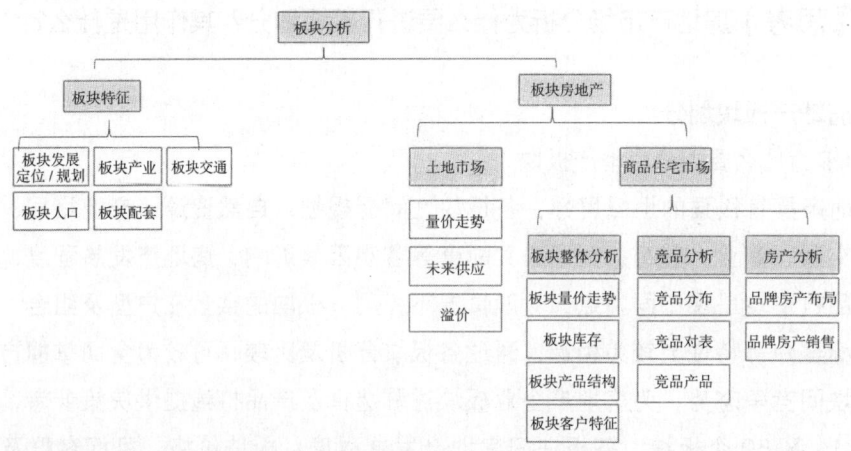

图 2-24　房地产板块分析主要涵盖内容

（1）板块基本面分析

1）板块定位：对于板块的发展规划的研究，明确项目所在板块的发展定位，同时通过功能分区进行项目发展方向的契合。

2）板块产业发展定位/规划：对板块内产业发展定位分析，可了解板块产业发展变化情况和产业发展的成熟度，判断板块未来的发展潜力。

3）板块交通现状及规划：是判断板块交通便捷度以及发展潜力的一个重要维度，板块交通便捷度越高，通勤时间越短，对客户吸引力越大，后续房地产需求越大。

4）板块人口支撑及潜在人口数量：对于产业人口结构、区域人均可支配收入、外来人口占比等维度的分析，可有效判断本板块的房地产的主力购房客群情况，影响本项目的目标客群的锁定。

5）板块配套：板块内教育、医疗、商业资源的能级能越高，对于客户吸引力越大，板块核心竞争力越强。

━━━━━━━━━●━━【案例2-4】扫码阅读：板块基本面分析案例━━●━━━━━━━━━

（2）板块房地产市场分析

1）土地市场

① 土地市场量价走势：板块土地市场供求量越高，市场容量越大，土地市场投资

活跃度越高。

②土地市场竞争：溢价率及楼板价反映土地价格的变化趋势，有助于帮助判断未来土地价格走势，也从土地市场层面反映了未来购买市场的价格趋势。

③未来供应：对于板块的政府土地供应计划的了解，可掌握板块内项目未来面临的竞争对手和竞争体量。

2）商品住宅市场

①板块整体市场分析

A. 板块整体市场量价走势：整体商品住宅市场供求越高，供需旺盛，房地产投资活跃度越高。

B. 板块整体市场库存走势：库存去化周期在8～12个月为合理范围，超过12个月，库存去化存在压力。

C. 板块整体市场产品结构：通过产品结构划分，可以分析板块内客户以刚需、刚改、改善还是高端客户为主，为后续项目产品打造提供参考。

D. 板块整体市场客户：分析板块客户来源、年龄结构、产品喜好、敏感点。

②竞品分析

A. 竞品分布格局及对标：周边竞品分布点，竞品优劣势对比。

B. 竞品未来存量：竞品供应及存量，分析市场竞争是否激烈。

C. 竞品产品结构：监测竞品各时间段推售主力产品，可进行差异化竞争。

③房地产企业分析

A. 房地产企业布局：板块内房地产企业拿地分布区域，板块内已进驻品牌房地产企业数量。

B. 房地产企业销量：房地产企业市场份额占比，分析板块内房地产企业竞争格局。

3. 板块筛选及排序

综合分析板块基本面及房地产市场数据，运用算法模型，计算板块投资价值，将板块分类，为房地产企业进驻提供决策参考。

（1）选取筛选指标

根据板块房地产市场现状及板块发展潜力选取关键指标，并根据指标重要性赋予相应权重（表2-33）。

板块筛选指标选取参考　　　　　　　　　　　　　表2-33

类型	具体指标	权重	指标说明
市场现状（权重占30%）	市场容量	20%	当年商品住宅的成交量为市场容量，市场容量越大，房地产市场发展越好
	房价近四年复合增长率	20%	复合增长率是在长期时间基础上核算房价增长的指标，反映房价的增长情况或变迁的潜力和预期，复合增长率越大，房地产市场的发展潜力越大
	供求比	20%	供求比反应房地产市场的供应情况，供求比在0.8～1.2供求较为平衡；供求比＞1.2，市场呈现供大于求；供求比＜0.8，市场呈现供不应求

续表

类型	具体指标	权重	指标说明
市场现状（权重占30%）	市场盈利空间	20%	市场盈利空间根据楼地比（住宅成交均价与楼板价与之比）值越高，市场盈利空间越大
	去化周期	20%	以近12个月平均去化周期衡量，去化周期越快，房地产市场越健康
板块发展潜力（权重占70%）	规划	30%	政策规划导向，包含城市规划、土地供应计划等，政策规划对房地产市场具有重大影响，政府规划力度越大，房地产发展前景越好
	产业	30%	产业对于人口有较强的黏性，具备较强产业基础的城市，可以持续贡献高素质客群，支撑房地产发展
	交通	40%	交通改善能大大加强区域之间的联系，实现人口导入及提升房地产价格

（2）根据需求构建相应算法模型，进行板块价值排序

$$M=K_{城市现状（权重）}\times M_{城市现状}+K_{发展潜力（权重）}\times M_{发展潜力}$$
$$=K_{城市现状（一级权重）}\times \sum_{i=1}^{5}\left(P_{i(二级指标)}\times K_{i(二级权重)}\right)$$
$$+K_{发展潜力（一级权重）}\times \sum_{i=1}^{3}\left(P_{i(二级指标)}\times K_{i(二级权重)}\right)$$

式中　$K=$ 权重；$M=$ 综合分值；$P=$ 指标分值。

1）优先进入型：现状及潜力值均表现向好，积极进驻。

2）重点关注型：现状一般，潜力较好，重点关注。

3）机会关注型：现状一般，潜力一般，机会关注。

4）风险入驻型：现状差，潜力差，谨慎进驻。

2.3.3 客户地图

随着地产行业进入"白银时代"，粗放型营销已乏力，营销对于精准度的要求越来越高，精准营销的基础就是客户研究，在客户研究基础上，利用多种可视化技术准确监测市场走向，研究房地产客户需求特征，制作客户地图，掌握市场脉络。

1. 客户地图及其研究路径

客户地图是以城市为研究单位，在依据板块位置及定位、板块自然资源、板块综合配套及房地产市场特征基础上精准划分板块，以板块为输出单位，详细描述板块客户特征、购买力、置业目的及路径，置业敏感点，产品需求点（图2-25）。

2. 客户地图研究基础

成熟客户研究模型是客户地图研究基础，家庭生命周期分类法最早是美国学者P.C.格里1947年从人口学角度提出，国内有地产公司将这一理论运用到住宅类客户分

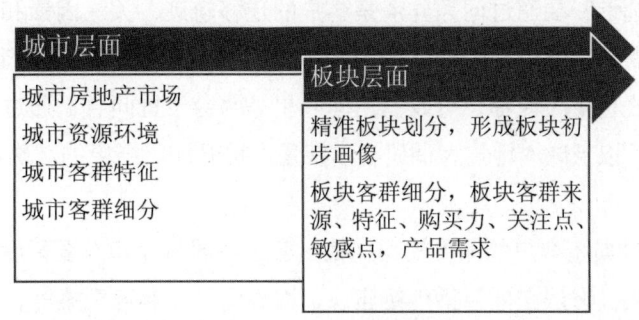

图 2-25   客户地图研究路径

类上，并成为行业经典模板，通过客户生命周期理论，并结合影响客户购房的三个关键指标：支付能力、生命周期、购买动因，将所服务的客户细分为 5 大类（8 个子类）：务实之家、望子成龙、社会新锐、健康养老、富贵之家，并通过人群背景、家庭特征、购房动机、购买能力、产品需求对每类客户进行详细的描述，实现精准客户细分及客户需求把握（图 2-26）。

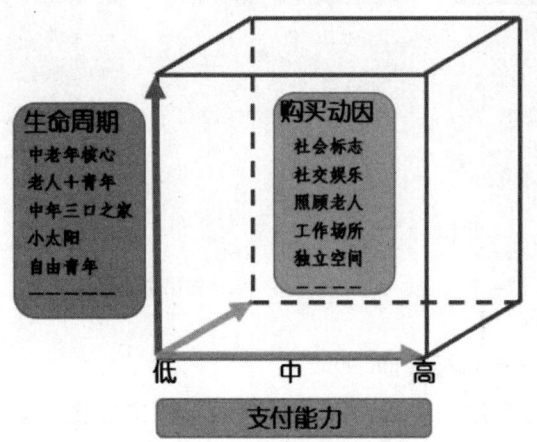

图 2-26   某地产置业的客群坐标

3. 客户地图研究方法

有了客户研究的模型，现在就需要具体的客户资料和数据，具体客户数据从哪里来？这就需要通过不同研究方法去获取，常规是定量研究与定性研究相结合，两者既互补又有区别。定量与定性研究区别如下：

（1）定量研究

定量研究需要通过大量的样本容量统计分析，回答有多少人买的问题，并明确了解客户同行为和态度的百分比，主要方法有调查问卷、H5 微信页面等。

问卷设计是定量研究的基础，问卷设计的主要逻辑要围绕客户、土地、产品的三问体系，如第一问是围绕客户是谁？问题设计要问清楚客户的社会特征、家庭特征等。第二问要围绕如何选址？要通过问题弄清楚客户的迁移轨迹、关注因素和居住地图等。第三问要围绕产品需求？搞清楚客户户型需求、配置需求、服务需求等，随着互联网的发展，问卷的调研的方式也更为便捷，可以利用问卷星等平台设置问卷，通过社交软件等方式发放问卷，这样可以低成本地扩大调研样本容量，提升调研结果的准确度。

（2）定性研究

定性研究通过典型客户的深度挖掘，找出客户不同行为和态度背后的原因和动机，回答客户为什么买，方法主要包括小组座谈、面谈深访、参与观察等，例如某地产公司深访，客研、研发、景观等部门深入每个具有代表性的家庭，浸入家庭的各类生活场景，明确并详细记录客户痛点及需求点，指导最新的户型研发。

（3）定量与定性研究结果输出内容

明确研究对象，设计调研问卷及深访提纲，通过大量定量及定性数据沉淀、问卷及深访研究等输出不同类型客户描摹及客户特征（图2-27）。

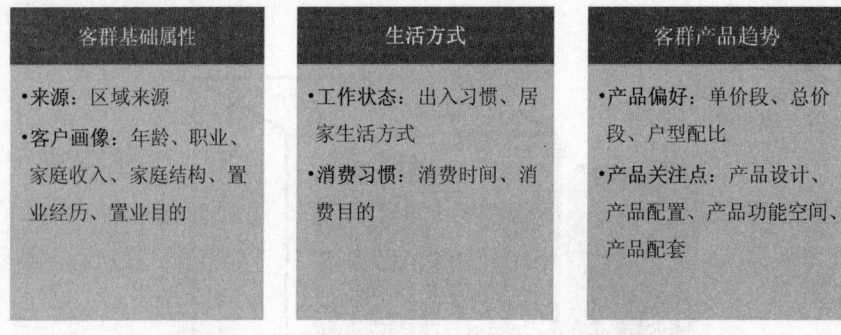

图2-27　定量及定性客户研究结果输出主要涵盖内容

（4）定量与定性研究目标选择

梳理全市新房及二手房项目，形成项目地图，运用定性及定量研究方法获取客户数据，针对片区内典型项目，以定性研究方式，调研在售项目客户关注点、敏感点及已入住项目需求点，总结分析客户情况，包括客户来源、客户特征、客户产品诉求及偏好等。例如某地产项目在研究天津客户地图时，选取天津全域各区共59个项目、400个成交客户样本，选择各个区域标杆项目及典型成交客户进行客户调研，梳理客户关注点及敏感点，从而进行客户细分及研究（图2-28、图2-29）。

4. 客户地图内容呈现

（1）城市客户细分及描摹

综合分析城市人口增长、年龄特征、收入结构及购买力，年龄结构及阶层分布支撑客户多元化细分，同时结合市场产品需求结构特征，运用定性及定量方法获取城市客户数据，细分客户。

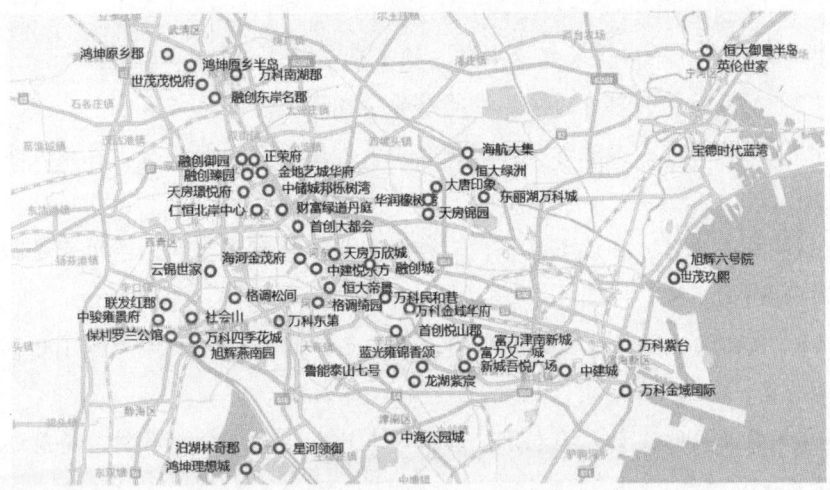

图 2-28　某地产项目系统分析天津调研项目分布

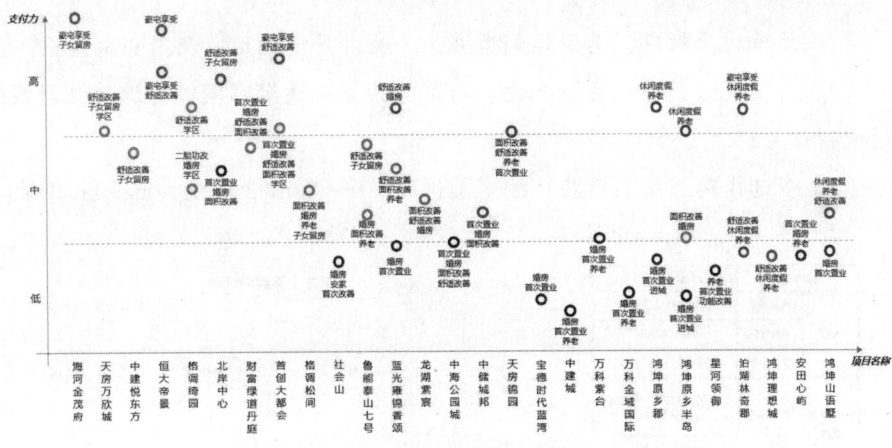

图 2-29　某地产项目访谈项目和客户支付力汇总

【案例 2-5】某市全系客户细分及描摹

综合分析人口及产品需求趋势，在 400 个成交客户样本基础上，以客户置业目的、家庭生命周期及客户购买力为基础，将全市客户细分 4 大类再细分为 11 类小细分，自住需求细分为 9 类，投资需求细分为 2 类（图 2-30）。

如"青年首置"特点为："90后"为主，单身或将婚，工作年限短，父母支付首付，过渡居住或备用婚房，总价敏感，对轨道交通及通勤时间敏感，以 2 居或功能型 3 居为主。

1. 客户描摹

（1）客户年龄："90后"群体为主，22 ～ 27 岁，白领阶层为主，初入职场，参加工作在 3 年内，或部分本科、硕士在读；

（2）家庭结构：单身为主，即将结婚，或者新婚两口之家；

（3）现状居住：本地青年与父母合住，外地籍贯一般租房，在读大学生宿舍为主；

（4）收入状况：在读无收入；工作刚起步，当前收入低，学历普遍高，工作相对稳定；

（5）支付力：家庭条件小康水平，父母支持首付，资金 30 万 ~ 100 万元，自己还月供；

（6）置业目的：新天津人落户，天津本地人与父母分开居住；婚前过渡居住、落户或作为婚房。

2. 置业关注点（图 2-31）

（1）总价较为敏感，总价控制型置业，关注首付额度以及月供额度；

（2）看重轨道交通，关注地段、与单位距离及通勤时间，首选地铁沿线的交通便利位置；

（3）多选择购买高层产品，控制总价的 70 ~ 80m^2 2 居或紧凑 90m^2 3 居。

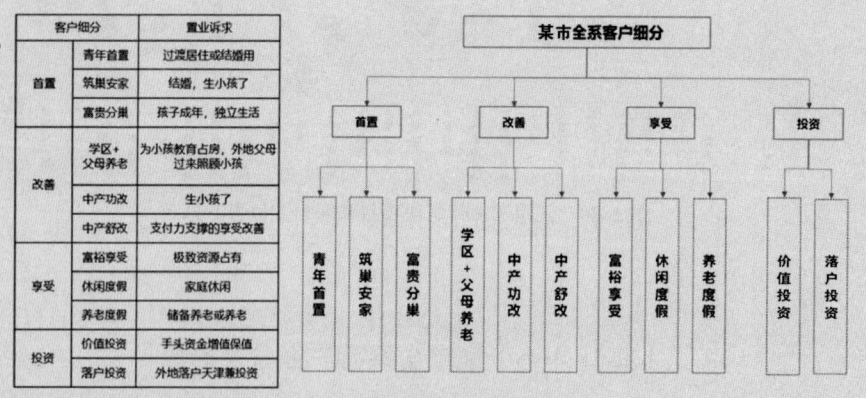

图 2-30 某市全系客户细分

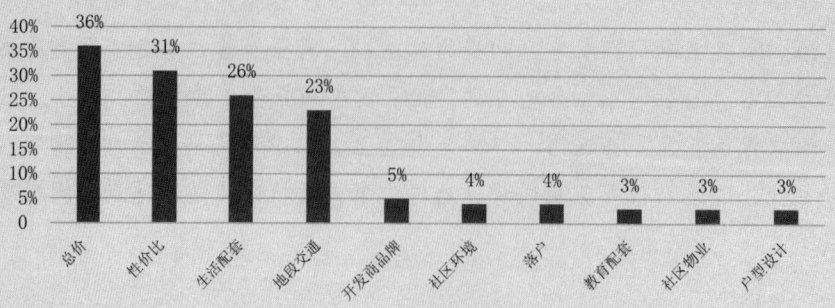

图 2-31 青年首置关注点

（2）板块客户细分及描摹

依据板块位置、自然资源、综合配套及结合板块房地产市场特征等基础上精准划分板块，在城市客户细分前提下，进行板块客户细分，分析板块客群特征。

以城市为研究单位，输出以城市板块为单元的客户地图，便于房地产企业深入了解城市板块客户特征，精准把握板块客户敏感点及需求点，打造契合客户需求的产品，塑造口碑，促进项目成交。

●──────【案例 2-6】扫码阅读：天津板块客户细分及描摹──────●

2.3.4 城市市场分析新工具——栅格地图

1. 栅格地图背景

近年来，地价高企叠加限价政策，导致房地价差愈加缩紧，地产开发的利润空间进一步压缩。尤其是"三道红线"政策出台以来，在"控负债"的核心要求下，房地产企业难以再依赖金融杠杆，资金链进一步收紧。市场的高速变化叠加行业逻辑的变化，迫使房地产企业投资愈发谨慎。无论是为了"保持规模"还是"弯道超车"，提高投资决策精度和效率、深化土地研判和利润估算、杜绝"不挣钱"的土地获取，都成为房地产企业现阶段乃至未来的迫切需求。

与此同时，全国 22 个重点城市住宅用地"两集中"的调控政策出台，面对集中供地的"降维式打击"，效率低下的传统人工选地工作生产力严重不足，任何房地产企业都无法同时应对上千块土地的批量勘察、研判和筛选。这意味着房地产企业的投前管理逻辑必须进一步向制造业趋同，实现土地研判流程的精益化、批量化和一定程度的标准化，而借力数字化提效增速成为高效博弈时代的必选项。

为了应对市场需求，以新视角应对新环境，以数字化赋能投前管理，提升投资精准度和研判速度，对冲行业裂变风险，基于 Matlab 的栅格地图应运而生（图 2-32）。

图 2-32　栅格页面图

2. 栅格地图功能介绍

在万物互联时代，"栅格地图"将栅格单元引入传统的城市投资决策系统中，通过整合行业与非行业的房地产数据，形成更加自由、更加精细化的决策评估方法，能够为决策者输出更具指向性的决策依据，在无纸化办公的基础上，实现拿地流程闭环，辅助开发商进行科学投资决策；开发商借助该系统能够快速了解全国城市的房地产市场现状，了解城市 / 区域的发展肌理，对城市任意位置可快速作出房地产决策。

栅格打破了板块边界，在多维数据有效落位下，围绕土地投资业务逻辑，针对使用场景的功能模块配置，构建出"6+X 模式"的一站式数字化解决方案。

栅格地图共分为城市地图、城市详情、热区分析、土地评估、一链报告和找地神器（即将上线）6 个维度进行土地全方位解析，解决企业痛点（图 2-33、图 2-34）。

城市地图　城市详情　热区分析　土地评估　一链报告　找地神器

图 2-33　栅格功能模块

板块健康度　市场查询　BI可视化大屏　土地属性判断

图 2-34　栅格功能延伸模块

任务 2.4　城市房地产市场分析报告编制

◆ **学习目标** ────────────────────────●

1. 掌握城市房地产市场分析思路；
2. 掌握城市房地产市场分析报告编制技能。

2.4.1 城市房地产市场分析思路

当前中国城镇化正步入城市群都市圈时代，房地产市场已进入总量平衡、区域分化的新发展阶段，房地产长效机制加快构建、"一城一策"推行，城市发展潜力差异巨大，城市研究变得尤为重要，深入分析城市房地产发展环境及发展潜力，合理选择进驻城市及城市板块，是企业战略布局重要一环。

城市进入研究主要涵盖城市基本面及房地产面，基本面分析是城市发展潜力研判的核心，综合现状及规划层面进行分析；房地产面主要分析市场政策环境、量价走势、未来发展空间等，并在基本面分析基础上运用相关算法模型进行板块筛选，对重点板块进行分析，做出城市投资建议。

（1）城市整体分析：综合分析城市经济、人口、产业现状及规划等城市基本面，并结合城市房地产市场分析，综合研判城市发展阶段及发展潜力，并在此基础上做出城市板块筛选。

（2）城市板块筛选：选定影响评判的因子，运用算法模型，对城市板块进行筛选，按照打分标准，选出重点板块。

（3）城市重点板块分析：针对重点板块发展潜力进行综合评判，提出板块拓展建议并进行总结。

例如：2007 年成立的 ×× 地产公司，长期深耕长三角区域，而随着粤港澳大湾区规划发布，大湾区发展规划逐步落地，大湾区进入快速发展期，房地产市场发展前景广阔，企业近年来将大湾区作为投资拓展的重点区域之一，以深圳为核心的深莞惠都市圈是其进驻粤港澳大湾区战略布局的重要一环，因此需要深入研究深莞惠房地产市场，研判重点进驻板块，为企业长远发展做深入研究。

下文将以东莞城市进入研究作为案例深入解析。

2.4.2 城市基本面研究

城市基本面主要包含城市占位、经济基础、人口基础等现状以及城市交通、产业等规划层面分析，综合研判城市的成长性及可持续发展的潜力。

1. 城市现状分析

（1）城市占位：城市在国家、省域及城市群定位，代表城市辐射能力及未来发展潜力。

（2）城市经济基础

重点分析城市GDP经济规模及其增速，分析城市经济占位及其发展趋势。

例如，东莞经济规模位于珠三角除广深佛外第四位，破万亿在即，经济实力雄厚（图2-35、图2-36）。

（3）城市人口基础

人口是决定房地产市场容量的关键因素，城市常住人口越高，人口增量越高对住房

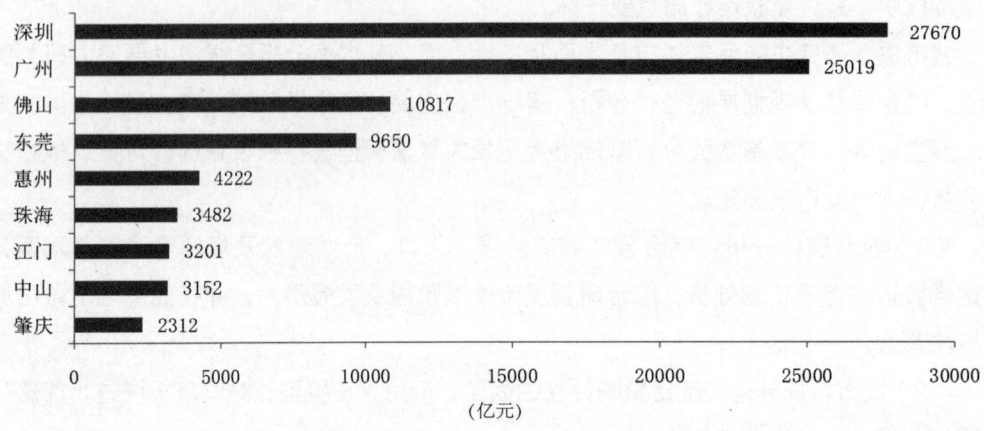

图 2-35　东莞经济分析

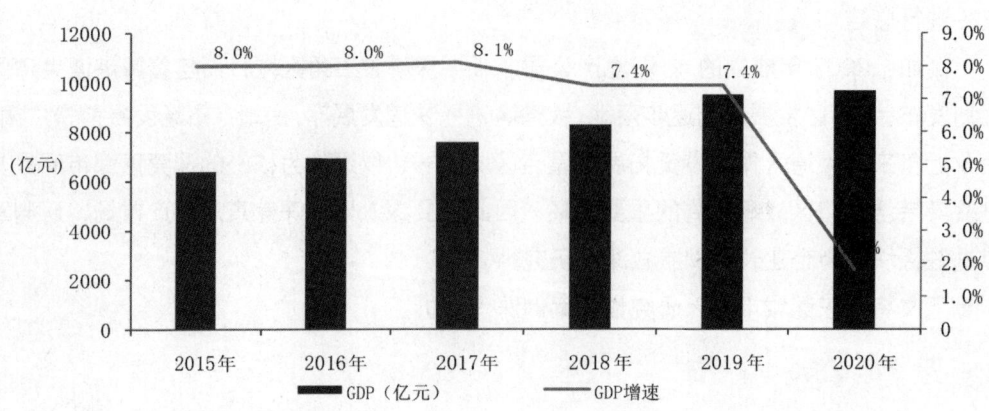

图 2-36　2015 年以来东莞 GDP 走势

需求越强烈。

例如，东莞2020年常住人口量超1000万，人口增量超200万，人口保持高增长率，城市人口基数大，房地产发展人口支撑力强（表2-34）。

2020年粤港澳大湾区九城常住人口及人口增量　　　　　　　表2-34

城市	常住人口（万人）	人口增量（万人）	较2019年增长率（%）
广州	1868	337	22%
深圳	1756	412	31%
东莞	1047	200	24%
佛山	950	134	16%
惠州	604	116	24%
江门	480	17	4%
中山	442	104	31%
珠海	244	42	21%
肇庆	411	-7	-2%

（4）城市产业基础

产业对城市中长期发展最为关键，产业支撑力越强，对于城市经济增长拉动力越大。

例如，东莞城市发展成熟度高，第二产业具有较强的产业支撑力，产业基础雄厚，近年来发展迅速，再次超过第三产业，在产业结构排比中占据第一（图2-37、图2-38）。

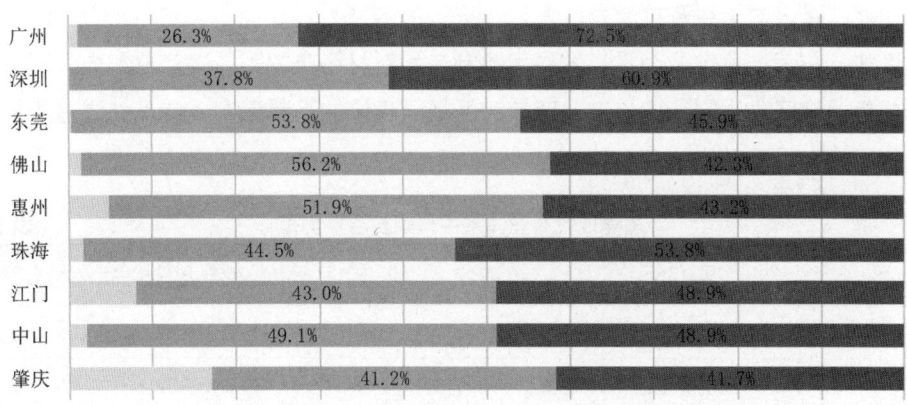

图2-37　2020年粤港澳大湾区九城三产占比

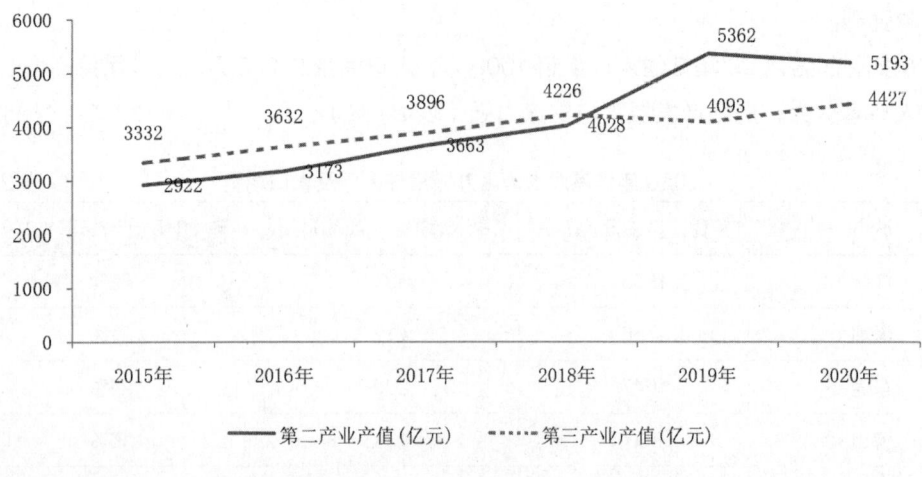

图 2-38 近 5 年来东莞二产产值变化

2. 城市规划

（1）城市交通规划

交通发展是城市发展的基础，交通规划是城市总体规划的重要组成部分，支撑城市发展空间的结构，加速与核心城市的交通连接，为城市发展赋能。

例如，东莞通过推进佛莞城际、中南虎城际、深惠城际等的规划建设，强化东莞中心区与大湾区中心、空港、区域重大枢纽的快速联系，实现"1 小时"通达，同时发布东莞交通发展 2030 目标，市核心区通过快速轨道到达湾区核心城市中心区不超过 60min，中心城区内部 85% 的全方式通勤时耗不超过 30min，机动化通勤时耗不超过 45min，东莞交通规划预期强，持续加强城市核心竞争力。

（2）城市产业规划

产业规划就是对产业发展布局、三大产业结构调整进行整体布置和规划，一个城市的活力归根结底在于支撑这个城市的产业是否有活力，产业能级越高，三产占比越高，产业动能越强，对于经济拉动力越大。

例如，东莞产业定位为重点发展智能制造和新材料产业等新兴产业和先进制造业，目标成为"湾区先进制造中心"。随着湾区规划建设的不断深入，广深外溢趋势加强，深莞将逐步实现同城化（表 2-35）。

东莞现代产业体系中长期发展预测指标   表 2-35

维度	主要指标	单位	2022 年目标值	2025 年目标值	2035 年目标值
经济规模	地区生产总值（GDP）	亿元	> 12000	> 15000	> 33000
产业结构	新兴未来产业增加值占 GDP 比重	%	> 27	> 32	> 39
	先进制造业增加值占规模以上工业增加值比重	%	> 59	> 64	> 75

续表

维度	主要指标	单位	2022 年目标值	2025 年目标值	2035 年目标值
产业结构	现代服务业增加值占 GDP 比重	%	> 28	> 29	> 36
	现代服务业占服务业比重	%	> 64	> 67	> 78
创新驱动	国家高新技术企业数	家	> 7000	> 8000	> 10000
	科技孵化器数	家	> 140	> 180	> 300
	发明专利授权量	件	> 10000	> 14000	> 36000
	全社会研发投入占 GDP 比重	%	> 2.85	> 3.00	> 3.20
发展效益	广东省 500 强企业数	家	> 18	> 20	> 22
	规模以上工业劳动生产率	万元 / 人	> 22	> 28	> 40
	规模以上工业增加值率	%	> 21	> 22	> 25
	万元 GDP 能耗	t 标准煤	< 0.340	< 0.320	< 0.290
	亿元 GDP 建设用地	km²	< 0.105	< 0.080	< 0.040

3. 城市基本面小结

综合分析城市现状及规划层面，对城市基本面进行分析总结，如城市是否可进驻，城市现状及规划表现如何等，研判城市基本面价值。

例如，东莞小结：建议积极进驻东莞，城市整体状况良好，内部需求旺盛，受湾区辐射带动性强。

（1）基本面：东莞经济规模位于珠三角除广深佛外第四位，经济实力雄厚；人口超千万，人口增长强劲；产业实力雄厚。

（2）规划面：交通对接广深，实现"1 小时"通达；产业前承深圳、后接广州创新资源，实现产业协同化发展。

2.4.3 城市房地产市场研究

本部分重点是对城市房地产政策环境、土地市场供求量价、商品住宅市场供求量价走势、库存及去化周期、成交产品结构及成交客户特征进行分析，研判城市房地产市场发展现状、市场健康度及未来发展趋势。

1. 城市房地产格局划分

城市房地产格局主要针对城市区域及板块初步划定，了解区域及板块所在位置及分布格局，为后续市场分析提供支撑。

例如，东莞共计 33 个镇区，共分为城区、松山湖、水乡新城、东南临深、滨海和东部产业园 6 大片区。

2. 城市土地市场

土地市场分析一般涵盖公开招拍挂市场供求量价走势，以存量开发为主，同时分析城市更新市场容量及发展趋势。

（1）招拍挂市场

1）招拍挂市场历年量价走势

通过招拍挂市场历年供求量价走势，研判土地市场容量及未来竞争趋势。

例如，东莞土拍市场供需两旺，拍地潮重现，2020 年楼面价平稳上行；近 4 年来，商住用地为成交主流，松山湖为近年主力成交区域（图 2-39、表 2-36）。

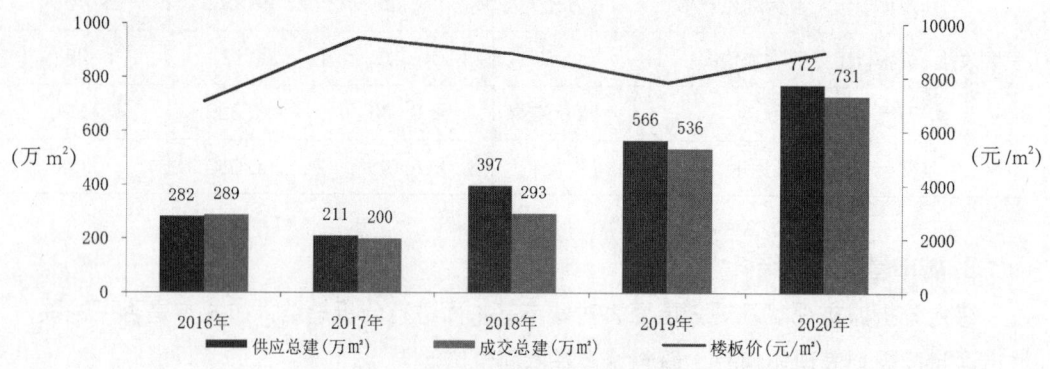

图 2-39 2016 ~ 2020 年东莞土拍市场量价走势

2016 ~ 2020 年东莞各片区土地市场成交幅数　　　　　表 2-36

2016 ~ 2020 年东莞市按区域及类型分土地招拍挂统计（单位：幅）							
土地用途	东南临深	东部产业园	城区	松山湖	水乡新城	滨海	合计
纯住宅	0	1	1	0	1	0	3
商住	17	29	16	39	25	13	139
商办	7	4	15	10	6	7	49
综合	0	0	0	0	0	0	0
汇总	24	34	32	49	32	20	191

2）招拍挂市场现象及趋势

除土拍市场量价走势分析外，需深入了解土拍市场现象及趋势表现、土拍规则变化、市场热度及竞争状态、房地产企业拿地表现等，研判招拍挂市场趋势。

例如，2020 年东莞土拍市场最显著特点是"地王"地块频出，32 镇街刷新楼面价纪录，

"竞配建"等，房地产企业拿地积极，土地市场热度持续攀升，未来招拍挂市场仍将保持高热度。

3）招拍挂市场未来供应计划

未来土地供应计划表明市场未来市场容量，作为房地产企业拿地计划研判指标之一，是土拍市场重要风向标。

例如，通过分析东莞土地供应计划，一方面得出东莞土地供应仍较为紧缺，尤其宅地，供不应求刺激下，东莞土拍市场仍将延续火热态势，另一方面可以得出东莞供地主要集中在东部产业园及滨海片区，供地量加大区域可作为房地产企业重点拓展区域（图2-40、表2-37）。

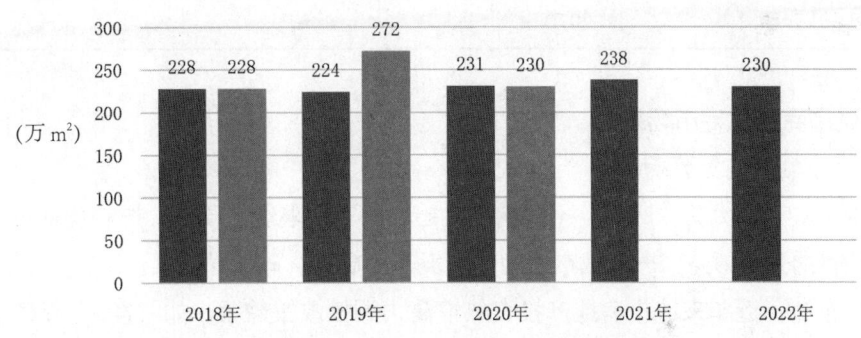

图 2-40　2018～2022 年东莞土地供应计划

2020 年东莞经营性用地供地计划　　　　表 2-37

区域	住宅用地（hm²）	商服用地（hm²）	合计（hm²）
城区片区	13.29	1.36	14.65
松山湖片区	16.63	2.09	18.72
滨海片区	34.46	12.74	47.2
水乡新城片区	23.23	4.92	28.15
东部产业园片区	79.12	3.17	82.29
东南临深片区	4.54	6.08	10.62
市土地储备中心	42	0	42
市轨道交通局	16.35	0	16.35
合计	229.62	30.36	259.98

（2）城市更新

随着城镇化持续发展，我国很多城市新增开发有限，部分重点城市以存量开发为主，城市更新越来越成为房地产企业获取土地的主要渠道。需要根据建设用地实际情况，进行城市更新的渠道和发展机会的分析。

例如，东莞土地开发强度已接近50%，在整体招牌挂土地供应受限，供需矛盾尖锐的背景下，2019年以来东莞城市更新步伐加快，土地释放量同比上涨50%，城市更新成为不少开发商推动本地项目开发的主要方式，如某地产公司城市更新获取土储量是招拍挂25倍，通过城市更新获取大量土储，保障市场占有率（表2-38）。

2019年以来东莞城市更新获取土地量　　　　　　表2-38

年度	2019年	2020年	同比
项目个数（个）	84	189	125%
总计面积（万 m²）	2970	4457	50%

3. 城市商品住宅市场

（1）房地产政策分析

房地产政策，尤其"四限"（限购、限售、限贷、限价）政策，影响房地产企业未来进驻项目的开发效益，一般城市房地产开发热度越高，政策越收紧。

例如东莞，近年来城市房地产投资热情高，调控政策趋紧，如"725"新政，新房非本市户口社保1年，不认个税，二手房非本市户口限2套，限售由2年改为3年，公积金由宽松申请条件改为对夫妻其中一方户籍有限制，整体而言，购房门槛提升，减少购房需求（表2-39）。

东莞2020年重点"725"政策　　　　　　表2-39

东莞购房政策对比			
分类		2020.7.25 前	2020.7.25 后
新房	本市户口	限2套，无社保要求	不变
	非本市户口	限2套，首套社保或个税1年、本科半年；二套社保或个税2年	限2套，首套社保1年，二套社保2年，不认个税
二手房	本市户口	不限套数	不变
	非本市户口	不限套数	限2套，首套社保1年，二套社保2年
限售		满两年	满三年
公积金		符合条件可异地缴存公积金申请贷款	异地缴存公积金申请贷款。夫妻双方至少有一方是东莞户籍

（2）商品住宅历年量价及区域量价

城市商品住宅量价走势预判楼市容量、供求关系、市场热度及市场周期，区域市场量价判定城市区域量价特点、城市热点成交区域分布。

例如，从东莞近 5 年商品住宅市场数据来看，近年来供应持续缩量，东莞住宅市场供不应求矛盾日益加剧，带动成交均价持续上涨；城区片区、松山湖片区为热点成交区域，水乡新城及东部产业园为目前价格洼地，但市场活跃度低于其他热点片区（图 2-41、图 2-42）。

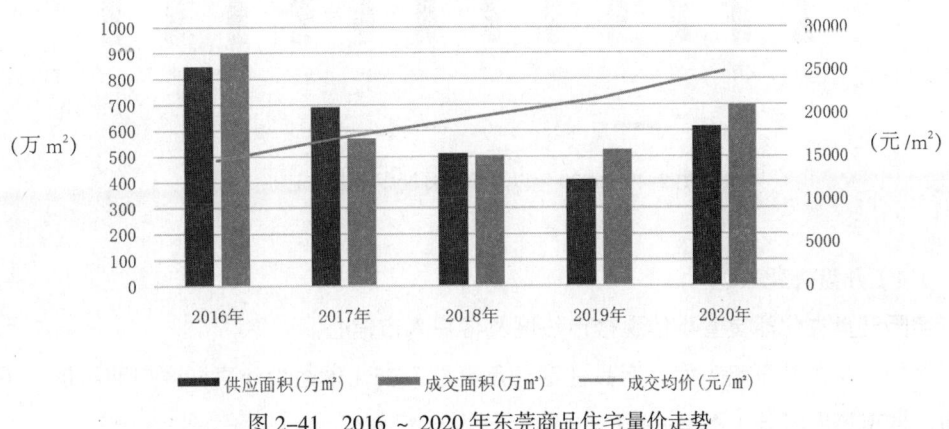

图 2-41　2016 ~ 2020 年东莞商品住宅量价走势

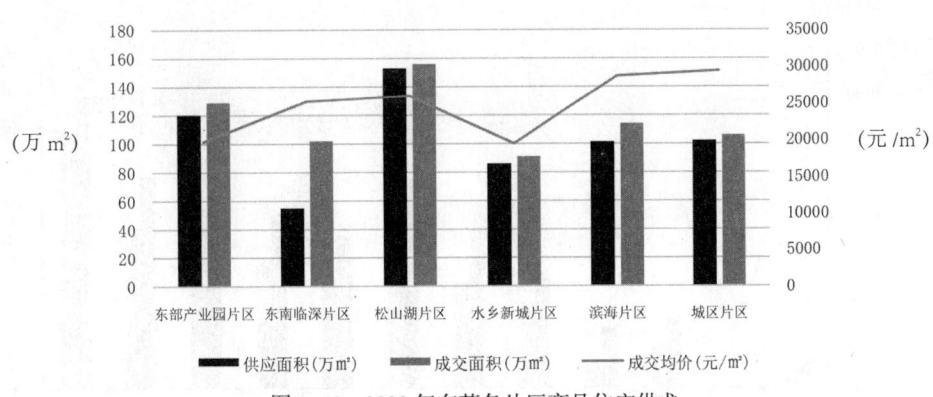

图 2-42　2020 年东莞各片区商品住宅供求

（3）库存及去化周期

库存及去化周期代表城市楼市去化速度，一般而言，去化周期低于 8 个月，供不应求，楼市矛盾加剧；去化周期 8 ~ 12 个月，楼市供需相对平衡超过 12 个月，楼市去化存在压力。

例如，东莞近 1 年以来楼市去化速度加快，库存去化周期下滑明显，去化周期仅为 6 个月，楼市库存紧张，供不应求矛盾加剧，同步也影响楼市预期，客户需求旺盛，楼市去化快，东莞后续市场持续看好（图 2-43）。

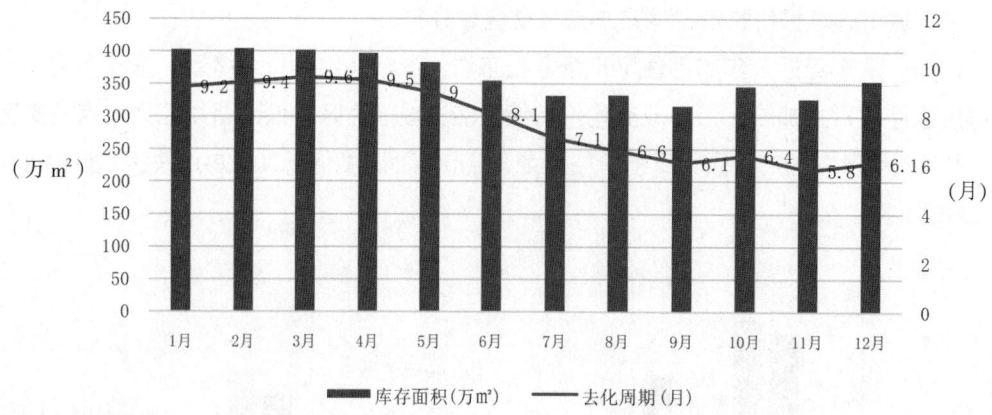

图 2-43　2020 年以来东莞月度库存量价走势

（4）开盘去化表现

实际开盘去化能更直观体现楼市热度及客户入市信心。

例如，从东莞开盘来看，商品住宅开盘套数及去化率逐步走高，客户购买信心不断提高，楼市热度攀升（图 2-44）。

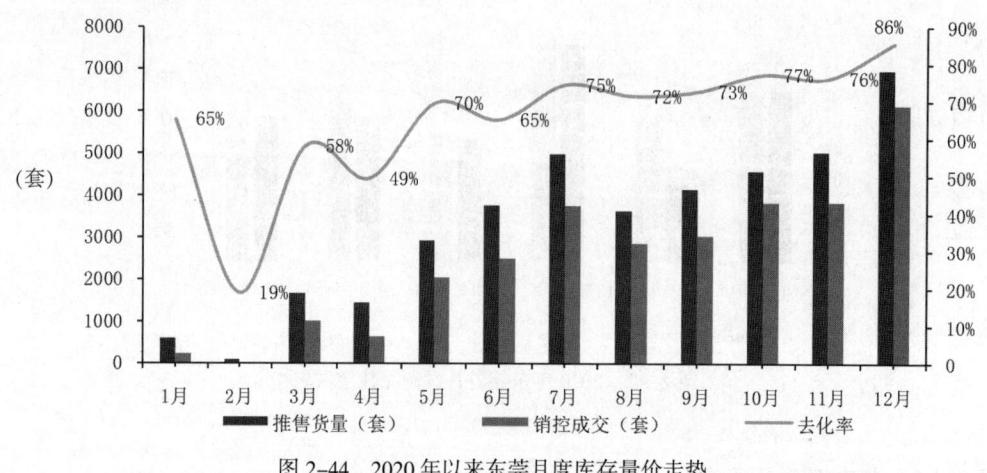

图 2-44　2020 年以来东莞月度库存量价走势

（5）产品特征

产品特征可以反映城市客户对于住宅的产品需求，是以刚性首置需求、改善需求或者高端需求为主等，同时面积段占比变化侧面反映客户需求变迁。

例如，东莞 90 ~ 120m² 产品为主流产品，90m² 以下产品降至近年低位，大面积产品较为稳定，改善需求持续释放（图 2-45）。

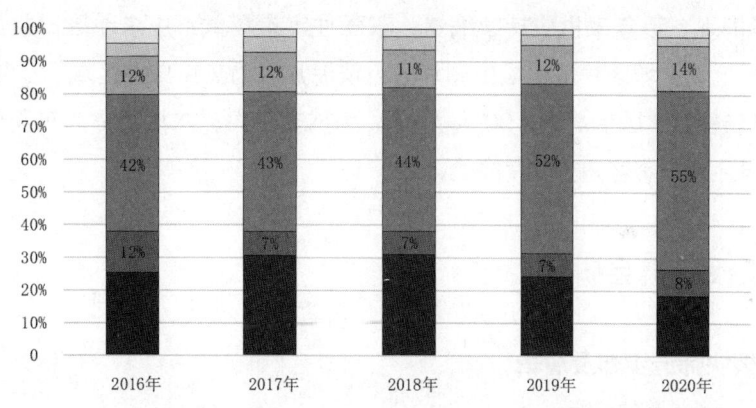

图 2-45　2016 ~ 2020 年东莞商品住宅各面积段占比

（6）客户特征

客户特征是指主流购房客群及其特征。

例如，东莞 2016 年以来东莞调控不断收紧，本地刚需为东莞购房主力军，占比提升至 80%，以 35 ~ 40 岁中青年自住兼投资客户为主（图 2-46）。

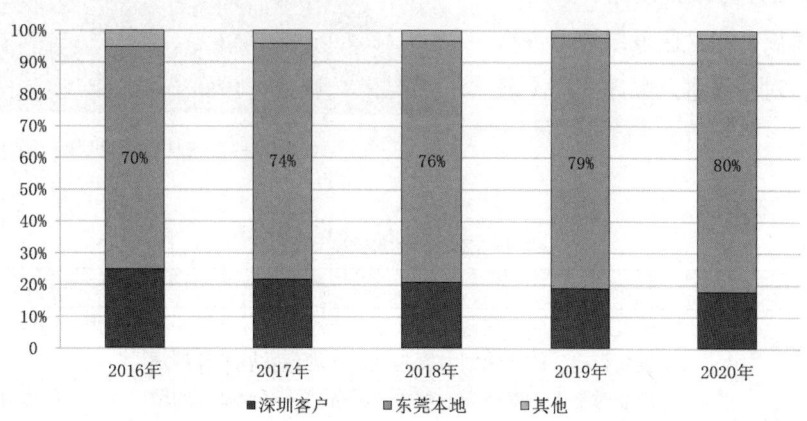

图 2-46　2016 年以来东莞本地客购房占比走势

（7）城市房地产小结

针对土地及商品住宅市场进行总结，并研判市场走向。

东莞房地产市场小结：招拍挂市场热度高涨，地王频现，重点地块拿地成本走高，旧改放量将成未来主流拿地方式之一；商品住宅市场供不应求，热度持续，城区片区、松山湖片区及东南临深片区为热点区域。

1）土地市场：土地市场供需两旺，拍地潮重现，楼面价平稳上行，房地产企业拿地热情高；商住用地为成交主流，松山湖片区为主力成交区域。

2）市场表现：近年来供应持续缩量，东莞住宅市场供不应求矛盾日益加剧，带动成交均价坚挺上涨：城区片区、松山湖片区、滨海片区为热点成交区域。

3）市场特征：3居室主导，90 ~ 120m² 为成交主力；本地客户为东莞购房主力，25 ~ 35 岁自住兼投资客户为购房主力。

2.4.4 城市板块机会研究

1. 城市板块筛选步骤及逻辑

（1）板块筛选整体步骤

根据前述划分6大片区，分两步进行板块筛选，第1步通过三要素分析对6大片区进行综合排序，第2步通过房地产现状及板块未来发展潜力两个维度对片区中的板块进行筛选（图2-47）。

（2）板块筛选第一步——区域选择

1）盘点片区政策规划、产业发展、交通发展，对片区发展潜力进行综合评估，对片区进入顺序排序（表2-40）。

图 2-47　板块筛选步骤

片区综合排序筛选指标 表2-40

指标	指标意义
政策规划	政策规划导向，包含城市规划、土地供应计划等，政策规划对房地产市场具有重大影响，政府规划力度越大，房地产发展前景越好
产业发展	产业对于人口有较强的黏性，具备较强产业基础的城市，可以持续贡献高素质客群，支撑房地产发展
交通发展	交通改善能大大加强区域之间的联系，实现人口导入及提升房地产价格

2）根据政策规划、产业发展、交通发展分析，结合房地产现状分析，片区优先次序为：滨海片区 > 松山湖片区 > 城区片区 > 东南临深片区 > 东部产业园片区 > 水乡新城片区（表2-41）。

（3）城市板块筛选第二步——片区内板块筛选

通过房地产现状评估指标、板块发展潜力评估指标两个维度对片区中的板块进行筛选，综合评估板块投资价值，两个维度均优者，判定该板块为重点板块。

东莞 6 大片区综合评价　　　　　　　　　　　　　　　　　表 2-41

片区	政策规划	产业发展	交通发展	房地产现状		片区综合评级
				市场容量（万 m²）	四年均价复合增长率	
城区	"湾区都市"形象的标杆片区，建设现代城市滨水岸线、现代综合服务中心和南城 CBD 中央商务区	大力发展以现代金融为代表的高端商务服务	莞惠城际、2 号线、1 号线	106	16%	四颗星
松山湖	东莞"创新城市"形象的标杆片区，集大科学装置、新型研发机构、高校院所等于一体的尖端制造业汇集地、高端人才集聚区	以松山湖（生态园）为龙头，带动周边镇街，加快发展智能机器人、智能手机等智能装备制造及生物医药、云计算、新能源、节能环保制造等新兴产业	广深铁路、2 号线、佛山经广州至东莞城际、1 号线、3 号线	156	14%	四星半
滨海	成为东莞"未来城市"形象的标杆片区，国家更高发展平台，以国际一流标准规划建设"一廊两轴三板块"，新时期代表东莞参与大湾区建设的战略平台	虎门电子信息产业聚集区、临港产业聚集区、滨海湾新区打造现代海洋产业及先进制造业聚集区	广深客运专线（高铁）、2 号线、穗莞深城际、深茂高铁、中南虎城际、3 号线	114	12%	五颗星
东南临深	对接深圳"东进战略"，承接深圳创新资源和现代产业外溢	重点承接深圳创新成果转化和先进制造产业转移，做大做强制造业及新兴产业集群	广深铁路、赣深高铁、中南虎城际、1 号线、深惠城际、塘厦至龙岗城际	102	7%	三颗星
水乡新城	集中力量加快水乡新城建设，做精水乡新兴产业和轻柔产业，加强与广州和深圳的对接	重点加强与广州、深圳的对接，加快淘汰落后产能，整合产业发展空间，承接发展一批高端装备、生物医药、节能环保、新材料、新硬件、新能源等新兴产业，建设新兴产业集聚区	穗莞深城际、佛莞城际、1 号线	91	17%	一颗星
东部产业园	粤海银瓶合作创新区与常平镇形成产城互补关系，并加强与惠州潼湖生态智慧区的对接，加快东部发展	横沥模具产业聚集区、常平光电产业集群，加强与惠州潼湖生态智慧区联系	莞惠城际、佛莞城际、常平至龙华城际、3 号线	129	13%	两颗星

1）板块筛选指标

根据表 2-33 板块筛选指标选取参考表，选取房地产市场及城市基本面关键指标，并依据指标重要性赋予相应权重。

2）板块筛选模型

根据"2.3.2 板块分析"中算法模型公式构建计算模型，结合指标权重进行板块筛选。

2. 板块筛选案例分析

下文将以滨海片区（含虎门、长安、沙田、厚街四板块）为例详细阐释片区内板块筛选关键步骤。

（1）房地产现状评估：分别以市场容量与房价近四年复合增长率交叉，楼地比与房价近四年复合增长率交叉，去化周期与供求比交叉进行分析，综合得出市场容量大、价格上涨迅速、盈利空间大的板块有虎门镇、长安镇（图2-48）。

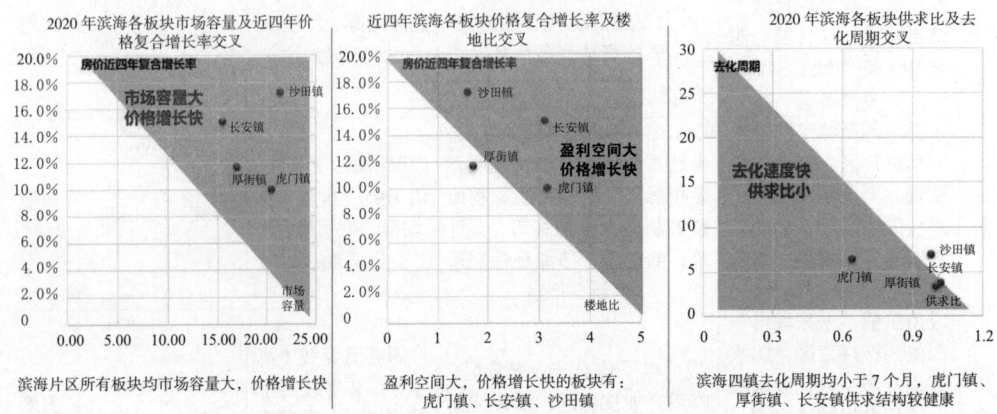

图 2-48 滨海片区各板块房地产现状交叉分析对比

（2）房地产发展潜力评估

1）发展规划：东莞市高起点规划滨海湾新区，对接深圳大空港、前海自贸区及广州南沙自贸区，虎门、长安享重大规划利好；沙田依托虎门港定位发展港镇融合新城；厚街仍以区域联动为发展方向。

2）交通规划：虎门交通现状较为成熟完善，未来交通规划力度大，实现与广深港紧密连通；长安将迎来轨交发展新机遇，与深圳紧密度提升；穗莞深城际铁路通车将串连滨海四镇，提升厚街、沙田轨交通达性。

3）产业规划：受广深科技创新走廊、东莞市政策引导影响，滨海各镇区将加速产业升级，虎门、长安受滨海湾新区重大规划利好，沙田镇、厚街镇在巩固自身优势产业基础上积极寻求产业升级。

（3）板块综合评价

1）板块市场现状综合评分：虎门市场现状各项指标均优，厚街次之，长安价格增长迅速，但受限于供应端收紧，导致容量无法扩充，沙田市场现状较为一般（表2-42）。

滨海各片区现状评分 表2-42

滨海片区	近四年市场容量均值（万m²）	住宅房价近四年复合增长率	2020年供求比	市场盈利空间（楼地比）	2020年12月去化周期（月）	市场现状得分
虎门镇	56	10%	0.64	3.16	6.4	3.6
长安镇	4	15%	1	3.13	3.4	2.6
厚街镇	26	12%	1.02	1.71	3.8	2.6
沙田镇	33	17%	0.98	1.6	6.9	2.7

2）板块发展潜力综合评分：虎门未来发展潜力最大，其次为长安和厚街，沙田未来发展潜力较弱（表 2-43）。

滨海各片区板块评分　　　　　　　　　　　　表 2-43

滨海片区	发展规划	交通规划	产业规划	板块潜力得分
虎门镇	5	5	5	5
长安镇	5	4	5	4.6
厚街镇	3	3	3	3
沙田镇	3	2	2	2.3

3）综合考量市场现状及未来发展潜力，建议进入板块为虎门镇、长安镇（表 2-44、图 2-49）。

滨海各板块综合得分　　　　　　　　　　　　表 2-44

滨海片区	市场现状得分	权重	板块潜力得分	权重	合计
虎门镇	3.6	0.3	5	0.7	4.6
长安镇	2.6	0.3	4.6	0.7	4
厚街镇	2.6	0.3	3	0.7	2.9
沙田镇	2.7	0.3	2.3	0.7	2.4

4）城市板块筛选结果

综合板块现状及发展潜力，东莞 33 个板块中通过筛选计算，得出以下 14 个重点板块（表 2-45）。

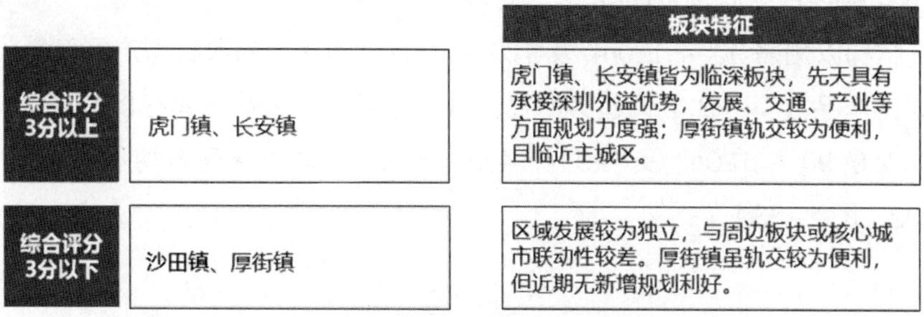

综合评分 3分以上	虎门镇、长安镇	**板块特征** 虎门镇、长安镇皆为临深板块，先天具有承接深圳外溢优势，发展、交通、产业等方面规划力度强；厚街镇轨交较为便利，且临近主城区。
综合评分 3分以下	沙田镇、厚街镇	区域发展较为独立，与周边板块或核心城市联动性较差。厚街镇呈轨交较为便利，但近期无新增规划利好。

图 2-49　滨海各板块特征分析

东莞重点板块及板块特征　　　　　　　　　　表 2-45

片区	板块	综合得分	板块特征
松山湖片区	松山湖	3.9	除松山湖外，其余板块均为环松山湖板块，受松山湖利好辐射影响，市场表现较好，未来在承接松山湖产业外溢、居住外溢方面潜力较大
	大朗	3.7	
	大岭山	3.6	

续表

片区	板块	综合得分	板块特征
滨海片区	长安	4.6	虎门镇、长安镇皆为临深板块，先天具有承接深圳外溢优势，发展、交通、产业等方面规划力度强
	虎门	4.0	
东南临深片区	塘厦	4.0	塘厦、黄江"十三五"期间与深产业协同性增强且受轨交利好，未来潜力大
	黄江	3.2	
城区片区	东城	4.3	东城、南城为目前城区市场成交热点板块，未来规划力度强；万江定位为未来新居住中心，1号线规划落地将迎来片区通达性大幅提升机遇
	南城	4.0	
	万江	3.0	
水乡新城片区	洪梅	3.6	洪梅镇受益于规划，或将成为区域交通枢纽；麻涌镇市场表现最为平衡，且市场容量最大，道滘镇供不应求，市场现状良好
	麻涌	3.3	
	道滘	3.3	
东部产业园片区	常平	4.2	常平镇经济实力强，政策及交通规划力度为全片区最佳，且具有较强的产业基础，区域市场长期看好

2.4.5 城市重点板块分析

1. 重点板块房地产走势

市场需求旺盛，价格保持高速增长，年末量价均保持上扬态势，调控影响较小，2020年底价格突破3万元/m²（图2-50、图2-51）。

2. 重点板块成交结构及库存

成交结构以刚需90～120m²及120～140m²为主，向改善型产品倾斜，2020年180m²以上产品成交占比放大趋势明显，从库存来看，大岭山库存以180m²以上产品为主，其次是90～120m²及120～144m²产品，整体去化压力均不大，库存量较低（图2-52、图2-53）。

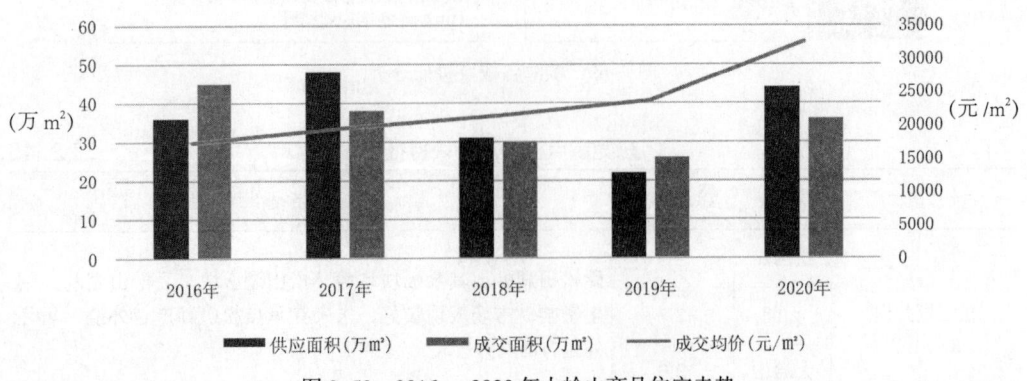

图2-50　2016～2020年大岭山商品住宅走势

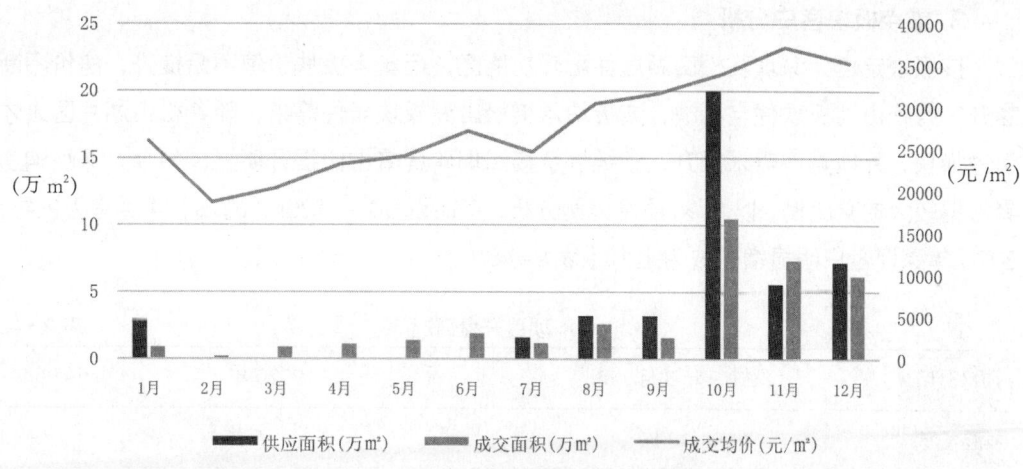

图 2-51　大岭山 2020 年商品住宅月度走势

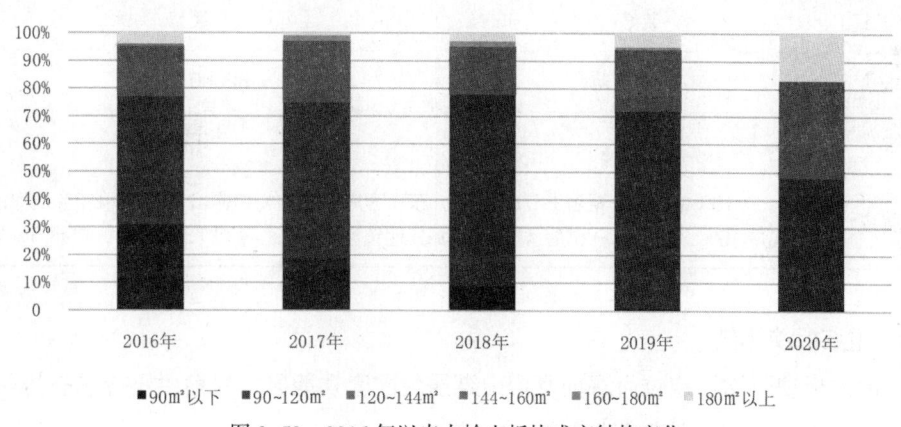

图 2-52　2016 年以来大岭山板块成交结构变化

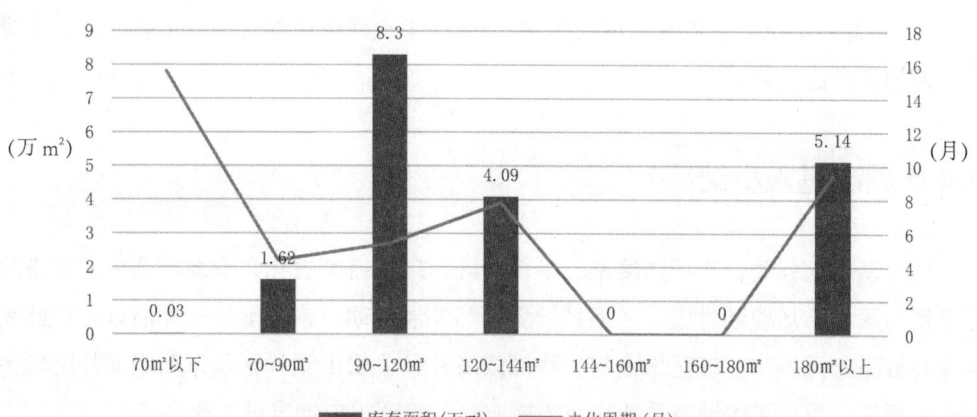

图 2-53　截至 2020 年底大岭山各面积段库存及去化周期

3. 重点板块客户分析

该板块定位为深圳及松山湖居住配套功能区，近年来板块价值不断提升，房价不断攀升，且松山湖板块住宅稀缺，该板块承接松山湖板块居住需求，随着松山湖片区人才引进加快，外地购房需求提升，该板块承接深圳购房者占比提升明显，如今，深圳购房者占据较大成交比例，以××项目为例分析，产品以90～120m^{2}的3～4居室为主导，2020年深圳客户明显增多成为主力（表2-46）。

××项目开盘情况　　　　　　　　　　表2-46

加推时间	2019年8月	2020年7月
推售楼栋	7栋、13栋	5栋
货量	63	150
产品	95m^{2}三居室、125m^{2}四居室	95m^{2}三居室、125m^{2}四居室
装修/毛坯	装修	装修
成交均价	27000元/m^2	32000元/m^2
开盘去化	33%	97%
客户构成	东莞客户100%（松山湖客户75%，大岭山客户15%，大朗客户5%，城区5%）	东莞客户20%（松山湖10%，大岭山2%，大朗5%，其他镇区3%），深圳75%客户，广州5%客户

4. 重点板块小结

大岭山板块小结：定位为深圳及松山湖居住配套功能区，目前供不应求态势明显，价格较高，高房价下深圳客户占主导。

（1）市场情况：供需旺盛，价格高速增长，价格突破3万元。

（2）产品情况：以刚需及改善型产品为主，180m^{2}以上改善型产品比重加大。

（3）客户情况：多以本地客户为主，2020年价格高速增长后本地客户难以支撑房价，深圳客户占主导。

2.4.6 城市进入小结

城市基本面强劲，市场热度高，供需两旺，库存持续去化，房地产企业积极进驻，且东莞与深圳市场联动性强，未来持续受深圳外溢带动，市场前景长期看好，因此需作为重点战略布局城市，就区域而言，临深滨海片区、松山湖片区及东南临深片区作为重点进驻板块，重点可以城市更新作为拓展方式，兼顾招拍挂市场（图2-54）。

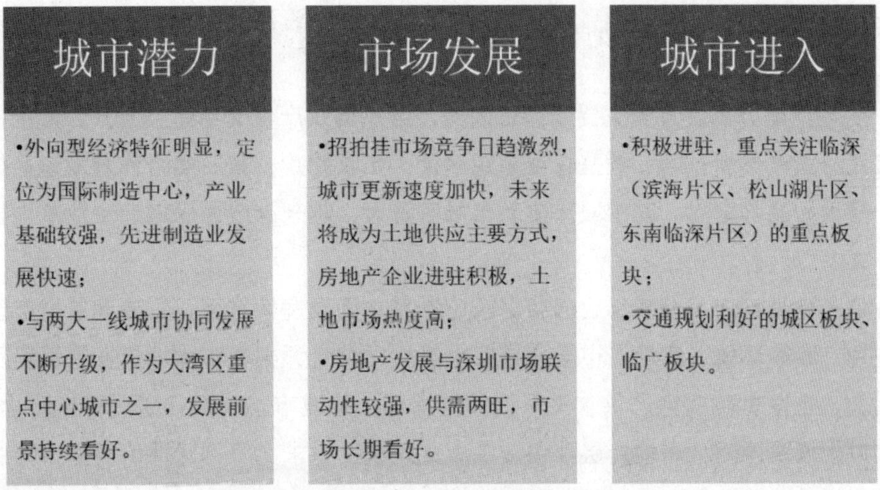

城市潜力	市场发展	城市进入
•外向型经济特征明显，定位为国际制造中心，产业基础较强，先进制造业发展快速； •与两大一线城市协同发展不断升级，作为大湾区重点中心城市之一，发展前景持续看好。	•招拍挂市场竞争日趋激烈，城市更新速度加快，未来将成为土地供应主要方式，房地产企业进驻积极，土地市场热度高； •房地产发展与深圳市场联动性较强，供需两旺，市场长期看好。	•积极进驻，重点关注临深（滨海片区、松山湖片区、东南临深片区）的重点板块； •交通规划利好的城区板块、临广板块。

图 2-54　东莞城市进入小结

项目小结

1. 我国房地产行业长期处于政府调控状态，房地产政策监管多且变动大。如宏观层面货币政策及财政政策，中观层面土地、户籍、限购限贷等地方调控政策以及微观层面的融资政策。这些政策主要从房地产供需两端对市场进行刺激或遏制，影响客户预期，从而影响房地产市场量价走势，形成城市房地产市场周期。房地产政策发展阶段性也比较明显，房地产市场走向与政策导向密切相关。

2. 2016 年 12 月中央经济工作会议以来，中央坚持"房住不炒"主基调不动摇，各地方城市政府也根据城市间不同的房地产市场发展阶段，因城施策，不断提高调控的针对性、精准性和有效性。住房和城乡建设部和央行发布重点房地产企业资金监测和融资管理规则，也就是被称为限制房地产企业融资的"三道红线"，央行和银保监会发布了关于银行业房地产贷款集中度管理的要求，并于 2021 年第一天正式实施。该制度将全国的银行分为 5 个档次，分别规定了其"个人房贷占全部贷款的比重上限"以及"各类房贷占全部贷款的比重上限"，所以也被称为银行业的"两道红线"，多地实行住宅用地集中挂牌、集中出让，稳定地价，落实"房住不炒"。

3. 房地产开发一般可分为七个阶段，即投资决策阶段、土地获取阶段、策划定位阶段、规划设计阶段、工程建设阶段、销售阶段和交付使用阶段，其中项目获取前的投资决策分析成为整个开发过程中最为基本、最为关键的一项工作。房地产项目决策流程一般为：项目初判、城市准入、项目建议书、可行性研究、设计任务书、项目评估、项目审批等。若项目所在城市符合房地产企业城市战略布局要求，城市房地产投资发展潜力大，则可进入，再对地块调研、编写项目建议书、可行性研究、设计任务书，做项目评估及项目审批。

4.房地产投资拓展方式主要分为三大类，第一类以产权交易途径方式，如招拍挂、土地转让、城市更新；第二类是企业重组途径，如收并购；第三类合作开发途径如代管代建、管理和品牌输出。其中城市更新市场容量大，越来越成为房地产企业拿地拓展的主要方式。

5.城市房地产市场分析综合分析城市宏观基本面及房地产面，主要涵盖城市现状、城市规划、政策环境、房地产市场发展四大维度，综合评判城市房地产发展情况及投资发展潜力，选取影响房地产供求关系的关键指标，如城市宏观面 GDP 及增速、城市宏观面人口规模及流入、房地产层面供应及成交规模、供求比等构建评价模型打分进行评判，最终形成对城市房地产市场发展精准感知。

6.城市地图是以大数据为基础，以地图形式可视化展现城市整体信息，如城市宏观经济发展、城市房地产发展环境、城市房地产发展市场健康度及未来发展潜力；房地产板块分析一般包含板块基本面分析及房地产分析两层面，从板块房地产市场现状及板块未来发展潜力两个维度，选取相关指标构建算法模型，评估板块投资价值，综合两方面分析研判板块发展价值；客户地图以城市为研究单位，在依据板块位置及定位、板块自然资源、板块综合配套及房地产市场特征基础上精准划分板块，以板块为输出单位，详细描述板块客户特征、购买力、置业目的及路径、置业敏感点、产品需求点。

7.近年来，也出现了多种新的城市分析工具，如栅格地图，从"战略布局"到"城市进入"再到"地块发现"，可以帮助研究人员快速了解城市格局、城市发展区域及潜力洼地，以实现拿地全程辅助决策。

复习思考题

一、选择题（每道题有 1 个或多个正确答案）

1.以下哪一项调控政策定义是要求取得不动产权证或网签签订期满一定期限方可上市交易？ （ ）

A.限购　　　　B.限贷　　　　C.限价　　　　D.限售

2.2021 年 4 月 29 日东莞发布调控政策，要求取得预售许可证商品房房价一年内涨幅不超 3%，主要是通过什么调控手段稳定市场？ （ ）

A.限购　　　　B.限贷　　　　C.限价　　　　D.限售

3.市、县人民政府土地行政主管部门发布公告，由竞买人在指定时间、地点进行公

开竞价，根据出价结果确定土地使用者的行为指的是？　　　　　　　　　　　（　　　）

    A. 招标　　　　　　　　B. 挂牌　　　　　　　　C. 拍卖　　　　　　　D. 协议

4. 以下哪项属于收并购范畴？　　　　　　　　　　　　　　　　　　　　（　　　）

    A. 某公司在土拍市场获取一块商住地

    B. 某公司购买另一公司项目 100% 股权并全面开发销售该项目

    C. 某公司仅管理另一公司工程建设

    D. 某公司通过品牌输出为另一公司提供品牌建设

5. 以下哪项属于在房地产开发投资决策阶段就需要做的内容？　　　　　　（　　　）

    A. 项目可行性研究　　　　　　　　　B. 施工图设计

    C. 中报预售证　　　　　　　　　　　D. 申请竣工验收

6. 哪座城市是全国最先颁布地方《城市更新（实施）办法》，为日后的城市更新实践活动奠定坚实的理论基础？　　　　　　　　　　　　　　　　　　　（　　　）

    A. 北京　　　　　　　　B. 上海　　　　　　　　C. 广州　　　　　　　D. 深圳

7. 在哪个文件被相关部门批准后，建设单位即可着手组织对建设项目进行可行性研究？　　　　　　　　　　　　　　　　　　　　　　　　　　　　　（　　　）

    A. 项目建议书　　　　　　　　　　　B. 设计任务书

    C. 项目评估报告　　　　　　　　　　D. 项目规划图

8. 以下哪个城市商品住宅库存去化周期相对合理？　　　　　　　　　　　（　　　）

    A. 深圳 4.8 个月　　　　　　　　　　B. 广州 10 个月

    C. 肇庆 14.7 个月　　　　　　　　　D. 长春 26.4 个月

9. 以下哪个房地产研究维度能大致展示客户是以刚性首置需求、改善需求或者高端需求等为主？　　　　　　　　　　　　　　　　　　　　　　　　　（　　　）

    A. 量价走势分析　　　　　　　　　　B. 去化周期分析

    C. 产品结构分析　　　　　　　　　　D. 库存分析

10. 2020 年 8 月，住房和城乡建设部和央行发布重点房地产企业资金监测和融资管理规则，也就是被称为限制房地产企业融资的"三道红线"，"三道红线"是：（　　　）

    A. 剔除预收款后的资产负债率大于 70%

    B. 净负债率大于 100%

    C. 拿地销售比小于 1

    D. 现金短债比小于 1 倍

11. 以下哪些措施体现了政府"房住不炒"的决心？　　　　　　　　　　　（　　　）

    A. 发布限制房地产企业融资的"三道红线"

    B. 发布限制银行业房地产贷款"两道红线"

C. 多地严查经营贷，严防经营用途贷款违规流入房地产领域

D. 2020 年底，哈尔滨发布促进房地产健康发展"十四条"鼓励房地产企业采取打折促销、团购等方式让利销售新建商品房，同时也在住房公积金、房地产企业预售资金监管等方面亦有所放宽

12. "土拍两集中"指的是： （　　）

A. 集中发布出让公告

B. 集中限制地价

C. 集中组织出让活动

D. 集中限制出让对象

13. 以下哪些属于房地产投资拓展方式？ （　　）

A. 招拍挂　　　　　　　　　　B. 城市更新

C. 收并购　　　　　　　　　　D. 代管代建

14. 可行性研究工作流程包含哪些？ （　　）

A. 投资机会研究　　　　　　　B. 初步可行性研究

C. 详细可行性研究　　　　　　D. 项目和决策

15. 城市进入研究一般需要了解以下哪些内容？ （　　）

A. 城市现状　　　　　　　　　B. 城市规划

C. 房地产政策环境　　　　　　D. 房地产市场发展

16. 城市基本面现状分析一般会涉及哪些层面内容？ （　　）

A. 城市经济　　　　　　　　　B. 城市产业

C. 城市人口　　　　　　　　　D. 城市基建配套

17. 城市基本面规划分析一般会重点涉及哪些层面规划内容？ （　　）

A. 空间规划　　　　　　　　　B. 产业规划

C. 交通规划　　　　　　　　　D. 人口规划

18. 城市土地市场分析一般需要了解的主要内容为： （　　）

A. 土拍政策　　　　　　　　　B. 量价走势

C. 溢价率　　　　　　　　　　D. 房地产企业拿地态度

19. 城市商品住宅市场分析一般需要了解的主要内容为： （　　）

A. 政策环境　　　　　　　　　B. 量价走势

C. 库存去化周期　　　　　　　D. 产品结构

20. 客户地图一般涵盖内容有哪些？ （　　）

A. 客户来源　　　　　　　　　B. 置业目的

C. 置业敏感点　　　　　　　　D. 客户购买力

二、判断题（根据以下表述判断，正确画"√"，错误画"×"）

1. 户籍人口城镇化率的提高和住房制度改革的深化有利于消化房地产库存，解决区域性、结构性问题。   （   ）

2. 2016 年 12 月，自中央经济工作会议首次提出，要坚持"房子是用来住的、不是用来炒的"的定位以来，"房住不炒"一直是我国政策调控的主基调。   （   ）

3. 针对市场过热城市升级调控，政策层层加码，针对市场过冷城市，政策放松，扶持为主，是政府"因城施策"的表现，目的是维持楼市平稳健康发展。   （   ）

4. 做项目可行性研究不需要再做投资机会研究。   （   ）

5. 城市更新不属于房地产投资拓展方式中的产权（土地使用权）交易途径。   （   ）

6. 招拍挂形式之一的"拍卖"需要公开底价。   （   ）

7. "政府引导、市场运作"是当前深圳城市更新的基本导向，通过市场选择开展城市更新，推进城市空间改善和产业升级。   （   ）

8. 收并购常用业务模式分为资产收购及股权收购。   （   ）

9. 城市地图需涵盖城市宏观基本面及房地产面，展示城市房地产发展现状及潜力，为企业投资决策提供参考依据。   （   ）

10. 房地产市场分析是指通过房地产市场信息的收集、分析和加工处理，寻找出其内在的规律和含义，预测市场未来的发展趋势。   （   ）

11. 土地溢价率 =（竞拍成交价格 – 土地成本价）/ 土地成本价 ×100%，是土地市场热度的判断指标之一，一般而言，土地溢价率越高，表示房地产企业参与土拍积极性越高，该地块市场预期越高。   （   ）

12. 楼地比 = 商品住宅平均价格 / 含宅地平均楼面价，楼地比越低，表示房地产企业盈利空间越大。   （   ）

13. 房地产市场区域板块应划分在单一房地产市场区域范围内，不应存在跨房地产市场区域的板块。   （   ）

14. 客户地图中不需要包含客户置业需求及敏感点。   （   ）

15. 客户地图制作主要采取定性及定量研究方法。   （   ）

16. 人口是决定房地产市场容量的关键因素，城市常住人口越高，人口增量越高对住房需求越强烈，房地产市场支撑度越足。   （   ）

17. 城市规划反映城市整体未来的发展方向与空间，体现城市的发展能级、阶段及范围，是判断城市潜在价值重点指标之一。   （   ）

18. 城市商品住宅市场去化周期低于 6 个月，表明市场很健康。   （   ）

19. 城市房地产市场分析中板块格局划分可有可无，不重要。   （   ）

20. 房地产市场分析中产品成交结构走势分析具有重要参考意义，据此一定程度判断客户产品需求特征及变化，为产品设计及定位做研究基础。　　　　（　　）

三、简答题

1. 谈谈"房住不炒"出台背景及政府为落实"房住不炒"所采取的措施。

2. 简析招拍挂三种出让方式的区别？

3. 项目可行性研究主要包含哪些内容？可行性研究报告主要作用是什么？

4. 简要分析深圳 2021 年出台"二手房指导价"的原因及其产生的效果。

5. 谈谈对"土拍双集中"的看法？

6. 简析深圳城市更新政策变化？

7. 为什么要划分房地产市场板块？

8. 如何评价一个城市房地产发展？

项目 3

房地产项目定位

项目要点

市场调研是房地产项目定位的前提，为后面的形象定位、客户定位、产品定位、价格定位提供数据支撑和对市场进行有效预判。整体定位主要从房地产企业的目标诉求与项目本体出发，综合客户、市场、土地三个方面综合考虑，在合适的土地上为合适的客户提供与之匹配的产品。在了解土地的基础上选择客户，通过客户判断与竞争寻找机会，最终输出项目的客户定位和产品定位，同时，根据市场的分析输出项目的价格定位。而形象定位是对项目整体定位的营销语言转化。

导学视频

任务 3.1 房地产项目市场调研

◈ **学习目标** ────────────────────────────

1. 熟悉房地产项目市场调研的目的和内容；
2. 掌握房地产项目市场调研的方法和报告撰写。

◈ **【案例导入】××集团获得深圳光明凤凰街道4万 m² 纯住宅地** ──────

2021年5月13日，××集团以10.88亿元获得光明凤凰街道4万 m² 纯住宅地（挂牌编号：深土交告〔2021〕×号/A646-00××），成交楼面价26667元/m²，配建人才住房11200m²。

地块靠近光明城高铁站、龙大高速，距离地铁13号线二期（预计2025年通车）同观路站约1km，毗邻光明目前最成熟的凤凰城片区，距离光明区政府约3km，未来可以享受到光明新城公园、深圳实验学校（光明部）等配套。

◈ **【思考】假设××集团的项目目标是在快速回笼资金的前提下实现利润最大化，那么该如何制定项目定位？**

前述章节我们已经对房地产企业在投资拓展流程、城市选择、板块选择、拿地方式等方面进行了完整详细的阐述。当房地产企业成功获取土地之后，该项目就开始进入项目定位阶段，而在进行项目定位的前期，市场调研则是不可缺少的前期定位工作。

3.1.1 市场调研的目的和原则

本教材所述的市场调研，是以地块为特定的商品对象，对相关的市场信息进行系统的收集、整理、记录和分析，进而对房地产市场进行研究与预测，为项目开发各个环节的决策提供基础数据。为项目成功开发，充分挖掘土地价值奠定坚实基础。

市场调研的目的是从感性的经验，结合不断变化和细分的市场信息，提升到理性的层次，科学地对所有在定位、规划、营销推广过程中将出现的问题进行有效的预测。只有对项目进行了充分的调研，才能找出自身的弱点和优点，审视产品，摆正适应市场的恰当位置。同时，充分的市场调研有助于我们认识风险，并采取相应措施降低风险至可控范围内。

房地产市场调研应该遵循以下原则：

1. 准确性原则

房地产市场调查资料必须真实地、准确地反映客观实际。科学的决策建立在准确的预测的基础之上，而准确预测又应依据真实的市场调查资料。只有在准确的市场调研资料的基础上尊重客观事实，实事求是地进行分析，才能瞄准市场，把握市场，作出正确的决策。调查资料的准确性取决于以下三个方面。

（1）市场调研人员的技术水平

调查人员的技术水平决定了他们在调查中技巧的使用水平，对问题的敏锐程度，对整体调查方案的理解程度，以及资料的筛选、整理、分析水平等。

（2）市场调研人员的敬业精神

市场调研在大多数情况下是一项很辛苦的工作，大多数情况下，市场调研的需求都是在影响决策的诸多因素均不明朗的情形下产生的，因而市场调研人员必须具备一种科学的态度、敬业的精神才能做好。浅尝辄止的工作态度是做不好市场调研的。

（3）资料提供者是否持客观态度

被调查对象是否持客观态度，是否说出他们内心真实的想法，会直接影响到调研结果的准确性。解决问题的关键是要很好地理解顾客，要清楚地判断他们所说的话是否是他们心里所想。而这样做的方法就是最大限度地利用多种信息渠道，利用多方面的资料信息相互验证，并予以科学判断，以提高调查资料的真实性。

2. 时效性原则

一份好的房地产市场调查资料应该是最新的。因为只有最新的调查资料，才能反映市场的现实状况，并成为企业制定市场经营策略的客观依据。在市场调研工作开始进行之后，要充分利用有限的时间，尽可能在较短的时间里搜集更多的所需资料和信息，避免调查工作的拖延。否则不但会增加费用支出，而且会使决策滞后，贻误时机。因此，市场调研应该顺应瞬息万变的市场形势，及时反馈信息，以满足各方面的需要。

3. 全面性原则

这一原则是根据调查目的，全面系统地收集有关市场经济信息资料。市场环境的影响因素很多，既有人的因素，也有经济因素、社会因素、政策因素等。由于各因素之间的变动是互为因果的，如果单纯就事论事地调查，而不考虑周围环境等因素的影响，就不能把握事物发生、发展甚至变化的本质，就难以抓住关键因素得出正确的结论。

房地产开发不可能离开一个城市的社会、经济发展，因此一个完整全面的市场调查应包括宏观的背景情况，如社会政治经济环境、自然环境、区域因素以及整个市场的物业开发量、吸纳量、需求量、总体价格水平、空置率等内容，还应包括对消费者的调查、对竞争对手与竞争楼盘的调查等内容。

4. 针对性原则

对于特定项目的市场调研，还应遵循"针对性"原则。比如在房地产市场调研中，不同物业类型的目标客户群体是不同的，不同客户群体对房屋的偏好各异，比如中等收入家庭购房时更关注价格，而高收入家庭购房时则会更注重环境与景观等。市场调查的目的，就是要准确把握住不同客户群体间方方面面显著或是细微的差别，最终抓住目标客户群。

5. 创造性原则

市场调研是一个动态的过程，虽然有科学的、程序化的步骤，但任何环节都需要创意的帮助，市场调研的创造性思维应贯穿于整个调研设计和实施过程中。有创意的调研人员，总是能十分敏锐地捕捉那些有价值的信息，并深入地挖掘它们。

创造性调研的特点之一，是根据调研中发现的有价值的信息，提出一个很有创意的假设，然后运用各种调研方法进一步去证明这种假设是否确实存在；创造性调研的特点之二，是抛开那些传统的、先入为主的思维方式，采用准确、直接的调研新手段、新方法。

调研的创造性实际上是市场调研最有价值的特性，是调研人员营销知识、调研技术、思维能力的综合体现，当然也是有效市场调研最有力的保障。有创意的调研总是来自调研人员对市场的把握、对营销的理解以及对调研技法的精通。

3.1.2 市场调研的内容

针对不同的物业类型的项目，市场调研的内容略有不同，尤其是对于周边竞品的调研各有侧重。比如住宅项目的竞品调研侧重于周边住宅项目的情况，写字楼项目的调研则侧重于周边写字楼、产业园区的市场情况等。

这里我们主要介绍住宅项目的调研内容，主要可分为两大维度：中观和微观。中观维度侧重区域板块调研，微观维度侧重于地块本体、竞品和客户调研（表3-1）。

房地产项目市场调研主要内容（以住宅为例）　　　　　　　　　　　表3-1

市场调研维度	分类	市场调研内容
中观调研	区域基本面	区域经济发展、规划、人口、产业、交通配套、商业配套、医疗配套、休闲娱乐配套、人文景观
	区域市场面	区域市场政策、土地供求走势、销售市场供求走势
微观调研	地块本体	经济技术指标、地块形状、地块四至、周边现状
	竞品	基础信息、产品信息、营销推广信息
	客户	基本信息、置业逻辑、置业敏感点

1. 中观维度调研

（1）区域基本面调研内容

地块所在区域或板块调研的主要内容包括区域基本面和区域市场面两大部分。区域基本面的调研内容包括区域经济发展、规划、人口、产业、配套等情况，目的是全方位了解该区域发展现状以及未来发展动力、潜力和方向，以及该区域所能赋予地块的价值点（表 3-2）。

地块所在区域基本面调研内容　　　　　　　　　　　　　　表 3-2

调研内容	调研内容说明
经济发展	GDP 等经济指标，认知该区域在整个城市的经济占位
产业发展	主导产业、产值、主要产业园区，认知该区域的产业发展占位，且产业人口是重要的购房客户
人口发展	常住人口、户籍人口、人均可支配收入等指标，认知该区域在整个城市的人口占位
区域规划	城市规划、交通规划，认知该区域规划潜力和方向
交通配套	道路交通：主干道，高速（出口）；轨道交通：站点；公共交通：站点、线路
商业配套	附近商圈；重点商业项目；商场、超市品牌、金融、邮政网点
教育配套	幼儿园、小学、中学：级别、口碑、划片情况、入学条件；大学：口碑、园林景观
休闲娱乐配套	景点、古迹、游乐场、公园、体育馆等
人文景观	文化宫、艺术馆、博物馆、图书馆等

（2）区域市场面调研内容

区域市场面的调研主要包括地块所在区域土地市场和商品住宅市场的供求走势情况，目的是了解该区域房地产市场发展现状和未来竞争压力（表 3-3）。

地块所在区域市场面调研内容　　　　　　　　　　　　　　表 3-3

调研内容	调研内容说明
土地市场	住宅用地供应和成交量走势、楼板价情况，认知项目所在区域土地市场热度及区域未来供应，研判未来竞争压力
新房市场	一手住宅供应与成交量价情况、认知项目所在区域市场热度，认知项目未来入市时的市场占位
房地产企业布局	区域品牌房地产企业布局情况、拿地方式等，品牌房地产企业进驻较多说明对片区普遍看好，同时竞争压力更大
二手房市场	二手房市场的成交量价，认知区域市场流通性

2. 微观调研

（1）地块本体内容

对地块的调研内容主要包括地块的基本经济技术指标、配建要求等其他要求，以及实地调研地块形状、被分割情况，同时对地块四至、周边现状进行调研（表 3-4）。

地块本体内容调研内容　　　　　　　　表 3-4

调研内容	调研内容说明
地块内部	地块内部价值排序：地块内部条件利用、地块内部价值区别（如临江的一面，江景资源）、地块形状对布局的要求
地块四至	地块四至 / 周边功能、最有利于展示的面、临路不利面的因素、与周边或城市中心的交通关系

（2）竞品调研内容

对项目的竞品调研是决定项目定位的重要因素，主要包括基本信息、价格、销售去化速度、产品、示范区和客户等内容（图 3-1、表 3-5）。

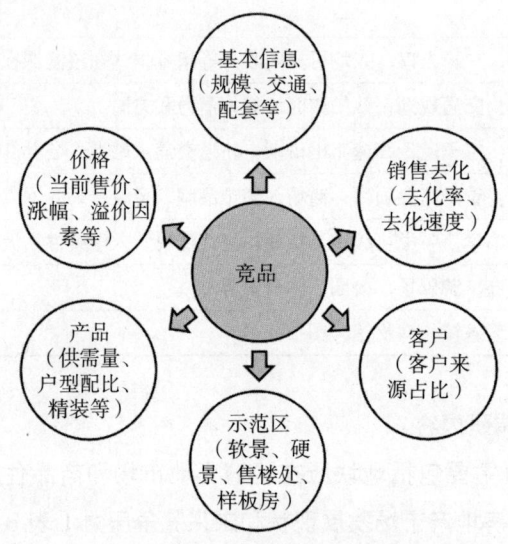

图 3-1　竞品调研主要内容

竞品调研表　　　　　　　　表 3-5

（一）项目基本情况			
项目名称		建筑密度	
项目位置		规划布局	
占地面积		建筑风格	
建筑面积		环境景观	
容积率		房地产企业	
绿化率		媒介推广	
项目分期		自带配套设施	
（二）销售情况			
当前售价		月均去化套数	
最早开盘		项目存量	

续表

（三）产品情况					
户型配比	户型	面积	套数	比例	销售比例
	一室				
	二室				
	三室				
	四室				
	复式				
建筑形态					
栋数		产品类型			
面积区间		整体建筑风格			
套数比		面积比			
建筑产品特点					
新工艺、技术材料应用		建筑外立面特点			
对项目不利要素规避		精装标准			
物业管理					
物业公司		物业费			
（四）项目推广					
主推广语		主定位语			
推盘节奏与产品类别		最新营销动作			
（五）客户情况					
客户来源		客户抗性			
客户关注点		客户首付承受线			

（3）客户调研内容

客户调研的主要内容包括三个方面：客户的基本信息、客户置业逻辑和客户置业敏感点（表 3-6）。客户调研的一般步骤如图 3-2 所示。

客户调研的主要内容   表 3-6

调研内容	调研内容说明
客户基本信息	客户来源、年龄、置业、家庭结构、年收入等
客户置业逻辑	置业动机：如家庭结构变化带来的刚需自住需求、闲钱投资、老人养老、改善享受需求
客户置业敏感点	交通便利、教育、医疗、环境、总价承受范围、付款方式等

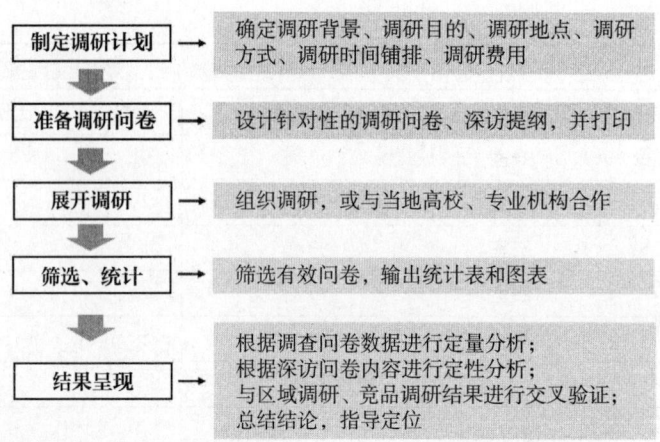

图 3-2　客户调研的一般步骤

3.1.3 市场调研的方法

房地产项目市场调研的内容和方法多样。从整体分类来看，主要分为基于一手资料和二手资料收集的传统调研和基于互联网大数据的大数据调研。传统调研方法曾是市场调研中的主流方法，但随着互联网行业的快速发展，大数据调研越来越受到了市场调研行业的关注与欢迎（图 3-3）。

1. 房地产项目市场调研方法分类

（1）大数据调研

过去十多年中，市场调研的数据收集方式发生了根本性的转变。传统的市场调研方

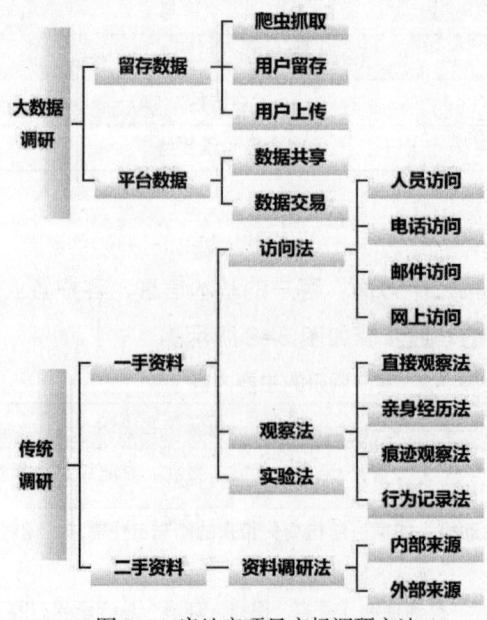

图 3-3　房地产项目市场调研方法

法通常是通过如访问、观察、实验或资料收集等方式来"获取数据"，而互联网时代的当下数据是实时产生的、实时存在的，并且实时可用的，例如搜索数据、社交媒体数据或者存储于各个业务部门的用户数据。在这种背景下，前瞻性的数据分析方式、研究思维及技能是房地产市场调研人员愈发需要考虑的要点，以应对使用不同类型数据的挑战。

相较于传统数据，大数据的特点及区别如图 3-4 所示。

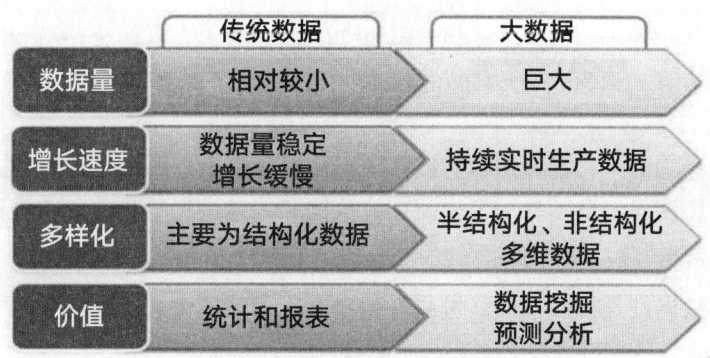

图 3-4　大数据调研的特点

传统调研中，传统数据的收集规模相对较小且数据量稳定，通过分析和处理这些数据，找到一些相关性，进而形成调研结果和结论。而大数据的特点则是持续地实时产生数据，且数据量庞大，它为数据分析提供了更多的洞察力范围，但也使它的应用更具挑战性。

区别于传统调研中多收集结构化数据并通过统计分析和报表呈现的特点，大数据应用可以处理图像、声音、文件等半结构化、非结构化数据，可以通过大量的数据挖掘出所有的隐藏信息，并进行预测分析（图 3-5）。

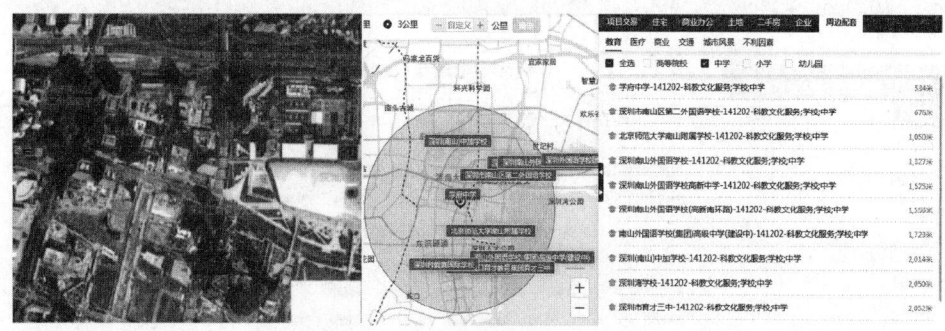

图 3-5　地块周边卫星图像及 POI 数据

大数据的获取方式主要通过留存数据和平台数据。在留存数据中，调研人员可以通过一些爬虫软件有目的的定向爬取，比如通过爬虫爬取房地产交易平台上的住房信息及买卖报价、租金报价等（图 3-6）。

	标题	标题链接	content__list--item-d...	content__list--item-ti...	content__list--item-pr...	缩略图	brand
1	整租·向南瑞峰花园 3...	https://sz.zu.ke.com/z...	南山区-南山中心-向南...	9天前维护	9000 元/月	https://ke-image.ljcdn...	
2	整租·共和综合楼 1室1...	https://sz.zu.ke.com/z...	龙华区-龙华中心-共和...	1个月前维护	1980 元/月	https://ke-image.ljcdn...	
3	整租·布吉中心1室 3...	https://sz.zu.ke.com/z...	龙岗区-布吉街-布吉中...	7天前维护	5300 元/月	https://ke-image.ljcdn...	
4	整租·共和综合楼 1室1...	https://sz.zu.ke.com/z...	龙华区-龙华中心-共和...	1个月前维护	2199 元/月	https://ke-image.ljcdn...	
5	整租·深业岭秀名苑 2...	https://sz.zu.ke.com/z...	福田区-莲花-深业岭秀...	8天前维护	9000 元/月	https://ke-image.ljcdn...	
6	整租·共和综合楼 1室0...	https://sz.zu.ke.com/z...	龙华区-龙华中心-共和...	14天前维护	2200 元/月	https://ke-image.ljcdn...	
7	整租·汇龙花园 1室1厅...	https://sz.zu.ke.com/z...	福田区-梅林-汇龙花园...	5天前维护	5300 元/月	https://ke-image.ljcdn...	
8	整租·汇德大厦 2室1厅...	https://sz.zu.ke.com/z...	龙华区-梅林关-汇德大...	4天前维护	6500 元/月	https://ke-image.ljcdn...	

图 3-6　通过爬虫工具爬取的房地产交易平台租赁数据

用户留存多是指客户使用相关的产品和业务中留下的一系列行为数据，由此构成数据库主体。市场调研人员则基于客户留存的数据和信息进行分析，如在线购房平台上各项目的点击浏览量、成交数据等。

用户上传数据则是指经授权许可后，客户授权上传的个人年龄、家庭背景、职业信息等数据及信息。

平台数据的数据获取方式多样丰富，既包括通过高校、政府和一些互联网企业的开放数据平台获取的共享数据，也包括商业房地产大数据付费应用平台（图 3-7、图 3-8）。

图 3-7　政府数据开放平台

从实现形式上来看，既有在线互动使用平台和基于 API 接口传输的方式，也包括采用表格或文件下载传输的方式实现。

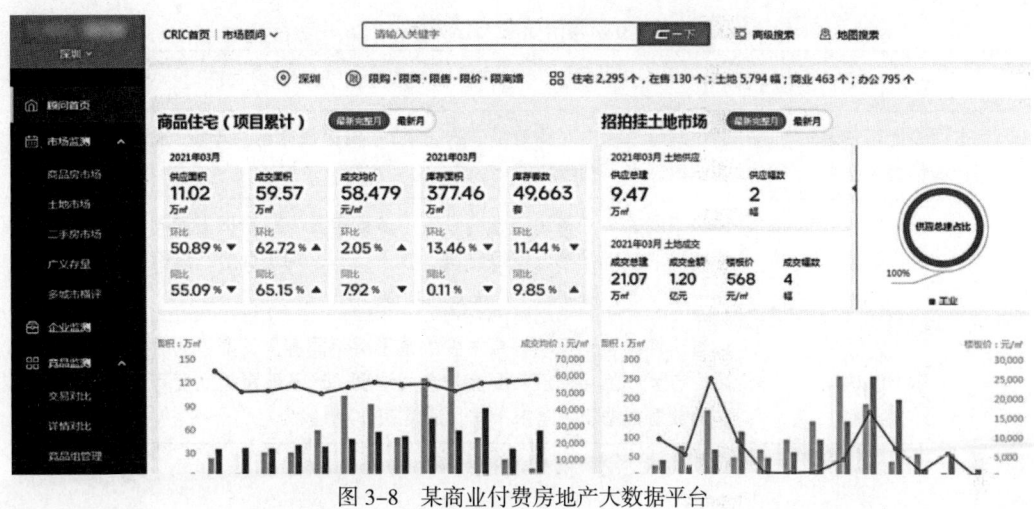

图 3-8　某商业付费房地产大数据平台

（2）传统调研

在传统房地产市场调研中，收集的资料可分为一手和二手资料两类。一手资料是指根据研究目的，直接从相关知情者处收集到的资料（数据），二手资料是已被他人收集的可查阅资料，并且通常是免费和易于获取的。二手资料在收集便利性、时间效率上优于一手资料。在实际调研中，调研人员应首先考虑收集二手资料，并尽可能应用二手资料。当研究问题无法完全地从第二手资料中获得答案时（如：内部记录或已出版的外部资料），则需转向对具有真实、针对性强等特征的一手资料的收集。

一手资料、二手资料的收集方法因研究目标以及所寻求信息的类型和深度而异，一般而言，一、二手资料的调研方法如下所示：

1）一手资料调研

①访问法

访问法是调研人员通过口头或书面方式，利用各类技术手段直接询问被访对象，从而获得市场信息的一种调研方式。该方法简单实用，适合用于调研消费者对房地产产品的个人消费偏好、满足程度、产品和服务的满意度及意见，例如物业服务满意度、户型设计、项目地段、价位偏好等。从访问方式上来说，可以采取面访、电话访问、邮件访问、网上访问等方式。就具体的面访而言，又可以采取踩盘访问、客户普访、深度访谈等方式展开。

市场调研研究方法分类见表 3-7。

市场调研研究方法分类   表 3-7

研究维度	研究逻辑及方法
项目市调中的客户调研（访谈销售经理）	通过踩盘过程中对销售经理的访谈，了解区域内客户年龄、来源、置业目的、购房敏感点等初步特征
客户普访	通过定量的客户普访问卷的设置（多数需要 100 份以上的问卷），总结目标客群的基础信息、家庭结构、收入结构、购房目的、总价接受区间、产品关注点等，以期给予产品定位以参考
客户深访	通过定性的客户深访，更主要的是了解不同客户类型置业目的、项目关注度、市场产品接受度、配套打造关注度、产品配置关注度等细化分析。深访的数量根据项目需求不同，通常在 20 份以上

【案例 3-1】扫码阅读：客户调研问卷一般模板

②观察法

观察法是调研人员直接通过自己的双眼观察来收集资料信息的一种方式。作为一种非介入的调查方式，观察法着重收集被调查对象或项目的行为及痕迹。如调研人员在楼盘售楼处或房地产交易会直接观察客户流量和销售动向以判断客户的产品偏好。又比如通过观察看房者使用的交通工具来判断购房者的收入水平和购买能力等。具体而言则分为直接观察法、亲身经历法、痕迹观察法、行为记录法四种方式（图 3-9）。

图 3-9　新型房地产市场调研工具——无人机

③实验法

实验法以一个比较小的观察对象群体为样本范围，通过实验设计进行测试并取得一定的结果，然后再通过样本结果推断出对总体人群的可能结果。

如某房地产企业想研究在售楼处播放不同的背景音乐对购房者购房意愿的影响，可以选择不同的音乐播放进行实验，通过实验结果对比分析。

2）二手资料调研

二手资料调研是指运用现有的资料通过数据处理、归纳总结他人能够得到结论的调查方法。二手资料是指特定的调查者按照原来的目的收集、整理的各种现成的资料，如年鉴、报告、文件、期刊、文集、数据库、报表等（图 3-10）。它与实地调查法、观察法等收集原始资料的方法是相互依存、相互补充的，而且二手资料比较容易得到，相对来说比较便宜，并能很快地获取（表 3-8）。

二手资料常用来源　　　　　　　　　　　　　　　表 3-8

数据类型	数据来源
宏观微观数据	国家统计局、地方政府统计年鉴、统计公报、商业付费房地产大数据系统等
土地信息	中国土地挂牌网、地方土地交易平台（图 3-10）、自然资源局、商业付费房地产大数据系统等
供应销售数据	国家统计局、地方政府统计年鉴、统计公报、地方房管局、商业付费房地产大数据系统等

收集第二手资料，必须保证资料的时效性、准确性和可靠性。对于统计资料，应该弄清指标的含义和计算的口径，必要时应调整计算口径，使之符合调查项目的要求。对于某些估计性的数据，要了解其估算方法和依据以及可靠程度。

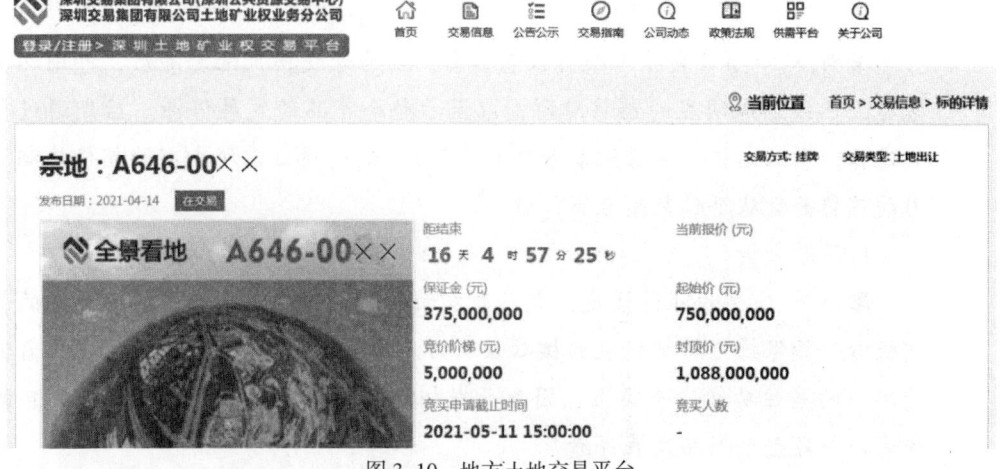

图 3-10　地方土地交易平台

3.1.4 市场调研报告撰写

市场调研工作完成后，需要对调研过程中所搜集获取到的数据和信息进行整理和总结，这便是市场调研报告编制工作，市调报告的撰写将为接下来的定位工作提供重要的数据支撑。

─── 【案例 3-2】扫码阅读：深圳蛇口赤湾 ×× 项目调研报告 ───

任务 3.2　房地产项目整体定位

学习目标

1. 掌握房地产项目整体定位的逻辑和内容；
2. 掌握房地产项目整体定位的方法和报告撰写。

【案例导入】深圳 ×× 项目热销的背后

深圳 ×× 项目新推 1 个月仅售 3 套。因为开发初期配套滞后，外围环境荒凉，已经形成明显的销售障碍，以至于整个产品的发展停滞。后期通过重新定位，引入名校、完善配套等措施，引发 ×× 项目前所未有的销售热潮，月均销售套数从个位数越至百位数。

1. 问题分析

像 ×× 这样的郊区楼盘，大盘开发面积大，开发年限长，因此大盘的营销核心必须保持可持续发展的核心吸引力。尽管现状的 ×× 项目仅发挥着较为单一的居住功能，事实上，因为开发初期配套滞后，已经明显形成销售的障碍，导致整个产品发展停滞。

因此，×× 项目要持续发展，不能仅仅是住区，而是一个以居住为核心功能,从而引发娱乐、交往、经营、发展等多方面功能的社会区域生活共同体。得益于超大规模的效应,它将形成的是一个基本配置完善的"社区"。只有作为社区,才是××可能持续发展的最基本点。

2. 定位调整

引进名校,调整定位:结合发展商的实际条件,提出资源集中、重点突破、引进优质的教育资源,以名校教育配套启动超大社区的定位。××最终确定了以"孩子的教育"激活社区的总体策略。优质教育资源的导入效应,引发××项目一改销售颓势,迎来热销。

【思考】深圳桃源居项目通过怎样的定位调整才获得了成功?

3.2.1 房地产项目整体定位的逻辑和内容

房地产项目定位是项目前期策划的主要内容,准确清晰的定位将会对项目后期的规划设计、宣传推广等方面起到良好的指导作用,而不科学准确的定位则可能导致整个项目的失败。

项目定位是在项目内外部环境分析的基础上,结合项目自身特有的因素和开发企业期望,界定项目目标客户和目标产品。故房地产项目定位的逻辑即:在合适的土地上为合适的客户提供与之匹配的产品。在了解土地的基础上选择客户,通过客户判断与竞争寻找机会(图 3-11)。

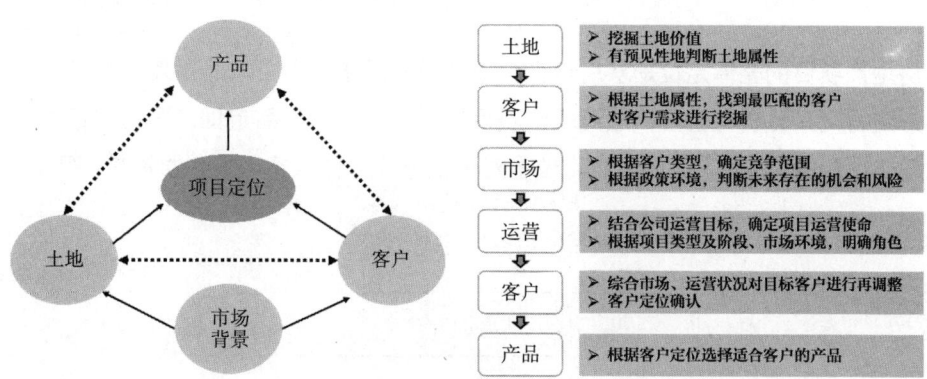

图 3-11　房地产项目整体定位的逻辑

一个房地产项目的精准定位就是:正确的产品,来源于土地、客户、市场与运营的合理匹配。那么,什么是正确的产品?见表 3-9。

"正确的产品"属性表　　　　　　　　　　　　　　　　　　　表 3-9

维度	要求	说明
土地	匹配性	"对的产品"必须与土地属性相匹配
	预见性	土地属性的判断要有预见性
	创造性	"对的产品"甚至可以改造、提升土地属性
客户	功能需求	主要为户型产品层面，匹配不同家庭结构的对居住、安全、使用功能的要求
	精神需求	主要为风格主题层面，匹配不同层次客户对于身份标签、情感体验的要求
	发展需求	"对的产品"不仅要做好住宅，还要做好配套
市场	准确性	在市场中有准确的项目和客户定位
	差异性	有差异化的核心价值
	预见性	符合未来市场的供求关系
	风险性	符合政策的导向和趋势
运营	目标性	明确公司的运营使命
	针对性	对项目分类管理，不同的项目类型，运营使命会有差异
		对项目分期管理：大项目在不同的阶段，运营使命也会有不同的差异

　　房地产项目科学定位的核心逻辑以客户导向进行项目定位，企业以满足客户需求、增加客户价值为企业经营出发点，避免脱离顾客实际需求的产品生产，或对市场的主观臆断。

　　房地产项目的整体定位是从房地产企业的目标诉求与项目本体出发，对项目、市场与客户进行交叉分析与验证，最终输出项目的客户定位和产品定位，同时，根据市场的分析输出项目的价格定位。而形象定位是对项目整体定位的营销语言的转化（图 3-12）。

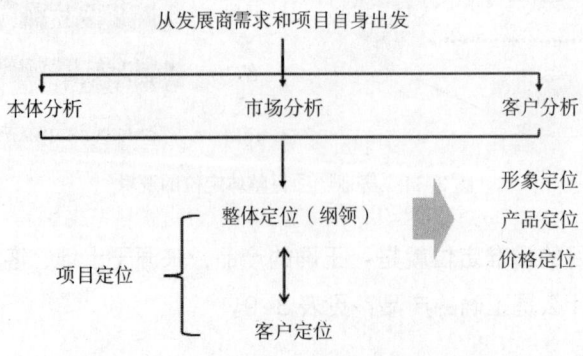

图 3-12　房地产项目整体定位的内容输出

3.2.2 房地产项目整体定位方法

1. 四要素平衡法

四要素即地块、市场、客户、产品，通过第一阶段的市场调研可知，四要素之间必然产生交叉联系，以地块要素为出发点，四者相互制衡，四要素平衡定位法，就是找到四者的平衡点进行最优定位（图 3-13）。

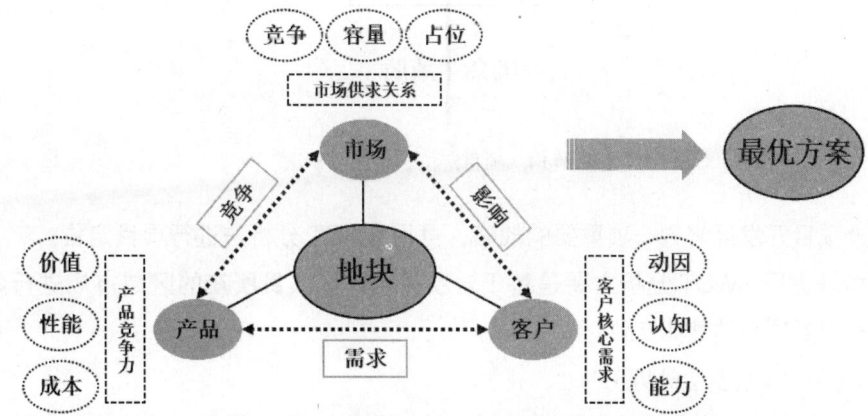

图 3-13　房地产项目定位"四要素平衡法"示意图

通过分析地块与城市的关系、地块与区域的关系、地块与地段的关系及地块地形景观特征，得出地块适宜打造的项目定位。

通过分析地块辐射圈内人口结构特征、地块辐射圈内房地产发展特征、地块辐射圈内客户需求变化特征，得出地块辐射圈内的最大需求及最缺失的需求。

通过分析该城市区域价值竞争、资源价值竞争、竞品产品竞争、竞品卖点竞争，得出产品空白点或具有差异化竞争优势的产品特征。

将三个结论进行交叉，便得到定位平衡点，再将平衡点进行升华，便是最优定位。

2.SWOT 分析法

SWOT 分析法，即态势分析，是一种能够客观准确的分析和研究一个单位现实情况的方法。其中 S 代表优势（Strengths）、W 代表劣势（Weaknesses）、O 代表机会（Opportunities）、T 代表威胁（Threats）（图 3-14）。

所谓 SWOT 分析法，就是将与研究对象密切相关的各种主要的内部优势、劣势、外部机会和威胁等环境要素，通过调查列举出来，并依照矩阵形式排列，然后用系统分析的思想，把各种因素相互匹配起来加以分析，并从中得出一系列相应的结论。

运用这种方法，可以对研究对象所处的情景进行全面、系统、准确的研究，从而根据研究结果制定相应的发展战略、计划以及对策等。SWOT 分析法常常被用于制定集团发展战略和分析竞争对手情况，在战略分析中，它是最常用的方法之一。而项目定位作

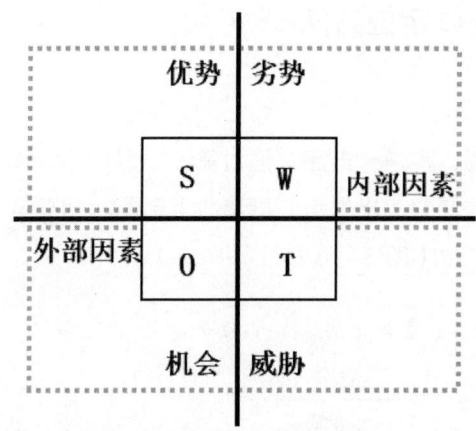

图 3-14　项目定位 SWOT 分析法

为房地产项目开发经营的一项重要的战略，可用 SWOT 分析法进行项目定位。

对地块进行 SWOT 分析主要是基于对项目本体和项目所在的区域市场进行解剖，综合分析得到项目的整体定位。

（1）S/W（优势/劣势）

S/W（优势/劣势）的价值要素包括：地段要素、环境要素、地块/产品要素和房地产企业/项目要素。前两个为被动性要素，后两个为主动性要素。

具体地说，针对一个地块的价值要素包括：

1）地段要素——地段/片区认知度/周边配套（商业/教育）/交通等（可总结为便利性/成熟度/知名度）；

2）环境要素——自然环境/四至景观/社会人文环境（噪声）等（可判定资源的程度：稀缺、良好还是匮乏）；

3）地块要素——地形地貌/规模/技术经济指标等（可判断产品的可发挥空间）；

4）房地产企业要素——目标/房地产企业品牌/可利用资源等；

针对一个即将销售的项目与地块的主要差别在于增加了产品因素：产品因素——产品/户型/自身配套/昭示性等。

对于一个大盘的后续阶段，需要增加项目要素的判断：项目要素——口碑/人气/项目知名度/客户群体/前期售价/前后产品差异性/物业管理等。

（2）O/T（机会/威胁）

O/T（机会/威胁）的价值要素主要包括宏观要素、中观要素和微观要素：

1）宏观要素——经济形势（宏观政策）/重大城市变革；

2）中观要素——行业形势（一、二、三级市场）/城市规划（交通、市政配套、开发重点、热点等）；

3）微观要素——市场竞争（片区、楼盘、户型）/客户流向；

通常对于销售中后期的项目，宏观要素相对失效；反之，对于一个远期的大盘，微观要素相对次要。

在 SWOT 分析确定项目定位的过程中，我们强调尽可能多地去考虑优势和机会，尤其是必须抓住核心优势和大机会——这是我们"挖掘物业价值"的要旨所在。

SWOT 分析中项目定位的战略选择见表 3-10。

表 3-10

SWOT 分析中项目定位的战略选择

项目定位战略选择	优势 S	劣势 W
机会 O	发挥优势，抢占机会	利用机会，克服劣势
威胁 T	发挥优势，转化威胁	减少劣势，避免威胁

3.2.3 房地产项目整体定位策略

1. 市场竞争战略模型

任何一个房地产项目，对于市场来说，都是一个新进入者，对于市场定位，在面临诸多的市场竞争下，有必要一开始就站在战略的高度上进行思考。市场竞争战略模型从市场领先者、市场追随者、市场补缺者和市场挑战者四种姿态供新的房地产项目市场定位的战略选择（图 3-15）。

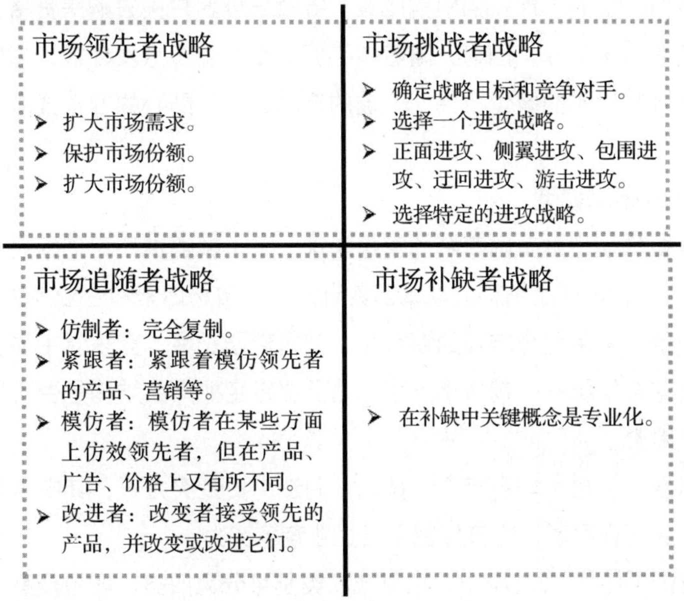

图 3-15　市场竞争战略模型

（1）市场领先者战略

市场领先者是指在某一行业中拥有最大的市场占有率，在价格调整、新产品开发、营销渠道等方面占据主导作用的地位。采取市场领先者战略可主要从扩大市场需求、保护市场份额和扩大市场份额三个方面进行决策。

例如，某集团在广州市增城区的项目布局占据着绝对的优势，若该集团在增城区新获取一宗住宅用地，那么，基于其在该区域的竞争优势，包括客户优势、品牌优势、营销优势等，该新项目可采取市场领先者战略进行市场定位。

（2）市场挑战者战略

市场挑战者一般具备较高的市场占有率和影响力，项目采取市场挑战者战略必须确定竞争对手和挑战目标，采取特定的战略如在产品、价格等方面与被挑战者实行差异化战略。

（3）市场追随者战略

市场追随者战略即对占据市场主流地位的竞争项目采取跟随的策略。因为新产品的开发需要花费大量的成本，而且存在一定的市场风险，故采取市场追随者战略能够有效降低市场风险。可选择仿制者、紧跟者、模仿者和改进者4种竞争姿态进行市场追随。

（4）市场补缺者战略

市场补缺者战略即找出市场的"空白"，在补缺中的关键是专业化能力。采取市场补缺者战略应该具备以下特征：有足够的市场潜力；利润有增长的潜力，对主要竞争者不具有吸引力；企业的资源和能力能有效地服务市场。

例如，大平层高档公寓产品的问世。在"房住不炒"的调控大背景下，多城为抑制楼市投机行为，实施了严格的限购政策，导致部分客户失去购房资格，不限购的公寓类产品重新获得市场关注。同时，随着中心城区土地资源愈发稀缺，住宅"一房难求"，大平层公寓以其优越的区位条件、一流的产品设计、贴心的管家式服务占据一部分高端市场。

2. 波士顿矩阵模型

波士顿矩阵模型由美国著名的管理学家、波士顿咨询公司创始人布鲁斯·亨德森于1970年首创。决定产品结构的基本因素有两个：市场因素和企业因素。

市场因素：采用整个市场的销售量、销售额增长率、竞争对手强弱及利润高低等。其中最主要综合指标——销售增长率，这是决定企业产品结构是否合理、是否满足客户需求的外在因素。

企业因素：包括市场占有率、技术、制造、资金实力等，其中市场占有率是决定企业产品结构的内在要素，它直接显示出企业竞争实力。

在房地产项目定位过程中，项目产品类别可分为四类：明星产品、现金牛产品、婴儿产品和瘦狗产品（图3-16、表3-11）。

（1）明星产品：具备溢价能力不具备去化流量。占有最佳的地块资源，产品的创新程度、附加值、舒适度等方面具备明显的差异化优势，属于稀缺的物业类型。

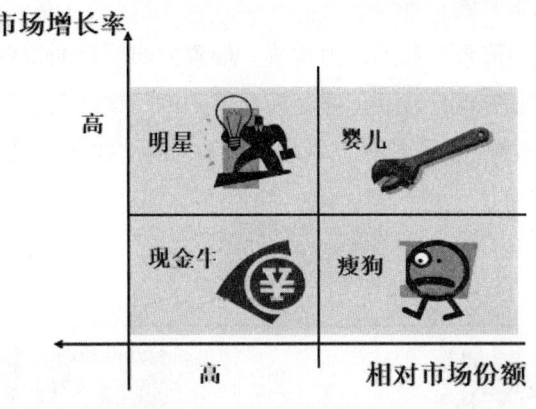

图 3-16　波士顿矩阵模型

（2）现金牛产品：具备溢价能力也具备去化流量。占有较佳的地块资源，但产品在市场的差异化程度不高，属于成熟市场中的领导者，客户需求量较高。

（3）婴儿产品：占有的地块资源较少，差异化程度较高，市场少见的创新产品。需要不断投入增加竞争力，经过转化可以实现较高市场价值。

（4）瘦狗产品：占有的地块资源较少，差异化程度较低，优势较弱，市场承接度低，客户需求量较低。

房地产项目定位的波士顿矩阵模型应用　　　表 3-11

产品类别	要点	内容
明星产品	包装、旗帜	具备差异性优势以及稀缺物业类型的最高端产品，形成项目标杆价值。客户需求量高、可实现高市场价值
现金牛产品	利润主力	成熟市场中的领导者，具有广泛的客户关注，它是项目资金的主要来源。客户需求量较高、可实现较高价值
婴儿产品	培育、转化	需要不断投入以增强其竞争能力，可通过持续投资，发展为明星单位。即目前缺乏展示、包装、推广的单位；目前客户需求较低、条件转化后可实现较高市场价值
瘦狗产品	尽早出货	产品优势较弱，市场承接度低，客户需求量较低，市场可实现价值较低

3.2.4 房地产项目形象定位

1. 房地产项目形象定位的含义和体系

房地产项目的形象定位是项目的品牌形象定位，是展示该项目的调性和整体形象的营销语言，包括档次定位和风格概念定位，使项目在目标客户心中形成预期的整体形象或地位，引起情感与价值观的共鸣和感动，满足客户精神需求。特殊的客观优势＋独特

的主观主题 = 鲜明的整体形象。

形象定位体系主要由形象力和产品力构成。形象力即项目的识别特性,通过案名、项目 logo 以及主导广告语来昭示项目,满足目标客户的"精神需求"。产品力即项目产品优势的昭示,展现产品的内外部价值,满足目标客户的"物质需求"(图 3-17)。

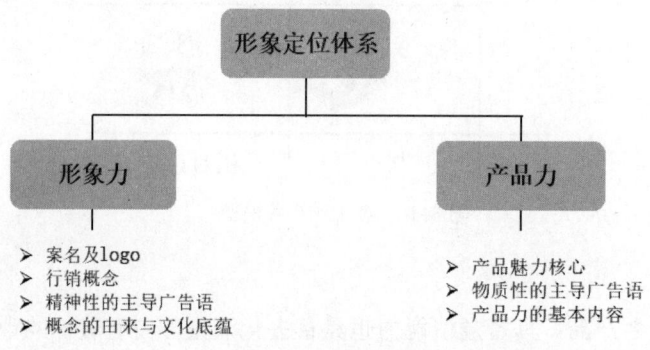

图 3-17　房地产项目形象定位体系

（1）形象力

1）案名和 logo

案名,是楼盘的点睛之笔,项目的营销与项目核心价值与案名都有很紧密的结合,一般项目案名都是经过精心策划,对项目核心价值进行了充分的认识后再提出的,是项目的浓缩体现,适宜切意的好案名不仅蕴涵项目的内涵,且念起来朗朗上口,富有传播力。

衡量一个案名的优劣取决于以下几点:

①是否与项目特点与定位密切相关,好的案名是项目属性和精神的集中体现。

②能否起到有效作用,即易认识、好记忆、多联想。

③能否有效区隔竞争对手,即在消费者心中给项目一个市场定位。

④能否提升传播效果,即塑造一种使命、价值、荣耀,起到诱导效果。

项目 logo 和项目案名一样,也需要被认知,项目 logo 的设计感及蕴藏的精神文化内涵同样能给项目带来极大的昭示性。

2）行销概念

行销概念是项目基本属性的核心定位,是从精神层面和物质层面对项目属性的一个基本定位,"行销概念"需同时具备"唯一性""排他性""权威性"三性合一。行销概念的"权威性"须充分有力,要有效资源支持。如某项目的行销概念为"50 万 m^2 现代生活榜样新城",50 万 m^2 的体量规模和"全国绿色生态示范项目""人文艺术城"是其概念的有力支持。

3）精神性广告语

精神性广告语主要是对项目的主体目标客户群形象进行包装,创造项目价值之"形象价值"，即客户形象。

精神性广告语的撰写要领：

①回顾战略定位报告中，对本项目目标客户群体的解读。

②总结该项目目标群体的共同特征（生活形态、精神需求等）。

③基于项目的整体战略定位，提炼并概括目标群体的精神性向往，形成能打动该目标群体的广告语。

1）概念的由来与文化底蕴

（2）产品力

1）产品魅力核心

产品魅力核心是产品核心魅力的物质形态的展示和升华。产品魅力核心是项目的精神堡垒，是由产品力延伸而来，但不是产品力本身。例如某项目产品魅力核心是由项目的绿色生态定位升华出的"绿色奥斯卡"。也有项目提出的产品魅力核心是"海洋之星"俱乐部。

2）物质性的主导广告语

物质性的主导广告语主要是从物质层面对产品优势进行高度浓缩的概括。撰写要领：一般物质性的主导广告语可由魅力核心导出。精神性广告语是客户形象和客户生活方式的包装与定位，是给予人们的一种精神感受。例如某项目的广告语是"大厦门·新中心·生态艺术城"。

3）产品力的基本内容

产品力的基本内容是对项目资源和价值的梳理与表现，也就是项目的卖点挖掘。主要包括"产品价值、人员价值、服务价值"三个方面。

产品价值可分为大环境（区域优势、外部的交通状况、景观资源、生活配套、教育配套等）、中环境（项目规模、中庭景观规划、立面风格、社区商业配套、教育配套、会所等）和小环境（户型特点、面积、格局等）。

人员价值主要从三方面着手：房地产企业形象包装、配合单位形象包装（建设施工单位、规划设计单位、景观设计单位、物业服务单位等）以及购房者的形象包装（对主力目标客户群的形象概括与提升）。

服务价值主要是提供哪些方面的服务，如私人管家式物业服务（部分有偿项目）、私人商务服务、私人家政服务等。

2. 房地产项目形象定位的要求

房地产项目的形象定位应满足以下要求：

1）项目整体形象定位应与项目周边资源条件相符合。项目整体形象定位一定要和项目周边资源相匹配，否则就会出现定位偏差，对后期的销售造成极大的难度。如深圳某项目就是由于房地产企业过高估计了地块周边资源，导致项目整体形象定位过高，使得后期销售阻力较大。

2）项目整体形象定位应与目标客户需求特征相符合。项目整体形象定位应呼应目标客户的需求，向客户传递产品信息，在客户心中引发"这就是我所要的"共鸣。

3）整体形象定位应充分考虑市场竞争因素，与其他楼盘有比较明显的差异和区别。

4）项目整体形象定位应与产品特征相符合。项目整体形象定位必须与产品特征相吻合，项目整体形象定位高于产品本身，会让消费者有被忽悠的感觉；项目整体形象定位低于产品本身，则会导致客户定位、价格定位的一系列偏差，两者都会对最终的销售和投资回报产生深远影响。

5）项目整体形象定位应便于后期延展和传播。项目整体形象定位是我们在完成了市场环境分析和客户分析之后定位的第一步，对接下来的产品组合定位、户型配比定位、配套和服务定位等具有指导意义，并最终落实于项目的推广和销售，从这一点来说，项目整体形象定位应当具有一定的延展性和传播性。

3. 房地产项目形象定位的流程

（1）基本情况分析

基本情况分析包括对市场外部、项目内部和客户的分析，市场外部分析能够提供项目形象定位的方向和差异化策略；项目本体分析是梳理并挖掘地块价值、产品价值等，为形象定位提供支撑；客户分析，能够找出客户的需求，以及客户现有的生活环境、生活方式和向往的生活环境、生活方式，为形象定位找准切入点。

（2）价值构建

项目价值包括经济、文化、生活等多个方面，房地产项目的价值对项目整体定位有着决定性影响。

不同类型住宅定位驱动因素见表3-12。

不同类型住宅定位驱动因素 表3-12

模式	定位类型	定位驱动因素
模式一	低密度高档社区	有较稀缺的自然或人造景观资源，如海景、湖景、高尔夫球场等； 交通上要求可达性好，约30min私家车程； 有特殊的资源支持，如旅游、环境资源； 产品特色创新
模式二	特色型主题中高档社区	围绕运动、教育、服务、景观、配套、装修标准等特色，塑造良好的环境和氛围，建立核心竞争力； 在档次、客户、户型上采取差异化策略； 交通上要有充足的设施
模式三	大批量发展型物业	交通通达性好，公交车程30~45min； 有低地价、大规模优势

续表

模式	定位类型	定位驱动因素
模式四	大众型白领社区	交通便捷，距城市中心公交车程 40min 左右； 有大量城市居民郊区化居住趋势； 位于郊区或城郊接合部、周边区域有一定规模的需求量支撑； 产品有一定的特色
模式五	度假型高端物业	依托较稀缺的景观资源，如海景、湖景、高尔夫球场、旅游项目等； 一定量的高端度假消费人群：以所在城市的人均 GDP、人均小汽车拥有量、人均高速公路里程为判断，而且度假观念的形成非常关键

备注：以交通的良好通达性为前提，以营造舒适的环境资源为导向，进入充足的细分市场，以差异化产品定位构建独特的核心竞争力

（3）切入点选取和定位语提炼

项目的定位语，是对一个项目整体物理属性的描摹，即用最简单概括的句子把一个项目最独特的卖点阐释出来。

1）以地段为特征切入

如果项目的地段拥有或邻近山水等自然资源或位于城市中心、某个著名建筑物、公建、公认的高端片区和特定功能的片区，通常运用组合定位，即以地段特征作为形象定位语的重要组成部分，把项目的地段特征在形象定位中突出和强化出来，以地段为特征是最常用的定位切入点。

2）基于客户分析定位

将产品与某一类使用者联系起来，然后通过名人或特定群体与产品联系起来，并通过他们的特征和形象来影响产品形象。

3）通过产品特征或顾客利益点定位

直接以最鲜明的产品特征或顾客利益点来定位（具备公认的稀缺性及足够的震撼力）。

4）以文化象征定位

以文化象征定位在当前的形象定位中，比较常见而且比较容易的做法是移植、套用、打造各种有代表性的异域风情，如欧式风格、北美风格、地中海风情等，林林总总，用文化象征来差别化项目形象，以文化统领。树立一种全新的生活方式，一种独特的难以替代的情调和价值。

5）以生活方式定位

以生活方式定位房地产项目形象定位意在营造提升一种诗意的生活方式和人生境界，满足人们心灵中某种深层的心理需求。

6）以行业或片区的引领者定位

如果项目在规模、品质、开发时间等方面有第一、引领或综合优势领先的特质，可以以引领者的定位出现。例如备受瞩目的××湖"9万3"拍卖地块，以简单大气的文字"××湖1号"定位亮相，展现出其领先、稀缺、高品质的特点。

7）提规划或产品的首创和创新点定位

通过一个引领性或首创性的形象来吸引市场注意。例如，G项目——单线性规划，双首层别墅。

8）以优势组合定位

有时项目具有众多优势的时候，也采用优势组合定位法，提取一般不超过三个的强势卖点组合出来，以使项目的优势深入人心。

优秀定位语展示见表3-13。

优秀定位语展示 表3-13

定位语	组合方式
城市文化别墅社区	地段 + 品质 + 文化 + 生活社区
国际文化生态社区	地段 + 文化 + 生活社区
360° 全江景城市生态豪宅住区	地段 + 生活 + 产品
南城高端板块法式风情生活区	地段 + 生活社区
湖畔一座原乡庄园	地段 + 生活社区
中南核心国际 5A 商业综合体	地段 + 产品
全江景·全生态·湾区作品	地段 + 生活
新中心·原生态·城市别墅区	地段 + 生活 + 产品
城市中央的领袖生活	地段 + 客户
城央·水岸·公园	区位 + 资源
×× 市首席精品文化家园	区位 + 品质 + 文化 + 生活
城市中央临湖生态豪宅	地段 + 生活 + 产品

【案例 3-2】深圳蛇口赤湾 ×× 项目形象定位

1. 基本情况分析

客户机会：改善居住环境，完善社区配套，提升居住体验。

市场机会：本案具有规模竞争优势；区域整体大户型为主，中小户型稀缺，形成差异化竞争。

产品机会：着重进行社区概念打造，舒适户型设计，景观打造配合社区概念。

项目自身条件：23 万 m² 区域大盘，双幼儿园，具备打造各类设施空间。

2. 核心竞争力

通过市场机会，产品机会、客户机会及项目自身条件分析，项目的核心竞争力为规模优势、差异竞争、产品功能性打造和社区概念打造（图 3-18）。

客户机会	市场机会	产品机会	项目自身条件
✓改善居住环境，完善社区配套，提升居住体验	✓本案具有规模竞争优势；区域整体大户型为主，中小户型稀缺，形成差异化竞争	✓着重进行社区概念打造，舒适户型设计，景观打造配合社区概念	✓23万㎡区域大盘，双幼儿园，具备打造各类设施空间

核心竞争力	满足客户家庭成长周期的产品力打造是项目实现目标的关键

图 3-18　×× 项目形象定位

3. 定位语提炼

通过对项目核心竞争力分析，以优势组合定位：打造中国·深圳·蛇口全生命周期社区样板（图 3-19）。

图 3-19　定位语举例

任务 3.3　房地产项目客户定位

 学习目标

1. 掌握房地产项目客户定位的流程和内容；
2. 掌握房地产项目客户细分方法和客户定位报告撰写。

3.3.1 房地产项目客户定位概述

1. 客户定位的概念和内容

房地产项目的客户定位即为项目找到匹配的客户群体，研究和分析项目目标客群的特征。任何一个项目的开发，不可能满足所有购房需求的客户，购房者也不可能都选择同一个项目作为置业对象，如何准确无误地吸引住项目的潜在购买对象，就需要从项目自身条件出发，对目标客群进行精确的界定，进行有针对性的设计、营销推广，为特定的客户提供特定价值的产品。

房地产客户定位旨在研究购房者的基本特征和影响其购买决策的因素，包括消费者的消费心理、消费行为、消费习惯、消费动机和消费方式，同时研究消费者职业、年龄、收入、观念，所处的社会阶层、环境、文化背景、生活方式和喜好偏向，确定房地产项目的目标消费群体及其特征。同时为项目的产品定位、形象定位和价格定位提供依据和基础。

客户定位就是对客户进行细分，锁定目标客户群。

2. 房地产项目客户定位的流程

将客户定位的内容逐步实施，项目的目标客户即会浮出水面，通常经过如图 3-20 所示的四个步骤，通过客户细分，对客户构成、心理、行为进行分析，确定目标客户群、客户诉求，为后期的产品定位提供依据。但这个流程不是简单的搭接，而是环环相扣，并且在项目操盘过程中，影响客户的因素是动态变化的，如政策的影响。因此，目标客户也可能相应地做出改变。

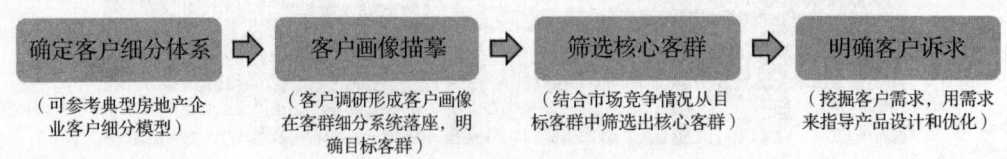

图 3-20　房地产项目客户定位的一般流程

3.3.2 客户细分

1. 客户细分的概念

早在 20 世纪 50 年代中期美国市场学家温德尔·史密斯就提出市场细分的概念。所谓市场细分就是指按照消费者欲望与需求把一个总体市场划分成若干个具有共同特征的子市场的过程。

对于房地产企业而言，开发建设的房子通常不只是卖给一个客户，而是卖给一群客户，这群客户都是由于对发展商开发建设的房子认可并实施了购买行动而成为业主，组成了发展商开发建设的房子的业主团体。所以说特定的产品不是仅满足某单一的客户，而是满足某一范围的客户群。

2. 客户细分的原则

客户细分主要解决以下问题：解决谁是我们的客户？我们希望去吸引哪些客户？我们应该保持哪些客户？我们应该如何迎合他们的要求？故客户细分要遵守以下原则：

（1）选定最有价值的细分客户，剔除非目标客户

尽管不能保证对庞大市场的控制和拥有，但也确保客户细分市场足够大、可识别、有媒介触及点并且有利可图，这是房地产企业乃至项目生存的基本土壤，这样的客户细分才有价值。反之，如果细分后的市场面太狭小，目标客户群不足以支撑企业发展所必需的利润，那么这种细分就是失败的。

（2）进行差异化的价值定位

不同客户对于项目而言带来的价值不尽相同，有的客户可以连续不断地为项目创造价值和利益如多次置业客户、老客户不断介绍新客户等，因而要对客户进行价值差异化区隔。

（3）围绕客户细分和价值定位，定义精确的运营流程

仅仅将客户进行有效细分是远远不够的，细分的目的是抓住客户特征投其所好，将产品成功地推广出去，精确完善稳定合理的运营流程是成就这些美好愿望的助推器，确保产品和服务的高满意度。

3. 客户细分的过程

客户细分过程主要由客户的"特征细分—价值区隔—共同诉求"构成。

（1）特征细分

第一阶段的客户特征细分，细分变量包括：地理因素、社会因素、心理因素和消费行为因素，通过不同的客户细分变量来进行典型的或者有代表性的细目分类，从而将客户细分为不同细目的客户区隔，进行精确的定位。

1）根据地理因素细分（表 3-14）

按地理因素细分客户特征　　　　　　　　　　　　　　表 3-14

居住区	市区、郊区、乡村等，或老城区、新发展区等
行政区	如郑州市金水区、管城区、郑东新区、高新技术开发区等
大区域	规模如 5 万人以下，5 万～10 万人，10 万～30 万人等

2）根据社会因素细分

年龄：购房能力随着年龄的增加在不断地变化。20 岁、30 岁、35 岁、40 岁、45 岁、50 岁……其消费水准皆有大的差异。随着社会的发展、聚集财富周期的不断演变，体现在客户年龄的特征逐日明朗。

性别：性别区分为男性与女性。随着当今时代女性经济能力的不断提升，在行销企划时，除了对传统男性特质的诉求外，越来越需要对女性的观点与特质作新颖的计划与诉求。正如同有越来越多的杂志是针对女性市场作开发与诉求。

经济收入：经济收入直接影响着客户的购买能力，如标准可以分为月薪 3000～4000 元、4000～5000 元、5000～6000 元、6000～8000 元、8000～10000 元、10000 元以上等。

行业：行业的差异造成了收入、知识构成以及内在性格的很多不同，如可分为农、林及畜牧、产品生产、建筑、销售、教育、医疗、科研院校、信息软件、贸易、证券、政府部门等行业。

职位：企业高层、企业中层、行政、技术人员、职员等。

教育程度：可区分为小学、中学、高中、专科、本科、研究生等学历。

家庭人数：可明确家庭人数为 1 人、2 人、3 人、4 人、5 人、6 人、7 人、7 人以上等。

家庭生命循环：可区分为年轻单身、年轻已婚无子女、年轻已婚最小小孩 6 岁以下，年轻已婚最小小孩 6 岁以上，年老已婚有小孩，年老已婚无 18 岁以下小孩、年老单身等。另外还可以分为新婚市场、单身市场、老人市场等。

3）根据心理特征细分（表 3-15）

按心理因素细分客户特征　　　　　　　　　　　　　　表 3-15

个性	内向、外向、冲动型、理智型、合群型、独断型、野心型等
生活型态	平实型、炫耀型、绅士型等

4）消费行为因素细分（表 3-16）

按消费行为因素细分客户特征　　　　　　　　　　　　表 3-16

置业情况	一次置业和二次置业（或多次置业）
购买动机	改善居住型、地位彰显型、地点迁移型、过渡型、养老型、旅游度假休闲型、投资型投机型等
品牌忠诚性	强、弱、没有等三种

（2）价值区隔

经过以上基本特征的判断之后，需要进行价值区隔，分辨出高价值和低价值的客户细分区域，即根据"20% 的客户为项目带来 80% 的利润"的原理重点锁定高价值客户。

客户价值区隔变量包括：客户响应力、客户销售收入、客户利润贡献、忠诚度、推荐成交量等，根据房地产企业不同的诉求目标通过不同的变量对客户细分区隔进行价值定位，选定最有价值的细分客户。

（3）共同诉求

共同诉求的确定，围绕客户细分和客户价值区隔，选定最有价值的客户细分作为目标客户细分，提炼它们的共同需求，以客户需求为导向精确定义企业的运营流程，为每个目标细分市场提供差异化的营销组合。

客户细分的三个阶段中，最关键的是拟定选择进行客户细分的变量要素，不同的变量要素直接影响着客户细分的结果和对不同细分客户的价值评定，从而也影响后续的营销组合。客户细分的变量要素不是静态的，一成不变的，应该是根据市场环境和客户响应情况等进行动态调整和优化。因而不是三个阶段的简单搭接而是三个阶段环环相扣、互相影响互相促进的过程。

4. 典型房地产企业的客户细分

实际上，对于客户细分，不同的房地产企业基于其自身战略导向或产品系列，往往都有不同的分类。

（1）某房地产企业的客户细分

某房地产企业根据业主的生命周期、收入、价值取向等 3 个细分指标，将所服务的客户分为 5 大类 8 个子类：务实之家、望子成龙、社会新锐、健康养老、富贵之家，并通过基本情况、生活形态、房屋价值和房屋需求对每类客户进行了详细的描述（表 3-17）。

房地产企业的客户细分　　　　　　　表 3-17

客户类型	家庭结构	家庭特征	特定需求	产品要求
务实之家	经济务实	对价格比较敏感，购房是一项重要投资，为了给后辈留下一份家产，是未来生活的保障	质量好，物业费便宜	低价格 + 生活便利
社会新锐	青年之家	25 ~ 34 岁青年，尝试独立生活，享受生活和个人空间，喜欢体育旅游等休闲活动	小户型，方便出游和进行娱乐互动	交通 + 休闲配套
	青年持家	无子女的夫妻，有一定的积蓄和经济基础，注重社交娱乐	户型好，品质高	产品品质 + 休闲配套
望子成龙	小太阳	家里有幼儿园或读小学的孩子，家庭收入较高	对教育和交通有较高要求，兼顾事业和生活	教育 + 生活便利性

客户类型	家庭结构	家庭特征	特定需求	产品要求
望子成龙	后小太阳	已经读中学的孩子，家庭收入颇丰，更为注重生活环境和生活舒适	希望孩子有更好的生活、学习条件，对教育配套与交通有较高的要求	生活便利性 + 教育
	三代孩子	家里同时有老人和小孩，注重家庭生活氛围，享受天伦之乐，经济基础殷实	注重教育与医疗、社区环境，喜欢举家出游	教育 + 医疗 + 环境 + 生活便利性
富贵之家	富贵之家	高收入、社会认同的成功人士，要体现社会地位	与社会地位相当的人住一起，物业管理好	产品品质 + 社会标签 + 私家车出行
健康养老	活跃长者	空巢家庭，或者是有老人同住的家庭，关系老年生活的幸福晚年家庭	生活有规律，注重饮食生活、生活环境和安全问题	医疗 + 环境 + 生活便利

（2）某集团的客户细分

某集团结合收入、家庭结构、购房次数、配套需求等不同要素，将目标客群切为包括扎根、安居、功改等 8 个大类、若干个子类。在集团框架指导之下每个城市单独操作，大框架下会有小差异（表 3-18）。

某集团的客户细分（以广州为例） 表 3-18

客群分类	特点	支付能力	生命周期	产品	土地
悦享族	注重生活品质、圈层	中高支付	大太阳、多口之家	别墅、舒适三房或以上	环境、景观
重教族	重视教育、居住环境	中高支付	小太阳、大太阳	舒适三房或以上	重点学校
乐活族	年轻，享乐主义，注重社交、生活便利性	中高支付	青年之家	市中心两房为主	交通、商业配套
功改族	注重功能性、成熟生活氛围	中低支付	小太阳、大太阳	紧凑或舒适三房为主	各类配套均衡
安居族	注重区位、交通、配套等各方面均好性	中低支付	青年之家、小太阳	两房和功能三房、依赖区位、受价格限制	交通和学校
聚巢族	价格敏感，注重交通、配套	低支付	小太阳、大太阳、多口之家	远郊功能三房	交通
扎根族	价格敏感，注重交通、配套	低支付	青年之家、小太阳	近郊两房和远郊功能三房、总价受限	交通、商业配套
养老族	注重配套服务	中低支付、低支付	养老	一房或紧凑型二房	配套、服务、环境

3.3.3 客户画像描摹

1. 寻找目标客群

进行客户画像描摹最根本的是要在众多的购房群体中缩小客户范围，寻找项目的目标客户。目标客户如何得到？通常是从项目自身特点出发，从同区域、同类项目出发找到目标客户。

目标客户的选择通常是多个参数同时参考，而非单一的选择，房地产项目目标客群的依据主要有以下几种：

区域特性。目标客户的选择首先要考虑项目所在区域的自然特征、人文环境、政策环境，清晰地分析出所在区域与城市中其他区域相比，优势和劣势所在，在大尺度、大范围内寻找潜在的目标客户。

项目自身条件。从项目自身的资源出发，通过项目初步的整体定位，剖析自身的优劣势，更精准地选择目标客群。

竞品客户群分析。之所以与周边项目存在竞争关系，是因为项目可能存在客户、价格、产品等方面的相似或重叠。所以，通过分析项目周边竞争项目的目标客户群，可快速辨识本项目的目标客户群。

2. 目标客户画像描摹

房地产市场逐步走向细分市场，处于不同生活状态与对生活品质有着不同追求的客户对产品的关注点是不同的，可以通过目标客户画像的方法加以明确。客户画像描述字段主要包括性别、地区、年龄、学历、职业、收入、家庭结构、消费水平等（图3-21）。

图 3-21　房地产项目目标客户画像描摹维度

客户的画像描摹主要是基于对客户的调研综合分析得出，包括对周边竞争项目的意向客户问卷调研。

对周边竞争项目已成交客户的深入访谈，以及对区域自身行业人士的访谈。通过客户调研形成客户画像，在前期确定的客群细分系统中落位，明确目标客群。

例如，龙湖客户细分体系中"聚巢族"的客户画像描摹如下：工薪阶层，多在30

岁左右，家庭人口多，经济负担重。购房压力大，价格敏感，家庭人口多，必须选择三房户型，对区域无要求，有公共交通即可。

目前，各房地产企业对于客户的研究方法和手段都已经进化，开始使用大数据等科技手段。这些手段可以监测房地产市场、人口潜客、城市规划。利用模型识别规划文件，与地图结合，利用多种可视化技术准确监测市场走向，利用人口和购房者大数据，研究所在板块内客户的需求特征。

3.3.4 筛选核心客群

根据地块的属性，以及客户调研的结果，对照客户细分系统，可以圈定项目的目标客群。不过，目标客群里面也有主力客群和非主力客群之分，其中，主力客群才是项目所必须重点关注和研究的。

如何找到主力客群？可按照"客户研究—细分客户体系落座—目标客群（细分客群1-n）—细分市场的竞争要素分析—核心客群"的流程来进行（图3-22）。

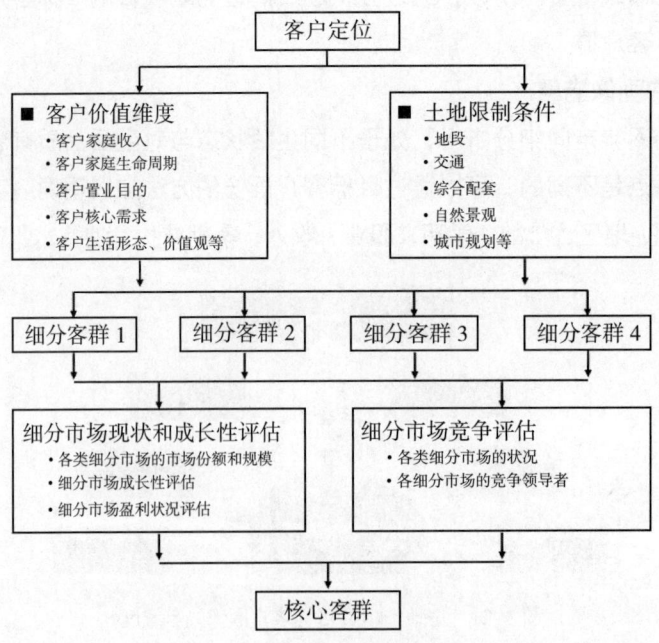

图3-22　房地产项目核心客群筛选流程

3.3.5 挖掘客户需求

客户定位和研究，最终目的无非就是生产符合客户口味的产品。在已经明确项目的主力客群之后，进一步梳理各类客群的需求，用来指导产品的设计。

确定目标客户的核心需求是指对目标客户进行市场调研，摘录核心结论，重点分析客户需求，精确描述目标客户匹配的产品类型、户型结构、户型面积和总价段等。

根据马斯洛需求层次理论，将人的需求分为五种，像阶梯一样从低到高，按层次逐级递升，分别为：基本需求、安全需求、社交需求、尊崇感需求以及自我实现的需求。对于房地产项目的客户需求描述上，这套理论同样适用（图 3-23）。

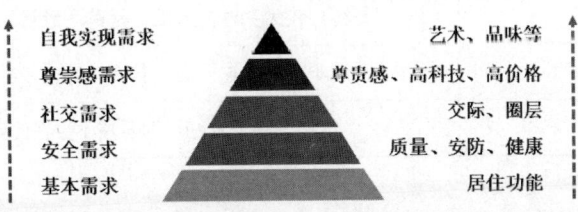

图 3-23　马斯洛需求层次理论在项目目标客户需求中的应用

【示例】某地产集团客户研究中"聚巢族"主要需求如下（表 3-19）：

某地产"聚巢族"目标客户关注点　　　　　　　　　　表 3-19

类别	关注度		具体需求
产品（建筑）	房间数量	★★★	必须三房
	得房率	★★	户型紧凑，得房率高，赠送面积多
	精装修	★★	部分偏好精装，关注质量
产品（公共空间）	园林景观	★	有基础绿化
	小区设施	★	有基础活动设施

只有深度接触，才可能发现一些连客户自己可能意识不到，或者没法准确表达出来的需求。

此外，项目核心客群敏感点和敏感度的分析同样对于项目的产品定位有十分重要的指引作用。客户敏感点即客户对项目产品价值认知的各个具体方面。包括：价格、户型设计、规划建筑、配套和物业、精装修、内部景观等（表 3-20）。

客户主要敏感点　　　　　　　　　　表 3-20

敏感因素	敏感因素细分
价格	单价、总价
户型设计	朝向、房型、得房率等
规划建筑	外立面、建筑质量等
配套和物业	会所、智能化配置、物业费等
精装修	精装与毛坯等
内部景观	小区景观、小区主入口、大堂门厅等

客户敏感度，即客户对敏感点的价值认知程度，主要可以分为五级（表3-21）。

客户敏感度排序 表3-21

敏感度	影响程度
敏感度低	对客户来说无所谓，不影响购房行为
敏感度一般	对客户来说希望能做到，是购房考量因素之一
敏感度较高	是客户较为关注的方面，是购房考量的重要因素之一
敏感度高	客户非常喜欢这方面，若没做好，多半不会在此购房
敏感度强烈	必须做好否则客户不会在此购房

【案例3-3】深圳蛇口赤湾×× 项目客户定位

1. 目标客群画像描摹

通过对片区的代表性楼盘进行分析调研，片区成交客户做深入了解，目前赤湾片区的客户主要以首置首改型客户为主，投资需求也比较旺盛。确定目标客户为追求生活品质与居住体验的"品质型首置首改"及部分投资客户（表3-22）。

区域竞品客户分析表 表3-22

类别	主要占比	特点分析
区域来源	南山蛇口、后海	认可区域居住属性
年龄	31~45岁	家庭结构对教育设施、养老设施、家庭居住空间有较高要求
工作行业	个体经营、贸易地产	具有强劲的购买实力
置业目的	自住、投资	自住客户为品质，对产品的综合素质也要求相对较高，投资客户看中区域价值空间
置业特征	首次置业	刚性需求，对价格比较敏感，是未来生活的保障
关注点	高性价比、山海景观	关注住宅品质

2. 核心客户及需求

结合项目教育资源的优势及客户调研分析，确定关注家庭成长需求的具有区域情节的城市中产阶层为此项目的核心客户（表3-23）。

指标	核心客户表征	置业需求
核心客户置业需求分析		表3-23
年龄	年龄集中在 30～45 岁，目前事业正处于稳步上升时期，未来还具有可突破的空间	1.由于总价承受度有限，偏好中小户型，对户型的功能性及成长型需求。 2.优质的教育配套设施和一定的舒适度为首选
家庭结构	家庭结构较为简单，一般两代人为主	
当前生活区域	主要居住在南山的赤湾、蛇口，其次散布中心城区的周边区域	
当前工作区域	在南山工作为主，少部分客户可能在福田和罗湖工作	
经济实力	工作时间在 5 年以上，具有一定经济实力且收入稳定	
置业经历	首置、首改为主	
家庭结构	夫妻二人、三口之家或二胎家庭	
重点关注要素	教育配套、交通配套、居住舒适度	

任务 3.4　房地产项目产品定位

 学习目标

1. 掌握房地产项目客户定位的流程和内容；
2. 掌握房地产项目产品定位的原则与报告撰写。

3.4.1 房地产产品概述

1. 房地产产品的概念

通常人们将房地产产品理解为某种具有特定用途和形态定着在土地上的建筑物物业，但此种理解仅限于狭义概念上的定义。事实上，除了普通的有形物品外，广义定义上任何提供给市场能够满足消费者某种需求或欲望的建筑物、构建物、土地和各种无形服务均可视为房地产产品。

因此，如图 3-24 所示房地产产品的整体概念可以分为核心产品、形式产品和延伸产品三层含义。

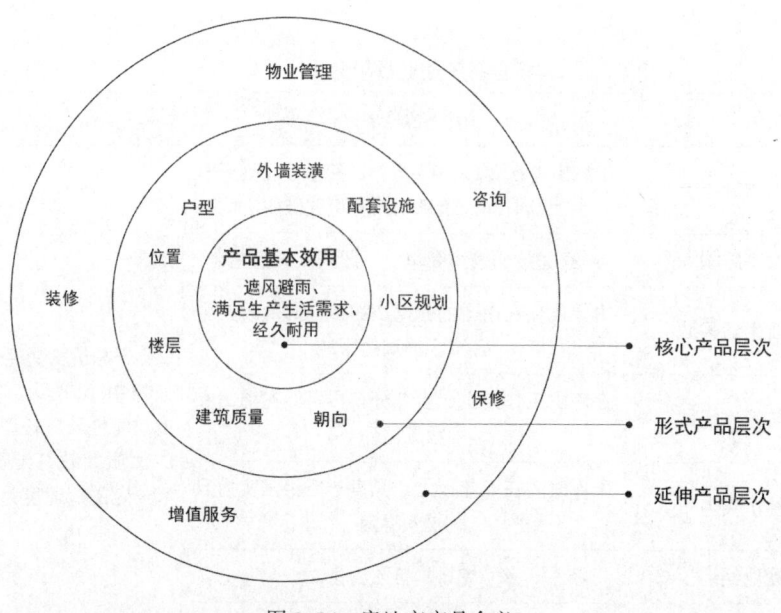

图 3-24　房地产产品含义

核心产品层次需要满足消费者的核心需求，如房屋所提供的安全、舒适的生活、工作环境，又或是房屋所提供的保值、增值空间，满足投资获利需求。

形式产品层次是需求的物质层次，也是房地产实质产品的载体、消费者选择房地产的直接依据。其内容包括：房地产的区位、建筑风格、建筑材料、建筑结构、房屋的户型、楼层、朝向、建筑设备、配套设施、质量等。

延伸产品是消费者在购买房地产时得到的各种附加服务或利益的总和，其附着于有行产品之上，主要包括物业管理、按揭贷款服务、代为租赁、景观设计、装修等。延伸产品主要存在于房地产销售过程的前后，亦能给购房者带来更大满足感和更多的利益，因此也成了房地产开发经营方在日益激烈的市场竞争环境中日益重要的营销和竞争手段。

核心产品、形式产品和延伸产品作为产品的三个层次，构成了房地产产品的整体概念。三者是不可分割且紧密联系、互相支撑、互相促进的。核心产品是本质是产品的本质和基础，且必须通过转化为形式产品得以实现。但另一方面，过往企业注意力多聚焦于有形产品上，将房屋的位置、设计、质量视为决定销售胜负的唯一因素，但随着市场竞争日益激烈，越来越多的房地产企业意识到，在提供形式产品的同时还要提供广泛的服务和附加利益，形成优质的延伸产品，在不同层次上创造差异性来获得竞争优势。

2. 房地产产品的基本类型及特点

从物质形态和用途来观察房地产产品，其内容丰富多样，又具有特殊性和复杂性的特点。从功能上来看，可以大致分为住宅物业、商业物业、工业物业、综合体物业、特殊物业等（图 3-25）。

住宅物业是作为满足人类居住需要的建筑物，在城市建设中所占比重最大，它包括

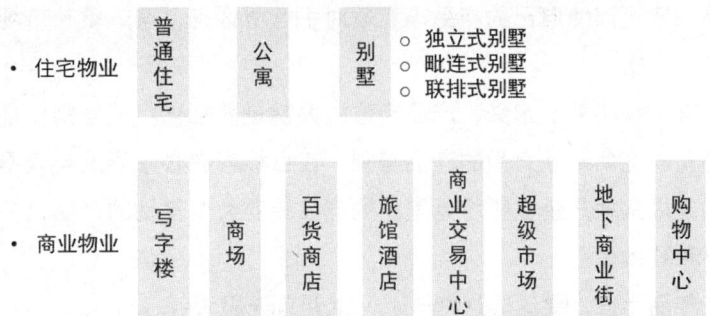

图 3-25　房地产产品的基本类型

普通住宅、公寓、别墅等。该类产品经常通过组团、居住小区的形式进行成片开发建设。住宅物业产品除公共配套设施等户外环境外，也要在设计中考虑安全、私密性、方便优美、功能齐全等。随着国民生活水平的不断提高，人们对住宅物业的关注也转向了对产品品质等更高层次的需求。

商业物业广义定义较为宽泛，主要分为以下几类：第一类是包括办公为主要用途的房地产，如写字楼；第二类为进行商品交换流通的建筑物和场所，包括商场、百货商店、购物中心、商业街等；第三种是为消费者提供饮食、娱乐及住宿的场所，如酒店、旅馆等。

工业物业则可视为为工业生产提供活动空间的物业，其形态包括厂房、仓库、堆场等。工业物业一般具有建筑成本相对较低，结构设计技术性、专业性要求高，对能源供应、废物废水处理有一定要求等特点。

综合体物业又称"建筑综合体"，是由多个功能不同的空间组合而成的建筑，例如商业、办公、居住、酒店、餐饮、会议、展览、娱乐、旅游等各类使用空间。综合体的各部分间相互依存、相互助益，进而形成一个多功能、高效复合的综合体物业。

特殊物业主要为娱乐中心、高尔夫球场、停车场、车站、码头、加油站等特殊用途的建筑物和场所。特殊物业的经营通常需要得到政府的许可，因此特殊物业的市场交易相对较少，对物业的投资也多属于长期投资，靠日常经营活动来赚取收益。

3.4.2 房地产项目产品定位

1. 房地产产品定位的定义和要求

一个房地产项目的开发，既有规模之分，也有产品档次之分，购买阶层亦是不一样。因而，产品的定位显得尤为重要了。一般而言，产品定位除了帮助房地产企业找到自己的细分市场外，还可以使自己的产品与竞争对手有所区别，有效填补市场空白、提高市场占有率或产品价格。

根据菲利普·科特勒的定义，产品定位的关键是差别化："差别化是指设计以产品差别来区分公司与竞争对手之间的产品差别，在目标客户心中确定与众不同并有价值的地位"。定位要求房地产企业能将无差别的产品转变为有差别的产品，并能向目标客户推销类别数目和具体差别。

对房地产产品而言，要达成这样一点，就要首先思考：

（1）满足市场及客户需求

以目标市场潜在客户需求为导向，满足其对楼型、户型等的产品期望并填补市场空白。出色的产品定位需在前期运用各种方法了解市场和客户需求，以满足客户群需求为目标，降低销售风险。

（2）满足企业经营目标

以房地产开发企业或土地使用人的立场出发，满足其经营目标。若企业的经营目标是尽可能获得高利润，产品应定位于投资回报高的项目，创造个别产品的高利润。反之如果企业的经营目标为降低开发经营风险，则应聚焦于投资回报稳定的项目，如普通住宅。

（3）考虑地块特征及环境条件

以土地特征及环境条件为基础，创造产品附加值。产品定位不应仅局限于房屋的有形产品，而应体现土地、环境、位置等综合价值进行定位。若项目坐拥较好的山海资源，则可配置高档的装修标准，定位为高端居住小区，创造高于产品自身的附加价值。

（4）协调好三者关系

以同时满足规划—市场—财务三者的可行性为原则，设计供需有效的产品。

2. 房地产项目产品定位的流程

房地产产品定位的过程，可以视为是挖掘市场机会的过程，针对目标市场开发适当的产品，创造空间价值。

（1）产品定位的阶段划分

第一个阶段的重点是项目的使用价值及开发周期的确定。项目产品应该定位于高端产品还是刚需？一块土地是适合开发别墅还是洋房、高层，还是混合搭配？最佳开发周期是短期、中期还是长期？具体过程如图3-26所示。

第二阶段则侧重于物业发展，在该阶段要确定房地产产品的规划设计、开发形态与开发方式、建筑形态、户型设计、景观设计、配套设施等。例如：住宅产品户型应该如何打造，是否为精装修？商业产品应该定位为购物中心、商业街还是配套商业？项目整体的平面布局如何？户型如何打造？各物业单元之间的相互关系如何？这个阶段的产品定位聚焦于形式产品和延伸产品层次，为房地产企业创造和增加产品的附加价值（图3-27）。

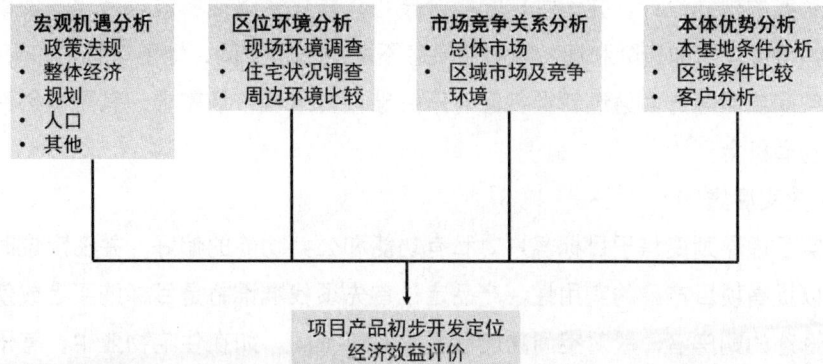

图 3-26　确定产品价值和开发周期

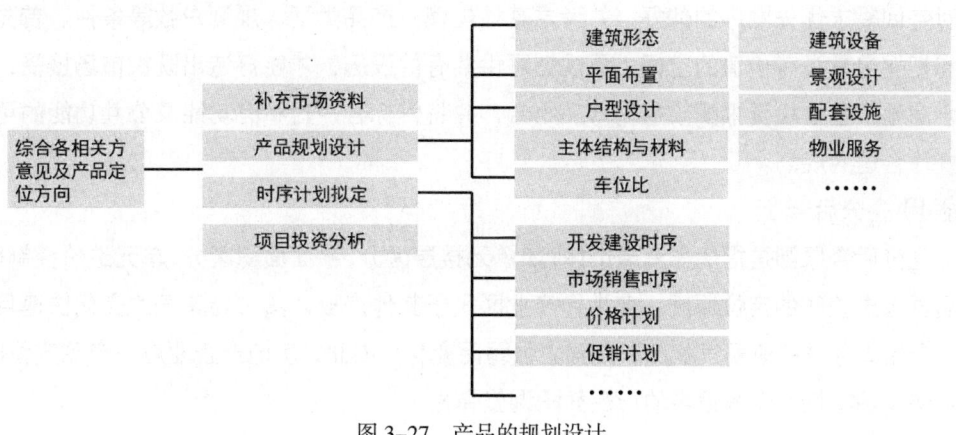

图 3-27　产品的规划设计

（2）产品定位应遵循的原则

1）先外后内

房地产项目的外部整体规划和建筑的用途是决定其主要价值的因素，也是房地产企业在进行产品定位时需要考虑的重点。因此，需要先决定外部整体规划，再考虑如内部平面及细部规划等内部具体单位。在定位实务中应：

①先决定空间用途，再考虑单元面积计划；

②先确定整体容积率的分配，再考虑栋别与楼别配置；

③先规划整体容积率的分配、栋别或楼别配置，再考虑出入动线、各楼层或各个单元的联系方式；

④先做完整块地块规划，再做畸零地块的利用。

2）先弱后强

先弱后强原则是指在整体价值前提，优先考虑项目地块的劣势。通过对个别空间单元合理有效的规划设计，并运营搭配组合技巧，弱化劣势或将弱势转化，使项目获得更大的整体价值，增加边际利润。如商业气息不浓的一楼空间，地下室等，如果能在动线、采光、空间功能等方面通过新颖创意有所突破，并结合市场需求，有可能创造意想不到的边际利润机会。

3）先实后虚

先实后虚原则聚焦于目标客户对私有功能和公共功能的偏好，并在定位时先考虑实用性，以提高项目产品的实用性。产品定位首先须找准谁将是目标购买者或使用者，不同生活形态的购房者一般对空间功能的需求有所不同。如在住宅物业中，有子女的家庭可能需要宽敞的客厅、厨房及充足的房间数，功能要求相对齐全；而单身和无子女家庭则很可能只需要基本会客空间，但追求较高舒适度的卧室和工作室。

在购房消费者追求多元的空间功能的市场背景下，产品定位时辨别好目标客户群和其对空间需求优先顺序的偏好，并考虑基地规模、产品类型、规划户数等条件。首先考虑和把握最具私有价值的空间，再规划可供共有的设施，才能打造出既被市场接受，又符合房地产企业投资报酬效益的产品组合，并将目标客户对私有功能及公共功能的可能偏好作合理的规划。

4）先分后合

先分后合原则是指优先考虑个体，如单元楼层区分、平面面积区分、单元造价控制等，然后再考虑整体的定位原则。房地产产业区别于其他产业，其市场景气的变化快速且明显，产品本身也常随景气状况和购买力强弱而变化。因此，房地产企业应在产品定位时，迎合该市场特性，保留适当的产品面积调整弹性。

区别楼层市场的先分后合原则：先分别评估各楼层市场的供需市场和规划条件，再考虑楼层间的关联性和合并的可能性；

调整平面单元大小的先分后合原则：先确定最小可销售单元的平面功能，再合并数个小单元成为面积较大的单元，使平面调整弹性最大；

控制造价合理的先分后合原则：即在维持建筑物安全的前提下，预先做好最小单元（最多户数）的建筑规划及成本预算，再合并大面积规划。

5）先专后普

土地的不可移动性决定了房地产项目的地域特性，也因此在房地产行业没有相同的物业只有相似的物业。在此背景下，房地产项目定位应首先考虑项目产品的特殊化和专门化的取舍。特殊化是指房地产产品有异于其他市场产品的区分打造，而专门化则是指产品单纯和同质程度的塑造。

特殊化和专门化在房地产产品定位时的应用应注意以下几点：

①产品特殊化的程度必须考虑项目所在地的市场特性、供需状况，及各种目标客户群的相对规模和购买力。

②不论特殊化或专业化，都必须把握重点，注意市场"门槛效应"（达到门槛效应后切勿再画蛇添足），切忌在产品定位时为特殊而特殊。

③先尝试并评估各种专门化的可能性及市场接受程度，以创造产品的附加价值及利润空间。除非市场容量或基地条件受限，才考虑发展风险性较低的一般性产品。

3. 产品的定位的方案

房地产项目首先要在前期对项目本体、市场、客户的分析和定位的基础上，确定价值体系，并开展进一步的产品定位，主要元素包括产品组合、规划布局、户型定位等方面。

（1）项目主题及开发理念

阐明项目开发主题和价值理念：如生态社区、体育主题、滨海主题、科技智慧主题、山水主题等。主题的确定应既符合市场需求和客户偏好的独特性、差异性，也需符合项目自身地块条件和规模等本体特点。

（2）产品类别及组合

项目定位首先应确定产品类型，不同的产品类型/组合一定程度上反映了项目的定位，实际上，从土地供应的角度来看，政府的土地利用规划条件亦限制了定位的范围和内容，因此产品类型策划须综合考虑规划设计和经济测算来确定。

一个地块的地产匹配因子从某种程度决定了该地块适宜建造的建筑功能和档次。房地产发展历程表明，不同档次的住宅项目所应具备的基本地产匹配因子有所不同。

拟定产品组合方案时，需综合考虑多个因素，包括：地块的经济技术指标、目标客户的需求、可比楼盘的产品组合分析、公司经营目标、建造成本、项目限制性条件等。公司经营目标对产品组合定位有重要影响；地块的地形地貌及四至因素也决定了在地块的不同位置更适合做某些面积的某种产品：在城市临近公园、绿地等景观的地方适合做洋房或小高层产品；在相邻主干道等不利因素的地方做中低档次的产品（图 3-28）。

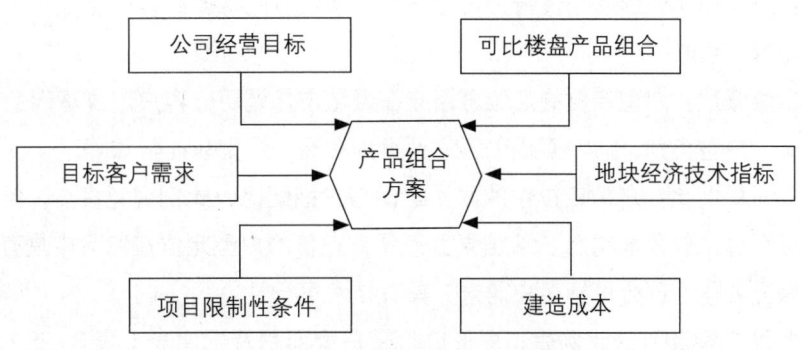

图 3-28　产品组合方案应考虑的因素

一个地块的地产匹配因子从某种程度决定了该地块适宜建造的建筑功能和档次。房地产发展历程表明，不同档次的住宅项目所应具备的基本地产匹配因子有所不同（表3-24）。

不同档次的住宅项目对应的匹配因子　　　　　　　表3-24

匹配因子	普通公寓	普通住宅	中高档住宅	豪宅别墅	中高档住宅附加说明
A. 对公共交通的依赖性	很强	强	一般	弱	不宜闹市区人员混杂区
B. 对噪声及环境干扰适应性	强	较强	弱	很弱	不宜临货运交通快速干道、高压线等
C. 对大气环境的要求	低	不高	高	很高	不宜临近污染性工厂
D. 对小区配套要求	高	很高	较高	弱	不宜商场上加住宅
E. 对周边自然及人文环境要求	低	一般	高	很高	
F. 小区物业管理的要求	低	不高	高	很高	
G. 建筑、质量装修要求	低	一般	高	很高	精品设计
H. 容积率、覆盖率要求	无	一般	低	低	
I. 对休闲空间，绿化要求	无	一般	高	很高	
J. 景观要求	无	一般	高	很高	

（3）规划布局

规划布局中在空间层次上，按一定的原则（如建筑与环境并重）进行处理；而在物业类型分布上，应考虑土地最佳有效利用原则：

1）实现资源的有效利用；

2）保证项目的收益最大化；

3）提升项目的整体形象；

4）强调规划的创新性。

结合用地形状及限制、景观特点以及项目规划指标，综合考虑市场需求、分期发展、交通流线组织和组团管理后，进行密度分析和经济估算的探讨综合确定。

（4）户型定位

户型定位概述：户型定位的定位思路应在区域市场调研、客户定位基础上，确定各种户型配比（户型类别、户型面积）、户型类别布局、户型功能配置等。

户型及面积配比：户型定位中的面积配比与户型配比，比例究竟多少才恰当，要深入了解市场经过比较才能得出。从结果上来看，完善的户型定位在竞品中具有差异化竞争优势、保证去化、符合目标客户需求、具有技术可行性。

确定各种户型及所占比例后，应形成附带户型面积及配比表（表3-25）。一般包含不同类型物业的配比总表和各类物业的户型配比表，大致字段内容包括：物业类型、面积段、套数、套数占比、总面积、面积占比、总价范围（按照某特定单价计算）、户型等内容。

户型配比表示例　　　　　　　　　　　　　　　　　　　　表 3-25

面积段（m²）	户型	套数	套数占比	总面积（m²）	面积占比	总价范围（万元）

户型类别布局：位置最好的地方设置总价最高的户型、位置最差的地方设置总价最低的户型，是决定各类户型在项目中位置分布的基本原则，背离这一点，收获的就可能是积压或低价低利润。另外，分期开发与推广的需要也是户型平面布局应该着重考虑的因素。

通常，一个地块的形状、大小、噪声、景观源、既定的规划技术指标往往对户型的定位做出了一定的限制，尤其是老城区、占地面积小的楼盘，必须根据地块特点，一是对由细分市场得来的户型面积配比进行可能性规划方案探讨，二是初步明确各类户型的平面最佳位置。

户型功能配置：户型的设计和功能配置应站在市场角度、从项目整体定位的高度来审视。

在住宅产品中，目前一套现代商品住宅的基本生活需要一般包括卧室、客厅、厨房、卫生间等功能单元，这是基本生活所需，必须满足；其次，仅就这些单元来说，不同的户型种类，面积大小至少要满足人员活动、采光通风、家具、电器等物件摆放的需要，小户型应经济合理，中户型应强调紧凑实用，大户型多向舒适方向发展。

同时，在定位中应明确户型相关的具体问题，确定"几个卫生间？几个阳台？厨房是开放式还是传统封闭式？要不要工人（保姆）房？要不要设置一个杂物间？要不要设飘（凸）窗？"等。

户型定位考虑因素：在具体的户型定位过程中，需要考虑以下几方面的内容：

1）最优产品比例，户型配比定位需要考虑不同产品组合的特点、各种产品分别适合做多大面积的户型、不同面积的户型在不同产品组合中的分布比例。

2）可比楼盘的户型配比及销售情况。

3）目标客户的需求，特别是总价承受能力。户型面积大小和功能分区应满足目标客户的需求，其对应的总价要在目标客户能够承受的范围之内。

4）项目的整体形象，项目档次对户型面积及比例有一定影响。一般而言，项目档次定位越高，户型面积越大、比例越高。

5）地块基本情况的限制。在满足市场条件的前提下，地块基本情况对户型定位也有较大的影响。例如地块受噪声影响较大，就需要适当控制户型的面积和提高小户型的比例；反之，如地块的景观面较大，就应适当放大户型面积和提高大户型的比例。以广州市某小区为例，虽然前三期的开发已使该小区成为成熟的中高档社区，但在四期定位时，还是增加了两房和三房的比例，原因就是四期受高架桥的噪声影响较大。同样，在深圳另一小区也成为成熟中高档社区时，三期定位为面积整体调小，也是类似的原因。

6）产品创新的可能性。通过产品创新重新定义户型面积。如深圳某小区通过赠送双层高阳台和双层高入户花园，在满足客户功能需求的前提下，户型面积比正常的销售面积有所减少。

7）国家政策导向。在户型定位时，要充分考虑国家政策对产品的影响，如深圳90m^{2}户型比例限定，在户型面积定位时，尽量使户型面积不要徘徊在临界线上。

3.4.3 物业发展建议

物业发展建议是，在项目定位的基础之上，对房地产项目的设计进行设想和构思，为规划及建筑师进行项目设计时提供指导性意见，以便进行项目规划设计和建筑设计的创造性过程。

1. 建筑风格

建筑风格定位又分项目总体与单体建筑风格定位，其内容包括总体建筑与单体建筑风格构思、建筑色彩、建筑环境布局及单体建筑外立面设计、屋顶、屋檐、窗户等细部设计构思等。室内空间定位包含室内空间布局、室内装饰风格与装修标准、营销中心装饰风格、示范单位装修概念设计等。综合来说，建筑风格分类可以归纳为如图3-29所示的几个维度。

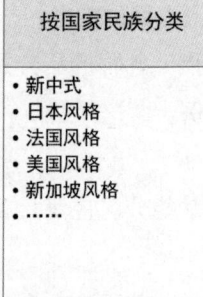

按国家民族分类	按地区分类	按历史流派分类	按建筑方式分类
• 新中式 • 日本风格 • 法国风格 • 美国风格 • 新加坡风格 • ……	• 欧陆风格 • 北美风格 • 地中海风格 • 拉丁美洲风格 • 澳洲风格 • ……	• 古希腊 • 古罗马 • 欧洲中世纪 • 文艺复兴 • 新古典 • 现代 • 后现代	• 哥特式 • 巴洛克式 • 洛可可 • Art Deco • 园林风格 • 概念式 • ……

图3-29　建筑风格分类

随着我国房地产行业的日益成熟，人们对生活和工作的空间需求已不再是单纯的条件改善，也开始看重楼盘的价值功能和品味。另一方面，房地产项目的流行建筑风格也几经变迁，从经济实用风主导的样板房到舒适欧陆风、情景异域风，再到中国风、现代主义、"后现代主义"风格多元融合的发展阶段。总体而言，当下我国房地产市场流行的建筑风格有以下几种：

（1）新中式风格：有传统中式民居如白墙灰瓦马头墙的符号，但又不失现代感。保留中式民居的私密空间特征，强调简洁的线条感。

（2）Art Deco建筑风格：多采用塔楼式退台、对称的构图、刚柔并济的横竖线条、流畅的圆形舷窗和圆弧转角、丰富的浮雕、强调材料的高贵质感与光泽；色彩设计中运用鲜艳的纯色、对比色和金属色，追求强烈、华美的视觉印象。

（3）现代主义风格：主张"形式追随功能"，多采用简单的几何形体为构图元素，以不对称布局，自由灵活，设计中追求非对称的、动态的空间。

2. 景观设计

以项目整体形象定位为前提，以经济性、自然化、人性化、参与性、立体化、艺术性、均好性、多样化为原则。

典型房地产企业景观规划手法见表3-26。

典型房地产企业景观规划手法　　　　　　　　　　　　表3-26

类别	景观手法
类别 I	入户水景 + 地形造高差 + 高密度灌木
类别 II	石材 + 高密度灌木 / 小乔 + 景观轴线
类别 III	大乔木 + 高密度灌木 + 部品小景 + 时令花卉 + 高低差错落

设计的内容包括：①景观设计概念；②空间组织及游线设计；③主入口景观设计；④植物设计；⑤水景设计；⑥装饰小品设计；⑦灯具照明设计；⑧景观色彩设计；⑨硬质铺装材料；⑩地形设计等。

景观设计的基本原则包括：①主题突出，与建筑风格协调；②与周边环境协调；③整体风格一致，点面结合，组团与集中结合；④色调一致；⑤注重观赏与实用并存；⑥较高的性价比。

3. 配套

配套和服务定位是指对和项目住宅相关的商业、学校、会所、车位以及物业管理服务等的定位。

（1）商业。商业定位需要明确商业总体量、出售或者出租、商业的位置、业态和各单位面积划分等。同时，要对商业级别进行定位，明确是社区级商业、区域级商业、市级商业等。当商业体量较大时，要充分考虑和利用主力店的带动作用，通过品牌效应和规模效应，为住宅的销售助力，并尽可能规避商业对住宅的负面干扰。

（2）教育。有些地块出让有配建学校的要求，房地产企业可寻求与政府合作引进名校。例如深圳宝安区某小区将引进深圳外国语9年制学校入驻，使片区整体价值提升。

（3）会所。目前国内比较通行的做法是高档住宅均配置会所，以提升项目档次。考虑到后期的经营和使用，应当控制会所规模。会所规格、规模应符合项目的定位和业主的消费水平，根据项目区域配套的成熟程度、小区规模、居住户数，住户消费水平、与商业区的位置对照关系等来规划定位小区会所的规模。

（4）车位。车位数量应充分考虑业主的实际需求，从发展趋势来看，一般高中档住宅的车位户数比不应低于1：1。具体情况下，应根据项目经济技术指标的要求设置车位数量，车位设置要地上地下统筹考虑，减少地下车位的数量可以降低成本。

4.附加值

附加值是指物业管理服务、室外花园、集中露台、入户厅堂、凸窗等。在房地产竞争日趋激烈的今天，物业管理服务成为客户决定购买的重要考虑因素。2009年上海某项目正是凭借物业管理服务成功的"跳出营销做营销"，创下单日销售40亿元的"神话"。某房地产项目提供的"4点半托管""圈层会""礼宾管家"等物业专属服务，成为其极富吸引力的卖点，甚至远远超出五星级酒店的服务水平。从行业内来看，房地产企业也正在越来越关注物业管理服务。

───── 【案例3-4】扫码阅读：深圳蛇口 ×× 项目产品定位 ─────

任务 3.5　房地产项目价格定位

　学习目标 ────────────────────────────

1. 了解房地产项目价格定位的影响因素与目标；
2. 掌握房地产项目价格定位的方法与报告撰写。

3.5.1 房地产项目价格影响因素

房地产项目价格策略是在一定的内外环境下进行的，将受到各种因素的影响，因此，价格策略必须在对各种影响因素进行深入、细致分析的基础之上制定。

1. 成本因素

在房地产价格体系构成中，成本占有重要的地位，发展商在建造、发售楼盘时所投入的各种费用，构成楼盘的建筑和销售成本。成本是进行楼盘定价的下限，是影响和制约楼盘定价的重要因素。

2. 竞争因素

市场供求关系的变动，竞争者销售策略的改变对楼盘的定价有着极大的制约作用。

3. 产品差异性

市场竞争在一定程度上表现为差异竞争，而差异竞争主要集中在产品的差异上，即楼盘本身素质及各种卖点的不同上。产品的差异化程度越高，所面临的市场竞争越小，其产品本身的唯一性也越大，价格将不再是销售中的最大难点。

4. 购房者心理因素

在逐渐走向成熟的地产市场，地产商的品牌影响力越来越重要。若购房者对地产商的产品有良好的印象和偏好，定价时就有较大的自由度。

通常购房者在购买地产前会考虑产品能为自己提供效用的大小，看产品是否有适合自己要求的特征，从而确定自己的期望价格。

5. 房地产企业的目标

根据房地产企业在市场的定位，房地产企业的发展目标，可有多种定价方法。如果房地产企业的目标是成为市场的领导者，此时定价可采取底价入市的策略，占领巩固市场份额。

6. 市场政策

随着中央"房住不炒"政策主基调的不断强化，"限价"政策成为各个城市调控房地产市场的重要手段。在供给端的行政性调控政策里面，限价政策属于前端控销，也是压缩市场新房供给量最直接的方式。

各城市的政策也具有一定的相似性或者说共通性：一是政策为商品房价格设定一定范围，预售证价格不超过一定红线，价格红线的设定方式主要是参考周边在售项目均价，或项目前期成交均价又或是周边二手房成交均价，而价格设定时并未直接将项目体量纳入考虑范围；二是实行一房一价；三是在项目取得预售证之后，要在一定时间内将可售房源悉数公开。

各城市内部的政策具有区域性。多数城市并未实行一刀切的价格划定，内部各板块的限价幅度不同，部分板块可能会受到限价政策的影响，而部分板块（通常是城市边缘区域、郊区等）所受影响甚微。

3.5.2 房地产项目价格定位目标

明确房地产项目定价目标是价格定位的前提，定价目标主要指发展商在制定价格体系时所要达到的目标和标准。定价目标是整个价格体系制作过程中的灵魂，通常，房地产定价目标可以归纳为以下几种：

1. 利润最大化目标

利润最大化目标是指房地产开发企业以获取最大限度的利润为定价目标，这是许多企业的定价目标。实现利润最大化的途径主要有两条：一是以设定高价位使利润最大化；二是以扩大房地产销售量使利润最大化。

当该房地产项目独特性较强，不容易被其他楼盘代替时，可采用高价定价方法。而一般的房地产项目应采用低价策略，通过薄利多销的策略来吸引客户，从长远和总体利益来看，企业也有可能获得最大利润。

在房地产项目中，利润是在不同阶段、不同方面都会有所变动的综合指标。所以，以利润最大化为定价目标，需要考虑众多因素对房地产价格的影响，动态地分析企业的内部条件和外部环境，将市场相关因素和公司经营战略有机地结合起来，在可行的基础上追求和实现利润最大化。

2. 市场占有率最大化目标

市场占有率是指在一定时期内某房地产企业的销售量占当地市场销售总量的份额。市场占有率高意味着企业的销售数量大，竞争能力强；市场占有率低意味着企业的销售数量小，竞争能力差。

房地产定价以提高市场占有率为目标，是通过市场分析，制定出具有竞争力的价格，从而扩大其房地产的销售量，提高市场占有率。提高市场占有率的定价目标并不意味着价格一定要比别人的低，而是要体现价格具有较强的竞争力，能够较快地实现房地产销售。这种具有竞争力的价格，要与房地产产品的品牌、品质、信誉、服务等相联系。同时，提高市场占有率的关键还在于扩大房地产的产量和市场促销等。

一般而言，成长型的公司适宜采用市场占有率的定价目标，通过薄利多销的方式，达到以量换利、提高市场地位的目的。

3. 企业品牌目标

市场竞争已转化为品牌的竞争，如何在市场竞争中确立自己的品牌优势，塑造、巩固、发展自己的品牌形象，为日后的发展打下基础也是价格策略的一个重要目标。

4. 稳定价格目标

稳定的价格有利于赢得企业形象，进而在行业内树立长期的优势，拥有较高市场占有率的行业领导企业适宜采用稳定的价格策略。

5. 应对或避免竞争目标

大多数房地产企业对于竞争对手的价格都很敏感，不希望与竞争者，尤其是对市场价格有决定影响的竞争者进行价格竞争。因此，许多房地产企业在定价前，往往广泛搜集信息，仔细研究竞争对手的定价、销售等方面的资料，将自己的产品与竞争对手比较，然后制定价格，有意识地通过产品定价去应对或避免竞争，从而避免在竞争中失利。

明确定价基础，明晰定价目标对价格的制定起着决定性的作用。在某些特殊阶段，企业也需要制定其他的定价目标，例如：当市场行情急转直下时，企业也要以保本销售或尽快脱手变现为定价目标；为了应对竞争对手的挑战，企业也可能牺牲局部利益以抑制对手为定价目标。

3.5.3 房地产项目定价方法

1. 市场比较法

市场比较法的核心是运用相类似的项目作为样本，通过对影响房地产价格因素的分析及修正，从而得到评估项目最可能实现的合理价格。

在样本选择的过程中，样本必须具有参照意义，否则将影响价格的准确性。样本的选取原则一般包括：相近原则——相近地段会有更多的相近因素；成功原则——只有成功的楼盘才具有参考意义；功能原则——样本楼盘必须具有相同的功能定位。

相同条件下，参照样本的权重关系如下：高档楼盘——同档次 > 同目标客户类型 > 同楼盘所在区域；中、低档楼盘——同楼盘所在区域 > 同档次 > 同目标客户类型。

市场比较法操作步骤如图 3-30 所示。

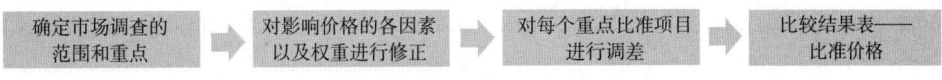

图 3-30　市场比较法操作步骤

（1）确定市场调查的范围和重点

以项目为核心，半径 3km 的范围是重中之重，若范围不够，可扩大。凡是竞争对手都应该纳入视线范围，重点调查项目应该不少于 6 个。此范围内的二手房价格也应该适当作为参考。

（2）对影响价格的因素及权重进行修正

不同类型物业的价格，影响因素不同。不同阶段、同一类型物业的各个价格影响因素权重不同（最好是与销售人员，尤其是在同一区域售楼的销售人员座谈、倾听）。

影响价格的各因素以及权重进行修正示例见表 3-27 ~ 表 3-29。

影响价格的各因素以及权重进行修正示例（住宅）　　表 3-27

对比项目		本项目	比准项目 1	比准项目 2	……
均价（元 /m²）		—	10000	8250	9300
权重	100%	—	33%	32%	18%
对比因素	分值	PX	PD	PA	PB
项目区位	15				
交通路网	9				
居住圈	8				
周边配套	14				
整体规划	8				
产品设计	12				
交房标准	4				
园林景观	10				
房地产企业品牌	8				
工程进度	7				
物业管理	5				
合计得分	100				
权重	100%				
对比参考均价					

影响价格的各因素以及权重进行修正示例（写字楼）　　表 3-28

对比项目		本项目	比准项目一	比准项目二	……
均价（元 /m²）		—	14500	15000	9800
因素	满分	—	30%	15%	15%
区域位置	20	打分	打分	打分	打分
区域属性	10				
交通路网	15				

续表

对比项目		本项目	比准项目一	比准项目二	……
均价（元 /m²）		—	14500	15000	9800
级别 / 规模	5				
整体规划	10				
配套（硬件、软件）	15				
户型空间	10				
项目进度	15				
合计	100				
对比参考均价					

影响价格的各因素以及权重进行修正示例（商铺）　　表 3-29

对比项目		本项目	比准项目一	比准项目二	……
毛坯均价（元 /m²）		—	50000	55000	42000
参考权重		—	35%	35%	10%
因素	满分	打分	打分	打分	打分
地理位置	30	20	28	15	15
商业氛围	20	8	15	8	8
人流量	16	8	15	12	5
周边环境	5	3	4	3	3
交通情况	6	4	5	5	4
内部规划	6	3	3	6	6
规模	8	2	2	8	8
发展商品牌	3	1	1	3	3
经营管理公司	6	0	5	6	6
合计	100	49	78	66	58
参考均价		—	31410	40830	56480

（3）对每个重点比准项目进行调差

最好是有经验的销售人员配合策划，5人左右一起打分，再综合调整；讨论时，调查楼盘的资料要真实，有资料存疑的要及时增补；小组打分要有专人记录，鼓励大家谈经验，并需要一个对市场熟悉度、敏感度高的人归纳。

（4）形成比准结果表（表3-30）。

住宅项目比准结果示意表 表3-30

对比项目		本项目	比准项目一	比准项目二	比准项目三	比准项目四	比准项目五
均价（元/m²）		—	10000	8250	9300	11000	7600
权重	100%	—	33%	32%	18%	12%	5%
对比因素	分值	PX	PD	PA	PB	PC	PC
项目区位	15						
交通路网	9						
居住氛围	8						
周边配套	14						
整体规划	8						
产品设计	12						
交房标准	4						
园林景观	10						
房地产企业品牌	8						
工程进度	7						
物业管理	5						
合计得分	100						
对比参考均价							

2. 成本导向定价法

成本导向定价法是指以成本为中心，按卖方的意图来定价。其基本思路是：在定价时首先考虑收回企业在生产经营中投入的全部成本，然后加上一定的利润。成本导向定价法主要由成本加成定价法、目标收益定价法和盈亏平衡定价法三种方法构成。

（1）成本加成定价法

该方法又称为"标高定价法""加额法"，即在单位产品成本的基础上，加上一定比例的预期利润作为产品的售价。计算公式如下：

$$单位产品价格 = 单位产品成本 \times （1+ 加成率）$$

其中加成率为预期利润占产品成本的百分比。

这种方法的优点在于计算方便、简化工作、覆盖常规市场情况，在市场环境诸因素基本稳定的情况下，此方法可以保证正常的利润空间。不足之处在于不利于开发企业控制成本，且未考虑市场承受能力，可能会带来销售压力。

（2）目标收益定价法

目标收益定价法又称投资收益率定价法，是在项目总投资额的基础上，按照投资收益率的高低来计算房地产售价的一种方法。其计算步骤为，首先确定目标收益率，再通过目标收益率计算出目标利润，最后根据总成本、目标利润和预计销售量来计算售价。计算公式如下：

$$单位产品价恪 = （总成本 + 目标利润）/ 预计销售量$$

这种方法的优点是可以保证企业既定目标利润的实现。其局限性在于以预估的销售量来制定价格，忽略了市场需求和竞争。

（3）盈亏平衡定价法

在销量既定的条件下，企业产品的价格必须在一定水平以上才能实现盈亏平衡，这个既定的销量就是盈亏平衡点。根据盈亏平衡点制定价格的方法就称为盈亏平衡定价法。

此方法需要科学地对销量、固定成本及变动成本进行预测。计算公式如下：

$$单位产品价格 = 开发成本 / 盈亏平衡点销售量$$

或　　　　　　$$单位产品价格 = 单位固定成本 + 单位变动成本$$

这种方法只能使开发企业的投入成本得到补偿，而不能获得收益。因此，只有在市场竞争特别激烈或者产品销售情况不佳，为了避免更大的损失将保本作为定价目标时，才会使用。

3. 客户需求导向定价法

客户需求导向定价法是指企业在制定价格时，以消费需求为主要依据，来确定产品价格的一种定价方法。具体有认知价值定价法和需求差异定价法 2 种。

（1）认知价值定价法

认知价值定价法是企业根据消费者对产品价值的认知水平来制定价格的一种方法，这种方法又称为理解价值定价法。认知价值实际上是消费者对有形产品、无形服务及公司商誉的综合评价。在运用认知价值定价法时，首先要评估消费者对非价格因素的重视程度，然后根据消费者对不同档次的产品的可接受程度来确定最终价格。此方法的关键在于准确把握消费者对产品价值的认知程度。

（2）需求差异定价法

该定价法是指房地产品的交易价格可根据不同需求强度、不同消费取向、不同购买实力和不同购买时间等因素，形成不同的售价。对于房地产企业而言，同一建筑标准、同一种规格、同一外部环境的商品房，可以根据楼层、朝向、采光、通风及开间等因素，形成相应的差价。该定价方法适合于个性化较强的房地产产品。

需求差异定价法的关键是准确地掌握消费者对产品价值的认知程度。对自身产品价值估计过高的卖方，会导致他们的产品定价过高；而对自身产品的消费者认识价值估计过低的企业，定的价格就有可能低于他们能达到的价值。因此，为了建立起市场的认知价值，进行市场调查是必不可少的。

4. 竞争导向定价法

竞争导向定价法是指企业为了应付市场竞争的需要而采取的特殊的定价方法。它是以竞争者的价格为基础，根据竞争双方的力量等情况，制定较竞争者价格更低、高或相同的价格，以达到增加利润、扩大销售量或提高市场占有率等目标的定价方法。

竞争导向定价法包括以下两种方法：

（1）随行就市定价法

随行就市定价法指企业使自己的产品价格跟上同行业的平均水平，一般来说，在基于产品成本预测比较困难、竞争对手不确定以及企业希望得到一种公平的报酬和不愿打乱市场现有正常秩序的情况下，这种定价方法较为行之有效。这种定价方法比较受一些中、小房地产企业的欢迎。

（2）追随领导企业定价法

使用这种定价方法的房地产企业一般拥有较为丰厚的后备资源，为了应付和避免竞争，或为了稳定市场以利于其长期经营，往往以同行中对市场影响最大的房地产企业的价格为标准，来制定本企业的产品价格。

竞争导向定价法注重行业相对价格，比成本导向定价法更贴近市场供求。但是交易的实现取决于交易双方的利益吻合。竞争导向定价法在一定时期内有助于制定有效的竞争策略，但却忽视了需求在价格形成中的作用，往往导致"无效供给"。

目前市场环境下，市场比较法是房地产项目价格定位中最为普遍使用的方法，因为该方法能够最为直接地体现房地产市场真实状态。

【案例 3-5】深圳蛇口赤湾 ×× 项目价格定位

1. 用市场比较法得出比准价格表（表 3-31）

用市场比较法计算比准价格表　　　　　　表 3-31

比较项目	加权系数	A 项目	B 项目	本项目
区域位置	15%	8.5	9.5	8.5
交通路网	15%	8	8	9
配套资源	15%	7	8.5	7.5
项目规模	10%	7	9	8
产品户型	15%	8	8	9
景观资源	20%	8.5	9.5	8
发展商品牌	10%	8	8	8
比准评分	100%	7.925	8.7	8.3
销售价格（元 /m²）	—	73000	112000	—
权重	100%	80%	20%	—
比准均价（元 /m²）	—	58400	22400	80800

2. 计算溢价（表 3-32）

溢价计算表　　　　　　表 3-32

静态均价（毛坯）	80000 元 /m²（取整）
溢价因素	溢价空间
自然溢价	1%
产品展示溢价	1%
营销创新	1%
品牌信誉	1%
精装修标准	5000 元 /m²（报价）
可实现动态价格	88000 元 /m²（取整）

3. 结论

根据市场比较法，建议项目目前均价为 8.8 万元 /m²，总价控制在 800 万 ~ 1600 万元之间；根据市场走势，预计年价格增长率为 5%。

项目小结

1. 市场调研是房地产项目定位不可缺少的前期工作。房地产项目市场调研主要分为基于一手资料和二手资料收集的传统调研和基于互联网大数据的大数据调研。随着互联网行业的快速发展，大数据调研越来越受到了市场调研行业的关注与欢迎。

2. 房地产项目的整体定位是从房地产企业的目标诉求与项目本体出发，对项目、市场与客户进行交叉分析与验证，最终输出项目的客户定位和产品定位，同时，根据市场的分析输出项目的价格定位。而形象定位是对项目整体定位的营销语言转化。

3. 房地产项目整体定位方法主要有四要素平衡法与 SWOT 分析法两种。四要素即地块、市场、客户、产品，通过第一阶段的市场调研可知，四要素之间必然产生交叉联系，以地块要素为出发点，四者相互制衡。S/W（优势/劣势）的价值要素包括：地段要素、环境要素、地块/产品要素和房地产企业/项目要素。前两个为被动性要素，后两个为主动性要素。O/T（机会/威胁）的价值要素主要包括宏观要素、中观要素和微观要素。

4. 房地产项目的形象定位是项目的品牌形象定位，是展示该项目的调性和整体形象的营销语言，包括档次定位和风格概念定位。特殊的客观优势 + 独特的主观主题 = 鲜明的整体形象。

形象定位体系主要由形象力和产品力构成。形象力即项目的识别特性，通过案名、项目 logo 以及主导广告语来昭示项目，满足目标客户的"精神需求"。产品力即项目产品优势的昭示，展现产品的内外部价值，满足目标客户的"物质需求"。房地产项目形象定位的流程包括：基本情况分析、价值构建、切入点选取和定位语提炼等。

5. 客户定位就是对客户进行细分，锁定目标客户群。房地产项目客户定位的流程有：确定客户细分体系、客户画像描摹、筛选核心客群、明确客户诉求等。

6. 产品定位要求房地产企业能将无差别的产品转变为有差别的产品，使产品在潜在客户中占有合适位置。房地产项目产品定位一般可分为两阶段：第一阶段的重点是项目的使用价值及开发周期的确定，第二阶段则侧重于物业发展，在该阶段要确定房地产产品的规划设计、开发形态与开发方式、建筑形态、户型设计、景观设计、配套设施等。

7. 房地产项目价格策略受到各种因素的影响，如成本因素、竞争因素、产品差异性、购房者心理因素、房地产企业目标、市场政策等。房地产项目定价方法主要有：市场比较法、成本导向定价法、客户需求导向定价法、竞争导向定价法等。目前市场环境下，市场比较法是房地产项目价格定位中最为普遍使用的方法，因为该方法最为直接地体现房地产市场真实状态。

复习思考题

一、选择题（每道题有 1 个或多个正确答案）

1. 下列哪项不是房地产市场调研应该遵循的原则？　　　　　　　　（　　）

　　A. 准确性原则　B. 时效性原则　C. 全面性原则　D. 差异性原则

2. 地块四至和地块内部调研属于哪个调研维度？　　　　　　　　（　　）

　　A. 区域基本面　B. 区域市场面　C. 项目本体　　D. 竞品调研

3. 通过深圳市土地交易局获取数据属于哪种调研方式？　　　　　（　　）

　　A. 访问法　　　B. 实验法　　　C. 观察法　　　D. 资料调研法

4. 某房地产项目紧邻污水处理厂，在 SWOT 分析中这属于哪类要素？（　　）

　　A. 优势　　　　B. 劣势　　　　C. 机会　　　　D. 威胁

5. 某房地产项目的形象定位语为"中央海湾生态社区"，这是哪种方式？（　　）

　　A. 地段　　　　B. 客户　　　　C. 文化　　　　D. 以优势组合定位

6. 客户细分的三个阶段中哪个环节最重要？　　　　　　　　　　（　　）

　　A. 特征细分　　B. 价值区隔　　C. 共同诉求　　D. 其他

7. 客户的置业情况可分为首次置业和二次置业，这是属于什么因素划分？（　　）

　　A. 消费行为因素　　　　　　　B. 地理因素

　　C. 社会因素　　　　　　　　　D. 心理因素

8. 房地产企业以产品的成本费用为主要依据，这种定价方法称为：（　　）

　　A. 成本导向法　B. 竞争导向法　C. 需求导向法　D. 市场比较法

9. 房地产企业目标是扩大销售规模，这是以下哪种目标？　　　　（　　）

　　A. 市场占有率目标　　　　　　B. 稳定价格目标

　　C. 品牌目标　　　　　　　　　D. 利润最大化目标

10. 比准项目 1 的销售均价为 8000 元 /m²，比准项目 2 的销售均价为 10000 元 /m²，项目权重占比分别为 40% 和 60%，影响因素打分分别是 80 分、90 分，本项目影响因素综合评分 80 分，本项目的比准均价是：　　　　　　　　　　　（　　）

　　A.9200 元 /m²　B.8533 元 /m²　C.8000 元 /m²　D.10000 元 /m²

11. 市场调研的内容包括？　　　　　　　　　　　　　　　　　（　　）

　　A. 项目本体　B. 竞争者　　　C. 消费者　　　D. 市场经济

12. 客户调研内容包括：　　　　　　　　　　　　　　　　　　（　　）

　　A. 客户基本信息　　　　　　　B. 客户置业逻辑

　　C. 客户置业敏感点　　　　　　D. 客户置业需求

13. 相较于传统数据，大数据的有什么特点？ （　　）

    A. 数据量大　　B. 数据增长速度快　　　C. 数据多样化　D. 数据有挖掘价值

14. 波士顿矩阵中决定产品结构的基本因素有： （　　）

    A. 市场因素　　B. 企业因素　　　　　C. 品牌因素　D. 规模因素

15. 特征细分的变量包括： （　　）

    A. 地理因素　　B. 社会因素　　　　　C. 心理因素　D. 消费行为因素

16. 客户需求包括： （　　）

    A. 基本需求　　B. 安全上的需求　　　C. 社交需求　D. 尊重的需求

17. 房地产产品的三个层次是： （　　）

    A. 次要产品　　B. 核心产品　　　　　C. 形式产品　D. 延伸产品

18. 物业发展建议内容包括： （　　）

    A. 建筑形态　　B. 户型设计　　　　　C. 景观设计　D. 配套设施

19. 房地产项目价格影响因素有哪些？ （　　）

    A. 成本因素　　　　　　　　　　　　B. 竞争因素

    C. 产品差异性　　　　　　　　　　　D. 购房者心理因素

20. 房地产项目定位的策略主要有哪些？ （　　）

    A. 市场竞争战略　　　　　　　　　　B. 波士顿矩阵

    C.SWOT 分析法　　　　　　　　　　D. 四要素平衡法

二、判断题（根据以下表述判断，正确画"√"，错误画"×"）

1. 市场调研则是不可缺少的前期定位工作，是前提定位的前提。 （　　）

2. 房地产市场调查资料必须真实地、准确地反映客观实际。 （　　）

3. 房地产市场调查资料应该不必是最新的，有时老旧的资料也能提供有效信息。

    （　　）

4. 针对不同的物业类型的项目，市场调研的内容都是相同的。 （　　）

5. 区域市场面的调研主要包括地块所在区域土地市场和商品住宅市场的供求走势情况，目的是了解该区域房地产市场发展现状和未来竞争压力。 （　　）

6. 项目定位是在项目内外部环境分析的基础上，结合项目自身特有的因素和开发企业期望，界定项目目标客户和目标产品。 （　　）

7. 房地产项目科学定位的核心逻辑是满足客户需求。 （　　）

8. 波士顿矩阵模型中销售增长率最主要市场综合指标。 （　　）

9. 项目整体形象定位一定要和项目周边资源相匹配，避免出现定位偏差。 （　　）

10. 项目价值构建包括经济和生活两个方面。 （　　）

11. 项目的定位语，是对一个项目整体物理属性的描摹，即用最简单概括的句子把一个项目最独特的卖点阐释出来。 （　　）

12. 如果项目在规模、品质、开发时间等方面有第一、引领或综合优势领先的特质，可以以引领者的定位出现。　　　　　　　　　　　　　　　　　　　　（　　　）

13. 选定最有价值的细分客户，剔除非目标客户是客户定位的原则之一。　（　　　）

14. 客户细分的三个阶段中，最关键的是拟定选择进行客户细分的变量要素。

（　　　）

15. 目标客户的选择通常是单一的选择，具有唯一性。　　　　　　　　（　　　）

16. 户型定位通常只考虑项目本身限制条件。　　　　　　　　　　　　（　　　）

17. 景观设计是以项目整体形象定位为前提，以经济性、自然化、人性化、参与性、立体化、艺术性、均好性、多样化为原则。　　　　　　　　　　　　　　（　　　）

18. 房地产项目价格影响因素有成本因素和竞争因素两个方面。　　　　（　　　）

19. 市场比较法是价格定位中常用的定价方法。　　　　　　　　　　　（　　　）

20. 客户需求导向定价法需要市场调研辅助。　　　　　　　　　　　　（　　　）

三、简答题

1. 房地产市场调研的目的是什么？

2. 房地产市场住宅调研的内容有哪些？

3. 什么是房地产项目定位？包括哪些内容？

4. 房地产项目科学定位的核心逻辑是什么？

5. 房地产项目形象定位有哪些要求？

6. 房地产项目形象定位的流程是什么？

7. 什么是客户细分？客户细分的作用是什么？

8. 如何找到房地产项目的核心客户及他们的需求？

9. 产品定位的内容包括哪些？如何进行产品定位？

10. 价格定位的方法有哪些？并简述。

项目 4

房地产项目营销策划

项目要点

房地产营销策划是一项系统工程,它统筹所有房地产销售及宣传推广工作。策略和手段是营销的生命,通过本体项目分析和市场环境分析,输出项目的核心价值点,围绕核心价值点确定推广故事线。营销总纲确定之后,运用市场营销"4P"模型,结合房地产企业既定的营销目标,对竞争市场营销环境进行分析,梳理房地产项目所面临的营销挑战,针对营销挑战和项目的核心价值点,制定出各个阶段的营销策略,包括产品策略、推广策略、渠道策略和价格策略,再依靠营销手段使其具体化,最终实现房地产项目的圆满销售。市场在变化,房地产营销策略的制定也出现了一些新的趋势,大数据和互联网技术的运用,将助力房地产营销更加智能化和精准化。

导学视频

任务 4.1　房地产项目营销策划概述

学习目标

1. 掌握房地产项目营销策划的原则、阶段划分及各个阶段的重点营销动作;
2. 掌握房地产营销策划工作的总体思路。

【案例导入】××公司斩获深圳宝安区某片区宅地

2020 年 11 月 23 日上午,××公司以"总价 59.98 亿元 + 配建 6.6 万 m^2 人才房"竞得一宗位于深圳宝安区某片区的宅地,可售楼面价约 6.5 万 /m^2。土地用途为二类居住用地 + 商业用地 + 教育设施用地 + 绿地 + 道路用地,土地面积 8.53 万 m^2,建筑面积 18.96 万 m^2。挂牌起始价 41.36 亿元。地块周边拥有较为成熟的住宅小区。

周边配套齐全,居住氛围较为浓厚,紧邻宝安新安中学,2km 范围内还有龙山实验学校、新华实验学校、永联学校等多所学校,另外宗地将配建一所 36 班九年一贯制学校。

当日下午该项目便正式动工,2021 年 6 月入市开盘销售,在动工建设到开盘销售这段时间内,营销策划工作将陆续展开。

【思考】该公司如何制定营销策略,将该项目顺利销售?

4.1.1 房地产项目营销策划的定义

房地产营销策划是一项系统工程,它统筹所有房地产销售及宣传推广工作。是房地产企业为了取得理想的销售推广效果,在进行环境分析的基础上,利用其可动用的各种外部及内部资源进行优化组合,制定计划并统筹执行的过程。

策略和手段是营销的生命,房地产项目最终需要通过市场的反应去实现自身的价值,由此,营销中采用的合理策略、手段则十分重要。通过各种营销策略,如产品策略、定价策略、促销策略、渠道策略等的组合,再依靠营销手段使其具体化,最终实现房地产项目的圆满销售。

4.1.2 房地产项目营销策划的原则

营销是一项复杂的系统工程，在房地产营销策划实践中，最需要把握以下原则：

第一，创新原则。

无论房地产项目的定位、建筑设计的理念、策划方案的创意、营销推广的策略，创新性都具有超越一般的功能，它应贯穿房地产策划项目的各个环节，应体现在项目营销理念、营销主题和营销策略上，使房地产项目在众多的竞争项目中脱颖而出。

房地产策划手段要创新。房地产策划手段就是房地产营销策划的具体方法。方法、手段不同，营销效果也就不一样。最著名的例子是广州奥林匹克花园，在人们还在用单一手段策划楼盘的时候，奥林匹克花园的发展商却用复合手段策划楼盘，地产业和体育业的复合，引领了房地产策划领域的新里程。策划手段独到，往往会达到意想不到的效果。

第二，客观原则。

即实事求是原则，项目营销策划必须做好客观市场的调研、分析、预测，提高策划的准确性，从客户和市场的角度出发，项目营销策划的观念、理念既符合实际，又有所超前，不讲大话、空话。

第三，全局原则。

项目营销策划是一个环环相扣的过程，在这过程中必须保持整体的全局观念，在尽量面面俱到的前提下统筹安排，如广告的发布、活动的策划、开盘的准备、价格调整等，都要规范布局、互相协调、目的一致，实现营销策划的整体性。

第四，定位原则。

所谓"定位"，就是给房地产营销策划的基本内容确定具体位置和方向，找准明确的目标。房地产开发项目的具体定位很重要，关系到项目的发展方向。一个目标定位错了，会影响其他目标定位的准确。要在房地产策划中灵活运用好定位原则，它的具体要求是：

具体要从"大""小"两方面入手，大的方面是房地产项目的总体定位，包括开发项目的目标、宗旨，项目的指导思想，项目的总体规模，项目的功能身份，项目的发展方向等。小的方面是房地产项目的具体定位，包括主题定位、市场定位、目标客户定位、建筑设计定位、广告宣传定位、营销推广定位等。房地产项目的总体定位确定了项目的总体位置和方向，对项目的具体定位有指导、约束作用；房地产项目的具体定位是在总体定位下进行的，具体定位是对总体方向的分解，各个具体定位要符合总体定位的方向。

把握各项定位内容的功能作用。要做到这一点，策划人首先要全面掌握定位内容的内涵，深入其中，确定其定位的难易点，有的放矢地找准目标。其次，每项定位内容的具体功用是一样的，要把它们整合好，利用好，为整个项目的总体定位服务。

要熟练地运用项目定位的具体方法和技巧。在项目定位过程中，方法和技巧运用得好，往往会达到事半功倍的效果。如对建筑设计定位，建筑设计的最新理念不能不了解，设计市场的流行趋势不可不知道。在此前提下，是追逐潮流还是着意创新？是停留现状还是适度超前？这都要根据开发项目的总体定位有所取舍，确定方向。

第五，可行原则。

可行原则是指房地产策划运行的方案是否达到并符合切实可行的策划目标和效果。可行原则就是要求房地产策划行为应时时刻刻地为项目的科学性、可行性着想。首先要充分考虑策划方案是否可行，是否符合市场变化。其次要考虑方案经济性是否可行，策划方案的经济性是指以最小的经济投入达到最好的策划目标，这也是方案是否可行的基本要求。最后要考虑方案有效性是否可行，即营销策划方案实施过程中能否合理有效地利用人力、物力、财力和时间，实施效果能否达到甚至超过方案设计的具体要求，完满地实现策划的预定目标。

4.1.3 房地产项目营销策划的阶段划分

房地产项目进入营销策划阶段后，可根据营销目标、对象、关键内容的区别划分为以下 4 个细分阶段：预热蓄客期、开盘强销期、持续销售期和尾盘销售期。

1. 预热蓄客期

房地产进入市场之前，房地产企业会进行预热阶段及亮相，这个阶段称为"预热蓄客期"。这一阶段的营销目标是以各类宣传及活动推广方式，树立项目在市场客户中的印象。实践操作中，营销项目会以高位切入，体现项目在区域市场内的独特唯一性，以此来吸引客户关注。

2. 开盘强销期

开盘强销期是指一个项目刚刚开盘，房源充足、热销热推的营销阶段。这一阶段，客户量较大，房地产企业在进行楼盘推介时，主要通过各种概念、产品及物业服务等角度，进行项目内涵挖掘宣传和价值传递。以此为目标，开展各种促销活动，不断地加深客户的印象激发购买欲望，达到销售目的。

3. 持续销售期

项目进行大规模的促销活动后逐渐进入平稳的销售期，此阶段即为持续销售期。这一阶段重点在去化开盘后剩余房源和新加推房源，持续销售期较长，销售也相对困难，因而此阶段主要围绕持续的推广策略和持续的促销策略进行。

4. 尾盘销售期

当一个楼盘销售去化至 70% 左右时，对所剩的待销售单位称为"尾盘"。因为尾盘数量较少，多为一些销售困难单位，营销费用有限，房地产企业通常改变营销策略，从大范围铺排转向以情感需求为主，通过软环境对客户进行渗透，引起共鸣。尾盘处理得当，则项目价值就会得到充分的展现，实现边际效益最大化。

4.1.4 房地产项目营销策划工作的整体思路

　　房地产项目的定位工作完成后，同时项目进入施工阶段，在这期间，项目的营销工作陆续展开，一般来说，一个项目完整的营销推广策划工作可由"项目营销总纲"和"营销策略执行"构成（图 4-1）。

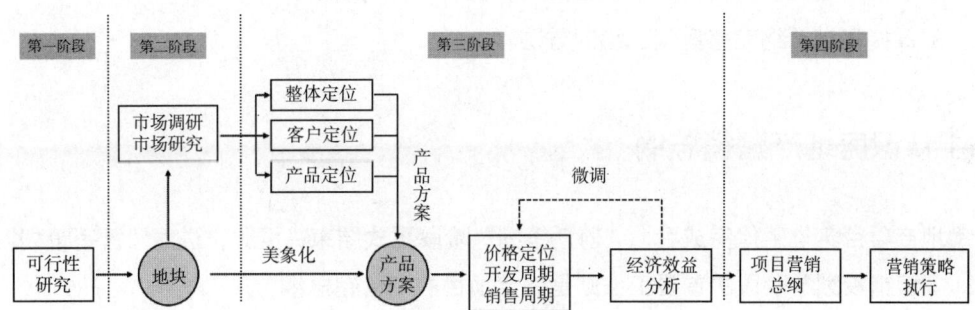

图 4-1　房地产项目策划的阶段划分

　　项目营销总纲是整个项目营销推广的纲领性指导，为核心营销推广策略制定的过程，各项营销策略的制定和执行，都必须围绕"营销总纲"来实施。

　　通过本体项目分析和市场环境分析，输出项目的核心价值点，围绕核心价值点确定推广故事线。对竞争市场营销环境进行分析，包括竞品的推手情况、客户情况和营销策略等，帮助后期推售策略的制定。接着，结合房地产企业既定的营销目标，梳理房地产项目所面临的营销挑战，针对营销挑战和项目的核心价值点，制定出各个阶段的营销策略，包括产品策略、推广策略、渠道策略和价格策略（图 4-2）。

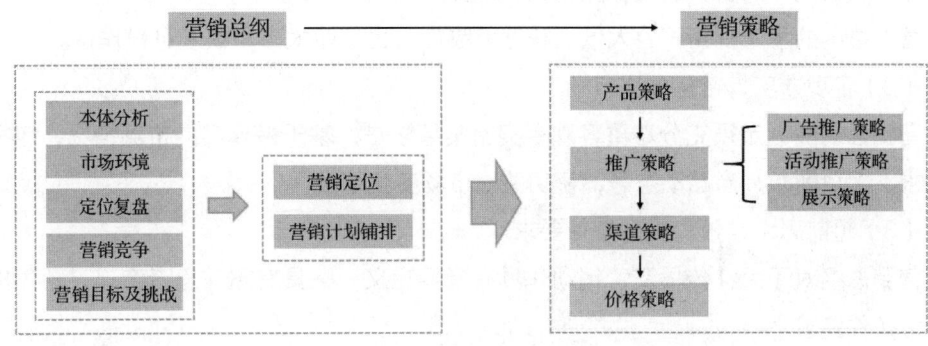

图 4-2　营销总纲与营销策略

任务 4.2　房地产项目营销总纲编制

 学习目标 ●

1. 掌握制定营销总纲的原则及解决的问题；

2. 掌握房地产项目营销总纲的主要内容及各部分内容的作用；

3. 掌握营销总纲完整案例的编制方法。

4.2.1 认识房地产营销总纲

房地产项目定位工作完成后，"前期策划"阶段正式结束，至此，进入"营销策划"阶段。"营销策划"阶段的首要工作则是制定项目的"营销总纲"。

1. 营销总纲的定义

营销总纲，即为项目制定的营销计划书，是房地产企业为了达到市场营销目标而制定的一系列活动安排，包括房地产项目营销的目标以及实现这些市场营销目标的具体措施。

具体而言，营销总纲是项目初步完成产品定位、规划设计方案之后，预备进入营销传播筹备期所做的营销传播指导性纲要，主要是通过项目属性界定、项目形象定位、项目目标与挑战分析、市场分析与预判，寻求精准的客户定位，以便为项目提供合适的开发策略、产品策略、价格策略、销售策略、推广策略等指导性纲要。换言之，营销总纲就是通过土地、市场、客户三者合一的对位关系，使得合适的产品在合适的市场情况下销售给合适的客户。

2. 制定营销总纲的原则

（1）站在合适的视角，统筹思考营销思路

营销总纲的思考视角不能太低，缺乏前瞻性；也不能太高，缺乏可操作性。

（2）客观求实，密切关注市场

营销总纲的制定须充分尊重客观事实，实事求是，基于最真实的市场情况，包括市场供求、客户需求、产品动态等，密切关注市场变化情况。

（3）超前思考，预先提出条件要求

营销总纲对于后续传播及营销动作具有指导意义，需具有超前思考意识，预先提出达成之条件要求。

（4）团队参与，相互配合

营销总纲集市场、营销、推广、产品等业务结构，并非一人一力承担，需集各条线人员的集体智慧进行探讨。

3. 营销总纲解决的问题

营销总纲主要解决以下 3 个问题：

（1）分析营销机会

对项目进行营销战略方向的思考并分析，主要基于项目所处的营销环境、竞争环境以及项目 SWOT 分析、客户分析和市场定位来研判。

（2）确定营销战略

结合项目所处的市场环境、竞争状况、客户特征以及市场定位，识别项目的关键问题和机会，确定销售目标、入市时机以及推售节奏。

确定竞争标杆，分析其在产品、价格、渠道和推广方面的成功之处，总结对本项目有利的经验。梳理关于竞争、产品、客户的分析结论，整合提炼，形成营销战略。

（3）设计营销组合

根据营销"4P 模型"，对产品、价格、渠道和推广策略进行营销组合的设计。

4.2.2 营销总纲的主要内容

不同房地产企业的项目市场营销计划繁简程度不同。在通常情况下，房地产市场营销总纲应包括以下几个方面的内容。

1. 本体分析

项目本体分析，包括对项目的区域位置、交通条件、配套条件、周边环境、经济技术指标等进行梳理，总结出项目的价值点。在这一过程中，尊重客观事实、剖析项目关键价值点是两大基本原则（表 4-1）。

项目本体分析的基本内容　　　　　　　　　　　　表 4-1

本体分析	内容
区位	城市群—城市—区域—板块
周边环境	四至现状、不利因素环境（高压线等）
经济技术指标	占地面积、建筑面积、容积率、配建要求等
交通条件	高铁、机场、地铁、高速路、城市主干道、公交线路等；站点及通达度分析
配套条件	教育、医疗、商业等
其他	规划利好等

2. 市场环境分析

市场环境分析主要包括宏观环境、中观环境和微观环境。宏观环境指的是国家经济发展形势、房地产行业发展形势、政策调控形势，信贷政策等；中观环境聚焦的是项目所在的城市环境，包括该城市房地产市场的供求量价走势、调控政策环境、区域/板块市场供求量价走势以及城市规划、人口、产业、交通发展等情况。微观环境则是聚焦到项目所在的片区市场发展情况，主要包括该片区市场供求走势，主要竞品分析、潜在供应分析等。通过对宏观、中观和微观市场环境的综合分析，最终得到市场总结和研判（表4-2）。

市场环境分析的基本内容   表4-2

市场环境分析	聚焦层面	内容
宏观环境	全国经济、行业发展	GDP、CPI等经济指标、信贷利率、政策调控
中观环境	项目所在城市	市场供求量价、政策调控、城市规划、产业、人口、交通等发展情况
微观环境	项目所在片区	市场供求量价、主要竞品分析、潜在供应、片区规划等

3. 定位复盘

定位复盘即对项目形象定位、产品定位、客户定位和价格定位进行复盘回顾，结合区域市场的变化和竞争市场的环境，重新确定项目占位。

房地产项目的定位策划是项目营销策略制定的根本依据，项目定位发生变化，则营销策略也将随之调整，所以在进行项目营销策划之前，必须对项目定位进行重新回顾和确定。

对项目前期所研究确定的形象定位、产品定位、客户定位以及价格定位进行复盘，重点在于重新梳理客户定位和价格定位。有可能在定位完成到开盘销售这段时间内，遭遇如经济形势变化（如2008年金融危机）、突发大事件（如2020年新冠肺炎疫情）、调控政策变化等，市场环境和客户需求发生较大转变，这就需要及时调整项目定位。所以项目定位复盘是制定项目营销策略计划不可忽略的一项工作。

4. 营销竞争分析

营销竞争分析即选取项目直接面临营销竞争的标杆竞品项目进行点对点分析。分析竞品的概况以及周边配套，了解其开盘以来的成交走势情况，确定该项目的市场占位；分析竞品的推售情况及成交价格情况，了解市场客户对不同产品的接受度以及不同产品的市场价值，帮助后期推售策略定位。

针对主力竞品，进行营销时间轴重构，了解其营销策略及推广动作，帮助后期配合竞品销售情况针对市场的营销模式取长补短。分析不同类型产品的市场竞争情况，帮助后期推售策略中不同产品推售节点以及销售打法的确定。对市场营销模式进行优劣势总结，确定本项目可借鉴的营销策略点，帮助项目营销策略贴合市场情况和客户需求。

5. 营销目标及挑战

（1）营销目标的制定

项目的营销目标可分为企业经营目标和项目经营目标，其中企业经营目标主要指的是企业的品牌目标，即通过该项目为企业在项目所在城市或区域树立企业品牌形象，提升企业品牌价值。项目经营目标即项目的销售目标、去化速度目标及销售价格等。

房地产企业必须在确定市场营销发展机会的基础上，根据企业的实际情况来制定切实可行的营销目标，不同企业制定的营销目标各不相同，但从战略制定的角度出发，战略目标应符合以下要求：

1）突出重点

房地产企业在制定项目营销目标时，往往不止一个方面的诉求，诸如提高市场占有率、提高盈利能力、提升企业品牌价值等。这些诉求之间，有时可能是相互冲突的，因此，企业必须确定一个重点目标，其他方面的目标要服从这一目标的完成，即采用"有得必有失"的思维方式，来解决何者相对优先的问题。

2） 致性

项目营销目标涉及营销活动多方面的要求，这些要求互相协调或一致。如果一方面的要求与另一方面的要求相抵触，就无法完成项目营销目标。例如，若企业确定要梳理某项目高端品质形象，那么就不能再要求项目价格偏低，因为价格偏低可能会使现有的客户和潜在的客户对该项目产生品质一般的印象。

3）可行性

项目营销目标对于项目总、项目营销总以及项目营销部人员来说既要有一定挑战性，又要有可行性，不能是"空中楼阁"，可望而不可即。

（2）营销挑战

项目营销挑战是基于达成项目目标而根据项目自身、市场情况变化所分析的威胁性行为。营销挑战主要来自项目本身的劣势，以及外部市场环境的威胁。外部市场环境则包括宏观市场环境、中观市场环境和微观市场环境。

项目本身的劣势来自对项目本体的客观审视，项目本体分析是项目形象定位、推广差异化内容的重要依据。例如项目规划容积率较高、交通不便、周边环境差等，都是影响项目销售的"硬伤"，对项目营销目标的实现构成直接威胁。

外部市场环境中的宏观市场环境指的是房地产行业发展的大趋势，如经济发展、政策调控、信贷环境等；如金融危机带来的经济萧条会影响居民购买力，从而影响房地产行业的发展；政策调控收紧和信贷环境趋严都会影响房地产行业的流动性。

外部市场环境中的中观市场环境指的是项目所在城市的发展情况，包括城市的经济发展、城市规划、产业发展等，以及城市房地产市场的发展现状和趋势、供求走势、房价走势以及客户需求走势等。

外部市场环境中的微观市场环境指的是项目所在区域 / 板块的发展情况，包括区域 / 板块的规划力度、产业聚集度、市场容量、市场流速和竞争关系等。处在规划力度较小、发展潜力欠佳和竞争激烈等的区域 / 板块，则项目面临的挑战和威胁将会更加严峻。

6. 营销定位确定

基于营销目标与营销挑战的博弈分析，结合市场环境、竞争环境分析，明确该项目营销核心问题并提出解决路径；根据项目站位、客户敏感点及项目价值点，总结提炼具有针对性的项目核心价值点，并将核心价值点转化为营销语言，明确项目故事线。

回答"5W1H"：梳理关于竞争、产品、客户的分析结论，整合提炼，形成营销战略（图4-3）。

常用的营销策略推导方法1：迈克尔波特五力模型分析法如图4-4所示。

常用的营销策略推导方法2：波士顿矩阵分析法如图4-5所示。

7. 营销计划铺排

在整体确定项目核心营销策略之后，按照预热蓄客期、开盘强销期、持续销售期和尾盘销售期进行营销总纲中的关键环节铺排。

（1）预热蓄客期

开盘前1～2个月。蓄客开盘阶段的核心使命是要将前期策划报告中的策略、方案加以实施，进行项目造势，积累意向客户，并做好开盘前准备工作，确保开盘时有较好的成交量。

预热蓄客期的作用和意义：树立项目市场形象，吸引客户关注度，在市场上建立一定的知名度，不断地获取和扩大客户基础，分流竞品客户，提前发布销售信息，为后期

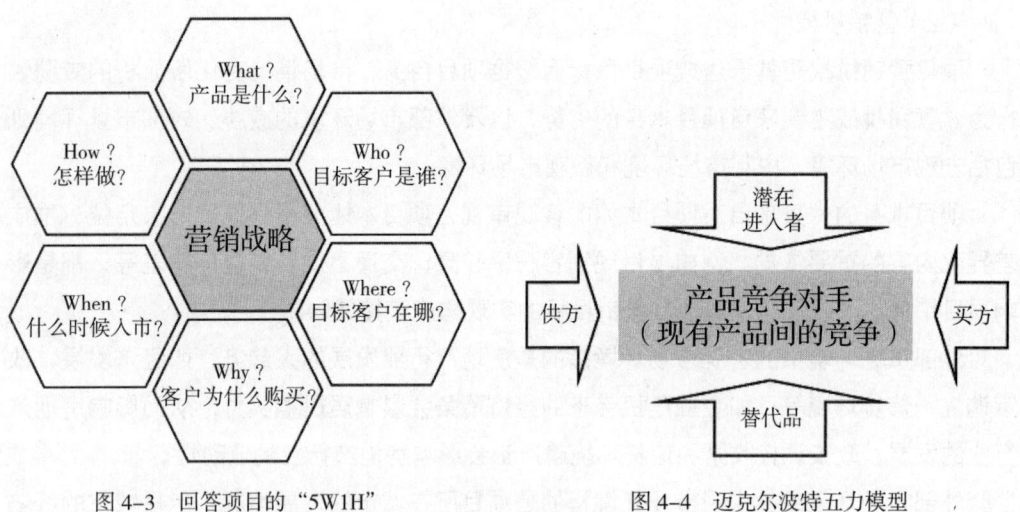

图4-3　回答项目的"5W1H"　　　　　　图4-4　迈克尔波特五力模型

领导者	挑战者
◆ 垄断价格 ◆ 产品有不可重复性 ◆ 过河拆桥	◆ 改变游戏规则 ◆ 强调新的评估标准 ◆ 强调产品的特色和价值
追随者	补缺者
◆ 搭便车 ◆ 以小博大，杀伤战术 ◆ 价格战的制造者	◆ 目标明确，挖掘客户 ◆ 瞄准市场缝隙 ◆ 创新产品和需求点

图4-5　波士顿矩阵

销售策略提供依据。

项目蓄客主要是把长期收集的客户聚集起来，进行集中转化。①蓄客目的：以项目跑量零售价格，进行批量销售，追求最大化利益；营造项目火爆势头，为后期产品销售打基础；蓄客阶段可促进一定的回款目标（蓄客收取金额，增加客户黏性），减轻项目销售压力及资金回款压力。②蓄客条件：楼盘及案场包装完成；销售道具及宣传工具完成；确定交付及设备标准、确定物业服务内容、制定价格表及付款方式、各类法律文件及产权文件齐全、团队组建完成且达到上岗条件。

1）完成推广事宜

确定楼盘推广名：突出楼盘的卖点，并把卖点浓缩后传递给消费者。可以明确定位消费群体，开发商可以通过案名吸引特定人群。由于地产的特殊性，地产品牌的形成通常以案名为载体。

确定推广节奏：挖掘楼盘核心内容，比如好地段、好户型、好环境、好社区、好物业等，要和其他楼盘有概念性的差别之处。通过整体风格的设计，帮消费者去憧憬、去体会、去感受一个美丽家园。

建立现场展示体系：在项目只是一个工地的情况下，通过地盘的精心包装和媒体中详尽的介绍，让客户真切体验梦想家园。通过现场的良好展示，给客户完整的产品信息，加速客户的购买决策。

2）认筹——收集客户意向的好方法

"认筹"是指楼盘在没有正式开盘之前，面向购房人开展的认购活动，需要客户交纳诚意金，因此能够辨别出有效意向客户。客户通过认筹可以获得优先认购权，优先选择自己心仪的住宅单位。认筹能够了解真正的市场需求，并且发展商可以掌握主动权，因此内部认购是发展商测试市场、检验营销策略的最佳试金石。2005年政府就内部认购出台了一些相关政策，基本上都是以"预售许可证"为界，之前不能认筹。

3）制定销售计划

制定销售计划包括确定销售时间段（酝酿、认购、开盘、热销、持续、尾盘）、计划销售数量（套数）、预计投入推广费、回收资金额。在整个楼盘营销过程中，应该始终保持合理的单位搭配，分时间段根据市场变化情况，按一定比例面市，这样可以有效地控制房源和销售节奏。

4）准备相关销售文件

销售文件：依据当地房地产主管部门规定需要公示的文件及销售过程中所需的资料与合同等（各地公示材料不尽相同），准备用于案场公示。

派发资料：用于推广与传播动作的相关物料。

销售管理文件：内部管理与决策所需文件（表 4-3）。

销售所需相关文件   表 4-3

销售文件	销售派发资料	销售管理文件
预售许可证	楼书	来访客户调查表
诚意认购书、认购书	户型单张	成交客户调查表
借款协议（针对借首期款客户）	DM 单张	来访客户登记表
预售（或现售）合同	完全生活手册	销控表
尾数纸	其他相关资料	日报、周报、月报表
销售培训资料（包括价格表、付款方式、促销等）	折页	销售人员签到本
查丈报告、最后图纸	投资手册	
财务数据、POS 机	公司刊物	
银行按揭资料		
律师行、公证处资料		
物业管理、智能化、网络公司资料		
产品设计说明书		

（2）开盘强销期

开盘后 1～2 个月。项目强销期间，售楼处所有的目标都围绕着销售去化或回款来进行，主要可分为以下 4 项工作内容：

1）市场及竞品调研分析：在此期间调研市场及竞品，分析市场销售排名及销售额，产品形态去化等情况，以此来判断销售工作的优劣势，针对性地解决销售中出现的问题，以及为后期销售工作指导提供依据。

2）案场管理：案场是销售的第一战场，热销期间起着至关重要的作用。案场管理一般由项目营销负责人统筹管理，主要工作内容包括：置业顾问接待轮排情况、行为规范及相关例会制度；案场整洁度及员工士气状态、接待质量、来电来访登记、客户回访追踪；合同、客户台账等数据录入管理，退房、换名、退订等也需要形成一套流程制度管理。

3）销售回款管理：强销期间营销项目营销总不仅要提升项目合同销售额，同时也要关注销售款的回款比例；制定按揭办理及后期违约月供收缴的标准流程，及相应管理细则。

4）客户服务管理：客户签订合同以后会成为项目的准业主，若是期房在等待交付期间，销售或者客服人员要定期回访维系客户；房屋交付后一周内销售要主动与业主进行联系，表达问候和祝贺，以及是否需要其他帮助，让客户真正地感受到项目的服务，从而建立良好的口碑及品牌形象。

（3）持续销售期

开盘后 3～6 个月。持续销售期较长，销售也相对困难，项目进入持续期后销量会趋于平稳，去化量较为匀速，此期间的客户的选择也会较为理性。这个阶段就需要结合项目产品及销售情况，重新制定适用于此阶段的营销推广策略。由于持续期的项目销售总量剩余不多，大多数较好户型、位置的单位基本上都在前期销售一空，在持续期就应当结合剩余产品户型、位置和市场的实际情况制订新一轮的价格方案。

作为向尾盘过渡的时期，产品在户型方位的优势不足，在这一阶段的营销推广需要注意以下几个方面的工作以达到营销效果：一是，巩固开盘强销期成果，针对了解项目较晚在过往销售阶段未买到合适户型的客户，因此持续销售期一般无需投入太多广告和促销活动，以消化这几部分客户为主，需耐心静待追踪，以达成交。二是，以老客户带动新客户，通过老客户的口碑带动新客户的购买行为，给老客户以奖励，如减免物业费、赠送购物卡等优惠。三是，尽量有针对性地满足不同类型客户的购房需求，例如价格打折、改造门窗和非承重的隔断墙。四是，内控销售人员调整。在持续的销售阶段之后，销售人员也需要休整，调整工作状态和回顾一下开盘以来的工作得失，对人员进行调整等。五是策略调整，在对前面阶段进行总结修正的基础上调整销售策略，针对项目的工程进度方面、项目的整体形象以及客户的购买心理方面及时调整广告及销售战略。六是，媒体投放力度逐渐减小，广告宣传在这个阶段基本保持收缩状态，除了对行销人员的一对一行销和网络宣传推广之外，可以暂时不采取其他广告形式。

（4）尾盘销售期

开盘后7～10个月。对于房地产企业来说，绝大部分尾盘都是沉淀的利润，尾盘销售的快慢多寡决定了一个项目的利润指标，尾盘期一般不以华丽的广告为主，主要以朴实的价值点宣传为主，辅助以相应的价格策略。

尾盘销售的应对措施首要是正确引导消费市场和观念。目前消费市场对尾盘没有一个正确的认识，甚至还存在的一定的排斥心理，常将"尾楼"与"烂尾楼"混淆，认为尾盘是别人剩下来的，是户型朝向不佳、设计落伍、布局不合理的房子。

在实际营销操作中，有以下三个技巧：一是，可以着重突出楼盘尾盘具备两大优势：绝对的现房和成熟的物业。购房者既可以直接看到现房，实地品评房屋质量、社区环境、生活配套等是否便利，也可以实地评估前期物业管理公司在物业管理设施管理以及与业主的磨合等方面的服务水平。二是尾盘销售需要注意降价的技巧。尾盘销售几乎都离不开"降价"这两个字，但降价也有许多技巧，如果只一味降低单位售价，有可能适得其反。所以尾盘降价策略要采取更有人情味的方式，就是所谓"隐性降价"，如降低首付款、连环抽奖、送物业费等手段，为客户提供更实惠的价格和周到便利的服务。三是重新定义尾盘的处理方式。除了降价之外，重新定义市场、重新界定客户群，同时在可能的情况下对产品改进都会成为很好的解决方法，首要工作是整理出每一单元的问题点，再有针对性地寻找解决方法，不仅会起到很好的效果，更能保障利益的最大化。最后是广告和促销宣传提高针对性，要很好地将尾盘现房的优势表现出来，调动楼盘和周边的老客户，做好口碑宣传，如举办一些答谢会、睦邻活动等。

【案例4-1】某房地产项目营销计划铺排图（图4-6）

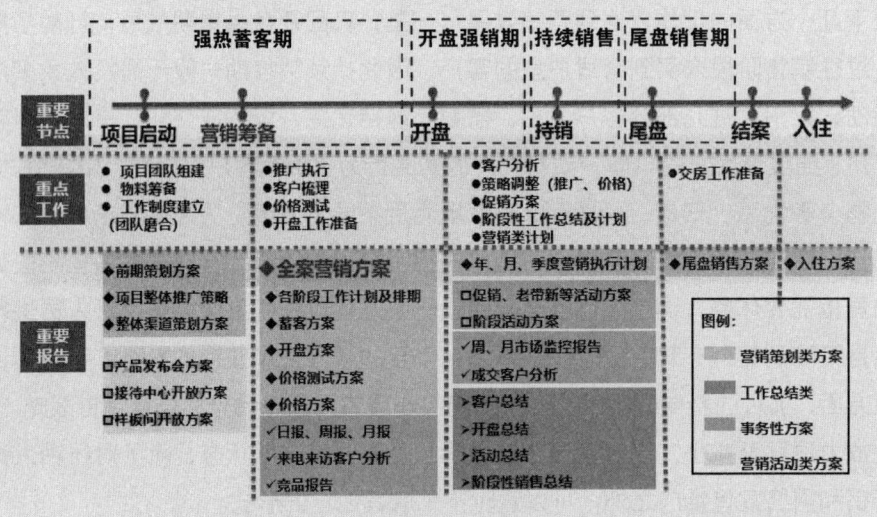

图4-6 房地产项目营销计划铺排示例

【案例4-2】扫码阅读：深圳·平湖××项目完整案例编制

任务4.3 房地产项目营销组合策略制定

学习目标

1. 掌握产品策略对于房地产项目营销的重要意义及具体实施策略；

2. 掌握房地产项目广告推广的媒介分类及各自特点；

3. 掌握房地产项目推广名的设计要点及广告语文案设计策略；

4. 掌握房地产项目广告推广的品牌塑造策略与互联网广告推广策略；

5. 掌握房地产项目的活动推广、展示推广策略的具体实施；

6. 掌握房地产项目渠道拓客的一般标准化动作及渠道拓客的新趋势；

7. 掌握房地产项目均价的制定和价格表的制作；

8. 掌握房地产项目入市价格的策略选择与尾盘营销策略的具体实施。

【案例导入】A 项目如何制定营销策略？ ——————————————•

背景（2016 年 7 月）：区域受深圳客户外溢影响，2015～2016 年上半年临深地区房价涨幅近 200%，本地客户价格接受度低，各项目深圳客户占比超 80%，其中 70% 为中介客户。2016 年 10 月 7 日东莞正式出台限购，深圳外溢客户迅速"退潮"（表 4-4）。

A 项目与竞品的项目对比 　　　　　　　　　　　　　　　　表 4-4

项目情况			
项目	A 项目	B 项目	C 项目
房地产企业	本土企业	国内二线品牌房地产企业	国内一线品牌房地产企业
概况	位于城市核心地段，拥有最好的配套资源	位于城市近郊地段，主打智能化装修	郊区生态资源盘
体量	4 万 m^2	15 万 m^2	35 万 m^2
产品	洋房 95～117m^2	洋房 90～123m^2	洋房 95～140m^2 别墅 220～480m^2
节点	预计 10 月中旬首推 200 套	预计 10 月下旬推售二期 300 套	持销
售价	预计洋房 18000 元 /m^2（精装）	洋房 18500 元 /m^2（精装）	洋房 20500 元 /m^2（精装） 别墅 28000 元 /m^2（毛坯）

发展：本案（A 项目）为本土企业首次开发项目，缺乏经验，见市场一片火热、中介分销效果明显，因此前期节约营销成本并没做任何推广宣传，原计划首开直接启用中介分销导入深圳客户。竞品 B 项目国庆期间举办大型明星见面会为月底开盘做冲筹准备，本地反响热烈。

结果：2016 年 10 月 7 日限购出台后，深圳中介带客量急降，并且深圳客户更倾向于购买大品牌竞品 C 项目，而本土客户受前期 B 项目宣传拦截，本案（A 项目）"腹背受敌"，开盘消化仅有 5 成且大部分为 A 企业内部人员。

【思考】如果你是本案（A 项目）营销负责人，您会对公司领导给出何种营销策略建议？试从节点铺排、广告建议、活动建议、渠道建议四个方面进行思考。

策略和手段是营销的生命，房地产项目最终需要通过市场的反应去实现自身的价值，由此，营销中采用的合理策略、手段则成了"检验真理"的试金石。通过各种营销策略，如产品策略、定价策略、促销策略、渠道策略等的组合，再依靠营销手段使其具体化，最终实现房地产项目的圆满销售。

营销总纲确定之后，运用市场营销"4P"模型——产品、推广、渠道和价格，分别制定房地产项目营销的产品策略、推广策略、渠道策略以及价格策略。

4.3.1 产品策略

•————————【案例 4-3】某地产项目的差异化发展战略————————•

2019 年，某著名专业咨询机构对某绿色地产项目进行了客户满意度调查。调研的数据结果显示，该项目业主对于产品的满意度主要集中在其一直以来具备市场竞争力的绿色建筑的打造上。

数据显示，91% 的业主对于该绿色住宅项目最满意的是绿色居住体验感；53% 的人选择成为该项目业主的首要原因是"绿色基因"；而该项目的绿色产品基因更成为 84% 的客户向别人推荐的首要因素。该调查抽样覆盖了该地产项目涉及的 8 大区域公司、17 个城市，近 3 万业主。

绿色基因作为该地产业务可持续的竞争力和优势，是获得广大业主认可和强有力市场竞争力的关键。绿色地产通过市场及客户需求研究，在实现建筑常规价值的基础上，更打造"健康、舒适、智能、节能、环保、人文"的绿色产品差异化价值，做到"好上加好"；同时秉承"先建筑，后设备"的产品原则，以尽可能小的环境影响代价为客户提供更佳的居住体验，最终实现有效提高产品品质，改善人居环境的目标。

绿色科技住宅产品已然成为该地产项目的标签。

随着新冠肺炎疫情的发生，国民健康意识逐渐崛起，从国家战略层面"十四五"规划建议对"健康中国"再一次重申，到疫情"健康防护"成为常态化，健康理念融入建筑更成为行业风潮，绿色健康住宅产品将越来越受欢迎（图 4-7）。

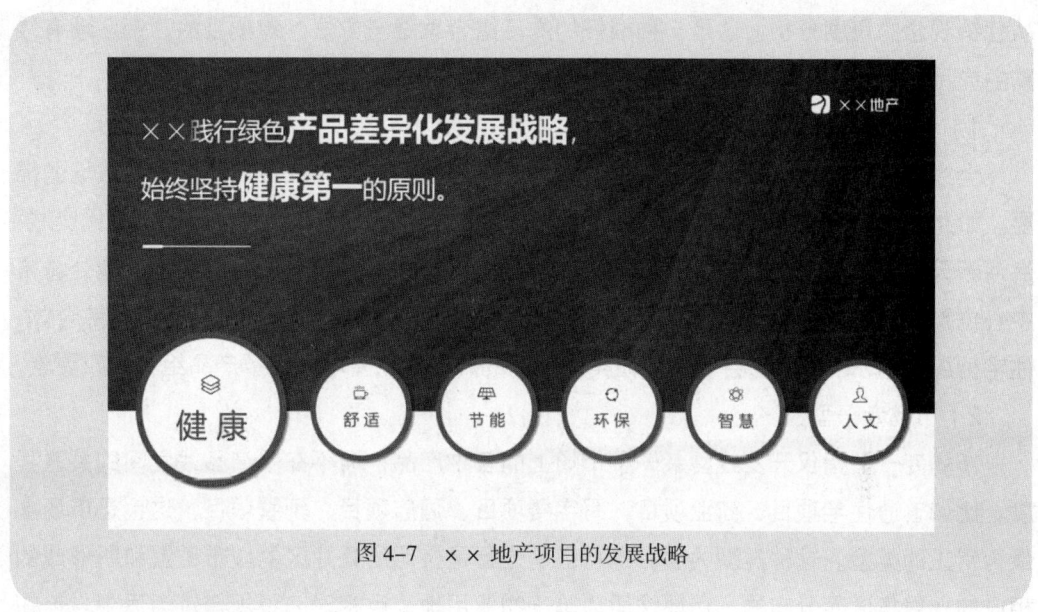

图 4-7　××地产项目的发展战略

1. 房地产产品的定义

凡是能提供给市场的能够满足消费者或用户某种需求或欲望的任何有形建筑物、土地和各种无形服务或权益均为房地产产品。房地产产品整体概念划分为三个层次：

房地产核心产品：指能满足消费者最基本的使用功能和基本礼仪。如安全、避风遮雨、舒适、生活便利、邻里和睦、保值增值等。

房地产形式产品：指房地产产品的实体和外在表现。如房地产的区位、质量、外观造型与建筑风格、建筑材料、色彩、建筑结构与平面布局、周边环境。

房地产附加产品：指消费者购买和消费房地产时所得到的各种附加服务。如协助办理房地产产权、协助办理按揭贷款、装修、物业管理、人文环境和景观设计等。

2. 产品组合策略

（1）产品组合策略概述

房地产产品组合是指一个房地产企业生产经营的全部产品线和产品项目的组合方式，也就是房地产企业全部物业的结构或构成。

产品线是指一组密切相关的产品项目。它们有类似的功能，只是在户型、档次、设计等方面有所不同。如住宅包括别墅、高档住宅、中档住宅和低档住宅。产品项目是指那些不同的户型、档次、设计风格的单个物业。

在多样化经营与专业化经营同时并存的房地产市场中，项目的产品组合可以根据产品替代、消费连带和无关联三个角度分析研究。无关联的产品种类较多，经营跨度大，产品组合内容增加；替代性产品种类多，消费者的选择余地大，但产品之间容易形成竞争，给销售带来压力；连带消费成分越多，既充分满足了消费需求，又可发掘消费潜力。

从营销观念的角度分析，这是一种很好的产品组合思路与方法，对项目的营销活动有较高的应用价值。

1）全线全面型

全线全面型即强化产品组合的关联度，开发房地产各类关联性产品以满足市场的需要。如北京和天津两地的大型综合体，华贸中心、万达广场、泰达时代广场、时代奥城、海河新天地等，其产品包括商业、酒店、写字楼、公寓等。这些项目的特征是地处城市中心位置，为综合性用地，且规模较大。此类项目虽然也分商业型综合体、商务型综合体、住宅型综合体，但一般都会兼顾其他类型物业的开发，完整地考虑了产品组合的四要素。

2）市场专一型

市场专一型指仅开发经营某一种市场上的各种产品，而不在乎产品线之间的关联程度。比如普通住宅项目、商业项目、写字楼项目、酒店项目、别墅项目，这也是市场上最为常见的类型。这种类型的项目的特征是位置是按照所处片区的城市位置和所形成的相应物业聚集度而分布的，用地性质为单一物业用地，且相对来说规模较为适中。但在某一特定的专业市场上，其所提供的产品则是分布在此类市场的各个不同区间段，较为丰富。也就是说虽然产品组合的关联度较为限定，但兼顾了产品组合的宽度、长度和深度。

3）产品专一型

产品专一型指项目专门开发某一类市场上的某一种产品，而不在乎产品组合的宽度。例如别墅项目和一些高档住宅项目提供的产品从面积上来看基本上都在 150m^2 以上，户型功能都在 3 居室以上；还有一些投资类住宅项目从面积上来看都在 120m^2 以下，户型功能都集中在 1 居室。这类项目的特征往往是利用区域市场的错位经营，规模相对较小。在产品相对集中的情况下，为了分散项目的操作风险，往往会强化产品组合的长度和深度，比如一居室的不同面积区间，和各种朝向、景观、格局等。

4）有限产品专一型

有限产品专一型指项目根据市场的特征，集中精力开发有限的产品线以适应有限的或单一的需求市场。与产品专一型不同的是，有限产品专一型关注的是目标客户群的单一和市场单一两个方面，考虑了产品组合的宽度，而忽略产品组合的长度和深度。例如一些住宅项目锁定了目标客户群是改善型的客户，则其产品不一定就是 130m^2 的住宅，而有可能既有一居室也有四居室，甚至是错层、跃层和复式，只是每一种产品在长度和深度上有所限制，比如一居室只是限制在某些朝向不好的产品，二居室则限制了其面积的区间就是定位在 120m^2 左右的舒适性二居等。

5）特殊产品专一型

特殊产品专一型即企业根据自己的专长，开发某些在市场上有竞争力的特殊产品项目。上述四种类型都是站在市场的角度进行了产品组合的区分，其实随着市场的发展，一些企业会在某些产品的开发上形成了核心的竞争优势，在项目的产品组合上也就会力争追求这种产品的组合。例如，天津某项目获得了情景花园洋房的专利后，该地产企业在其同类项目上都会将此种产品考虑到产品组合当中。还有广州奥林匹克花园，其产品的最大特征除了将运动的概念引入项目的开发当中以外，郊区化类别墅的开发也是其最大的特征。

总之，目前房地产市场上项目的产品种类繁多，仅住宅项目的户型就成千上万种。不是开发经营的产品越多越好，当然，项目也不能仅仅开发经营单一的产品。项目在确定上述的具体产品组合策略时，应该依据不同的情况，可以选择不同的动态性产品组合类型。

（2）典型房地产企业产品线策略

房地产企业产品线策略，指的是房地产产品标准化的策略。推行标准化的开发模式，不仅能从根本上降低开发难度与管理费用，还可以缩短项目开发周期，提高开发效率，进而大幅提高资金使用效率。

产品标准化对于房地产开发企业来说是一项基本功，但头部企业早已经由产品标准化过渡到了产品线标准化。产品线标准化，涉及的是战略层面、管理层面以及技术层面。

1）住宅产品线

百强房地产企业中，95%以上都进行了产品标准化建设，打造若干条产品线。而成熟的产品线，是房地产企业产品营造能力的沉淀，代表了企业的核心产品定位。

通过产品线建设，不仅能够通过标准的输出，快速在新的项目上执行落位，而且在营销层面，同一系列的产品由于名称相同或近似，更容易为消费者快速认知。

产品标准化并不是机械地复制和粘贴。产品标准化包括产品设计标准、营造标准（包括质量标准）、部品标准、成本标准等，单从产品设计标准来讲，即便是标准化设计蓝图，也都是历经多个项目的变更、优化后的结果。

以某地产集团为例，结合市场需求建设了五条高端精品产品线——壹号院系、桃花源系、桃源系、府系、九府系：

【壹号院系】该地产的顶级TOP系产品系。目前已在11座城市的核心区布局，其中包括2个一线城市和9个二线城市，共计17座壹号院。

经典案例：西山壹号院、北京壹号院以及中原壹号院等。

【桃花源系】源于明清风格，属于中式风格的代表性产品。以苏式古典园林为蓝本，打造当代中式别墅。并在"桃花源系"的基础上衍生出【桃源系】产品。历时6年，目前在苏州、上海、南京、徐州、泰兴、乌鲁木齐六座城市布局共8座桃花源系、桃源系作品。

经典案例：苏州桃花源、上海桃花源、江南桃源等。

【府系】通过对城市有机发展、地缘、文化、行为的聚焦与关注，用不断探索的精神和高端品质，打造人文人居。目前已在东南3座城市的核心区域布局，其中杭州4座、厦门2座，宁波1座。

【九府系】是新东方建筑风格的全新产品系，秉持"与古为新"的创作理念，以新东方之"神""形"创造符合当下美好生活的人文居所。九府系目前已在 12 个城市的核心区布局，共计 14 座九府系产品。

经典案例：杭州望江府、杭州候潮府、贵阳九樾府等。

2）商业产品线

除住宅物业开发之外，商业地产是房地产企业开发运营的重要一"翼"，商业地产广义上通常指用于各种零售、批发、餐饮、娱乐、健身、休闲等经营用途的房地产形式，从经营模式、功能和用途上区别于普通住宅、公寓、别墅等房地产形式。以办公为主要用途的地产，也属于商业地产范畴。

如在多个城市均有建设的万象城系列，该地产企业通过市场下沉、布局三、四线城市，尝试了不同的商业地产发展路径（表 4-5）。

某地产商业产品线　　　　　　　　　　　　　　表 4-5

产品线	产品线定位	产品线概况	代表城市及项目
万象城	城市综合体	商业线的核心组成部分，力推"一站式"消费和"体验式"服务	布局深圳、杭州、沈阳、南宁、成都、郑州等城市，代表项目深圳万象城
万象天地	大型城市综合体	创新升级版万象城，在设计方面以街区、mall、独楼和裙楼组合的方式，打造复合式商业空间	深圳大冲华润城－万象天地
万象汇/五彩城	区域商业中心	立足一线城市的区域中心或二、三线城市的核心地段，涵盖写字楼、街区，以区域的家庭消费群体为目标，家庭和生活是其最重要的主题	杭州萧山万象汇、深圳布吉万象汇、北京华润五彩城
1234space	社区商业中心	结合万象城的高品质概念与轻奢潮人的时尚理念	深圳 1234 space

3）商业综合体

商业综合体，是将城市中商业、办公、居住、旅店、展览、餐饮、会议、文娱等城市生活空间的三项以上功能进行组合，并在各部分间建立一种相互依存、相互裨益的能动关系，从而形成一个多功能、高效率、复杂而统一的综合体。所以，商业综合体是包含住宅物业、商业物业和办公物业在内等多种房地产产品的组合模式（表 4-6）。

商业综合体发展的五种模式　　　　　　　　　　表 4-6

	模式	特征	典型案例
1	商业核心模式	城市核心区；交通可达性地铁口/主干道沿线，区域功能的缺乏，需求旺盛；人流及商业氛围一流的合作团队规划设计/经营管理	深圳华润中心、日本福冈博多运河城、合肥合一时代广场

续表

	模式	特征	典型案例
2	酒店核心模式	不远离城市核心区；交通可达性好，沿主干道沿线；商务客户支持；房地产企业有足够的经济实力；顶级商场配套设施	上海商城（波特曼酒店）
3	写字楼核心模式	客户（产业）支撑，产业簇群；未来商务核心区；写字楼带动其他功能，影响其定位规模与档次；商场、公寓等配套完善	广州中信广场、合肥财富广场
4	住宅核心模式	项目的区位条件非最佳；以居住为主体的片区；成熟度较低，居住人口有限；后期有商业企业入驻，但规模较小	深圳星河国际、合肥金地国际城、万科运河东 1 号
5	均衡发展模式	CBD/ 城市中心；主干道沿线 / 地铁口；建筑面积 20 万 m² 以上；房地产企业强劲的实力和丰富的经验，专业的物业管理 / 经营管理	香港太古广场、北京华贸中心

如深圳市某片区的知名商业综合体，建筑涵盖写字楼（"春笋"）、购物中心（××万象城）、体育中心（"春茧"）、酒店（安达仕、木棉花）、住宅（悦府）、酒店 +公寓（瑞府）、艺术中心（×× 大厦）等九大业态（图 4-8）。

图 4-8　某地产在深圳某片区商业综合体效果图

3. 产品差异化策略

（1）房地产产品差异化策略的含义

差异化战略，就是企业要形成一些在本行业范围内具有独特性的东西，例如在设计或者品牌形象、性能质量、技术特点、外观特征、客户服务、经销网络及其他方面具有独特性，这种独特性就将成为企业的核心竞争力。

与一般产品相比，房地产产品本身具有较大的差异性。如每一个房地产开发项目地处不同的区位，在同一区位有不同的路段，在同一路段有不同的地块，在同一地块有不同的幢号，在同一幢号有不同的户型、楼层和朝向等。房地产产品具有天然的异质性，对于营销具备重要意义。

（2）房地产产品差异化策略的内容

1）房地产产品类型差异化

住宅物业是房地产产品中开发量最大的类型，绝大部分房地产企业致力于住宅物业的开发，竞争相对激烈，但也有部分房地产企业选择主要开发和运营商业物业——购物中心、写字楼和长租公寓等。例如某地产，是中国领先的写字楼开发运营商，自成立以来，主要开发写字楼物业，目前已开发运营近 550 万 m^2 办公物业。而像某地产，则在中国打造了著名的"太古里"购物中心以及太古汇、太古广场等商业物业。

2）房地产产品档次差异化

对于住宅物业而言，这里的房地产品质指的是住宅产品面对不同的目标客群打造品质能级差异化。面向刚需客户的住宅产品档次，不及面向改善型客户的豪宅产品品质。房地产开发企业主要通过自身产品线战略来实现房地产产品档次差异化，例如，某地产打造的某系列产品，主打豪宅理念，品质级别高。而像其他一些头部企业，主要致力于刚需住宅的开发，价格亲民。

3）房地产产品特色差异化

特色是指房地产产品基本功能的增加和补充。例如，在住宅小区的绿化普遍未得到重视之时，重视绿化，完善住宅区的生态功能应该是一种特色；再如，在住宅区增加智能化设施、集中供热和供应饮用水，建造底层架空的住宅、错层住宅、大采光凸出窗台、阳光客厅、可移动透光屋顶天井、室内自动报警、大楼间空中走廊等都可以构成房地产产品的特色。

4）房地产产品风格差异化

风格，是指房地产产品给顾客的视觉和感觉效果。房地产产品较一般产品而言，容易产生风格。因为房地产产品体积巨大、投资巨大，无论从空间的角度，还是从经济的角度看都可以将工程和文化、艺术密切结合起来，形成强烈的风格。在很多城市，人们都熟知所谓的中国明清风格、园林风格、宫廷风格以及外国的欧陆风格、俄罗斯风格、东亚风格、西亚风格、北美风格等；还有按时代分的古典风格、现代风格、超现代风格等。有明显风格的产品，其实是投入了更多的成本和费用，同时可以满足顾客的感官愉悦、个性追求和自身价值。因此，顾客愿意为风格付钱，房地产开发企业也可以获得更多的销售收入和利润。

5）房地产产品名称差异化

楼盘要取得销售成功，要凸显楼盘自己具有而其他竞争楼盘所没有的且又为广大购房者所接受的产品优势点，楼盘名称作为载体可以突出和强化这些优势。

楼盘名称标识性强，个性突出，要体现楼盘的差异性及与众不同，并与市场形象定位相吻合。命名时，可以强调楼盘的地理，如上海的"虹口典范"；强调人文，如"汉唐龙脉"；强调环境，如广州的"时代玫瑰园""云山诗意"；强调品牌，如"金碧花园""万科星园"；强调风格，如广州"星河湾""北美经典"；强调目标市场定位，如"钻石王朝""万家灯火"等。

但是，目前全国各地都将深入开展清理整治不规范地名工作，避免在房地产楼盘命名出现"大""洋""怪"的名称，不规范地名认定原则和标准包括："未经批准，绿地和休闲面积占整个用地面积不足 35% 以上的住宅区使用'花苑'通名，与'花园'通名混淆"，以及"占地面积不到 4km^2 的住宅区使用'城'通名"等。

6）房地产产品服务差异化

房地产市场已经逐渐开始由卖方市场转向买方市场，购买房地产产品也就包含了服务的要素，是房地产产品结构中延伸部分。服务策略大致分售前服务、售中服务和售后服务 3 大类。房地产企业面临激烈的竞争，有特色的、周到的服务往往能吸引社会广泛的认同、成为房地产产品的卖点。应重视服务内容，为客户提供方便，使服务内容朝多方位、多层次、有特色、有个性的方向发展。

7）房地产产品价格差异化

价格差异化是使自己产品的价格明显高于或低于其他产品的竞争策略。房地产市场也同样面临着价格方面的影响，并不一定是水涨船高或者跟风降低，通过与其他产品存在明显差异的价格，房地产企业通常能够达到自己尽快回笼资金或者赢取超额利润的目的。这种差异化建立在其他差异化的基础上或者自身精确的成本控制和产品定位上。

8）房地产产品设计差异化

房地产产品差异化的上述各个方面有赖于设计工作来完成。在设计工作中要全面考虑产品的方方面面，力求完美。设计最终的取舍决定于目标市场的顾客对产品差异化和价值对比的认识。

差异化策略的风险在于：首先，当消费者愿意为产品的差异支付较少的费用时，换而言之，消费者仍倾向于标准化产品时（即消费者的需求存在的差异不大），差异化策略就会失败；其次，当企业实行差异化策略时，房地产产品的生产成本明显提高，往往会失去一些对于价格敏感的消费者，所以选择差异化策略有时会与争取更大的市场份额相矛盾；最后，如果竞争对手可以轻易地模仿，企业实施的差异化策略可能失败。

4. 新产品开发策略

> ────── 【案例4-4】某健康建筑引领行业健康建筑风潮 ──────
>
> 2020年，一场突如其来的新冠肺炎疫情，不仅影响到各行各业的发展步伐，还影响到人们的生活习惯。在后疫情时代，人们或许更倾向于置换健康类的建筑产品，享受健康的生活环境。
>
> 在市场需求层面，房地产企业加速推出健康类的建筑产品，以期占据高位，引流市场消费主力。可以说，疫情后期大家对身心健康的高关注度也成为房地产企业加快健康建筑研究和推广的重要因素之一。
>
> 早在2015年，某企业便开始研究美好社区多个场景，2017年该企业健康客厅应运而生，2019年发布健康建筑1.0产品体系，并与深圳大学成立健康建筑研究中心，开创中国地产公司联合学术研究机构进行健康研究的合作模式。
>
> 2020年，该企业将NOWA1.0产品全新升级至2.0版本，还发布了健康建筑白皮书、健康建筑设计标准、健康建筑落地设计指引手册等，推进企业健康建筑的系统标准化执行。

（1）房地产新产品开发的原则、必要性和方式

1）房地产新产品开发的原则

①有市场

新产品开发是从营销观念出发所采取的行动，因此首先必须是适应社会经济发展需要、生产适销对路的产品。房地产企业所开发出的新产品必须要能满足消费者的需求，并且有一定的市场需求潜力。这就要求不能闭门造车，要认真进行市场调查，充分了解消费者的意愿，针对消费者对产品的品质、性能、功能等的要求，有的放矢地进行开发研究，只有这样才能开发出有市场生命力的新产品。

②有特色

新产品的设计和生产，一定要有新的意境、新的式样、新的功能、新的特色，从而使消费者感到新颖、与众不同，产生强烈的购买欲望。当然以特色新颖作为吸引力并不等于要追求新产品的功能越来越好，而是要做到适中、适度，以免大幅增加成本。

③有能力

房地产企业从事新产品开发，要从本企业实际出发，充分考虑企业自身生产条件、

技术力量、资金和原材料供应等因素的影响，要实事求是，量力而行。

④有效益

这是制约房地产新产品开发的最重要的原则。首先，新产品要有社会效益，新产品要让消费者感到舒适、方便，维修简便，便于保持生态平衡，防止环境污染，节约资源。其次，对企业而言，新产品要能创造比老产品更大的经济效益，可以充分挖掘企业的生产能力，综合利用原材料增加企业的利润，达到投资少、收益大的效果。

2）房地产新产品开发的必要性

①产品生命周期理论要求房地产企业不断开发新产品

产品生命周期决定了任何一种房地产终将被市场所淘汰，企业要想发展、就必须不断地开发新产品。这样，当老产品退出市场以后，新产品就会成长起来，产品才能一代一代地接续下去，企业才能生生不息地发展。房地产企业在开发新产品时必须做到生产一代、研制一代、研究一代、构思一代，以保证新产品源源不断地投放市场。

②消费者需求的变化要求房地产企业不断开发新产品

随着生产的发展和人民生活水平的提高，消费者的需求也在不断变化，这就要求房地产企业不断开发新产品以满足消费者新的需要。这一方面给企业带来了威胁，迫使企业不得不淘汰老产品，另一方面也给企业提供了开发新产品、适应市场变化的机会。

③市场竞争的加剧迫使房地产企业不断开发新产品

企业之间的竞争，表现为产品的竞争。谁的产品新、质量好，谁就能掌握竞争的主动权。房地产企业通过开发新产品，可以及时地满足消费者新的需要，抢占市场制高点，在市场上保持竞争优势。新产品开发是房地产企业参与竞争的一个重要手段。

④科学技术的发展推动了房地产企业新产品开发

科学技术的迅猛发展导致了新技术、新材料、新工艺的应用，也导致了许多新型房地产产品的出现，加快了产品更新换代的进程，为新产品开发奠定了坚实的物质基础。科学技术的进步有利于房地产企业淘汰老产品，生产性能更优越的新产品，从而把新产品的开发不断推向前进。

【案例 4-5】××集团：产品力不断创新

2018 年，××集团发布第五代产品 CIFI-5。

以"全龄人居关怀系统"为核心，基于不同年龄段住户的生活需要与情感需求，打造专属社区空间。

> 2019 年，××集团发布第六代产品 CIFI-6。
>
> 创意打造自由花园"巨厅"、升级"5+X"收纳体系、将归家动线纳入主题生活体验区，让空间更自由，更宽阔。
>
> 2020 年，××集团发布第七代产品 CIFI-7。
>
> 推出 Special 空间、旭小熊主题乐园、智慧健康生活 2.0 操作系统，将家的环境、家的体验打造到极致，阐述对新时代健康人居的新思考。

3）房地产新产品的开发方式

①独立研制

独立研制，即房地产企业依靠自己的科研和技术力量研究开发新产品。这种方式能使企业在某一方面处于领先地位，但研究开发费用高，所需时间长。因此，企业在开发新产品时，应尽量取人之长，集众家智慧。

②技术引进

技术引进，即房地产企业引进市场上已有的成熟技术开发新产品。采用这种方式开发新产品投资少、时间短，但是引进的技术属于其他企业已经采用的技术，这些企业已经占领了一定的市场，有了一定的声誉，这会给本企业开发新产品带来一定的困难，企业应予以重视。

③研制与引进相结合

研制与引进相结合，即企业在开发新产品的方式上坚持"两条腿走路"的方针，既重视独立研制，又重视技术引进，将二者有机结合起来。这样才能投资少，见效快，企业的产品又能具有一定的特色。

④协作研制

协作研制，即房地产企业之间，房地产企业与科研单位、高职院校之间通过协作开发房地产产品。这种开发方式有利于充分利用社会上的科研力量，弥补企业技术力量的不足，有利于把科技成果迅速转化成生产力，加速其商品化的过程；有利于发挥各方面的优势和力量，加速新产品的开发。这种方式适合中国目前大多数房地产企业。

（2）房地产新产品开发的主要策略

1）领先者策略

领先者策略，即房地产企业在目标市场上率先采用新技术，研制出新产品，第一个进入市场，以求先发制人，抢占市场先机，并依靠领先的优势，取得较高的市场占有率和高额利润。这一策略适用于实力雄厚、研究开发能力较强的大型房地产企业。

2）跟随领先者策略

跟随领先者策略，即房地产企业迅速采用领先者的技术，将领先者开发的新产品在其成长初期投放市场。这样既可以节省新产品研制费和产品投入期的广告宣传费，又可以汲取领先者的经验教训，使自己的产品更具竞争力。这一策略适用于具有一定科技力量的大中型房地产企业。

3）仿制策略

仿制策略，即房地产企业仿制领先者的市场前景看好的产品，在产品成长后期将仿制品投入市场。由于这时产品需求量最大，又不必太多的促销宣传，因此，可以节省大量资金。这一策略适合干力量薄弱的中小型房地产企业。

4）补缺策略

这种策略的目的就是要回避那些供过于求或供求平衡产品的诱惑，这些产品一般可能是利润较高的热门产品，如某些地方的高级别墅。这些产品开发者众多，竞争激烈，对于实力不太雄厚、没有取胜把握的房地产企业，最好避免这种背水一战的较量，而应当把注意力放到发现市场供应的空缺上去，这些产品可能利润不丰，而被一般房地产企业所遗忘或忽视，但它们的风险较小，收益率较为稳定。

5）配角策略

在现代化的社会技术经济系统中，企业与企业之间在市场经营活动中有着相互密切的合作和联系。企业如果不能在经营活动中取得主导地位，可以作为配角为主导企业提供服务，如为主导企业提供拆迁、售后服务等。也可和有影响的企业开发商合作，利用主导企业的资金和销售渠道，完成自己的经营目的。但是，采取配角策略，要防止过分地依赖主导企业，要甘当配角又不能作附庸。

6）组合策略

采用这种策略时，并不着力于追求新的发明创造，也不一定要用什么新原理、新结构、新技术，而是将现有的已经成熟的技术和产品加以重新组合，开发出别具一格的新产品。运用这种策略开发新产品一般不需要大量的投资，失败的风险小。成功的关键在于细心研究市场的需要，富有想象力地发现各种新组合的可能性。

（3）房地产新产品创新策略的应用

房地产产品的创新主要包括规划设计创新、产品实体创新。

1）规划设计创新

房地产开发企业在进行规划设计时，应该考虑以下四个关键因素。

①个性化需求

个性化需求的满足，需要能正确处理功能、经济和美观的关系。对于房地产产品的功能，可以从三个层次进行理解：一是满足基本功能的要求，这是比较被动的，就是说顾客需要什么，房地产开发企业就提供什么来满足顾客；二是房地产开发企业来配合顾客，功能是变化的，不同的消费者有不同的要求，房地产开发企业不是一味简单被动地去满足，而是积极地配合这种变化；三是功能引导。但不管是满足需要、配合需要还是引导需要，都体现了以产品消费者为中心这样一个观念。

从经济角度看，规划设计应当体现以人为本这一观念，即需要对市场进行细分。例如，以人为本，要确定是什么样的人；从收入阶层来看，是什么样阶层的，是买经济适用房的消费者还是买别墅的消费者，两者的需求肯定相差很多；从年龄阶段来看，刚毕业的学生、正在社会上拼搏的人和已经成家有孩子的人，他们的需求也是完全不一样的。

②经济性

对经济性可以从不同的角度进行理解。我们这里所说的经济性，是指房地产产品合理的价格性能比。无论是房地产开发企业，还是中间商或者是建筑承包商，都是在替潜在消费者花钱。也就是说，房地产产品从规划、设计开始，历经开发、建设，再到销售和进行物业管理，每经过一个环节，就会增加一定的成本，而成本又会反映在房地产产品的价格上。同时，房地产产品价格的最终承担者是消费者，如果价格超过了消费者的经济和心理承受能力，房地产产品就会形成滞销。因此，消费者进行购买决策的过程，实际上是对不同房地产产品的价格与性能（即效用）进行比较和分析的过程。为了最大限度地吸引消费者，房地产开发企业在进行规划设计创新时，就必须注意经济性。

③气候

气候与环境因素对建筑规划的影响比较大。例如中国北方冬天下雪多，屋顶多是很尖的，尖屋顶就可以使雪比较容易滑下来，不容易把房屋压坏；同时，北方冬天寒冷，在对取暖设施有一定要求的同时，对房屋建筑物，特别是门窗的质量也有一些特别的要求。

④历史和文化传统

一个城市及地区的建筑体现着这个地区独特的历史和文化传统，不同地区消费者对于房地产产品的风格有不同的偏好，同一地区不同年龄层次以及不同收入阶层的消费者对房地产产品也有不同的要求。消费者对房地产产品的审美要求很多，这就要求房地产开发企业不断进行设计创新。消费者不只是看轮廓线到底是大屋顶还是山墙，更多的是从细节角度来考虑问题。这对房地产开发企业有较大的启示，也就是说可以用一些局部的、精细的手法来进行房地产产品的规划设计创新，投资很大，但是可以在给消费者带来审美满足的同时，也给企业带来较高的效益。

2）产品实体创新

产品实体创新，是指房地产开发企业从房地产产品自身的特点和个性出发，从各种功能出发，开发出独具一格的产品，从而达到实施特色营销的目的。

①经济功能

人们对房地产产品的需求分为消费和投资两大类。房地产开发企业根据房地产的经济功能，经常采用各种含有保值、增值方案的营销策略。例如，很多房地产开发企业的首期预售价比同地段房价低，从而以巨大的升值空间吸引了大批客源。

②社会功能

建筑物是以人为本的，现代住宅小区应充分给居住者提供交流、沟通的机会。例如，房地产开发企业针对都市老龄化的趋势，设立老年人的会所，并设立助老基金，发扬了中华民族敬老爱老的传统美德，取得了良好的社会效益。

③健康功能

随着人们生活水平的提高和财富的积累，都市人口盖渴望拥有健康的身体。如果在房地产产品的开发建设中使用环保材料、绿色材料，小区的绿化率较高并具有一定的健身设施，无疑对提高房地产产品的定位和销售具有较大的促进作用。

④生态功能

生态人居空间离不开良好的环境和防治污染的措施。清新的空气、温暖的阳光、安静的环境，都会提高房地产产品的营销效果。

●——【案例 4-6】深圳 ×× 企业——Townhouse 产品创新实践——●

该企业在项目营销的产品策略中，采用"国家专利申请"并举办"专利产品发布会"的方式为项目营销创造了巨大的价值。

该企业创新性地设计 Townhouse 产品（图 4-9），让建筑最大限度地融入自然，让建筑空间与生态资源完美地自然结合。在强调私密性的前提下，很注重空间的营造。项目的前后庭院、跃式客厅和两层架空地下室等设计，为业主提供了高附加值的第一生活居所。具体为：

Multi-level 官邸：叠拼 Townhouse 的飞跃，依据山体地形的坡度设计，以户户退台的方式营造错落有致的前庭后院。

图 4-9　该企业 Townhouse 实景图

Backyard 厢亭：独享"中庭院"设计，配置前庭、中庭、后院，各式庭院如"厢房"般镶嵌进室，每一步都是景，每一处都是风光。

Panorama-court 阔庭：270° 庭院三面环绕，独揽前庭，私享后院，左看水右观山。

Sky 跃庭：庭院"架于地，跃于天"。在地下室创建 6m 高架空层，以私家电梯"跃"进大厅和庭院。增加使用空间的同时更添生活情趣，巴比伦空中花园的悠然"跃现"。

Terrace 合府：主要解决的技术是提供一种联排 Townhouse 屋顶及立面处理的新型拼接方式，解决现有的传统联排 Townhouse 的建筑成本高昂、通风采风不足及外观设计单一的问题。

该企业项目通过国家专利产品的申请，变单纯的产品力为有张力的营销力。高标准、宽视野地打造产品，建立差异化的创新设计点，通过总价控制，确定产品面积区间。并且换位思考，由客户体验及需求指导设计，最大限度提升产品价值。

3）产品服务创新

产品服务创新，是指房地产开发企业应用新思想和新技术来改善和变革现有的服务流程和服务产品，提高现有的服务质量和服务效率，为业主创造新的价值，提升业主忠诚度和满意度，最终形成服务企业的竞争优势。

①专业化、标准化服务

专业化是指进行服务体系升级，以业主需求为核心，为业主提供更贴心、更有温度的品质服务；

标准化是指建立具有自身特色的内部服务标准，重视服务流程的标准化管理，如××房地产企业智慧服务早在 2012 年就率先修订出涵盖近 3000 条物业服务标准的《××物业服务白皮书》，注重物业服务标准化建设。

②科技化服务

随着物联网、云计算、大数据、人工智能等新科技取得突破性进展，将科技注入物业服务，能够改变业主生活方式和生活形态，打造智慧物业，以新科技提升居民生活品质。如：通过打造社区服务平台，可以优化和升级基础物业服务的智慧缴费、智慧报修等功能，同时渗透到增值服务相关的资讯推送、邻里社交和生活服务等场景，以"线上 + 线下"的方式连接物业服务，拓展业主服务内容。

③生态化服务

在消费升级和科技兴起等多重因素驱动下，业主、社区、互联网成为新生态构成因素，物业服务企业利用互联网平台实现线上及线下资源整合，形成包括衣、食、住、行、娱、购等全场景社区生态链，一方面业主能够享受到高科技带来的便捷性，如智慧停车等高效快捷物业服务，另一方面业主还可享受涵盖养老、教育、医疗、家政、金融多元全周期社区服务体系，满足多样化需求。

④价值化服务

物业服务价值不仅聚焦于人本身，满足业主不断成长的物业服务需求，另一方面业主注重资产保值增值，物业服务企业需转化运营思维，升级对"物"的管理，提供覆盖从购买、居住到资产管理等覆盖全生命周期的资产服务。如 ×× 地产公司服务提供从房屋租赁、房屋转让、资产咨询、房屋管理、代办过户等服务房屋资产管理，为业主实现资产保值增值。

【案例 4-7】天津 ×× 智慧健康社区打造智能化生活

天津 ×× 智慧健康社区包括"智慧、健康、品质、服务、生活"5 大维度，运用 AI 智能技术等，构建云智慧管理、人性化家居、全方位社区服务的智慧网络，为业主打造安全、舒适、便捷的智能化生活（图 4-10）。

图 4-10　智能家居示意图

（1）智能无感通行：通过刷脸或手机，进入小区大门、楼宇大门、车库门，减少不必要接触，疫情期间，不方便摘下口罩，只需打开手机 APP，即可远程开门，公共区域实现无感通行。

（2）×× 社区 APP：×× 社区 APP 集合一站式社区服务功能，从智能家居、社区联动、物业服务，到云邻商城、业主社群、健康管理，一键解决社区全方位互联互通，比如：在APP开启回家模式，可远程控制提前开启家中电灯、空调等电器，到家即享舒适。

（3）AI智能眼：业主、家人、访客等运动轨迹都可以被记录、追踪和回溯，尤其针对外来人员、快递员等行为动线随时被物业管理中心记录，降低外人入侵风险。

（4）AI未戴口罩识别：通过AI未戴口罩检测技术，对小区人员实施戴口罩定向监控。

（5）AI呵护功能：业主可随时通过××社区APP了解家中老人、孩子居家情况，出现突发情况可及时处理。

（6）环境卫生监测：通过环境卫生的检测，可以有效地识别生活垃圾并且判断垃圾是否满溢。当公共区域有垃圾满溢的时候，AI系统后台会自动地触发工单，物业人员会第一时间获得通知并且定向来清理垃圾，让社区生活更加的健康。

（7）重点区域占用监测：实现对小区广场、小区消防通道、人行、车行道路占用的有效监测，一经发现，AI系统实时报警，提醒物业人员即刻处理。

（8）区域入侵监测：实现24h的周界安防管控，防止外部人员非法入侵、小朋友高危攀爬玩耍，疫情期间，更可随时监控，防止居家隔离人员随意出入。

（9）智能视频巡更：通过APP的IOC监控中心，进行实时视频巡更，或者定时拍照巡更，从而协助提高巡逻效率，也避免安防人员频繁在社区走动。

（10）IOC监控调度中心：IOC监控调度中心是集远程监控、调度、大数据为一体的控制中心，为社区的安防管控、物业服务提高效率提供最有效的支持。

（4）项目产品力提升策略

产品力，即产品对目标消费者的吸引力，主要从产品品质、价格、创新等层面来体现。换言之，产品力就是一种通过满足消费者欲望和需求，使之产生购买欲的能力。房地产项目产品力即项目的产品竞争力，从客户角度看，产品力更多的是指对客户的吸引力。

新的市场环境下，房地产市场的买卖角色间开始拉锯，"消费者"逐渐占据主导地位。随着新生代人群购房需求增加，对功能和品质的追求大幅提升，"产品制胜"时代已经到来。

随着居住需求及科技的发展，住宅已不再是简单的建筑，智能智慧、多功能转换、全龄健康化社区场景化等已成为当前住宅的主流趋势。如何在竞品中脱颖而出？如何系统化、体系化不断地对产品进行创新升级等成为广大房地产企业迫切需要解决的难题。

从产品在销售阶段的市场竞争力而言，毫无疑问，产品力主要体现在与竞品的竞争优势上，只有产品力超越竞品，才能卖得更好。

通过项目考察、调研、数据挖掘、专家评审等，对房地产企业产品力进行全角度测评，深入研究产品价值发展特征及创新趋势，挖掘先进的产品匠造理念及工艺内涵，可为房地产企业在产品打造和优化升级方面提供参考和借鉴（表 4-7）。

"产品力测评"评价指标概况　　表 4-7

评审阶段	评价指标	内容
初审	项目规划及设计	容积率、产品类型、销售均价、物业服务等
	归家路径与景观	园林风格、硬景占比、各处景观规划及亮点
	社区空间	地库、架空层、门禁系统、大堂、各种居住配套设施情况及亮点描述
	户型居住功能	总楼层、得房率、户型参数、空间格局、户型亮点等
	室内精装设计	精装风格、装修标准、品牌档次、各方面精装设计亮点等
	项目获奖情况	是否获奖、奖项类型等
	增值服务	物业公司资质、物业公司服务、营销服务力、营销展示力等
终审	系统初评分	客观数据模型打分、初审结果排名
	普适性和适销性	普适性（利润空间）：楼地价差（扣除精装）：项目与 3km 范围内新房均价差；项目与 3km 范围内二手房均价差； 适销性（销售速度）：项目开盘去化率，月均销售流速，年度总销售排序
	媒体关注度	客户关注：客户关注度、楼盘咨询量、VCPC 阶段总量；客户互动：置业顾问连接量、网页留言数量
	社会美誉度	社会舆论：正向 / 负向舆论数量，标准化处理； 专家评审：专家对优质项目进行匿名投票和专项测评； 社会投票

1）强化社交性强、空间可变的多功能厅打造

当下，消费者购房需求已由单一、低层次的居住需求向追求生活品质、满足精神层次满足转变，对居家社交需求的要求不断提升。

随着家庭核心区、多功能空间概念不断深化，越来越多的住宅产品开始将更多的空间留给公共活动区，打造使用场景更丰富、空间灵活多变的多功能厅，方便家人间交流互动。

2）注重人性化收纳系统设计

房价居高不下，每 $1km^2$ 空间都要合理利用。购房主力年轻化，爱囤、爱买的特点明显，合理的收纳系统备受购房者青睐。

越来越多的房地产企业开始强化居家人性化收纳设计，增强居家舒适性和便捷性。如一些项目会在过道、转角和楼梯间等预留或者设置好收纳空间。再如厨房地柜和吊柜采用人性化的拉篮设计，更有效地将物品分类，方便日常物品储存和放置。

3）科技日渐成熟、客群年轻化等加速房地产企业智能化发展

随着 5G、人工智能、云计算、人脸识别和语音识别等智能技术群落的迅速成长，从万物互联到万物智能、从连接到赋能，带动了"智能 +"时代的到来，智能应用场景不断延伸。

此外，随着新冠肺炎疫情暴发，房地产企业聚焦发布智慧社区和智能家居解决方案、智能发热高效筛查系统、无接触通行、智能消杀、智能新风系统、智能语音控制面板、声控开关、云就医等备受消费者青睐。

随着 90 后或 95 后年轻购房群体客群逐步成为购房主力，对智能科技的接受度和认可度显著提升，智能家居如智能门锁、智能空调、智能灯控、智能窗帘、智能新风、可视对讲、一键报警、自动呼梯等已是常态单品。一些项目中出现的无感测睡眠、魔镜、无线充电床头柜、环境光监测儿童桌椅、久坐提醒沙发等黑科技家居单品，也为生活带来了更多便捷与乐趣。

4）从地上到地下全面升级，增加归家仪式感

归家动线设计不仅直接影响人员和车辆出入，更是一条牵引着居者情感和归家体验的动线，成为不少购房者衡量和评价一个项目的重要指标。越来越多的房地产企业开始从地上到地下优化升级归家动线，增强客户归家体验，提升产品溢价和品质。

如不少项目地上归家路径节点会设计高辨识度的社区入口、强仪式感的景观轴线、酒店式入户大堂等，用归家动线串起各种丰富的景观节点，营造体验与互动相结合的社区氛围，并采用人脸识别、智能车辆识等打造便捷无感归家。

例如武汉某项目营造大隐于市的桃花源，入口采用自然"峡谷"形态，退台体验式景观，峡谷中通过风动墙、拉丝水幕、雾森系统三大体验互动装置触发听觉、触觉、嗅觉，营造丛林秘境的归家体验（图 4-11）。

图 4-11　某项目出入口

地下归家方面，不少项目设置景观车库出入口、地下阳光大堂、自然采光天井、休息区、艺术小品和各式景观，应用智能感光引导、指引入库等，在亮度、空气、安全、便捷等多方面提升业主归家体验和仪式感。

例如深圳某项目车库出入口通道采用 5cm 厚度的石材纵深切割方式铺就，保证车辆行驶的车轮与拼接缝槽吻合，减少对业主车轮的损耗。出入口的坡道考虑周全，哪怕跑车底盘距离地面只有 1 ~ 2cm，依然可以一路畅通。入口的艺术玄关构建了地库出入口的归家仪式（图 4-12）。

该项目打造两个车库采光井，整个地下车库的两个采光井，为空间提供了充分自然光和空气，同时达到引景入室的效果（图 4-13）。

图 4-12　深圳某项目车库出入口　　　　　　图 4-13　深圳某项目车库采光井

5）社区空间功能更细分，内容更丰富

社区作为城市居民主要的生活场所，承载着人们对物质和精神的双重需求，只有当二者同时得到满足，人们才能真正获得"诗意的栖居"。

空间方面，利用架空层、下沉空间、屋顶花园、社区中心等打造多场景、多功能性，满足全龄人群的第三生活空间如中央会客厅、娱乐空间、活动场所、会所等，有些则以廊架或风雨连廊作为内外空间的过渡与引导，联通架空层与室外活动空间。有些项目通过打造产品 IP、主题乐园来增加趣味性、互动性，从而强化识别度与记忆点。

配套方面，社区各个场景越来越多地使用智能化配置，除了常见的智能通行和智慧安防，一些项目的智能跑道、无人通勤车、自动贩卖机、物流机器人等成为亮点。比如，运动跑道可以串联起不同种类的运动场地，满足业主多种活动需求，同时场地结合丰富的植物种植、运动加油站、洗手池、休息坐凳、置物柜等人性化设施，不仅提供舒适、便捷的运动氛围，也展现社区活力，引领健康生活方式。

6）社区景观设计融入地域文化，注重可持续发展

不少项目将地域文化特色应用于社区景观设计中，打造独特的项目形象和情怀，唤醒居者对城市记忆、历史文化的认同感，提升居者的归属感。倾向于打造自然生态式场景，

利用错落有致、色彩丰富的四季植被与人工构建筑物形成富于情感的能量场。

　　例如厦门某项目园林景观将颐和园山水大骨架运用于场地中，沿袭中国传统园林的精髓，将长廊、楼台、亭榭、山、水、石、林等古典园林元素落入设计场地，整体空间布局丰富有序，打造出禅意院落空间，亭台楼阁中凝练了现代生活价值，空间感受

图4-14　厦门某项目园林整体景观

自然、充满生命力，符合现代居住审美（图4-14）。

　　生态方面，在地块自然资源条件满足的情况下，一些项目还会应用海绵型社区绿地景观系统，打造雨水花园，通过循环系统、透水材料及植物策略等方案，美化住宅环境，改善社区气候的微生态环境体系，打造宜居的可持续发展社区。

4.3.2 推广策略

1. 房地产项目广告推广概述

（1）房地产项目广告推广的概念

广告是房地产企业用来直接向消费者传递信息的最主要的营销方式，它是企业通过付款的方式利用各种传播媒介进行信息传播，以刺激消费者产生需求、扩大房地产销售的方式。

广告推广是房地产营销推广最常用的手法之一。广告推广是指为配合房地产项目完成各个销售推广阶段目标，对项目的卖点即项目价值，通过各类媒介宣传给客户。它可以迅速建立项目品牌，促成项目租售，也可以使企业形象资产有效地积累。

（2）房地产项目广告推广的媒体

广告媒体是传递广告信息的工具或手段。房地产企业要根据自己的广告目标以及要传递的广告信息，选择适当的广告媒体。

1）广告媒体的特点

在众多的广告媒体中，电视、报纸、杂志、广播因其发行范围广、影响力大而被称为四大广告媒体。近年来网络技术的发展，使得网络广告迅速发展，网络因而被称为第

五大广告媒体。此外，还有户外广告、邮寄广告等。不同的广告媒体具有不同的特点，房地产企业必须了解各种媒体的特点，以便准确地选用（表 4-8）。

各种广告媒体的优缺点对比　　　　　　　　　　　　　　　　　　表 4-8

媒体	优点	缺点
报纸	灵活、及时，覆盖面广，地理选择性好，可信度高	时效短，表现手法单一，不易激起注意力
电视	综合视听，兼具动感，感染力强，覆盖面广，送达率高，表现手法灵活、形象	信息消失快，不易保存，制作复杂，成本高，受众选择性差，干扰多，绝对费用高
广播	覆盖面广，传播速度快，送达率高，方式灵活，制作简单，成本低	有声无形，印象不深，展露时间短，盲目性大，选择性差，听众零星分散
杂志	针对性强，可信度高，印刷精致，图文并茂，干扰小，读者阅读时间长	购买版面时间长，费用高，位置无保证
户外	反复诉求，复现率高，效果好，注意度高，费用低，竞争少，灵活性好	观众选择性差，创造性差
直邮	选择性强，灵活性好，同一媒体没有竞争对手，个性化，制作简单	相对费用高，广告形象差
网络	与消费者沟通的互动性增强，实时、灵活、成本低；针对性强、有强烈的感官性	监管难、投放位置难确定

各式各样的户外媒体、印刷媒体和报刊、广播电视、网络等媒体在信息传播的功能方面各有所长也各有所短，它们在广告活动中起着各自的作用。

为了更好地发挥媒体的效率，使有限的广告经费收到最大的经济效益，应该对不同类型的媒体在综合比较的基础上，加以合理的筛选、组合，以期取长补短，以优补拙。

2）广告媒体的分类

大众媒体：大众媒体是指针对全面人群，具有广泛社会影响力和阅读率的媒体，一直以来都占据着媒体的主流地位，它也有着确实无可比拟和无法替代的地位，因为它具有以下几个特点：发行量大，宣传面广，具有广泛的传播性；发行渠道完善，传播迅速，时效性强；阅读人群深入社会各个阶层，阅读（观看）率高，具有良好的到达率。

由于大众媒体具有以上优势，因此它能够有效地建立公众形象，对于具有项目型企业特点的房产行业来说，社会大众对项目的认知无疑能提升项目品牌，所以对于任何定位的房地产项目来说，大众媒体都是不可或缺的。

分众媒体：随着中国社会的快速发展，不同的社会环境因素影响并促成了当代受众的不同特征。由此部分媒体也从满足大众需求转向满足部分人、满足某方面需求转变，也就是从"广播"向"窄播"，从"大众"向"分众"的转变。

当前的房地产项目在市场化的要求下广泛地应用定位理论，对消费群体进行了细分，因此，大众媒体的广泛性覆盖无法直接面对细分化的消费者，这势必会让广告效果大打折扣，在这种情况下，为了更好地针对特定的目标客群，精准深入地进行广告信息传达，从而提高广告推广的效果，房地产企业开始考虑分众媒体投放。

在这一类别中，户外广告和互联网广告作为其重要代表经过了迅速发展，已经成为房产企业主媒介投放方案中必不可少的内容，在这种趋势下，四大传统媒体也开始走上了分众的道路，另外 DM 直投及新兴的广告媒体及新型融合性应用媒体（电梯广告、公交广告等）也随之出现并同样获得了发展，另外在新科技日益发展的今天，智能手机的互动传播性也被广泛挖掘利用。

创新媒体：创新媒体是指经过思考和发现，创造或寻找出的全新的媒介载体，这里包含两个方面的创新，一种是以前没有被利用过，即没有投放过广告的载体，如最早使用的电子楼书；另一种是曾经被使用过，但是由于行业特点，没有被房地产行业使用过的媒介载体，如微信、微博广告。

创新媒体由于载体的新颖，往往在第一眼接触就能够被受众记忆，因此具有很高的认知度，作为广告投放的空白点，甚至能开启一股投放潮流。

自有媒体：指的是广告主自己创造的广告载体。房地产行业鉴于自身的优势，可以说是自有媒体应用得最广泛的行业。这种媒体大致上可分为以下几类：

印刷类：房地产项目楼书、海报、户型单张、手提袋等；

定点类：售楼处看板、概念样板房、工地围墙及户外等；

会员类：房产企业为了更好地服务客户和打造企业品牌，建立业主数据库，并成立俱乐部或其他团体，内部发行会员卡或业主刊物等载体；

社区类：项目建成业主入住形成一定人气后，社区就有了广告价值，比如电梯广告、导示系统广告等；

其他类：还有一种也属于自有媒体，就是房产企业发行的图书杂志，当然，这种媒体对项目销售没有直接帮助，却对企业品牌建设意义重大。

行业媒体：是指行业共同营造的媒介载体以及各媒体对该行业关注形成的有效载体。这种载体由于具有明确的行业性，从常规意义来看，这种媒体面向的是业内人士，其实并非如此，对于有购房意向的消费者，他们往往会高度关注行业信息，因此这种媒体也具有较高的到达率，但是由于该类媒体限制，消费者不能深入了解项目特点，只能起到引导作用。

这类媒体最典型的代表就是行业展会，由于近两年房地产行业的快速发展，房交会、房博会在各地如火如荼地开展，在一定程度上削弱了其广告效果，另外专门的行业媒体的行业信息也是一个重要代表。

3）房地产项目广告推广媒介投放的方式

持续平缓式：定期投放少量广告，或是以户外广告等形式长期提醒关注，以维持市场热度；这样可以维持稳定的客流量，成交速度也较为稳定，但缺乏爆发力。多在持续销售期采用。

密集式轰炸式：多在开盘前采用，项目宣传铺天盖地的立体化全方位密集轰炸。电视、报纸、杂志、户外等，所到之处皆是项目广告，目的是在短期内吸引全城目光，并使竞争对手的宣传推广效果削弱，积蓄的强大势能将使开盘非常火爆。

这些项目通常是大众化产品，供应量大，且价格较低。一般的客户均能达到相应的消费能力，以使项目短期内大量出货。这种投放方式风险较大，由于将绝大部分营销费用都压在推售之前，万一开盘失败，将遭受重大挫折。失败案例如 × × 年广州某项目开盘，到场客户多，但因定价偏高成交只有几十套，上千万的广告费用没有达到预期的效果。

4）房地产项目广告推广的原则

房地产企业可根据营销战略的需要，将几种广告类型结合起来考虑，组合运用。在进行广告策划时，应遵循以下原则：

时代性：策划观念具有超前意识，符合社会变革和人们居住需求变化的需要。

创新性：在房地产广告中，通过具有吸引力、创造力的创意表现手法将广告信息巧妙地传递到目标客户的脑海中，通过生动、独特的创意，创造具有个性化的视觉形象，并调动目标客户的兴趣，保持对广告的兴奋度。

实用性：策划符合营销战略的总体要求，符合房地产市场和房地产企业的实际情况，具有成本低、见效快和可操作的特点。

阶段性：策划围绕房地产营销的全过程有计划、有步骤地展开，并保持广告的相对稳定性、连续性和一贯性。

全局性：广告、销售促进、人员推销和宣传推广是房地产企业促销组合的四种手段，广告策划需兼顾全局，考虑四种方法的综合效果。

5）房地产项目广告推广的法律规范

房地产广告推广首先要遵循《中华人民共和国广告法》（简称《广告法》）等相关要求：

在 2015 年 9 月 1 日新《广告法》正式实施。这也是《广告法》实施 20 多年来首次修订，被业界称为"史上最严"《广告法》。2015 年 12 月 24 日，《房地产广告发布规定》发布，明文对房地产广告进行了全面的规定和限制。

扫码阅读：《房地产广告发布规定》

6）房地产项目广告推广的诉求重点

一般来说，房地产广告的诉求重点包括以下几个方面：

地段区位优势：在房地产行业，项目所在的地段区位成为最为重要的评价因素，故房地产项目广告宣传应突出其地段上的优势。当然，对于任何物业来说，位置都是非常重要的因素，而且不同类型物业的位置优劣标准是不同的，对此，在宣传地段优势时，应当有充分的认识。

产品优势：对产品优势的宣传，不能仅停留在对其形式产品优势的介绍上，还应该突出其核心产品和附加产品层次的优势，展示产品的整体优势。

价格优势：物美价廉是人们的一般消费心理，对于面向工薪阶层销售的房地产产品来说，价格相对较低自然是一种优势。但这种情况不能作为房地产广告宣传价格优势的一般法则。事实上，房地产价格优势的内涵体现在多方面，单价和总价的高低、分期付款的安排、楼盘按揭的安排、附赠商品及服务的安排均可作为价格优势的宣传重点。

交通便捷优势：房地产广告中应强调其项目所在地的对外交通便利情况，并介绍其面临或接近的交通要道和主干城市街道情况，如项目距火车站、公交车站、地铁站、飞机场、码头及各繁华地段的距离及交通便捷程度等。

学区优势：指房地产项目所在地有完善的托儿所、幼儿园、中小学等教育机构，且教学质量较高。学区的优劣不仅决定着孩子就学的便捷程度，还会直接影响对孩子的教育，甚至影响孩子的前途，因此对于为人父母或即将为人父母的购房者来说，质量好的学区无疑是一种很大的吸引力。

公共配套设施优势：指项目周围的医疗、购物等的便捷程度以及项目本身的配套设施，如超市、健身房、游泳馆、采暖设施、对外联系设施（电话、网络）等的完备程度。

社区生活环境质量优势：社区生活环境包括自然环境和建筑景观以及高品位的人文景观，如社区内的居民素质文化氛围、治安状况等。

7）房地产项目广告推广的分类

根据广告的目的，房地产广告大致可分为四种类型：

促销广告：大多数的房地产广告属于此类型，广告的主要目的是传达所销售楼盘的有关信息，吸引客户前来购买。

形象广告：以树立房地产企业、楼盘的品牌形象并期望给人留下整体、长久印象为广告目的所在。

观念广告：以倡导全新生活方式和居住时尚为广告目的。例如"××后花园"概念盘就是传播一种在繁忙紧张工作之余，去郊外居所里享受轻松生活的新观念。

公关广告：通过以软性广告的形式出现，如在大众媒介上发布的入伙、联谊通知，各类祝贺辞、答谢辞等。

2. 房地产项目广告推广策略

（1）制定广告推广策略的过程

房地产广告策划内容丰富，步骤众多。策划者各有各的做法，繁简不一，没有统一模式。大体上可分成四个部分，即：广告目标、市场分析、广告策略和广告计划。

1）广告目标

广告目标是指主要确立广告的类型以及广告欲达到的目标和有关建议。

2）市场分析

市场分析主要包括营销环境分析、客户分析、个案分析和竞争对手分析等。若房地产企业在营销策划时已将宏观和微观营销环境分析得透彻、准确，则可将重点放在其他几项分析上。客户分析主要分析客户的来源和购买动机，如信赖房地产企业、保值增值、楼盘设计合理、地段较好、价位合适等，也要分析客户可能拒绝的原因，如附近有更合适的楼盘、交通不便、购房投资信心不足等。个案分析主要分析房地产企业的实力、业绩，楼盘规划、设计特色，主要设备和装修情况，配套设施情况以及楼盘面积、结构、朝向、间隔、价位等方面的情况。进行竞争对手分析时，除了要分析竞争对手实力和竞争楼盘的情况，还要分析竞争对手的广告活动，以吸取有益的东西，扬长避短。

3）广告策略

广告策略的制定可从以下 5 个方面着手：

①目标市场的策略

房地产企业通常并不针对整个目标市场做广告，而是针对其中的某个细分市场。哪个细分市场需要广告配合，广告就应该以那个细分市场为目标并采取相应的广告策略。

以兼有多层和高层住宅的小区广告策划为例：

当小区刚起步时，以开发深受市场欢迎的多层住宅为主，这时可采用开拓性广告策略：广告结合多层住宅的销售热潮不断强化小区的知名度和客户的认知度，使楼盘迅速进入市场。

当小区逐步成型时，则采用劝说性广告策略：广告以说服客户购买，提高市场占有率为目的。当小区初具规模，欲推出高层楼盘时，可采取提示性广告策略：以造声势，提醒客户留意认购期为主要目的。

②市场定位策略

定位策略的根本目的是使楼盘处于与众不同的优势位置，从而使房地产企业在竞争中占据有利地位。定位时可根据目标客户群的要求，采取价格定位策略、素质定位策略、地段定位策略、时尚定位策略等。市场定位不能偏差或含混不清，否则广告诉求时重点不明，受众难以留下特定的鲜明印象。

③广告诉求策略

根据诉求对象、诉求区域的特点，房地产广告可采用理性诉求策略，即通过真实、准确、公正地传达房地产企业或楼盘的有关信息或其带给客户的利益，让受众理智地做出决定；也可采用感性诉求策略，即向受众传达某种情感或感受，从而唤起受众的认同感和购买欲；当然还可用情理结合的诉求策略，即用理性诉求传达信息，以感性诉求激发受众的情感，从而达到最佳的广告效果。

④广告表现策略

广告表现策略要解决的是广告中信息如何通过富有创意的思路、方式以及恰如其分的广告表现主题传达给受众。广告诉求的重点通常是楼盘的优点和特色，而广告表现的主题则具有更深一层的内涵，即楼盘带给客户的是生活品位的提高和由此而生的自豪感、优越感。

广告表现策略要求用创意对广告信息进行包装并确定广告设计、制作的风格和形式。广告创意讲求新颖独特，但不能离奇古怪。失败的创意有时让人厌恶，给楼盘销售也带来负面影响。

⑤广告媒介组合策略

据统计，80%的广告费用是用于广告媒介，媒介选择不当，就有可能造成投入高、见效低的结果。而不同的媒介有不同的特点，具体的媒介载体也有着自己的特性，因此媒介选择要精心选择及组合，才能起到推广的最大效用。

4）广告计划

广告计划又称广告实施计划，内容包括广告目标、广告时间、广告诉求、广告表现、媒体发布计划、与广告有关的其他公关计划、广告费用预算等。在形成书面的广告计划书时要注意提案的技巧、文字的风格和格式的赏心悦目。

（2）广告推广的阶段划分

对房地产项目的品牌推广是一个长期的行为，应有战略的考虑，从而使每一期广告都变成一次品牌的积累，都成为对楼盘形象的一次重要投资。广告推广大致划分为三个阶段：

第一阶段（预期到首期交楼入住）：此阶段广告宣传以建立品牌知名度和促进销售为目标，从而尽快奠定楼盘在人们心目中的品味、档次和形象。此阶段广告费用投入相对较大。

第二阶段（首期交楼至二期完工）：此阶段以品牌维持为目的，稳固楼盘高档物业的品牌形象，同时促进销售。此阶段广告费用投入相对较少。

第三阶段（二期工程交楼至整体竣工）：此阶段的广告任务重点是维持楼盘的良好口碑，可结合已经入住的众多住户来谈论评估本楼盘并通过口碑带动销售，完成售楼收尾工作。此阶段广告费用投入为中等水平。

总体上看，楼盘全程广告投入曲线呈马鞍形，这是根据各销售期要求和工程进程不同阶段而得出的较合理的分配方案。当然，每个阶段中的广告及发布，应依据具体情况灵活使用和调整。

（3）房地产项目广告推广的策略

1）项目推广名的设计

一般来说，一个房地产项目会有两个"名字"，一个叫作"案名"，即备案名，是一个商品房项目前期在政府有关部门申报注册并通过审批的正式名称，是报给政府主管部门的，有详细的规范，限制较多。项目还有另一个名字叫"推广名"，我们在广告上看到楼盘名称，大多使用的是推广名，并不是楼盘的备案名。

①项目推广名的含义

项目的推广名作为楼盘的识别符号，是房地产广告第一要素，是楼盘各个时期广告使用频率最高、消费者接触最多的楼盘文字。

推广名是项目寓意的象征，一个好的推广名，常常建立在深厚的文化底蕴之上，将内涵的楼盘定位、设计理念、优势特性等，以简约而响亮的名称推向市场，形成对消费者第一波引导冲击。

推广名是一个项目进入市场最直观、最醒目的营销手段之一，一个好的推广名对项目的营销能起到画龙点睛的作用。好的推广名应当和项目的产品定位，目标客户群定位、城市文化特色相结合。

②推广名的设计原则

房地产项目的名称不同于一般商品的名称，它的设计原则主要有：

A. 冲击力强，吸引眼球

一个新的项目进入市场，首先接触客户并被其认知的就是一个项目的推广名。在现代眼球经济的时代，一个项目推广名冲击力的形成主要在于两个方面：其一，项目推广名必须新颖独特，也就是我们常说的"不一样"，方能在众多的市场推广名中脱颖而出。其二，项目的推广名必须简洁明了，便于记忆和口碑传播。

B. 美感和立体性，形成关注

一个项目的推广名除了要吸引眼球外，还必须引起关注和形成记忆，必须具备足够的美感和立体性。美感，正所谓爱美之心人皆有之，买房子总是希望享受美好的新生活。而所谓的立体性就是指一个项目的推广名必须具备足够的立体想象内涵，传达丰富的想象空间，让目标客户产生对理想生活的美好向往，从而达到刺激购买的目的。这也是现阶段房地产营销以"生活方式"为主要诉求的特性之一。

C. 调性吻合，突出个性

项目推广名作为项目精气神的代表，它是项目形象特征的主题体现和个性的代表，所以推广名的调性必须与项目的形象特征相吻合，突出项目的个性特色。比如一个定位为国际社区的项目推广名往往以"××国际"等命名，或者往往在推广名的文字表达上突出英文，传达项目的调性特征，或者一个强化"中式"形象的推广名，其文字常以篆刻等富有中国传统文化底蕴的方式予以表达，都在于突出项目调性特征。

D. 对位文化，避免歧义

一个项目的推广名作为项目的第一传播源还必须注意项目所在地的文化特征，避免项目推广名出现歧义，与当地文化相冲突，或与当地喜好相背离，尤其是要注意地方文化中的忌讳之处，这往往需要注意推广名的发音、谐音和文字含义等方面的内容。这点尤为重要，它往往具有不可调和性，一旦出错，代价惨重。

③型的项目推广名赏析

A. 典型房地产企业的项目推广名设计

类型Ⅰ：按客群细分（表4-9）。

类型Ⅰ的项目推广名设计 表4-9

产品系列	项目类型	对应项目推广名
金色系列（G）	商务住宅和城市改善型项目	金域蓝湾、金域西岭、金域华庭、金色家园、金色城市、金色海蓉、金润华府
城花系列（C）	城郊改善型项目	城市花园、白马花园、都市花园、魅力之城
四季系列（T）	郊区栖居和郊区享受型项目	四季花城、假日风景
高端系列（TOP）	高端别墅项目	兰乔圣菲、东海岸、17英里、本岸、蓝山、红郡、第五园

类型Ⅱ：按物业形态（表4-10）。

类型Ⅱ的项目推广名设计 表4-10

物业形态	对应项目推广名
别墅系列	蓝湖郡、悠山郡、长桥郡、香醍漫步、香醍溪岸、花墅香醍、蔚澜香醍、颐和原著、小院青城、曲江盛景、滟澜山、睿城
洋房系列	弗莱明戈、好望山、江与城、花千树
高层系列	龙湖西苑、枫香庭、水晶郦城、紫都城、观山水、郦江、晶蓝半岛、三千里、翠微清波、悠山时光、春森彼岸
城市综合体	郦城、三千城、西城天街、北城天街

类型Ⅲ：按产品系（表4-11）。

类型Ⅲ的项目推广名设计 表4-11

物业形态	定位	对应项目推广名
H 总部系	城市核心高品质商务生活	星河World
C 城心系	城市中心高品质生活	星河国际、星河时代、星河丹堤
Q 精品系	城市次中心舒适生活	星河天地、星河盛世、星河传奇、星河荣御
R 资源系	山水资源休闲生活	星河山海半岛、星河山海湾

B. 典型房地产项目推广名赏析

十五峯——深圳·××地产·小高层

赏析：传说，项目的14栋建筑与1座塘朗山峰，一起构成了十五峯的推广名。自古，十五代表了团圆和吉祥；而美好的故事多与山有关。二者合一，构成非凡意境、禅定完美的"十五峯"。案名顺乎自然，浑然天成，富于精神内涵，给人以神秘、高端的想象。

第五园——深圳·××·别墅＆高层

赏析：名称由广州四大名园而来，寄希望于忝列四大名园后，真正实现人文内涵，媲美四园。深刻体现第五园对文化本身的追求——骨子里的中国情结。

2）广告媒体组合策略

房地产广告推广媒体选择主要从以下几个角度考虑：

①媒介目的

房地产项目广告投放最大的目的是促进销售，但是一个项目在不同阶段的推广也有着不同的目的，例如在开盘前期主要是开盘信息传达，开盘期主要是项目具体特点及价格等消费者的关注点，强销期主要是促销信息，收尾期为了延续下一项目开发及树立企业品牌则主要是品牌信息。因此，针对各个阶段也要选择不同的媒体，并考虑投放量。在传达项目具体信息的时候就要选择针对目标客户群的媒体，在传达开盘信息和树立品牌的时候则需要选择覆盖面广的媒体，只有有的放矢，才能达到预期目的和效果。

②项目市场定位

房地产开发项目的市场定位是在详细的房地产市场调研和分析的基础上，选定目标市场，确定消费群体，明确项目档次，设计建设标准。项目定位包括很多内容，如开发理念、客户群定位、初步设计、租售价格、销售节奏等，而这些都将影响到项目的销售，因此只有在对这些内容完全理解的情况下才能制定出合理的媒介策略，例如一个定位于金字塔尖的豪宅，大众媒体的作用就不是那么明显，而一个定位于工薪阶层的刚需项目就不可能投放高端财经杂志。

③目标客户群

由于目标受众的媒体接触习惯和消费特性都不同，因此媒介策略需要配合目标受众特点进行选择。如要针对商务人士进行信息传递，则应投放商业经济类报纸、商业及财经类杂志等，而对于大众消费者来说，本地播报城市新闻的报纸、综合性电视及公交站点广告就更为适合。

④销售区域

房地产项目具有明显的地域性特点，因此销售区域也是媒介选择的一个重要影响因素，这一方面原因在于考虑媒介传播范围不同，接触到该媒介的人群也就不同；另一方面由于中国是一个地域甚广的国度，各区域之间的人们生活习惯有很大差异，因此其媒介接触方式也就有所不同；还有一点在于各区域的传媒发展水平也有所不同。在一些二、三级城市，并没有影响比较广泛的报纸，那么其媒介投放就应该考虑更多户外媒介以及多搞一些促销活动等。

⑤媒介特点

不同的媒体种类之间有不同的特点，而具体的媒介载体也有着自己的特性，因此媒介选择要精心选择及组合，才能起到最大的作用，一般来说，主要应从媒体的发行量、面向人群、阅读（观看）率、表现力、覆盖范围等方面综合考虑。当然还有一点就是媒介成本问题，企业应考虑不同媒体广告费用的差别，结合企业的实力进行选择，要尽量使广告的效果和费用成正比，另外，多媒介联合使用即组合也能达到降低广告费的作用。

⑥竞争对手的媒介策略

房地产市场作为商业市场，就必须取胜于竞争对手，在媒介投放方面也同样如此，而这首先就必须了解竞争对手，大概可以从以下几个方面去了解：总体媒介花费、媒体选择组合、投放方式、是否用特殊广告创意等。

总之，一般广告公司会根据项目的大小、楼盘的档次、目标客户的定位、项目的区域、房地产企业的资金实力来选择广告媒体组合（表4-12）。

广告设计清单

表4-12

设计项目	具体内容
项目 VI 系统设计	标志（logo）、信封、请柬、水杯、旗帜；公共设施牌、小区标识、促销资料取阅台；户外导视牌；商务车（面包车/中巴/大巴）、公交车、灯箱招牌、展板；标志广告气球/空飘、广告伞设计；住所铭牌、入口地毯、垃圾筒、邮箱、小区交通指示牌、示意牌、下水道井盖、遮阳伞、蓬沙滩椅；手提袋、打火机、钥匙扣……
平面广告	报纸广告设计（预热入市、开盘、内部认购、强销期、封顶落成、进度公告、尾盘销售期）、杂志广告、户外广告……
TVC	电视广告、电视专题片、电视标版……

3）广告文案创作策略

文案应该使用客户通俗易懂的语言。

广告文案指表现广告信息的语言与文字构成，主要指标题、正文、广告语、随文等完整结构的文字广告。

房地产广告文案的特点：①受众对象的明确性；②文案内容的真实性；③不拘泥于结构的完整性；④表现方法的多样性；⑤语言文字风格的多样性。

房地产广告文案具有一定的风度格调，文案风格取决于广告制作人的业务水平及一定文化氛围下的艺术表现手法。目前房地产项目广告文案创作风格可分为以下几种：

第一，规则式风格。

这种创作风格有点近乎公式化，在格调上比较正规、刻板，很少带感情、艺术色彩。这种规则式风格的广告文案，在介绍楼盘时，一般只从楼盘的地段、质量、价格、房型、服务和买家可从中得到的某种实惠等方面。

例如：①轨道交通在即，世界触手可及；②个性化设计，稀缺绝版户型；③依山而居，享受山里人的清新；④浓郁人文学术氛围，让你的孩子赢在起跑线上；⑤超大绿化，无限绿意；⑥告别闹市喧嚣，独享静谧人生……

第二，理性感化风格。

这种风格被广泛运用于广告文稿创作。其特点是大都从文学艺术形式的艺术表现力方面打动顾客的情感，通过理性的感情诉求去改变顾客的态度。

A. 诱导式。这种房地产广告创作风格的文稿表现为一种许诺性诉求，是直接从满足消费心理、需求心理和购买心理的积极因素方面来通过广告语言文字表达的。

例如：①一城所向，一生尊享；②城市中心，耀世珍藏；③给家人一个幸福的承诺；④阳光水岸，整座城市仰望的幸福……

B. 同情式。从字面意义看，其做法是给楼盘的目标消费者提出一种困惑或忧虑，而后再提供一种住在某楼盘就可以消除忧虑的许诺诉求，文学手法上叫欲扬先抑。

C. 设身处地式。其特点是把广告诉求的语言文字直接以已购买者仕推荐的口气来表达，使广告的诉求意愿正好同消费者的心理相一致，用这样的口气说服潜在消费者从速购买，正好抒发了目标消费者和住户发自内心的共同心声。

D. 启发式。启发式风格的房地产广告大都从不同角度摆事实讲道理，而不正面去讲产品如何如何好。这种启发式风格的广告充满对消费者和用户负责的情感，从深刻的道理、情理、事理中引起人们的关注，引导消费者消费。

第三，情感诉求风格。

这类广告是以向读者或听者的感觉和情绪诉求为主，引起读者兴趣、启发联想，激发心理性购买动机，刺激购买行为发生。这种广告暗示的作用很大，所以又称之为暗示广告。

例如：①极品的生活，就是挥霍得起阳光与空气的亲水生活；②那一刻，突然明白，四季花城的动人，是在美丽之外的。

第四，论证式风格。

这类广告文案的题材常常是那些最能打动读者、激起热烈情绪的题材，如与人的健康、儿童的成长、经济利益有关的题材；能满足或激发人的好奇心、进取心、自尊心、同情心的题材；能给人以舒适、安全、幸福的题材等。

运用论证式风格创作房地产广告文稿，一般采用一点论、两点论和比较三种方法突出信息焦点。

A. 一点论，是指广告只就房地产本身固有的优点来述说，引用的信息和资料都是有利于证明房地产如何好的事实依据。广告的立足点在房地企业一边。

B. 两点论，是客观地向消费者介绍房地产商品，既讲楼盘的优点，也毫不掩饰其缺点。这种广告提高了内容的可信度，也易使消费者产生信任感。

C. 比较，是就房地产本身的质量、价格、地段、房型、服务等特点与竞争对手相比较，通过比较来证明它的优势。用这种创作风格撰写广告文稿必须实事求是，不能言过其实或故意贬低别的公司，许多房地产广告采用较为模糊的比较论证方式。

4）广告推广的品牌塑造策略

在某种程度上，项目之间的竞争就是品牌的竞争。企业的品牌能给项目带来的超越其功能效用的附加价值，对消费者产生强大的吸引力和感召力。项目的品牌和企业品牌是一种良性的互动关系。

例如某企业在新的区域推广新项目之前，都会将企业品牌作为前期铺垫强势推广，投放大量广告，让客户先对该企业产生好感，再认识该企业的项目；当该项目成功推广之后，项目品牌的塑造又对企业品牌产生进一步积累效应。从"珍视生活品质"到"用建筑赞美生命"，该企业一直在重复讲的就是一个"匠心生活家的故事"。故事的形式可以千变万化，多种多样，但是要坚守一个统一的内核（表4-13）。

某项目品牌阶段性传播策略　　　　　　　　　　　　　　表4-13

	主题	主旨	策略
第一阶段	建筑你的生活，从懂得你的生活开始	形象推出	统一形象
第二阶段	成就·生活·梦想	实际支撑	强化认识
第三阶段	无限生活、用心建筑	形象升华	赢得偏好

而同样是全产品系的另一房地产企业，品牌活动也是围绕城市情怀做文章。例如北京地区此前推出品牌升级行动"城市有光"，通过文化、公建、筑宅三个维度来让城市有光，表达品牌对于在大都市生存的人的温暖关照。

近两年，各大房地产企业在塑造企业品牌方面，借品牌宣传片、冠名赞助、创意海报和品牌故事等潜在客户和相关方感兴趣的形式，对其产品、服务和品牌价值体系进行传播，使品牌不断深入人心，持续提升传播效能和品牌价值。进行有温度的、趣味式传播已经成为不少企业的品牌共识。

①企业宣传片

房地产企业宣传片意在传播品牌理念，增强品牌效能。主要以重大节日事件、企业产品和服务、品牌社会责任和使命、品牌主张等为内容制作宣传片，宣传企业品牌理念，既传递了品牌价值又传播了社会责任和温情，正面宣传了企业形象，取得了良好的宣传效果。

从内容上来看，品牌企业以宣传产品、服务、企业文化、社会公益和责任入手，聚焦企业月度重大事件，用宣传片的形式扩大品牌影响力。

从品牌理念来看，品牌企业通过宣传片主要传递企业的品牌主张、价值观、企业精神和品牌责任与使命。

从品牌效能来看，品牌企业通过宣传片达到了传播大爱、传递经验和传输美好的传播效能，使品牌更加深入人心。

例如，202×年，某企业发展年度企业宣传片全新发布，开启该企业第三次创业的追光之旅，笃定要做"温度人居时代的引领者"。

②品牌发布会

发布会是企业品牌宣传的重量级名片，其打造的品牌仪式感、营造的公众体验感对提升品牌知名度具有重要作用。房地产企业新品发布会主要面向客户和媒体，主要传递企业核心的产品功能和优势，期待品牌实现溢价。

产品发布会的整体形象是一个筛选客户的过程，客户心理上的区隔化越明显，企业的品牌形象和标签越清晰，越能实现品牌溢价。而发布会的形式也是呈现企业特性的一个手段，收拢客户目光的一个过程。

科技、文化元素的植入发布会有利于表达产品。比如某企业在杭州召开 201× 年品牌战略发布，在"穿越时空之旅"场景的活动现场，进行了一场探索城市、思考居住之旅。另外也有些房地产企业重视文化的体现和文化元素的融入，且越大的房地产企业越重视通过文化融入发布会。比如某企业 201× 年华南新品发布会围绕东方文化美学，从产品打造、东方十三经到东方美学文创产品的展示，处处传递金科做东方建筑的专注和专业。

③冠名赞助

近年来，房地产企业品牌冠名赞助主要在五个方面发力：

其一，赞助有传播影响力的国内外重大娱乐活动，如旅游节、名人演唱会、戏剧节等。

其二，赞助重大体育赛事或活动，利用人们的兴趣点达到品牌传播的目的，如国际、国内重大足球、篮球等赛事。

其三，通过冠名大型会议、产业论坛等加强品牌黏性。

其四，冠名赞助人流量大、广泛使用的主要交通工具如高铁、公交车等进行品牌的快速推广与扩散。2018 年，某企业通过冠名高铁，将品牌传递到高铁沿线。

其五，通过赞助主流媒体活动如央视春晚和新型社交媒体等广泛传播品牌。

④IP 塑造

随着近几年 IP 文化及萌宠经济的盛行，地产行业找吉祥物做代言人的风头也越来越足，卡通吉祥物 IP 极具辨识度和互动能力的属性，极易积累大量的私域流量，同时也与企业品牌相关联，能够进行流量的有效转换。企业在运营、营销及推广方式上加入自己的吉祥物元素和性格，便能在区隔竞争品牌的同时为企业品牌源源不断地赋能。

近几年，随着存量市场及购房群体年轻化的到来，房地产市场竞争已经进入品质与品牌时代，"场景 +IP"成为房地产企业新一代品牌推广的主旋律，企业打造属于自己的卡通 IP 已成为营造企业形象的重要一环。

据不完全统计，目前百强房地产企业中超半数房地产企业拥有吉祥物。除了企业集团层面的吉祥物外，一些企业的不同产业、项目也拥有自己的吉祥物。

⑤公益活动

房地产企业助力社会公益，关乎企业价值的选择，也是企业品牌发展的战略思考，将慈善和公益事业纳入企业长期的发展计划，就需要有计划地开展各项公益项目，近些年，公益品牌塑造广受房地产企业关注，围绕公益展开的活动也逐渐展现出系统性特征（图 4-15）。

图 4-15 房地产企业公益活动开展形式

品牌房地产企业助力社会公益活动，凸显企业社会责任，塑造企业品牌美好公众形象，提升企业品牌美誉度。随着品牌企业在社会公众中的影响力日益凸显，品牌价值不断拓宽加深，企业在公益领域的活动也越来越多元化，企业品牌渗透力日益增强。

例如：在长期扶贫实践中，某企业明确"做党和政府扶贫工作的有益补充"的定位，坚持精准方略，因人因地施策、因贫困原因施策、因贫困类型施策，探索出"4+X"扶贫模式。截至目前，另一企业累计为慈善事业捐款捐物逾3.8 亿元人民币，其中教育捐助投入 1.47 亿元，包括在贫困地区和少数民族地区援建中、小学校 30 多所，为 2 万多名贫困学生和幼儿提供了学习机会等。

5）互联网广告推广策略

房地产行业与互联网结合蔓延到了营销思路上：场景营销、社群营销、大数据营销、事件营销、金融营销、自媒体营销。这些方式也许不能在短时间内改变行业现状，但是却折射出房地产未来的发展之路。

①基于场景为用户推送广告

场景化营销就是判断消费者当下场景的潜在需求，然后给用户推送基于该需要的品牌内容。通过判断消费者当下潜在的需求，再将商品的广告精准地推送给个人，相比模糊而庞大的群体，不仅更加精准化，而且充分做到个性化，让广告直接出现在消费者们面前，无论是从需求上，还是好感度上，都可以得到大幅提升，进而提高成交量。

②通过社群营销来完成交易

在互联网时代，用户的需求是由不同的场景构成的，所以企业在做社会化营销的切入点就是要还原这些场景，找到用户的痛点。利用线上社会化营销产品，与新老用户保持互动，使其对产品更加满意，对品牌进行口碑化传播；针对互联网用户定期举行线下活动，增加用户的活跃度与黏性，使用户离不开企业，进而提高销量。

③基于大数据进行精准营销

互联网时代，信息量庞杂并真假难辨，购房者不知如何找到自己需要的，房地产企业也很难从海量用户中筛选出精准客户群。利用大数据技术可以有效地解决这些问题，房地产企业在线上大面积地采集数据，综合用户访问的各种网站、发布的内容、与他人互动的内容等信息可了解到潜在用户的主要特征，以及他们对产品的期待。根据来自不同平台的数据进一步挖掘和分析，找到这些数据相对应的人群，以此展开个性化的营销服务，从而帮助房地产企业深挖市场潜在需求，精准定位目标群体。此外，基于大数据的分析与预测，房地产企业可以更早地发现新市场与新趋势。

④借助金融产品吸引消费者

买房的群体中，不管是刚需型还是改善型，按揭贷款还是占大多数，因此，房地产商联手互联网金融推出贷款服务与各种理财产品，房地产企业选择金融产品会吸引一大批消费者，实现项目高效、精准蓄客，促进项目销售。利用互联网优势，将线上线下及自由客户三方面的资源统统归集，有利于产品的推广和运营，同时增强房地产企业的综合竞争力。

⑤自媒体推动房地产营销

自媒体即借助网络社交等平台自己发声，具有分散的特征，传播状态碎片化，传播中心分散化，所有的个体都可以成为一个自媒体，此外，自媒体集大众传播与人际传播的特性于一体，而随着社区论坛、微博、微信等社会化网络应用的兴起，自媒体营销愈发被地产商看重，自媒体对房地产营销的推动作用不可估量。

⑥短视频成为营销推广的重要载体

当文字和图片已经无法满足营销表达的创新，短视频变成新媒体风口。短视频作为时代快速发展的产物，能聚合社交、电商等属性，日渐成为人们获取信息的重要渠道。以目前最大的短视频头部平台为例，根据最新的数据显示，其日活用户量已经达到的 6.8 亿。

新媒体渠道对房地产企业营销的价值包括：①一个高流量的获客渠道，帮助房地产企业实现百万级至亿级的传播，实现低成本高效率获客；②打破固有传播圈层，传统营销方式覆盖面相对狭窄，而新媒体渠道可以帮助房地产企业破圈找到增量客户；③积累私域流量和影响力，房地产企业可在新媒体平台积累自己的粉丝，与客户建立长期关系和影响力。并且，相比其他渠道的高成本，新媒体平台提供了更具费效比和长期性的选择。

而视频号是以微信生态为核心衍生出来的短视频生态体系，将公众号、朋友圈、小程序、小商店、直播、投放等产品组件连接起来，能够完成短视频 + 电商 + 直播的闭环，更加精准地进行用户获取和投放。

在短视频内容方面，主要结合房地产项目的各种场景及买房客户关注点进行选题，如广告型内容，及房地产项目在关键营销节点发布的广告导向内容，强调内容的精美度和营销性，广告内容有极强的营销目的，要将品牌或项目产品信息推送给目标受众（表 4-14）。

短视频内容规划　　表 4-14

教知识	真人讲解或动画讲解房地产专业知识，尤其购房过程中需要掌握的关键知识，吸引购房者的关注
说产品	通过情景短片或者真人带看的方式，将产品的价值点植入，让受众有代入感
传递温暖	通过短片展现物业、置业顾问等各个细节的温暖瞬间
晒活动	项目重要的营销活动现场，如开盘、交房等活动

短视频主要表现形式包括人物解说、情景剧、个人解说、Vlog、微电影等。

未来，更多的平面物料会以短视频的形式出现，比如项目卖点视频化、样板房样板区视频化，异地拓客更需要视频化，而未来渠道人员的拓客不再是以纸质物料为主，而是以短视频为主。

3. 房地产项目活动推广策略

（1）活动策略的定义

"活动营销"，即是通过精心策划的具有鲜明主题，能够引起轰动效应的，具有强烈新闻价值的单一的或是系列性组合的营销活动，达至更有效的品牌传播和销售促进。

相对于单纯的媒体传播和广告来说，活动营销至少具有以下两大优势：

第一，零距离接触消费者。

单纯的新闻传播和广告都需要载体（电视、报纸、路牌广告等）实现企业与消费者之间的对接，而活动营销则是直接与消费者沟通。

第二，变被动为主动。

在消费者看来，单纯的媒体传播和广告都是被动地接受，而公关活动，更多的是吸引目标受众主动参与，通过体验，更多了解产品和品牌信息。

所以，活动营销的传播率更高，效果更好，更有利于企业将产品信息和品牌信息传递给目标受众，并最终达到促进销售的目的。当然，精心策划和彻底执行是一个活动营销成败的关键。因为一个具有轰动性的活动要求是非常高的，必须具有吸引力、关联度、可信度、操作力和传播力五大关键点。

一个优秀的活动营销，必须具备"晓之以理、动之以情、攻之以心、诱之以利"的十六字策划方针。

（2）活动策略的分类

1）按不同推广期分类

①项目前期：奠基仪式、征名活动、开工仪式、文化沙龙、高端论坛等。

②蓄客期：售楼处开放、产品推介会、媒体见面会、样板间开放、园林示范区开放、合作资源签约、巡展、房展会等。

③开盘准备期：预约登记或办卡升级、周末暖场活动、资源导入活动等。

④顺销期：抽奖、送大礼、节日活动、客户答谢活动、业主联谊等。

2）按活动不同影响力分类

①事件活动：文化沙龙、明星代言、高端论坛、体育赛事、文化赛事等。

②公开营销类活动：奠基仪式、征名活动、开工仪式、售楼处开放、产品推介会、媒体见面会、样板房开放、园林示范区开放、合作资源签约、预约登记或办卡升级等。

③暖场活动：DIY、讲座类、奢饰品类、品鉴类、节日活动、答谢活动等。

④促销类：抽奖、送大礼、出国游等。

（3）活动方案的构成

一个完整的房地产项目活动策划方案主要包括的内容如图 4-16 所示。

活动目的　时间地点　活动对象　主题形式　活动流程

推广计划　邀约计划　场地布置　人员安排　物料总表

图 4-16　房地产项目活动策划方案内容

【案例 4-8】一个完整的房地产项目活动策划方案

扫码阅读

4. 房地产项目展示策略

展示策略，即展示区的包装策略。展示区一般由示范景观区、售楼部、样板房等几大部分组成，它是项目开发周期的关键环节，通过营造真实的生活场景，可以让客户从中切身体验到未来整个楼盘的生活氛围。

轮廓清晰而又完整的居住空间展示，有时比营销人员的解说更具说服力。包装到位的展示区对客户有极大的心理暗示和诱导作用，能激发购买欲。然而如何打造一个成功触动客户的展示区，这需要我们精准捕捉目标客户在各个需求等级中的敏感点，将其艺术化，转译成景观语言，呈现在空间场景中。

（1）展示区打造理念

1）景观服务情景，让客户触"景"生"情"

实景塑造遵循"同感营销"法则，全方位调动客户感觉器官，最大化传递信息量。所有实景效果目的服务于客户的精神空间构造，因为真正的体验超越物质本身。

成功的景观打造应让客户触"景"生"情"。通过将景观转化为情景，客户从被动的接受者变为主动的构造者，他积极地敞开自己的心灵幻想世界，将展示区纳入其中（图 4-17）。

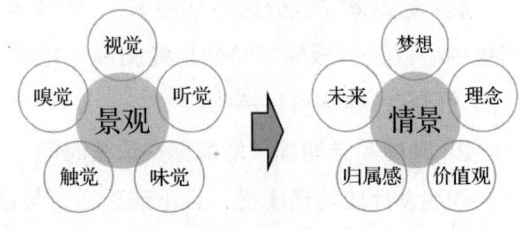

图 4-17　全方位调动客户感观，实现触"景"生"情"

2）空间叙事有节奏，调动客户情绪曲线

让人认同的体验，通常是参与者投入过大量情绪能量的过程，客户需要感受到活力。而空间叙事如同诗歌与音乐，整体故事性的起承转合能引人入胜，让客户产生"好奇""清晰""恍然"以及"共鸣"等情绪体验，增强沉浸感；而景观的节奏或建筑的秩序可以显著地调动客户情绪，制造体验曲线。

（2）展示区规模与选址

1）规模匹配项目定位，一般不超过3000m²

规模大小应根据项目的整体定位、市场策略以及开发进度等因素，结合前期资金投入情况决定。原则上产品定位越高端，匹配的展示区规模越大（表4-15）。

展示区总面积一般不超过3000m²，如果样板区要求过大，可将展示区拆分为核心区与引导区。

产品定位与规模大小的关系（设计经验值）　　　　　　　　　　表4-15

产品类型	建议展示区规模（不含样板间）
刚需、刚改	1000m² 左右
首改、改善	1500m² 左右
改善、再改	2000m² 左右

2）选址确保通达及施工，最大化景观优势

选址需考虑通达性和施工进度。首先要方便目标区域的客群直接到达，避免交通因素影响客户体验（如单行道、道路施工等），同时应将展示区纳入整体施工组织进度中考虑。

除此之外，展示区选址需有利于景观设计。应力求与周边特殊景观结合设计，形成规模的景观节点。

展示区选址考虑因素：

①通达性：临近外部道路，且为易识别区域；

②施工：应考虑不影响整体施工进度；

③景观：整合周边景观资源，如山体、湿地或市政公园等，做到邻为我用，同时将风景名胜、江景商业等纳入借景范围，实现近用远借。

（3）展示区功能分区与动线设计

1）分区保证销售功能，灵活拓展，强化特色

展示区基本功能分区包括停车区、示范景观区、销售中心以及样板间。特殊功能拓展可根据具体项目需求而定，强化项目特色。

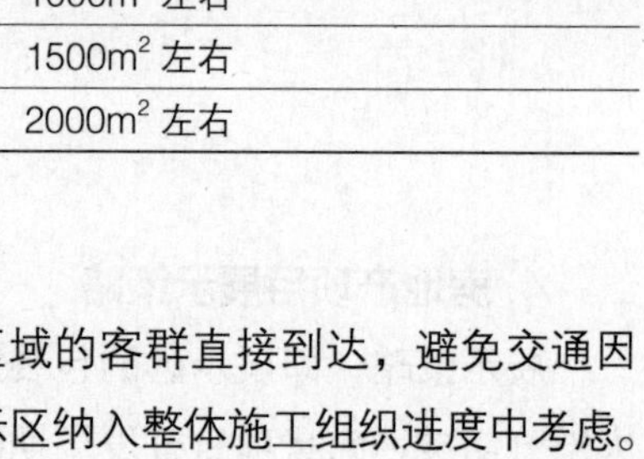

2）动线简洁明确，增加客户逗留时间

图4-18　展示区分区与动线设计

动线设计应明确便捷，且不缺乏活力与趣味性。景观引导段及前场的动线应尽量拉长，尽可能串联各个景观节点，增加客户逗留时间，丰富体验（图4-18、表4-16）。

同时应巧借软、硬景及围挡等管控客户视线与行为，最大化满足营销需求。

展示区动线设计考虑要点　　　　　　　　　　　　表 4-16

要点	内容
管控客户行为	结合营销需求，参观流线尽可能单一
体验丰富	尽可能串联所有景观体验点，展现丰富景观类型
长度适中	动线舒展、流畅，尽可能增长逗留时间，一般控制在 40min ~ 1h
心情调控	合理组织景观序列，浏览节奏，调节客户的体验心情，减少参观疲劳感
管理视线	利用软景、硬景等元素形成积极的空间形态，有效引导客户视线

展示区的打造不仅是浮于表面功夫的景观罗列，景观是为了塑造场景，而场景是为了串联故事。客户走进展示区，核心的诉求是为了体验理想中的生活，因此展示区打造的秘诀就是塑造一个可供客户造梦的空间，让客户可以在触碰过去的同时憧憬未来。

4.3.3 渠道策略

1. 房地产营销渠道的概念和类型

房地产营销渠道是指房地产项目从生产者向消费者转移的过程中所经过的通道，这一通道是由参与房地产商品交换的一系列机构和个人组成的，因此，房地产营销渠道又指房地产项目从生产者向消费者转移的过程中，取得该商品所有权或协助商品所有权转移的所有机构和个人。

房地产营销渠道根据其在房地产所有者和消费者之间是否使用中间商或使用中间商的类型和多少，可以分为不同的营销渠道类型。

按照有无中间商的介入，将营销渠道分为直接营销渠道和间接营销渠道。

（1）直接营销渠道

直接营销渠道是指房地产生产者直接把商品销售给购房者，而不通过任何中间环节的销售渠道，简称直销或自销，也叫零级渠道。它是我国目前房地产营销的主要渠道。

房地产直接营销渠道的优点主要体现在以下四个方面。

第一，直接面对市场。房地产直接营销渠道便于房地产企业直接了解消费者的需求、购买特点以及变化趋势，由此可以及时作出相应的经营决策，更好地满足消费者的需求。

第二，降低营销成本。房地产直接营销渠道可以缩短商品的流通环节，减少流通费用、降低营销成本。

第三，满足消费者的不同要求。房地产直接营销渠道便于企业为消费者提供特殊的服务。产销见面，可以满足消费者对产品形态、结构、色彩以及室内装修等不同的要求。另外，提供良好的售前及售后服务，有利于扩大企业在市场上的影响，提高企业声誉以及树立良好的企业形象。

第四，避免营销短期行为。房地产企业控制了开发经营的全过程，可以避免某些素质不高的代理商介入造成的营销短期行为，如简单地将好销楼盘单元销售出去，造成相对难销的楼盘单元积压。

房地产直接营销渠道也有其不可避免的缺点，主要表现如下：

第一，占用一定的人力、财力和物力。房地产直接营销，会分散企业的人力、物力和财力，分散企业决策层的精力。做得不好会使企业顾此失彼，开发建设和营销两方面都受影响。

第二，风险较高。如果采用直接营销渠道，则房地产企业要独自承担全部风险；房地产在租售阶段存在着需求下降、价格变动以及其他市场风险；若由经销商负责营销，则有利于风险分摊或风险转移。

第三，影响营销效率。因营销能力限制，可能给营销带来不利影响。房地产企业的特长是组织项目开发，往往不具备广泛的营销网络，对市场需求信息的了解也不如经销商充分。因此，直接营销必然影响营销速度，延长项目周期，不利于企业的资金周转。

（2）间接营销渠道

间接营销渠道是房地产生产者通过中间商销售房地产的渠道。间接营销渠道根据层次的不同，又可以细分为一层渠道、二层渠道、三层渠道以及四层渠道。

房地产间接营销渠道的优点主要体现在以下四个方面。

第一，提高效益。有了中间商的协作，房地产企业可以从繁杂的营销业务中解脱出来，集中精力，专心致力于房地产开发，从而有助于加强市场研究和开发项目的可行性论证及决策分析，不断提高开发经营的效益。

第二，缓解资源不足的矛盾。房地产间接分销渠道可以缓解房地产企业人、财、物等资源不足的矛盾。由于中间商介入房地产商品流通，使房地产企业提前实现产品价值，加速了房地产企业资金的周转速度。同时也减少了人力、物力、财力的分散，从而可以保证房地产企业以较少的资源开发建设较多的房地产产品。

第三，分散风险。经销商的介入，虽然分享了部分利润，但也分散了很大一部分风险，从而有助于企业获得合理的开发利润。即使是代理中间商，由于加快了房地产产品的营销速度，也相当于减少了房地产企业的风险。

第四，满足消费者的不同要求。由于流通职能的专门化，房地产中间商能汇集大量的待销房地产产品，从而有助于消费者选购其所要求的产品。同时，中间商还可为消费者提供各种相关服务，简化手续，这有利于促进营销效果的提高。

与直接分销渠道一样，间接分销渠道也存在着自身的缺点，主要表现在以下三个方面。

第一，提高了房地产产品的价格。由于中间商的介入，相应地要增加商品的经营费用，由此增加了商品的成本，提高了价格，容易引起消费者的反感。

第二，容易降低售前和售后服务的质量。房地产商品在使用过程中离不开各项服务，特别是物业管理工作量很大。中间商的服务往往不如房地产企业那样及时和周到，也容易引起购房者的不满。

第三，不便于直接沟通信息。房地产企业如果与中间商协作不好，很难准确获取到消费者需求的信息和竞争对手的信息，不容易把握市场变化的趋势，最终会影响企业的经营效益。

常用的间接营销渠道主要是通过房地产中间商承担商品的流通职能。房地产中间商是指处在房地产生产者和消费者即房地产企业和购房者之间，参与房地产商品流通业务，促进买卖行为发生和实现的企业或个人。房地产中间商对于间接营销渠道的建立以及营销渠道的扩展优化起着相当重要的作用。房地产中间商可分为以下 4 种：

1）房地产代理商

房地产代理商业务是针对全案楼盘（整栋、整片楼盘）。销售处主要在楼盘现场，房地产代理商应该具有整盘策划能力、现场销售能力。房地产代理商是房地产间接营销渠道的主要形式。房地产代理商往往要和发展商共同承担营销风险，包括对广告费的垫支。房地产代理商以获取楼盘销售单元佣金（扣除经营成本）为利润。

2）房地产中介商

房地产中介商业务是针对零散楼盘（个别单元楼盘）。销售主要是采用店铺式营销或上门推销。房地产中介商对楼盘只有基本的信息介绍和简单的包装，成交很大程度上依靠于销售人员的个人突破。房地产中介商获取利润方法和代理商相同。

3）房地产经纪人

房地产经纪人指具备经纪人条件，经工商行政管理部门核准登记并领取营销执照从事房地产经纪活动的组织和个人。这里所说的房地产经纪人主要指上述房地产经纪人含义中的个人，他们为商品房的买方寻求卖方，为卖方寻求买方，进行居间介绍，以买方卖方的成交收取佣金。

4）房地产策划公司

房地产策划公司业务是为楼盘销售提供市场调研、营销（广告）策划、销售人员培养顾问服务等。一些房地产策划公司可以承担包括建筑策划的房地产销售全程策划。房地产策划公司可以是代理商（公司）的一种类型，也可以以策划公司名义注册。房地产策划公司一部分以工作室形式出现。

上述 4 种房地产中间商中，代理商一般采取总代理或独家代理的方式。中介商可以作为直接营销渠道或间接营销渠道即发展商或代理商销售的分销商。房地产经纪人（个人）可以作为发展商或代理商销售的补充渠道。房地产策划公司属于房地产中间商的范畴，它和发展商的合作仍属于直接营销渠道，但在优化营销渠道乃至楼盘整个营销过程中具有不可忽视的作用。

2. 房地产营销渠道策略

（1）渠道选择

房地产营销渠道策略，是指房地产企业为了实现企业的经营目标和营销目标，使房地产产品快速、高效地从开发建设领域流向消费者而采用的一系列措施。

房地产营销渠道选择的原则：

1）经济性原则

经济性原则是房地产企业在进行渠道选择时的首要原则。在进行渠道决策时，房地产企业可以从财务的角度对不同的营销渠道进行预期的投入产出评估，即对渠道的经济性进行考核。首先要确定选择不同渠道的成本，评估不同渠道的预期收益，还要对选定的销售渠道的结构进行优化。

2）可控性原则

除了成本问题，企业还必须考虑到渠道的可控性以及由此产生的控制成本问题。比较三种传统的营销渠道，直销可以使企业直接面向消费者，随时对销售团队进行调整以适应市场需求的变化，可控性较强，但直接销售渠道的建设要求较大的投资。相应地，委托代理方式在商品房销售时利用了专业代理商现成的营销经验，能使产品很快推向市场，但在销售过程中，由于房地产企业和代理商的经济利益不同，双方间的冲突可能就很难避免，销售渠道的控制难度相对较大。

3）适应性原则

由于销售渠道的建设涉及较大的固定成本投资，因此存在行业进入和退出壁垒，尤其针对委托代理形式，房地产企业和委托代理商之间可能还有合同等的限制，一旦采用了某种渠道模式，就需要双方保持相对的稳定性，可能导致在相当长时期内缺乏弹性。因此，房地产企业必须充分考虑外部市场环境的变化，使销售渠道具备一定的灵活性以应对市场变化。

4）全程性原则

房地产项目营销的渠道策略需贯穿从项目定位到交易完成的整个流程。项目定位阶段，核心工作需要明确项目和客群的匹配程度，初判项目的渠道策略和渠道团队。客户分析阶段，核心工作需要描摹客户画像，进行客户地图的绘制。在推广传播和拓客阶段，需要明确传播渠道的选择，塑造项目的品牌知名度，聚集客户流量并进行筛选和梳理，最终通过邀约、活动等方式导入客户，促成最终的交易（图4-19）。

（2）渠道拓客

1）渠道拓客的资源

①大机构、大集团等大客户资源；主要是项目附近的大型机关、企事业单位、社会团体等大客户；

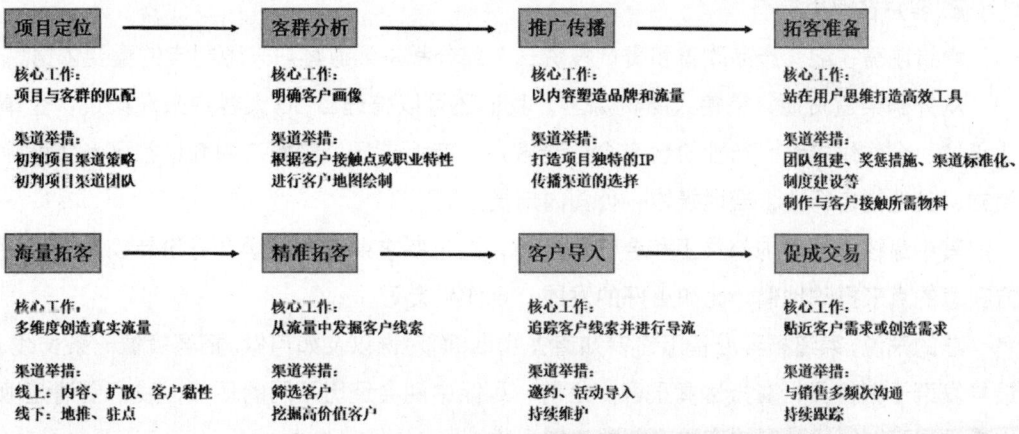

图 4-19　渠道的全程营销流程

②社区、写字楼、娱乐服务场所、超市、百货商场等客户资源；

③房地产企业自身的会员俱乐部客户资源以及其他关系资源；

④代理商的客户资源或者二、三级市场联动的地铺网络及其积累的客户资源；

⑤合作物业公司的客户资源；

⑥房展会、巡展会等外展活动积累的客户资源；

⑦专业短信公司、直邮公司的客户资源；

⑧银行、证券、基金机构、移动通信公司的 VIP 客户，高尔夫、车友会、游艇会等俱乐部会员；各种协会如台商协会、证券协会、物流协会会员；

⑨房地产公司员工和老客户推荐的客户资源。

2）渠道拓客的准备工作

开展渠道拓客工作,项目需要从梳理客户资源、制定策略、制作物料三个方面做准备。

①梳理客户资源

A. 客户是谁?

可以从下面的三个维度准确地倒推出来，但需要注意的是，它们并不是单一维度。

项目市场属性：可分为外向型市场、封闭型市场和区域性市场。外向型市场，即纯外销市场；封闭型市场，即在一个特定的县市区内，主要客源都来自本地。区域性市场，即一线城市、强二线城市对周边地区有辐射，周边县城乡镇也有进到更高一级城市的需求。比如环沪的项目既有本地居民的需求，也有周边城市居民想到上海居住的可能性。

项目价值属性：由项目定位、类型及产品价格决定的。同一个项目不同的产品业态，不同的推盘期，可能会产生一些组合效应。

项目配套属性：这部分决定了项目属性定位，除了交通资源，教育医疗、商业生活配套资源越来越重要。

B. 客户在哪里？

地缘刚需、配套产品改善和资产投资三个部分都是渠道客户来源判定的重要依据。

从外部渠道资源、销售人脉资源里，我们还可以梳理出 10 大客户来源渠道：企事业单位、合作供应商、行业协会商会、老客户、专业市场、房地产中介、社区乡镇意见领袖、其他销售行业、当地媒体、公司内部员工。

其中最核心的是内部员工和合作供应商，这也要求渠道人员学会身份转换，通过对方在意的点来打动他们，比如更好的发展、合作机会等。

总的来说，渠道拓客准备工作要知道去找谁、面对谁以及如何做。拓客就像一条长线，最早发端于销售员，在抵达真正客户之前，可能中间会经历不同的环节，我们要清楚地知道谁是可以触达并影响客户决断的关键人物。

② 制定策略：按照不同渠道合理分配指标

A. 明确货量铺排

排查全周期推售货量及供货节奏，确定阶段性拓客指标及推广活动物料支持。

B. 分解拓客指标

基于项目团队架构进行分组，并将指标分配给各组，由组长分配到个人，设置 PK 奖惩机制。这里要注意的是，给不同渠道的拓客小组有不同的侧重，确保完成总体的内控指标。

C. 绘制拓客地图

根据客户描摹定位客户分布区域、行业、位置、数量等，将客户分布市场进行划分。我们常规的做法是图配表，形成清单，一一完成。最后还要对这个拓客地图进行修复和重新地评估，发现实际客户的主要来源，复盘哪些地方没有做透。

D. 规划拓客礼品

定制符合项目调性、凸显项目推广价值的拓客物料及礼品，礼品用于收客不用于充水。

③ 制作物料：线上物料准备越来越重要

拓客物料的总原则是展现项目价值、符合项目调性、助力收客。主要分为三个方面来准备：

A. 基础物料：单页、海报、展架、名片、销售用语、产品用语、电话用语、对抗用语、巡展点。

B. 线上道具：电子楼书、户型图、VR 实景展示、推介 PPT、项目宣传片。

C. 线下道具：价值楼书、户型折页、普发礼品（如矿泉水、手机壳、围裙、数据线）、拓客礼品（如雨伞、充电宝、笔记本套装）、大客户礼品（如茶具套装、红酒套装）。

（3）渠道拓客策略标准化动作

1）定向"散网"

①策略目标：挖掘意向客户，并达至成交。

②操作模式：根据客户特征及分布区域，制定精准的"客户地图"，并以此派单、巡展等。

2）资源整合

①策略目标：开拓社会中的人脉关系、圈层资源，为项目所用。

②操作模式：全员营销、团购、看房团、Call 客、老带新、跨界活动等。

③外部资源：企业单位（高管、员工）、行业平台（会员数据库）、生活社区（住户、物管人员）、特殊群体（老人、前离职人员）、外援机构（代理商、二手中介经纪人）等。

④内部资源：公司内部（高管、员工）、项目资源（会员、业主）、合作伙伴（关系户、供应商）。

A. 派单

a. 拓客计划设定

（A）目标及分解

（a）根据销售目标倒推认筹目标、蓄客目标，并根据蓄客目标设定拓客计划，摸底建立工作地图。

（b）设立总目标后，分配给各个小组团队，各个小组团队再分配到个人，进而细化到前期蓄客期、强拓期等阶段。

（c）制定目标及分解目标的过程会验证合理性；同时每周每日进行盘点时调整指标。

（B）时间安排

拓客、收客的关键词：礼品 + 活动。

白天拓客，晚上收客：白天带项目各种礼品出动拜访，晚上集中约访客户及回访客户，确定拓客指标下的有效客户有多少；

工作日拓客，周末集中收客：周末组织暖场活动（客户需要的活动），约访本周客户参加，二次盘点有多少有效客户；

按集中的大节点组织大活动进行大规模收客，如大型节日，项目重大节点等组织大型活动进行办卡认筹等锁定客户。

b. 编制客户地图

根据项目定位、产品类型，锁定目标客户群；根据客户群的特性、分布区域及行业，制定客户地图与拓客计划。客户地图详尽描绘，具体到每个区域、每个行业、具体数量、位置、规模等信息，拓客计划方可准确开展（图 4-20、图 4-21）。

c. 派单模式选择

（A）撒网式派单

适用背景：人流密集，但客户分布比较分散。

执行要点：派单人员大量派发单片，加简短介绍，力求派发数量最多、派发速度最快，博取信息高覆盖率，在撒网基础上抓成功率。

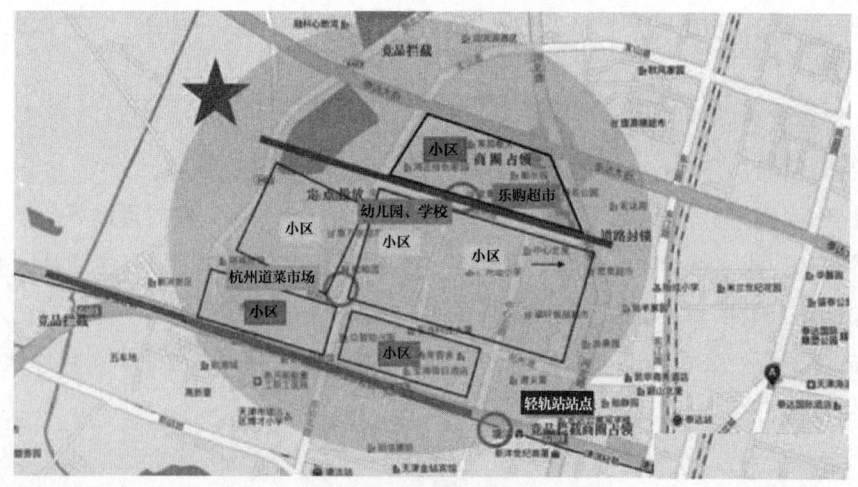

图 4-20　编制客户地图

营销阶段	营销阶段 研判目标	研判特征	分析工具
前期定位 策划阶段	寻找客户 定位基础	物理的 广泛的 初步的	实地考察 案场研究
首期开盘 蓄客阶段	研究目标客户 营销指方向	鲜活的 具体的 细致的	竞争分析 客户深入研究
后期加推 蓄客阶段	总结成交客户 策略再集中	总结修正 前瞻性	成交数据分析

图 4-21　各阶段客户地图的编制要求

派单地点：

（a）商业网点：大卖场、购物中心、商业街、沿街商铺等；

（b）交通枢纽：主干道路、公交站、地铁站、火车站等；

（c）展会：房展、车展、装修展等各类上下游展会；

（d）其他网点：加油站、公共停车场、十字路口等。

（B）定向式派单

适用背景：目标客户定位相对准确，分布相对集中。

执行要点：派单人员选择目标客户集中区派发单片，加简短介绍，力求派发准确度与派发数量较高，博取高到达率。

派单地点：

（a）竞品区：竞品动线路口、停车场及邻近公交站/地铁站；

（b）拆迁区：棚户区、旧村等；

（c）生活区：指楼盘外部的活动广场、菜场等；

（d）社区：指楼盘内部的内部广场、交通动线中心或沿线；

（e）专业市场；

（f）写字楼；

（g）中小学校；

（h）大企业：厂门口、生活区。

d. 派单道具选择

派单道具包括特色服装、创意礼品、项目周边、实用生活用品等。

e. 派单案例

（A）社区派单

形式：周边社区派单。

物料：借助社区宣传栏宣传，也可印刷塑料袋免费送给各社区便利店。

效果：轻松进驻社区，精准客户地点定位，和物管达成良好关系，还可摆放广告展架、海报等。

变招 1：乡、镇、村的拓客，同样可以尝试此种方式。

变招 2：厂房店、大商场同样可以尝试使用此种方式。

（B）事业单位派单

拓展对象：学校、医院、银行、邮局、行政办公大厅等单位。

工具配合：制作广告笔、定制本等，免费送给各个单位。或定制笔和作业本，与教委合作开展公益活动，提供给学校师生使用。

前期宣传：充分利用企业内部推广媒介（报刊、邮箱、OA、宣传栏），阶段性在企业常驻宣传。

中期推介：集中时间进行项目推介，重视现场包装和现场秩序，给客户留下良好印象。

后期转化：针对性制定优惠政策，保持和工会组织良好关系，便于后续拓展。

（C）动迁嫁接

无巡展点的情况下：

（a）事先与社区物管或居委会取得联系，获取他们同意，派兼职拓客人员在社区内派发单片。社区内居民聚集点一般为中心广场、会所、交通枢纽、健身区等。

（b）如项目安排定点定时看房车，在拓客同时需向居民说明看房车发车时间及等候地点，设置凭 DM 单片上车或凭兼职人员名片上车等条件。安排专人（拓客专员）在看房车内确认客户、接待和解说项目信息。

（c）如项目安排现场即时出发看房车，拓客重点则在于以简短的语言说服居民跟随兼职人员搭乘看房车。安排专人（拓客专员）在看房车内确认客户、接待和解说项目信息。

（d）如不安排看房车，社区内拓客重点在于铺面，最大限度最大范围地把项目DM单片散发到居民手中、信箱中、停车场车主手中、停车位上等。

有巡展点的情况下：

（a）事先与社区物管或居委会取得联系，获取同意，在社区内交通枢纽或人群集聚地设置巡展摊位。

（b）准备DM单片、户型资料、客户信息登记表、遮阳伞、易拉宝或海报、桌椅、饮用水、小礼品等简单物料。

（c）展点派专人把守，分发资料的同时登记意向客户信息。

（d）兼职拓客人员以展点为核心，辐射到社区内的小广场、会所、交通要道等人群较为密集的地方进行拓客。最好能把客户带至展点进行信息登记，如有不愿意立即前往的客户，则可以留电邀请其有空到展点询问或说明看房展点或案场地址，邀约看房。

f. 派单考核

（A）考核指标

（a）以到访客户数量为外拓小组唯一考核标准。

（b）以组织活动、资源互换为大客户拜访考核标准。

（B）竞争机制

（a）组内竞争——现场保持2名销售；每日拓客第1名替换掉1名内场销售；

（b）组间竞争——以周为单位进行替换，每周拓客第1名的组留守现场。

B. 巡展

a. 巡展地点选择

根据客户特征及分布地图，选择在展会、商场、社区、步行街等区域进行项目展览与吸客。

b. 巡展模式

（A）模式一

（a）场所选择：高端商场、酒店。

（b）配合物料：沙盘、灯箱、展板等。

（c）展场特点：展示相对高端，展位设置周期性较长，流动性较小，适合高端客群或度假投资类项目。

（B）模式二

（a）场所选择：中高端商场、超市、写字楼、步行街等。

（b）物料配合：帐篷、背景板、展架等。

（c）展场特点：流动性相对较强，适合中高端项目，适合白领客群项目。

c. 巡展技巧

（A）互动类社区巡展：在巡展的过程中尽可能地与客户进行互动，扩大巡展影响，增加与客户的接触机会，获取客户的信息。

（B）社区巡展要有跟居民的互动环节，抽奖也好，定时派送礼品也好，或者做一些义务服务也好，可以扩大巡展的影响。礼品用日常用品之类即可。

（C）巡展要安排好时间点：社区巡展一般在下午4：30—7：30，这时人相对较多，夏天可以持续到晚上9：00。冬季不太建议进行社区类的巡展。

（D）资源交换类巡展：在目标客户群较为集中的地方，可以进行资源互换类型的巡展活动。

d. 巡展准备

（A）招聘

全市大规模巡展仅靠项目自身的销售代表是仅仅不够的，需要招聘兼职人员（PT）来协助。

（B）培训

（a）规范服装、话术，形象统一；

（b）项目基本信息（话术培训、房地产基础知识等）；

（c）激励（提升自信心、荣誉感）。

e. 巡展管控

（A）责任制：展位交由该展点销售负责，销售全权管理调配自己的PT以及负责每日的任务量。

（B）工作抽查：项目组成员不定时对点位及PT进行工作抽查。

（C）不定时检查：不定时抽查各展位的任务完成量，以此来督促销售代表及PT。

C. 团购

a. 操作要点

（A）目标选取：团购单位要客户基数大，同时单位支持、员工踊跃；

（B）定制推广：设计与制作团购专题宣传物料，一方面覆盖单位宣传栏，另一方面利用员工上下班期间派单与登记；

（C）官方动员：即由单位自发式系统内团购报名；

（D）推介形式：例如，可以"电影专场＋团购推介会"形式邀约与发布团购信息；

（E）价格政策：按照团购报名顺序选房，同时给予额外的3%～5%的优惠折扣。

b. 拓展方式

（A）企业内巡展派单：企业内人流集中地巡展派单；

（B）利用企业内部传播通道：如公告栏、内部刊物、广播、邮件等；

（C）重要人物预约拜访；

（D）组织企业间的联谊活动，从中建立客户关系，发掘目标客户；

（E）利用项目场地条件，邀请企业客户到现场参加会所体验、运动等各类活动；

（F）邀约意向客户，为企业举行内部专场推介会。

D. 圈层

a. 圈层营销

圈层营销就是通过有系统的组织，找到一些特定群体，通过圈层活动，与其建立良好的圈层关系，并不断深入挖掘其身边的人脉资源，形成高效的口碑传播，实现圈层群体的有效覆盖，最终影响其购买行为或达成资源交换。

根据既定的项目定位、规划产品及市场同类产品品质、供应量、竞争对手品牌等因素，确定主力产品在市场中所处地位。通过对产品的货量及配套等情况进行分析，得出项目的目标圈层客户群。

操作策略：信息传递、体验互动，进行精准化营销。

操作原则：精准锁定、资源调用。

b. 操作指引

（A）划圈子：分析目标客户的生活习惯、爱好等行为特征，针对特定客群，有目的地进行营销活动。

（B）找渠道："窄道传播"研究各圈层信息获取渠道，针对细分的核心渠道来源进行营销推广。

（C）抓领袖："领袖效应"利用核心人物，建立良好人脉，强化信息的传递，带动目标圈层的自主扩大项目知名度。

（D）搞活动：针对不同目标圈层的生活模式、心理需求等特征，组织开展具有针对性的活动。

（E）树品牌：令目标圈层对项目产生深度的、良好的认同；在心灵上产生感性的、精神层次的认同。

（F）开放式沟通：利用圈层之间的互动，实现下一主力圈层的进入，做到既有圈层的保养和维护，未来主力圈层的开拓和扩大。

E.Call 客

a. 资源获取

（A）内部客户资源

（a）集团内部员工；

（b）集团所属企业会员资源；

（c）其他项目的以往到访客户及成交的老客户资源。

（B）外部客户群体

（a）前期各阶段进线及上门客户；

（b）通过公司全员、合作伙伴及业主的熟人、朋友等社会关系进行介绍；

（c）通过一些公开资料寻找客户信息；

（d）通过展览会等大型活动获取目标客户信息；

（e）当地重点企业、单位、重点社区以及人流较大的步行街、商场等的客户拜访和登记等。

b. 信息筛选

（A）资源循环利用

各渠道资源循环 Call 客，筛选有效客户：

每次 Call 客分 A、B、C、D 类客户，A、B、C 为不同诚意的有效客户，D 类为无效客户，对 A、B、C 类客户进行录入；

间隔 1 个月左右，循环 A、B、C 类有效客户，再次分 A、B、C、D 类客户。

（B）Call 客结果分类

A 类——肯定来，并确定上门时间；

B 类——有时间就来，不确定上门时间；

C 类——没兴趣，但后续有其他优惠或周末活动时愿意接收短信或电话通知；

D 类——直接挂断或没兴趣，不愿意接收项目任何通知。

c. 操作指引

第一步：Call 客计划安排

每周一制订当周 Call 客计划表，合理分配 Call 客资源和任务，真正做到精细化管理。其内容包括：客户资源来源、Call 客任务分配（每日量化指标）、早晚会制度、签到与签退制度。

第二步：Call 客口径撰写

销售用语要点、电话拓客标准销售用语模板。

第三步：Call 客技巧传递

准备充分（培训、工具等）、氛围营造、心态积极乐观、提供支持帮助、奖惩制度、客户维系跟踪。

第四步：Call 客结果反馈

每日 Call 客结果将于次日录入电子表并发布 Call 客日报；

每周末统计当周 Call 客转上门和成交数量；

根据当日 Call 客情况调整口径内容和客户资源；

当周实际 Call 客情况调整下周 Call 客计划。

d. 监测机制

建立 Call 客监督机制，每天保障 Call 客数量；内部建立内业监督机制，并设置奖励机制。

3. 房地产营销渠道拓客新趋势

（1）全民营销

随着房地产行业的竞争日益激烈，房地产企业近些年来一直在尝试创新的营销模式，全民营销就是其中的一种。这种模式鼓励最大化调动员工、会员、业主、合作伙伴乃至社会成员，迅速积累有效客户，促进销售成交，成功推荐购房人后推介人将获得一定比例的佣金。2012 年至今，全民营销共经历了三个阶段，由最初的线下，转为线上，到如今辅以主题月活动，不断升级完善，助力企业业绩提升。

结合互联网技术，某地产企业在 2014 年推出了企业微信端，并在 2016 年上线 APP 平台。平台覆盖全国百城项目，且任何人都可通过平台注册、浏览、推介项目、查询推介进度及结佣情况等。据统计，在 2014 ~ 2016 年这两年内，平台累计注册人数超 200 万人，成交套数超 6 万套，创造业绩达 500 亿元。

这个平台的成功引发了全民营销的热潮，各大房地产企业陆续开发自主运营的 APP。除了推出定制化的 APP，业内房地产企业也积极与经纪人平台合作，梳理整合更广的项目信息和客户资源。至此，营销场景由线下转至线上。

全民营销本质上就是增加编外销售人员的数量，以口口相传的形式，增加项目的曝光度从而起到宣传的作用。从效果来看，这种形式十分有利于项目的区域性推广，但是一般而言，全民营销模式下企业的佣金支出高于聘用置业顾问。因此全民营销主要适用于大企业的淡季营销。

首先由于大企业项目数量较多，且由于可选择项目数量多，因此客户参与意愿更强，同时也摊薄了企业营销平台的开发运营成本；其次在淡季时，客户持观望态度，因此提高项目曝光度显得尤为重要，企业更愿意支付更高的佣金来加速项目去化，缩短回款周期，而非被动接受沉没成本。随着市场的持续低迷，未来规模房地产企业可能会重新重视起全民营销这一模式。

（2）自建渠道或自建营销公司

房地产营销界一致认为渠道是营销的关键。从数据上看，渠道渗透率正在全面上升，绝大部分城市已经超过 50%，渠道成交占比也已经提升到 20% 左右，2019 年渠道交易额不足 2 万亿元，2020 年已经达到 4 万亿元左右，2021 年预计将超过 5.5 万亿元。与此同时，渠道费率这些年也有所提升，普遍住宅的渠道费率保持在 2.5% ~ 3%，有的商铺和公寓项目超过 8%，文旅项目甚至超过 10%。

渠道对于房地产项目销售的重要性非同一般，随着房地产企业外部渠道成本的不断提升，一定程度上，渠道费率并非核心问题，对于房地产企业而言，真正的痛点是渠道依赖度，不信任又离不开，这是当下房地产企业的典型心态。为此，对于大型房地产企业而言，构建掌控力更强的自有渠道已经成为普遍的选择。目前大部分头部房地产企业通过全民经纪人、自建渠道、线上直投等多种方式拓展获客能力，也有的房地产企业试图通过并购等方式整合线下经纪公司，或者通过发展物业租售中心，直接建立自己的中介渠道。

【案例 4-9】某地产公司的渠道创新策略

某地产公司是首批组建自渠道的房地产企业之一，早在 2016 年，该公司就打造了一个全民营销平台。购房者通过该平台可以查看全国各地该品牌的品质好房，了解项目最新信息。还可以在线上进行一键推荐，如果推荐成交后可获得高额佣金。

在整个新冠肺炎疫情期间，该地产公司响应国家要求化整为零，由集中办公转变成在家办公，通过各种线上智能管理工具的运用，如云行销、移动销售等系统实现有效远程管控，确保了团队的整体战斗力。

同时，该地产公司还试点启动了"四方联动"渠道创新模式，配合全国首创的线上拓客流程，成功克服了疫情下渠道拓客的多重障碍。不仅如此，该地产公司还在今年升级打造了新的营销渠道模式 2.0（图 4-22）。

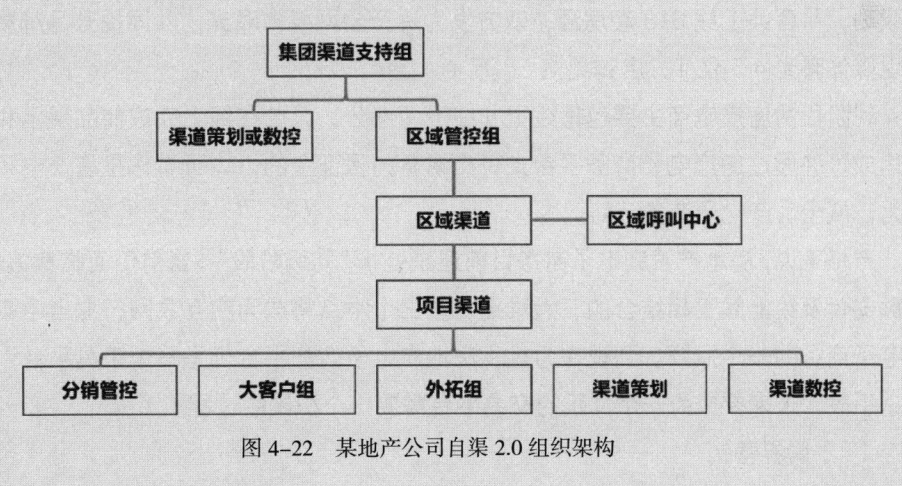

图 4-22　某地产公司自渠 2.0 组织架构

自建渠道本身难度较高，成本较大，除了部分龙头房地产企业，其他大部分企业仍然无法摆脱对渠道的依赖。

此外，房地产企业自建营销公司的趋势也正在慢慢呈现。从 2021 年年初各房地产企业业绩来看，房地产企业普遍增速放缓、利润下降。在利润空间不断被压缩的情况下，房地产企业纷纷转向向管理要效益，而营销公司化是优化管理提升利润的一次尝试。

房地产企业建立独立的营销公司后，一方面可以满足房地产企业自身的去化要求，降低对部分渠道的依赖，另一方面有能力的房地产企业还会将营销能力扩展到合作的其他房地产企业项目上。但本质并没有发生变化，房地产企业营销口的价值被不断质疑的当下，成立独立营销公司正是提升价值的直接手段。

某地产企业继 2021 年初将公司营销职能升级为营销公司后，逐步启动大区试点。而另一房地产企业推进营销公司化也是为了进一步提升品牌营销板块的专业能力和服务品质。新的品牌营销公司除了将作为集团子公司继续为集团各区域提供营销品牌服务外，也在寻求外部业务机会。据公开资料统计，此前多家房地产企业都有类似尝试。

（3）电商营销

房地产电商营销是指以网络为基础进行的房产商务活动，包括商品和服务的提供者、广告商、消费者、中介商等有关各方行为的总和。

房地产市场规模巨大，上下游的产业链很长，能深度介入房地产，对于互联网，尤其是电商而言，将可以筑起很高的护城河。电商拥有庞大的用户群体，也有巨大的购买力，这对于房地产而言，其实是可期待的销售渠道。

2020 年 6 月，A 地产作为首家房地产企业与某电商平台开展战略合作，并开通房产官方旗舰店。试点区域借势 618 电商节点，打造首个 618 淘房节。浙闽两省 19 城 60 盘联动，平台共上线 618 套房源，双方发力进行全网媒体曝光，共同提升品牌影响力，实现媒体曝光 4.5 亿 +，店铺浏览 56 万 +。

现阶段的房产电商主要包括线上和线下两部分，只要在线上完成商品展示和交易意向达成，并通过房产电子商务平台支付交易意向保证金的，均可看作是房产电子商务的行为，属于房产电子商务范畴。

严格来说，房地产营销电子商务目前还是处于"初级阶段"，当前仍面临着信息透明、大额支付及线上线下相结合的三大难点。这三个难点将成为在互联网行业当中实现房地产电子商务的一个瓶颈。到现在为止，房地产电子商务平台仍是一个工具平台，是一种营销手段，未来要成为一个真正的交易平台需要一个积累的过程。

（4）跨界营销

跨界思维不但作为一种商业思维被不断提及和深化，更渗透进营销圈，进而演化成一种营销手段，助力众多品牌在红海一片的流量之战中大放异彩。房地产的跨界营销多应用在项目前期宣传和组织活动层面，主要目的是借以抬升整体调性，彰显高端生活方式。

房地产行业属于低频大宗商品，客群受购买力和地域的限制，同时可与之匹配的商品也极为有限，这就为跨界营销制造了难度，想做成功并不容易。

所有的跨界营销，最终都要落到销售上。如果仅仅是吸引了眼球，对实际销量没有作用，这样的活动充其量也就是一次品牌宣传。与快销品不同，房地产的交易尚离不开线下，因此在跨界营销过程中，一定要考虑到两种商品线下场景的互动和展示。另外，房地产的跨界营销结合房子交易特点，也需要在活动设定上，拉长周期，给予消费者充分考虑和准备时间。同时结合形式多样的线上、线下活动，放大跨界营销声势，提高客户参与度，为成交转化搭建顺畅通道。

●──────【案例 4-10】F 地产集团携手 G 汽车企业跨界营销──────●

2020 年 8 月 17 日，F 地产集团携手 G 汽车企业举办了以"居者有房，爱车有位"为主题的跨界联盟云发布会，宣告两家企业跨界联盟战略合作暨全国摸车大赛正式启动。这是 F 地产集团在创新营销的一次大胆尝试，在房地产行业里面，也属少见。二者的跨界联动，对外统一了一致的口径，希望在最大程度上让利于消费者，助力消费者房车购买一步到位，利用双方具有重叠的目标客户群体，最终产生 1+1 ＞ 2 的跨界营销效果。

活动期限内，客户可在 F 企业在线销售平台上进行 8.17 折特惠房源的意向登记，到访后若有真实购房意向，则由销售经理出示购买链接，由客户以 81.7 元购买 8.17 折购房优惠券，作为购房依据。另外，在活动期限内，客户也可在该在线平台上以 81.7 元抢 8.17 折购车位优惠券，成功购券即获参与活动项目车位 8.17 折专享价。更大的惊喜在于，如果活动期间，有客户同时认购 G 汽车企业汽车和 F 企业车位，还可获得 F 企业所提供的万元补贴。

这次跨界联盟的合作，两家企业各自发挥产品优势，通过简单清晰的规则制定，共同释放大力度优惠措施，传递最大诚意。同时在活动期间，还会举办全国城市的摸车耐力赛，将线上线下流量激活，提高消费者的参与积极性和互动性。

近两年来，房地产与汽车出行软件、知识问答平台、"网红"茶饮品牌等受众面较广的消费品牌积极尝试跨界合作。

某地产企业跨界某知识问答平台进行幸福工程体验活动，并设置了专属问答展示区，展示一些大众对于建房子、选房子、买房子会产生的一些困惑问题，以及该地产企业对此给出的相应解答。旨在通过体验活动，让大家对新城的产品和服务有更为全面的了解。

4.3.4 价格策略

价格策略是指地产商为了实现一定的营销目标而协调处理各种价格关系的活动。价格策略是整个地产营销活动中极其重要的一环，它不仅包括价格的制定、定价技巧的运用，同时也包括在一定营销条件下，为了实现地产商预期的营销目标而协调配合营销组合的其他有关方面，并在实施过程中不断修正价格策略的全过程。

1. 房地产项目定价过程

房地产项目的定价在确定好基本方法后，就应当以定价结果表得到的楼盘均价为基础，按照既定的流程去完成整个项目可售楼盘的价格制定，最终形成整个项目的价目表。

一般来说，房地产项目首先要确定定价目标，通过分析市场环境、周边市场竞争格局以及调研客户心理价格预期，结合企业和项目的运营目标，选择合适的定价方法，确定项目的整体均价，以均价为基准，制定项目明细价格表，后期再通过销售效果评估市场的反馈，制定价格调整策略进行价格调整以适应市场的变化，从而达到销售目标（图4-23）。

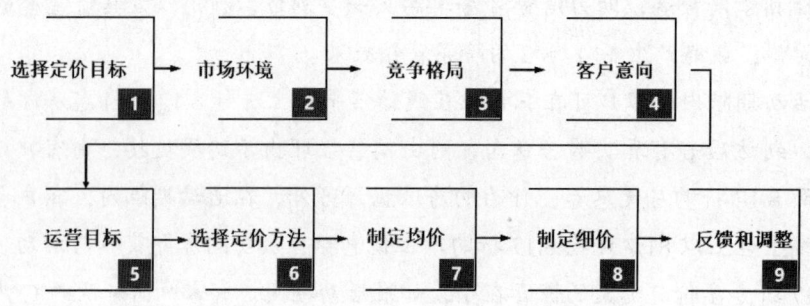

图4-23 房地产项目定价的逻辑过程

房地产项目定价可分为4大标准化步骤：分别为前期相关准备工作、项目均价推导、价格表制作和对外价格表制作，具体如图4-24所示。

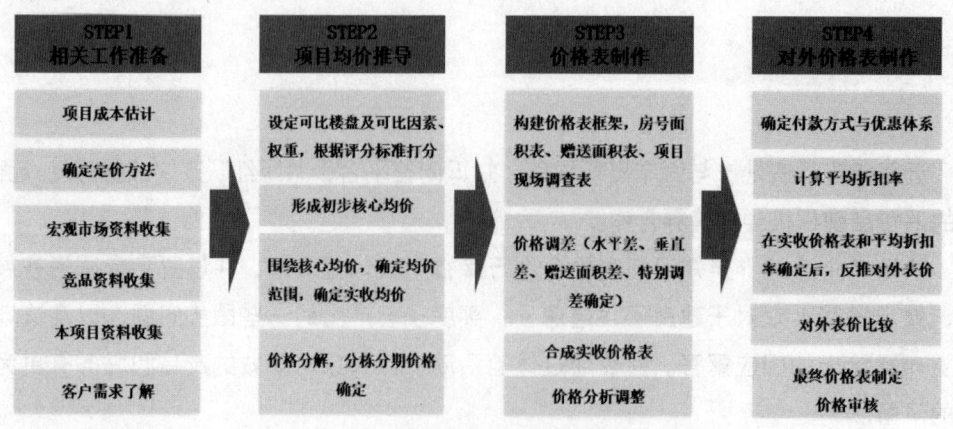

图4-24 房地产项目定价的四大标准化步骤

2. 房地产项目均价制定

从习惯上说，一个房地产项目的均价代表了市场对其物业质素的综合评价；在本质上，均价表现为开发商对项目总体销售额的预期；整体均价无法说明某一栋楼、某一个单位的物业档次（图 4-25 ）。

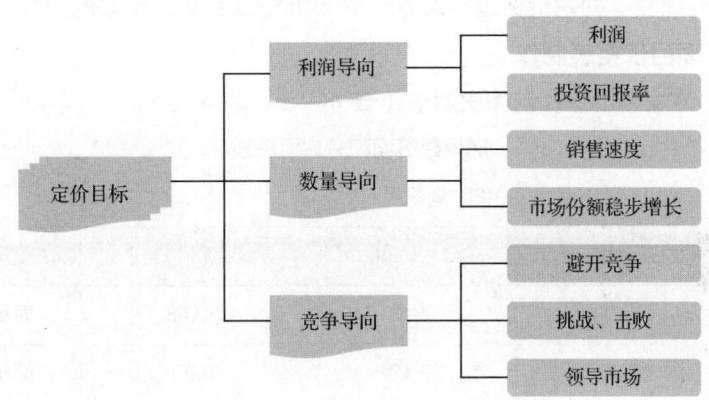

图 4-25 均价确定应遵循的原则：价格目标选定

（1）均价制定方法对比

定价方法是指企业为了在目标市场上实现定价目标，而给产品制定的一个基本价格或浮动范围的一种方法，一般来说，房地产项目定价方法可分为：市场比较定价法、成本加成定价法、客户导向定价法和竞争导向定价法（表 4-17 ）。

几种常用的均价制定方法对比   表 4-17

定价方法	定价过程	定价特征	使用频率
市场比较定价法	竞争者产品 / 价格—价格	从市场角度出发，容易被市场接受。但实际操作中需要有"目标"及"客户"修正	普及
成本加成定价法	产品—成本—价格	成本难以合理确定，缺乏市场验证	很少
客户导向定价法	顾客—价值—价格	客户意志难以把握	很少
竞争导向定价法	产品—竞品—价格	注重行业相对价格，比成本定价更贴近市场供求	很少

（2）入市均价确定需要考虑的因素

1）项目核心价值的体现

价格能否体现项目最突出、最稀缺的核心价值优势，能否吻合项目的品类站位。

2）开盘的市场形象

对于刚入市的项目，尤其是大盘而言，"头炮需要打响"，建立市场知名度。通常情况下，新项目选择平价或略高的价格入市，通过初期营销推广的重点投入扩大市场声音,最终保证以合适的价格实现开盘热销,形成良好的舆论传播。

3)合理的销售风险、掌握价格主动权

如果入市价格过低,则不利于项目形象的确立,无法最大化实现项目价值;如果入市价格过高,销售量没有起色,有价无市会影响项目的市场口碑,后续价格被动下降不利于整体形象的建立。初期价格过高会导致后续价格调整缺乏足够的弹性空间。

3. 房地产项目价格表制作

(1)初始的准备工作:制作房源表(表 4-18 ~ 表 4-20)

房屋建筑面积分户汇总表 表 4-18

建筑物名称:×××××× 住宅 04-28 偶数层

房号	套内建筑面积(m²)	分摊公用面积(m²)	建筑面积(m²)	备注
A	113.00	37.43	150.43	面积数乘以 13
B	66.80	22.13	88.93	面积数乘以 13
C	65.18	21.59	86.77	面积数乘以 13
D	65.72	21.77	87.49	面积数乘以 13

房屋建筑面积分户汇总表 表 4-19

建筑物名称:×××××× 住宅 04-28 奇数层

房号	套内建筑面积(m²)	分摊公用面积(m²)	建筑面积(m²)	备注
A	113.00	37.43	150.43	面积数乘以 13
B	66.80	22.13	88.93	面积数乘以 13
C	65.18	21.59	86.77	面积数乘以 13
D	65.72	21.77	87.49	面积数乘以 13

房源表 表 4-20

楼栋	楼层	房号	户型	建筑面积(m²)	朝向
A1		201	B-3	73.07	西向
A1		202	B-1	112.45	西北向
A1	2F	203	B-1	112.45	东北向
A1		205	B-2	73.61	东向
A1		206	B-4	83.98	东向

续表

楼栋	楼层	房号	户型	建筑面积（m²）	朝向
A1	2F	207	B-5	121.36	东南向
A1		208	B-5	121.36	西南向
A1		209	B-4	83.98	西向
A1	3F	301	B-3	73.07	凸向
A1		302	B-1	112.45	西北向
A1		303	B-1	112.45	东北向
A1		305	B-2	73.61	东向
A1		306	B-4	83.98	东向
A1		307	B-5	121.36	东南向
A1		308	B-5	121.36	西南向
A1		309	B-4	83.98	西向
A1	4F	401	B-3	73.07	西向
A1		402	B-1	112.45	西北向
A1		403	B-1	112.45	东北向
A1		405	B-2	73.61	东向
A1		406	B-4	83.98	东向
A1		407	B-5	121.36	东南向
A1		408	B-5	121.36	西南向
A1		409	B-4	83.98	西向
A1	5F	501	B-3	73.07	西向
A1		502	B-1	112.45	西北向
A1		503	B-1	112.45	东北向
A1		505	B-2	73.61	东向
A1		506	B-4	83.98	东向
A1		507	B-5	121.36	东南向
A1		508	B-5	121.36	西南向
A1		509	B-4	83.98	西向

（2）价格表的制定流程（图4-26）

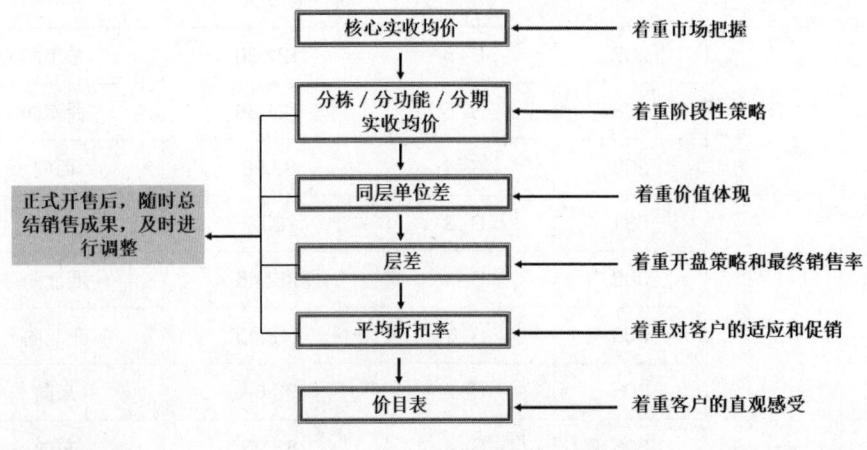

图4-26　价格表的制定流程图

1）整体实收均价获得的方法

①先定出整体均价，再进行分解；

②分栋（分组）：通过所处位置、景观等因素；

③分物业类型：物业类型较为类似；

④分期推出。

2）分功能/分栋/分期的核心均价

①功能不同的分别调差；

②分栋/分期之前，先将各栋/期面积及总面积比例算出，以方便找到平衡；

③分栋/分期的思考出发点；

④根据各自的相对位置、条件等细化；

⑤找准核心价；

⑥销售阶段的策略安排。

3）确定价格表架构（图4-27）

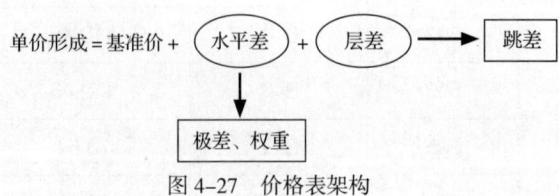

图4-27　价格表架构

4）水平因素的权重设置

不同的楼盘，各项权重都必须重新考虑。

各权重的制定原则是：将各因素按照对价格的影响程度进行排序（卖点组织和劣势规避）（表4-21）。

四大常用的水平打分因素　　　　表 4-21

因素	户型	朝向采光	景观视野	噪声
权重	30%	30%	30%	10%
可选细分项	格局好坏；空间感	朝向（客厅朝向、主卧朝向）；通风	景观面大小；视野开阔程度；有无对视	—

注：①如果仅是局部位置、局部楼层受噪声影响，不建议将噪声作为水平因素处理，而是作为垂直方向的特殊因素处理；

　　②不同的物业类型，权重的设定有所不同。刚需户型的客户在于户型空间感、户型尺度，豪宅户型客户在意景观面、南北通透的采光通风效果；

　　③根据项目的具体情况，增减水平打分因素。

5）不同类型的物业，水平因素权重的差异（一般规律）（图 4-28）

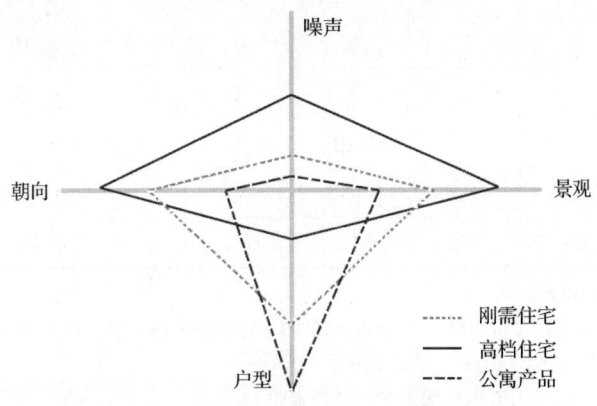

图 4-28　不同类型物业水平因素权重差异

6）水平因素打分（以住宅为例）（表 4-22、表 4-23）

水平因素打分权重　　　　表 4-22

水平因素	朝向	景观	采光	视野	附加值	户型格局	噪声	面积
权重	28%	15%	10%	5%	7%	15%	5%	15%

水平因素打分示例　　　　表 4-23

户型编号		B-3	B-1	B-1	B-2	B-4	B-5	B-5	B-4
户型		2*2	3*2	3*2	2*2	3*2	3*2	3*2	3*2
房号		01	02	03	05	06	07	08	09
朝向		西向	西北向	东北向	东向	东向	东南向	西南向	西向
面积（m²）		73.07	112.45	112.45	73.61	83.98	121.36	121.36	83.98
朝向	28%	4	0	1	6	6	10	9	4
景观	15%	0	0	4	4	8	10	6	0

户型编号		B-3	B-1	B-1	B-2	B-4	B-5	B-5	B-4
户型		2*2	3*2	3*2	2*2	3*2	3*2	3*2	3*2
房号		01	02	03	05	06	07	08	09
朝向		西向	西北向	东北向	东向	东向	东南向	西南向	西向
面积（m²）		73.07	112.45	112.45	73.61	83.98	121.36	121.36	83.98
采光	10%	0	10	10	0	3	8	8	3
视野	5%	10	10	5	0	0	6	8	10
附加值	7%	3	10	10	3	0	8	8	0
户型格局	15%	5	10	10	5	0	5	5	0
噪声	5%	3	0	6	8	8	10	6	3
面积	15%	10	3	3	10	7	0	0	7
评分		4.23	4.15	5.08	5.14	4.63	7.21	6.23	3.12
综合得分		0.423	0.415	0.453	0.514	0.579	0.721	0.692	0.312
综合调差值		552	542	592	671	755	941	903	407

注：①评分 = Σ打分 × 权重；

②各单位综合得分 =（各单位评分 – 评分极小值）/（评分极大值 – 评分极小值）；

③各单位综合调差值 = 综合得分 × 调差极值；

④户型配比、客户偏好等因素也可考虑在水平因素中。

①每一个因素单独考虑，最差 0 分，最佳 10 分；

②根据景观、朝向（采光、通风，根据情况可以单列）、遮挡、户型面积、户型设计等因素，分析每个户型，做表图。

③关注同层最高价、最低价的差距，在某一方向有特别景观时尤为重要。

7）水平极差的设置

一般情况下，极差以不大于均价的 20% 为适宜。

如果要提交几个不同均价的价目表，其朝向差不应该是一个固定值，而需要等比例地展开（不适用于层差）。

8）垂直系数设定

垂直方向常用系数包括：层差、奇偶差、视野跳差、特殊楼层等。

①奇偶差设定

奇偶价差的设定是影响均衡出货的关键因素。如果奇偶价差偏小，导致客厅出阳台的户型先消化，余下卧室出阳台相对素质较差的产品。如果价差过大，导致部分认定客厅出阳台的客户放弃购买，影响解筹率。

通常情况下，刚需产品奇偶单价差控制在 800 ～ 1100 元 /m² 左右，比较能实现均衡出货（视具体奇偶错层的情况而定）。

通常情况下，大户型的奇偶单价差比刚需小户型的单价差更大，主要因为大户型的客户多用于改善居住，对户型格局、舒适度的追求比较高。

②层差设定

层差是垂直方向价格压力分配的关键调节因素。层差大，意味着高楼层承担主要价格压力；反之，意味着低楼层价格压力人。

大规模推售时，为保证均衡出货，减少客户重新选择游离的时间，项目多采用分段一口价的形式，通常分高、中、低三段，同一段内无层差，均衡承担价格压力。

由于市场整体均价水平上涨较快，常规项目的层差控制在 100 元 /m² 以内，主要避免中高楼层价格压力过大。均衡定价策略下，层差一般在 30 ～ 50 元 /m²；

同一项目内，甚至同一产品线内，层差设定的方式也可以不同。层差设定不是孤立存在，而是要综合考虑景观、位置、视野等情况设定。

高层项目，通常将 15 层作为层差的基准层，层差为 0（如果是奇偶错层，则将 15、16 层同时作为基准层，层差为 0）。基准层往上递增，往下递减。

经验而言，建议层差分 3 段考虑：10 层以下（包含 10 层）；11 ～ 20 层；21 层以上。

垂直方向某一段的层差越小，说明该段的价格集中度高，即便是最低价也不会太低。某一段层差越大，说明价格越分散，会有相对低的价格出现。

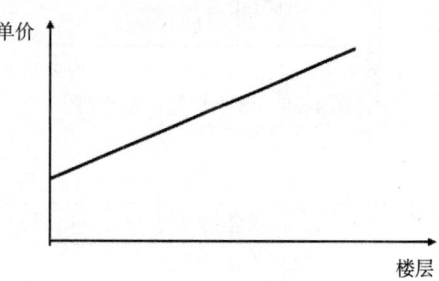

图 4-29　线性形式层差示意图

层差设定常用的几种形式：

A. 线性形式（表 4-24、图 4-29）

线性形式层差示例　　　　　　　　表 4-24

楼层	层差设定举例
高层（≥ 21F）	50
中间（11 ～ 20F）	50
低层（≤ 10F）	50

适用环境描述：

整体视野面比较好，楼层越高，价格平稳上涨；

操作比较简单，理想化程度高，平时较少采用。

B. 梯形（表 4-25、图 4-30）

梯形形式层差示例	表 4-25
楼层	层差设定举例
高层（≥ 21F）	50
中间（11 ~ 20F）	60
低层（≤ 10F）	70

适用环境描述：

朝小区外侧，视野面一般的单位；

压低低层和高层单位价格，拉高中层单位价格。

C. 倒 "之" 形（表 4-26、图 4-31）

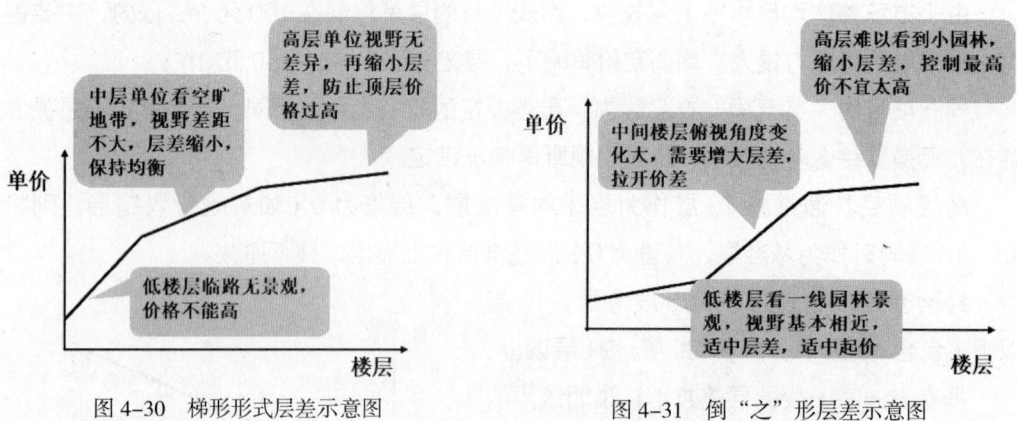

图 4-30　梯形形式层差示意图　　　　图 4-31　倒 "之" 形层差示意图

倒 "之" 形层差示例	表 4-26
楼层	层差设定举例
高层（≥ 21F）	50
中间（11 ~ 20F）	70
低层（≤ 10F）	60

适用环境描述：

朝小区内侧看园林，园林面积不算大；

低层均看一线园景，价差拉得不大，中间楼层俯视园林的角度变化大，需要拉开价差。

9）视野跳差及特殊因素

①垂直方向的景观视野突变需要做处理；

②一般情况下：顶层 / 底层需要做折扣处理；

③局部噪声干扰：车库出入口、裙楼商业等；

④堪舆因素：对冲、尖角正对、剪刀路口、4、7、18 等楼层；

⑤特殊楼层：2 楼带平台花园，顶层带露台，需要进行价值修正；

⑥档次越高的楼盘，客户对层差的敏感性越低；

⑦商铺的楼层差通常另行考虑（通常楼层增加一层，价格折损 30% ~ 40%）。

10）生成价格表（图 4-32）

11）价格表统计

①分面积段、分产品线的均价统计；

②最大价差统计；

③各产品线单价分布情况统计；

④各产品线总价分布情况统计；

⑤标准层单价 / 标准层总价图（图 4-33）。

12）多款价格方案横向对比

①通常在既定均价的基础上，根据浮动价格标准，选择 2 ~ 4 套价格体系进行客户行为路径分析；

②对比不同价格体系下的各户型单元的价格变化情况；

③对比不同价格体系下单价及总价分布变化情况；

④了解客户所能接受价格的上限，在不同的价格体系下，统计客户对价格的敏感性（即有多少客户落在其价格接受范围内）；

⑤预判不同的价格体系下的开盘销售量和销售速度；

⑥最终结合短期目标确定合理的入市价格。

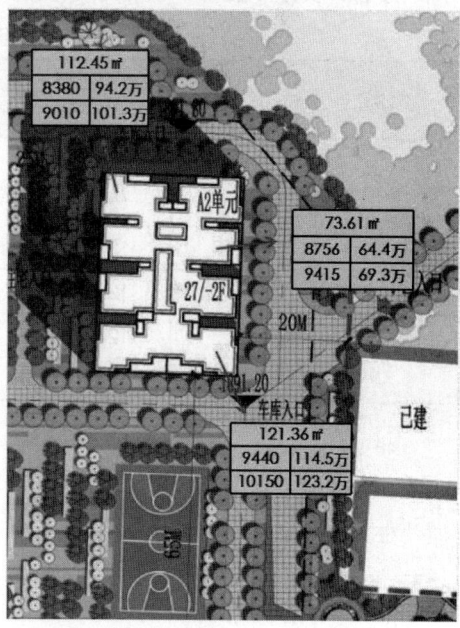

图 4-32　价格表生成示意图

图 4-33　标准层单价 / 标准层总价图（示例）

13）开盘及持销期的折扣设置（表 4-27）

开盘及持销期的折扣表示例　　表 4-27

折扣类型		折扣设置	预计比例
开盘折扣	开盘两天	99%	80%
VIP 或认购折扣	按揭	99%	100%
付款方式折扣	分期付款	99%	80%
	一次性付款	98%	20%
按时签约折扣	7 天按时签约	99%	80%
企业团购＋关键人奖励		99%	15%
内部人员		98%	10%
综合折扣率		95.92%	

综合折扣率 =（99%×80%+1%×20%）×（99%×100%）×（99%×80%+98%×20%）×（99%×80%+1%×20%）×（99%×15%+1%×85%）×（98%×10%+1%×90%）=95.92%

14）制定出街价格表

出街用的价格表不宜复杂，简单直观即可。以栋/单元为单位，必须体现的内容包括：房号、建筑面积、套内面积、账面总价、折后总价及折扣说明。

一栋或者一个单元的价格，最好放到一页纸上，便于快速查找。

如果有奇偶层之分，最好将奇数层和偶数层用不同的颜色区分，便于一眼区分。

按时签约的优惠不在开盘价格表上体现。

房地产项目（住宅）价格表示例见表4-28。

房地产项目（住宅）价格表示例　　　　　　　　　　表4-28

楼层	房号	建筑面积（m²）	实收单价（元/m²）	实收总价（元/m²）	面价单价（元/m²）	面价总价（元）
1F	0102	124.01	8429	1045280	9063	1123903
	0103	124.01	8389	1040320	9020	1118570
2F	0202	124.01	8434	1045900	9069	1124647
	0203	124.01	8394	1040940	9026	1119314
3F	0302	124.01	8439	1046520	9074	1125267
	0303	124.01	8399	1041560	9031	1119934
4F	0402	124.01	8443	1047016	9078	1125763
	0403	124.01	8403	1042056	9035	1120430
5F	0502	124.01	8453	1048257	9089	1127127
	0503	124.01	8413	1043296	9046	1121749
6F	0602	124.01	8463	1049497	9100	1128491
	0603	124.01	8422	1044412	9056	1123035
7F	0702	124.01	8472	1050613	9110	1129731
	0703	124.01	8432	1045652	9067	1124399
8F	0802	124.01	8482	1051853	9120	1130971
	0803	124.01	8442	1046892	9077	1125639
9F	0902	124.01	8491	1052969	9130	1132211
	0903	124.01	8451	1048009	9087	1126879

4. 房地产项目定价策略

定价策略是指企业为了在目标市场上实现自己的定价目标所规定的定价指导思想和定价原则。定价策略应该根据项目本身的情况、市场情况、成本状况、消费构成、消费心理等方面的因素来制定（图4-34）。

由于房地产商品的不可移动性，其定价技巧的谋划要与周边环境因素紧密相结合，不同的房地产项目，在不同的时间、不同的地点，其定价可采用不同的定价策略。

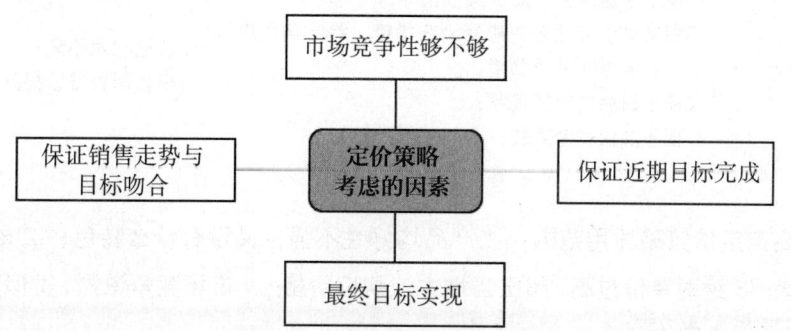

图 4-34　定价策略考虑的因素

在制定价格的过程中，应该不时地回头来看看，这几个方面是否都考虑到了，并且作出相应的安排，即使无法解决，也是思考和努力之后的选择。当信息不对称的局面逐渐改变，原有的一些手段逐渐失效，价格表和价格策略的设置就变得非常关键。

从房地产定价的主要目的来看，房地产的定价策略主要分为：静态定价策略和动态定价策略。

（1）静态定价策略

静态定价策略，也称总体定价策略，根据房地产溢价水平的高低，房地产静态定价策略可以简单地分为：低价策略、高价策略和中价策略。

低价策略：以提高市场占有率为主要目标，而利润往往为次要目标。

高价策略：短时间内赚取暴利，销量和市场占有率无法相对提高。

中价策略：适用于市场状况较为稳定的区域楼盘，希望保持其市场占有率。

（2）动态定价策略

动态定价策略是指一个楼盘从开始预售到全部售完为止全过程采取的价格策略。可分为：低开高走策略、高开低走策略和平开高走策略。

1）低开高走定价策略

低开的目的是吸引市场视线，路线是提升价格。低开高走定价策略是指随着施工建筑物的成形和不断接近竣工，根据销售进展情况，每到一个调价节点，按预先确定的幅度调高一次售价的策略，也就是价格有计划定期提高的定价策略。这种策略是较常见的定价策略，尤其适合处于宏观经济周期恢复阶段或者人气较旺的待售项目采用。这种定价策略多用于期房销售。期房销售价格与其施工进度关系密切（表 4-29）。

低开高走定价策略的优点和缺点   表 4-29

定价策略	优点	缺点
低开高走	◎便于快速成交，促进良性循环； ◎每次调价能让客户感受到在增值，给已购客户信心，刺激潜在消费欲望； ◎便于日后的价格控制； ◎便于加快资金周转	◎首期利润不高； ◎楼盘形象难以提升

低开高走定价策略适用范围：①产品均好性不强，又没有什么特色；②楼盘的开发量相对较大；③绝对单价过高，超出当地主流购房价格；④市场竞争激烈，类似产品过多。

2）高开低走定价策略

高开低走定价策略类似于"吸脂定价策略"，正如将一锅牛奶中的油脂（精华）部分一下子撇走的做法一样，其目的是开发商在新开发的楼盘上市初期，以高价开盘销售，迅速从市场上获取丰厚的营销利润，然后降价销售，力求尽快将投资全部收回（表 4-30）。

高开低走定价策略的优点和缺点   表 4-30

定价策略	优点	缺点
高开低走	◎便于获取最大的利润； ◎容易形成先声夺人的气势，便于树立楼盘高端形象； ◎后期消费者也会感到一定的实惠	◎价格高，难以聚集人气； ◎对前期客户非常不公平，对开发商的品牌有一定的影响； ◎日后的价格直接调控余地少

高开低走定价策略适用于：项目具有创新性独特卖点或者产品综合性能上乘，功能折旧率缓慢。

（3）平开高走定价策略

平开高走定价策略也称稳定价格策略。这种定价策略是指在整个营销期间内，楼盘的售价始终保持稳定，既不大幅度提价，也不大幅度降价。

这种定价策略一般是在房地产市场状况稳定，并且房地产开发项目销售量小或项目销售期短时可采用。

平开高走定价策略可通过折扣和折让定价策略、差别定价策略和心理定价策略来表现。

1）折扣和折让定价策略

该策略以销售价格为基础，再以各种折扣和折让来刺激中间商或客户，促进销售。它是在原价基础上减收一定比例的价款或通过其他形式的销售手段，把产品的一部分价格的实惠让渡给购买者，以此来争取更多消费者的价格策略。灵活运用折扣和折让定价策略，是房地产开发企业鼓励购买、争取顾客、扩大销售的一种有效方法，常用的价格折扣和折让定价策略主要有现金折扣策略、数量折扣策略、季节折扣策略、职能折扣策略和促销评价、以旧换新策略等。

①折扣定价策略

A. 付款时间及方式不同的折扣策略。对客户在购房时，不同时间付款或采用不同的付款方式，企业可考虑给予一定比例的价格折扣。对当时或按约定日期支付一定数额购房款的顾客给予一定比例的折扣，例如有的企业在销售方面就有相关的规定：购房者在看中房子的当天支付首付款则有 3% 的价格折扣；在交纳意向金一个星期内付清首付款，给予 2% 的价格折扣等。对客户在购房时采用一次性付款方式付款的给予一定的折扣。

B. 数量折扣策略。这是针对购买数量的不同，给予不同折扣的策略。其目的是鼓励消费者大量购买，以扩大销售量。数量折扣的目的是刺激客户大量购买，因此，购买量越大，给予的折扣率越高。例如企业员工采用团购的形式在某一楼盘购房时，一般都能获得较大量的折扣优惠。数量折扣可以按每次购买量计算，也可按一定时间内的累计购买量计算。对于开发商来说，合算的数量折扣金额应小于零售费用与按零售延迟的平均出售时间计算的利息之和。

C. 职能折扣策略。这是根据各类中间商在市场营销中所担负的职能不同，而给予不同的折扣，这种折扣也称交易折扣。例如从事房地产销售的中间商，有的只负责沟通信息，穿针引线；有的不仅联系客户，代售房地产，而且还负责办理有关产权登记等工作。对不同的中间商就应给予不同的折扣，这样才能调动中间商的积极性。

②折让定价策略

折让定价策略，是相当于折扣的一种让价策略。让价是市场营销中常用的促销策略，有时称为销售津贴，实质上它也是一种折扣形式。目前在房地产销售中这种策略的表现形式主要有：买房赠家私、买房赠装修及发送优惠券等。发送优惠券这是企业在一定时期内给予一部分商品以价格优惠，并印成票券形式赠送，以吸引消费者前往购房的销售定价策略。票券形式有减价券、特价券、折扣券等，一般是定时、定点供应。

2）差别定价策略

差别定价策略是指企业在房产销售定价时，根据房产自身个别因素不同、消费用途不同交易对象不同及邻近环境不同等制订个性化、差异化的价格。常用的差别定价策略一般有个别因素差别定价策略、用途差别定价策略、交易对象差别定价及临近环境差别定价策略等。

①个别因素差别定价策略

影响房地产的个别因素主要有单元房产的朝向、楼层、采光、通风等；在同一栋商品房中，虽然设计方案、施工质量、各种配套设备等都一样，但由于单元房产的层次、朝向或采光、通风等因素的不同，价格会有一定的变化。

其计算公式：房产价格 = 基本价格 ± 调剂因素

②用途差别定价策略

对不同用途房产，房地产开发企业可采取不同的定价策略。例如用作办公用房或其他商业用途房产的就应比单纯用作居住用房产的价格有所提高。

③交易对象差别定价

在房产销售定价时可根据不同的消费对象制订不同的价格。例如同样的房产外销房应比内销房的价格要高；还有的企业为支持从事教育事业人才，在对教师购房时给予特别的优惠。

④临近环境差别定价策略

对于新开发楼盘来讲，其所处的地段对房产的价格有着重大的影响，其周边的环境对局部的价格影响也很突出。例如广州有一处楼盘，因在其楼盘的北向临近一墓地，因此，在房产定价时在这一方向的房产价格相对同一楼盘的其他方位的单元来讲就低了近 200 元 /m²。还有的楼盘中，临近高速公路的房产单元也是如此，价格相对来讲都定得比较低。有的楼盘因周边整体环境较好，楼盘定价就会越高。

3）心理定价策略

①整数定价策略

整数定价策略是指房地产开发企业在就楼盘定价时，采用整数而不留尾数进行定价的策略，这种定价策略适合于高档品牌楼盘。高档品牌楼盘的目标消费群为高收入者，这类人往往更关注楼盘的档次是否符合自己的身份，往往以价格高低作为衡量产品质量优劣的依据，认为价高质必优。针对这一类消费者，对产品进行定价时，采取整数单价反而会比尾数定价更合适。

②尾数定价策略

尾数定价策略是根据消费者求廉的购房心理，尽可能在定价时取低一位数，如 49998 元 /m²。消费者之所以会接受这样的价格，原因主要有两点：一是会给人便宜很多的感觉。如定价为 49998 元 /m²，消费者会产生每平方米还不到 50000 元的感觉；二是有些消费者认为整数定价是概略性的，不够准确，而尾数定价则让消费者认为定价方在定价上的认真负责、一丝不苟的态度，间接地增强消费者对定价方的信任感，从而有利于促进房产的销售。

③习惯心态定价策略

习惯心态定价策略就是根据消费者的习惯心态及一些特殊要求，例如讲究堪舆、讲究门牌号、讲究数字的谐音等来制订房地产的价格。如房地产开价比较流行使用吉利数字 58888 元 /m²、51688 元 /m² 等，这可能会满足客户要求吉利的心理，在对单元定价时，例如类似 8 号、18 号等之类较好的门牌号码，可以制订相对稍高的价格；对于 4、7、13 等一部分人不喜欢的数字则可以尽量去除或变相降价冲淡人们的感受；又如某些消费者在购买房产时特别讲究地域的堪舆，开发商在选址时也应作相应的考虑。

实际上无论采用"低开高走""高开低走"还是"平开高走"的定价策略，都不是绝对的，因为在整个销售过程中的价格变化较为微妙。

选择哪种定价策略的关键在于楼盘定价的前期，对营销环境的深度分析，对目标客群的清晰定位，而且在整个营销过程中不断进行价格曲线的维护，才能达到整合营销的效果。

4.3.5 尾盘营销策略

1. 尾盘出现的原因

（1）价格因素导致尾盘

市场承受能力较弱，客户宁愿选择条件较差的或楼层较差的单位认购，故剩余的是条件较好但价格高的部分，这种情况一般出现在"价格决定一切"的市场状态中。

户型过大、总价过高，从而导致市场有效需求缺乏，例如有些定位为中档的项目的顶层大面积复式单位，它的总价不是目标客户所能承受的，这主要源于前期产品定位的失误。

（2）产品因素导致尾盘

市场承受能力较强，重质不重价，首选条件好的单位。

在推售初期没有拉开优劣单位的差价，价差太接近，导致买家集中选择条件好的单位。尾盘出现的原因分类见表 4-31。

尾盘出现的原因分类　　表 4-31

类型	特征
自然尾盘	最常见的尾盘形成方式，项目收尾，人气渐渐趋淡，信息传播由硬性广告转向软性口碑。一般在 25% 以内，大都是出于清盘状态的项目单位
产权尾盘（纠纷尾盘）	这类尾盘的产生有其自身的特殊性，是因为产权关系的转移和变化而产生的积压。由于这类尾盘都有一定的数量，而且是销售权分离极易造成恶性竞争，打价格战，这种尾盘对开发商存在一定威胁
自留尾盘	一开始销售势头火爆，产生奇货可居的思想念头，赶紧把一些好的单位、总价高的单位保留下来，当市场回落或竞争压力增大，立即形成积压
炒空尾盘	项目中高端产品由于过度炒作，价格已经超过心理预期的门槛时，这部分产品便被"泡沫"所围合的水汽束之高阁
"误诊"尾盘	这类尾盘的出现主要是由于营销策划偏离和失误，如项目盲目炒作、项目定位出现较大偏差，销售计划失控，入市时机把握不准，客户群体界定过宽或过窄，导致广告传播针对性不强，目标诉求不足
"延迟"尾盘	房地产是属于投资大、周期长、回报慢的行业。如果开发商实力不济，没有充裕的资金来保障工程的顺利进行，以至于出现延缓交楼从而影响售楼进度，产生的尾盘称为"延迟"尾盘，这类项目在社会上负面影响较深，盘活难度较大

尾盘依旧存在它的盈利点：尾盘每卖掉一套回来的都是利润。尾盘一般都不会花费很多营销费用，投入产出比较高。尾盘常常是现房，又是新房，买家可以实地体验房屋质量、社区环境、生活配套，免去期房之担忧。

2. 尾盘营销四大原则

（1）快速、直接、有效

在尾盘阶段，花费大量营销费用是不划算的，而且前期的市场认知已形成，因此不宜把希望寄托在项目形象提升、新价值点挖掘、新客户群形成等复杂的营销目标上，最有效的往往是直接针对目标的营销手段。

1）不追求超额利润，迅速出清尾货，实现快速走量，出货为王；

2）不通过大规模的推广来实现销售，精细化、定向化的渠道销售为尾货的主要销售途径。

（2）沉下心来对客户进行分析，逐一击破

在项目没有后期开盘的营销依托下，最好的办法是重新熟悉本地市场，制定认准目标各个击破的战略战术，对每一套剩下的房子都进行仔细研究；其次寻找相对匹配的消费，用不同的销售方式、策划、优惠政策来吸引消费者。这样售楼人员在介绍时，优缺点清楚，成功率大幅提高。

（3）小优惠，大逼定

尾盘销售，优惠促销必不可少。项目需根据自身实际情况制定相对应的促销策略，促销额度不一定大，关键在于如何逼定。

（4）高频次活动

针对目标客户群，高频次举办贴合项目的活动，撬动客户进线和上门；一方面通过每周的暖场活动，营造热销氛围；另一方面增加客户到访次数，有助于深入了解客户需求，同时还能增加新客户来访。

3. 尾盘营销 9 项策略（图 4-35）

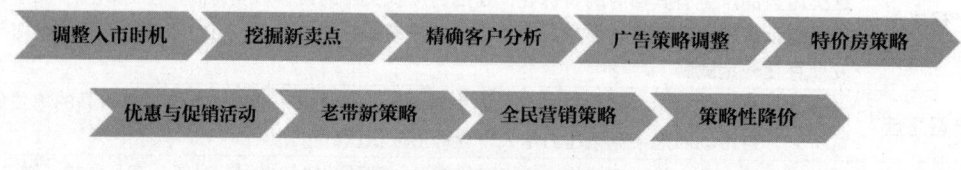

图 4-35　尾盘营销 9 项策略

（1）调整入市时机

绝大多数发展商因资金的问题，往往采用预售方式发售商品房。这样，买家在买楼时无法正确识别条件好的单位，属于这种情况的可以调整入市时机，等到准现楼或现楼时再推。

（2）挖掘新卖点

产品重新包装，将剩余产品的价值最大化包装。

（3）精确客户分析

想要将客户逐一攻破，深入了解客户非常重要，举例见表 4-32。

精确客户分析示例　　　　　　　表 4-32

类别	客户情况
客户年龄	20 ~ 30 岁：54.5%；30 ~ 40 岁：18.2%；40 岁以上：27.3%
行业 / 职业	私营业主、销售、设计师、公务员、会计、大学教授等
居住区域	历城区、历下区和高新区为主，部分外地客户
工作地点	大多为历城区、历下区和高新区
年收入	10 万元以上，部分客户上千万
家庭结构	50% 为三口之家，30% 为单身，20% 为两口之家
教育程度	89% 为大学本科，11% 为更高学历（如硕士、博士）
置业次数	67% 为首次置业，33% 为二次置业
看好卖点排序	品牌、户型、价格、环境、准现房、绿化、区域发展
置业原因	大多为拥有自己的住房和婚房，其次为投资兼自住和办公室东迁
随行人员	一般为同事、父母及亲属、朋友
私家车情况	私家车价格在 10 万 ~ 20 万元左右，部分客户无车
常光顾娱乐场所	商场、健身房、超市、公园、儿童游乐场所
爱好	看书、运动（羽毛球、篮球、乒乓球）、打麻将、喝茶
性格特点	幽默、谨慎、健谈
常阅读刊物	晚报、商报
对产品意见	卧室小（占多数），卫生间小，楼道公共部分装修差、绿化少
对营销意见	优惠少、价格高

（4）广告策略调整

后期的广告一定要接地气，重点把握两大原则：贵精不贵多、注重情感沟通。广告要体现项目本身特征，使用亲切的生活画面，增强与客户沟通的亲和力，并进行强势宣传，给买家留下深刻的印象。

（5）特价房策略

特价房策略是指通过限时限量的特价来促进房屋成交。

（6）优惠与促销活动

这种方式比较适用于尾盘房源品质较高的项目，如降低首期、送装修、送家私家电、送管理费、送花园、送车、送保险、送创业基金等。这一手法重在根据实际情况的变通。

（7）老带新策略

一般项目到了尾盘，都积累了很多业主，应最大限度发挥老业主的作用，全力通过老业主资源挖掘新客户。

（8）全民营销策略

全员联动的升级版，挖掘高端消费品销售人员的客户资源。

（9）策略性降价

这个对策比较适合尾盘剩余房源质量较差的情况。对于此类尾盘滞销情况，最基本的对策就是以价格冲击市场。

直接降价可能引发老客户的不满和新客户的质疑，因此在降价前必须制定好价格方案。首先可利用剩余的好素质单位拉开差价，降低较差单位的价格，并于价目表中显示全部单位；其次可开展各种促销活动，尽快在项目成为现楼前甩货。

任务 4.4　房地产项目营销策划报告编制

学习目标

1.掌握房地产项目营销策划报告的主要内容；

2.掌握房地产营销策划报告的编制方法。

4.4.1 房地产项目营销策划报告的主要内容

随着市场的发展，不同时期不同区域不同项目的房地产市场营销方式与营销策略也在不断地改变，策略和手段也必须与时俱进，套用以前的套路肯定是不行的。一般来说，一份完整的房地产营销策划报告主要包括以下内容：

一、项目定位及价值分析

1.项目概况及区域定位；

2.产业定位及方向分析；

3.项目定位及价值分析。

二、政策及市场分析

1.政策环境分析（宏观环境、中观环境、微观环境等）；

2.市场环境分析（住宅市场、办公市场、公寓市场等）；

3.竞争环境分析（核心竞品、次级竞品等）。

三、目标客户研判

1. 客户画像；

2. 客户趋势；

3. 客户定位。

四、营销策略

1. 市场 / 价值 / 客户分析：

（1）市场机会点；

（2）价值突破点；

（3）客户机会点。

2. 营销思考。

3. 推售策略：

（1）推售节奏；

（2）推售价格。

4. 产品策略。

5. 活动策略。

6. 推广策略。

7. 渠道拓客策略。

8. 展示策略。

9. 营销铺排等。

4.4.2 房地产项目营销策划报告示例

扫码阅读：深圳 × × 商住项目营销推广全案

项目小结

1. 房地产营销策划统筹所有房地产销售及宣传推广工作，由"项目营销总纲"和"营销策略执行"构成。项目营销总纲是整个项目营销推广的纲领性指导，营销总纲主要解决以下 3 个问题：分析营销机会、确定营销战略、设计营销组合。

在通常情况下，房地产市场营销总纲应包括以下几个方面的内容：本体分析、市场环境分析、定位复盘、营销竞争分析、营销目标及挑战、营销定位确定、营销计划铺排等。

一般来说，房地产项目进入营销策划阶段后，可划分为以下 4 个细分阶段：预热蓄客期、开盘强销期、持续销售期和尾盘销售期。

2. 房地产产品组合是指一个房地产企业生产经营的全部产品线和产品项目的组合方式，也就是房地产企业全部物业的结构或构成。

产品线是指一组密切相关的产品项目。具体分为：全线全面型、市场专一型、产品专一型、有限产品专一型、特殊产品专一型等。

房地产企业产品线策略，指的是房地产产品标准化的策略。产品标准化对于房地产开发企业来说是一项基本功，头部企业早已经由产品标准化过渡到了产品线标准化，可分为：住宅产品线、商业产品线、商业综合体等。

3. 房地产产品差异化分为：房地产产品类型差异化、档次差异化、特色差异化、风格差异化、名称差异化、服务差异化、价格差异化、设计差异化等。

产品生命周期决定了任何一种房地产终将被市场所淘汰，企业要想发展、就必须不断地开发新产品。房地产新产品开发的原则是：有市场、有特色、有能力、有效益。

房地产项目产品力即项目的产品竞争力，即产品对目标消费者的吸引力，主要从产品品质、价格、创新等层面来体现。

房地产产品的创新主要包括规划设计创新、产品实体创新以及产品服务创新三个方面。

4. 房地产项目推广包括广告推广、活动推广、项目展示等。广告媒体可分为大众媒体、分众媒体、创新媒体、自有媒体、行业媒体等。房地产广告的诉求重点包括地段区位优势、产品优势、价格优势、交通便捷优势、学区优势、公共配套设施优势、社区生活环境质量优势等。

互联网广告推广策略有：基于场景为用户推送广告、通过社群营销来完成交易、基于大数据进行精准营销、借助金融产品吸引消费者、自媒体推动房地产营销、短视频成为营销推广的重要载体等。

5. 房地产渠道拓客越来越受重视，需把握经济性、可控性、适应性、全程性原则，可分为：派单、巡展、团购、圈层、Call 客等。

房地产营销渠道拓客新趋势包括：全民营销、自建渠道或自建营销公司、电商营销、跨界营销等。

6. 价格策略是整个地产营销活动中极其重要的一环，它不仅包括价格的制定、定价技巧的运用，同时也包括在一定营销条件下，为了实现地产商预期的营销目标而协调配合营销组合的其他有关方面，并在实施过程中不断修正价格策略的全过程。

　　房地产项目首先要确定定价目标，通过分析市场环境、周边市场竞争格局以及调研客户心理价格预期，结合企业和项目的运营目标，选择合适的定价方法，确定项目的整体均价，以均价为基准，制定项目明细价格表，后期再通过销售效果评估市场的反馈，制定价格调整策略进行价格调整以适应市场的变化，从而达到销售目标。

　　尾盘营销招数有：调整入市时机、挖掘新卖点、精确客户分析、广告策略调整、特价房策略、优惠与促销活动、老带新策略、全民营销策略、策略性降价等。

复习思考题

一、选择题（每道题有 1 个或多个正确答案）

1. 营销策划的原则有哪些？　　　　　　　　　　　　　　　　　　　（　　）

    A. 创新原则　　　　　　　B. 客观原则　　　　　　　C. 全局原则

    D. 定位原则　　　　　　　E. 可行原则

2. 房地产项目营销策划主要可划分为哪几个阶段？　　　　　　　　　（　　）

    A. 预热蓄客期　　　　　　B. 开盘强销期

    C. 持续销售期　　　　　　D. 尾盘销售期

3. 下面哪一项不属于房地产项目预热蓄客期的主要工作？　　　　　（　　）

    A. 完成推广事宜　　　　　B. 认筹

    C. 案场管理　　　　　　　D. 制定销售计划

    E. 准备相关销售文件

4. 房地产项目营销总纲主要解决哪些问题？　　　　　　　　　　　（　　）

    A. 分析营销机会　　　　　B. 确定营销战略

    C. 确定客户群体　　　　　D. 设计营销组合

5. 下面哪一项不属于房地产项目营销总纲的主要内容？　　　　　　（　　）

    A. 本体分析和市场环境分析

    B. 定位复盘和营销竞争分析

    C. 营销目标及挑战

    D. 项目可行性研究

    E. 营销定位确定和营销计划铺排

6. 下面哪一项不是常用的产品策略？　　　　　　　　　　　　　　（　　）

    A. 产品组合策略　　　　　B. 产品差异化策略

    C. 新产品开发策略　　　　D. 产品替换策略

7. 下面哪一项不属于产品差异化策略的内容?　　　　　　　　　　（　　）

    A. 产品风格差异化　　　　　　B. 产品特色差异化

    C. 产品性质差异化　　　　　　D. 产品设计差异化

8. 新产品开发的原则有哪些?　　　　　　　　　　　　　　　　　（　　）

    A. 有市场　　　　B. 有特色　　　　C. 有能力　　　　D. 有效益

9. 下面不属于房地产新产品开发的必要性有哪些?　　　　　　　　（　　）

    A. 产品线理论要求房地产企业不断开发新产品

    B. 消费者需求的变化要求房地产企业不断开发新产品

    C. 市场竞争的加剧迫使房地产企业不断开发新产品

    D. 科学技术的发展推动了房地产企业新产品开发

10. 下面哪一项不属于房地产新产品开发的主要策略?　　　　　　（　　）

    A. 领先者策略　　　　　　　　B. 跟随领先者策略

    C. 抄袭策略　　　　　　　　　D. 补缺策略和配角策略

11. 下面哪一项不属于房地产产品的创新内容?　　　　　　　　　（　　）

    A. 规划设计创新　　　　　　　B. 产品价格创新

    C. 产品实体创新　　　　　　　D. 产品服务创新

12. 产品力提升策略主要包括哪些方面?　　　　　　　　　　　　（　　）

    A. 强化社交性强、空间可变的多功能厅打造

    B. 注重人性化收纳系统设计

    C. 产品智能化设计

    D. 社区空间功能更细分, 内容更丰富

    E. 归家动线和社区景观的提升

13. 下面哪一项不属于房地产项目常用的推广媒介?　　　　　　　（　　）

    A. 报纸　　　　B. 邮件　　　　C. 户外　　　　D. 网络

14. 广告媒体的分类类别有哪些?　　　　　　　　　　　　　　　（　　）

    A. 大众媒体　　　　　　　　　B. 分众媒体

    C. 创新媒体　　　　　　　　　D. 自有媒体

15. 广告文案创作风格可分为哪几种?　　　　　　　　　　　　　（　　）

    A. 规则式风格　　　　　　　　B. 理性感化风格

    C. 情感诉求风格　　　　　　　D. 论证式风格

16. 下面哪一项不属于房地产项目广告推广的企业品牌塑造策略?　（　　）

    A. 企业宣传片　　　　　　　　B. 品牌发布会

    C. 降价促销　　　　　　　　　D. IP 塑造

    E. 公益活动或冠名赞助

17. 房地产中间商可分为哪些种类？　　　　　　　　　　　　　（　　）

    A. 房地产代理商　　　　　　B. 房地产中介商

    C. 房地产经纪人　　　　　　D. 房地产策划公司

18. 下面哪一项不属于房地产项目均价的制定方法？　　　　　（　　）

    A. 市场比较定价法　　　　　B. 成本加成定价法

    C. SWOT 法　　　　　　　　D. 竞争导向定价法

19. 下面哪一项不属于房地产项目动态定价策略？　　　　　　（　　）

    A. 低开高走　　　　　　　　B. 高开低走

    C. 平开高走　　　　　　　　D. 低开平走

二、判断题（根据以下表述判断，正确画"√"，错误画"×"）

1. 房地产营销策划工作要充分发挥主观能动性和创新精神，突破现有思维定式，一定能起到事半功倍的效果。　　　　　　　　　　　　　　　　　　（　　）

2. 在房地产项目的开盘强销期，应该通过各种概念、产品及物业服务等多角度多层面挖掘项目价值传递，开展各种促销活动，不断地加深客户的印象激发购买欲望，达到销售目的。　　　　　　　　　　　　　　　　　　　　　　　　　　　（　　）

3. 在房地产项目的尾盘销售期，应该主要以情感广告的推广来潜移默化的对客户进行渗透，引起共鸣。　　　　　　　　　　　　　　　　　　　　　　　（　　）

4. 制定房地产项目的营销总纲，既要客观求实，又要超前思考，预先提出条件要求。
　　　　　　　　　　　　　　　　　　　　　　　　　　　　　　　（　　）

5. 房地产项目营销目标的制定要突出重点、具备可行性、保持各方诉求一致性。（　　）

6. 房地产产品组合越丰富越好，更能全面适应市场的多方位需求。　　（　　）

7. 房地产产品价格差异化是产品差异化策略的核心。　　　　　　　　（　　）

8. 科学技术的发展间接推动了房地产企业新产品开发。　　　　　　　（　　）

9. 不同地区消费者对于房地产产品的风格有不同的偏好，同一地区不同年龄层次以及不同收入阶层的消费者对房地产产品也有不同的要求。　　　　　　　　（　　）

10. 随着居住需求及科技的发展，住宅已不再是简单的建筑，智能智慧、多功能转换、全龄健康化社区场景化等已成为当前住宅的主流趋势。　　　　　　　　　（　　）

11. 电视、报纸、杂志、广播因其发行范围广、影响力大，是目前房地产广告推广的四大主要媒介。　　　　　　　　　　　　　　　　　　　　　　　　（　　）

12. 密集式轰炸式广告投放主要在开盘前采用。　　　　　　　　　　（　　）

13. 房地产广告推广可充分发挥想象力随意用词，不受明文法律的限制。（　　）

14. 地段区位优势、产品优势、价格优势、交通便捷优势、学区优势、公共配套设施优势以及社区生活环境质量优势等，是房地产广告主要的诉求重点。　　　（　　）

15. 推广名是一个项目进入市场最直观、最醒目的营销手段之一，一个好的推广名

应当和项目的产品定位、目标客户群定位、城市文化特色相结合。　　　（　　）

16. 房地产项目之间的竞争主要是产品的竞争，与企业的品牌的关联度不大。（　　）

17. 一个具有轰动性的活动要求是非常高的，必须具有吸引力、关联度、可信度、操作力和传播力五大关键点。　　　　　　　　　　　　　　　　　　　（　　）

18. 展示区一般由示范景观区、售楼部、样板房等几大部分组成，它是项目开发周期的关键环节，通过营造真实的生活场景，可以让客户从中切身体验到未来整个楼盘的生活氛围。　　　　　　　　　　　　　　　　　　　　　　　　　　　　（　　）

19. 房地产间接营销渠道便于房地产企业直接了解消费者的需求、购买特点以及变化趋势，由此可以及时作出相应的经营决策，更好地满足消费者的需求。　　（　　）

20. 开展渠道拓客工作，项目需要从梳理客户资源、制定战略、制作物料三个方面做准备。　　　　　　　　　　　　　　　　　　　　　　　　　　　　　（　　）

21. 市场比较定价法是目前最常用的均价制定方法。　　　　　　　　　（　　）

22. 通常情况下，刚需小户型的奇偶单价差比大户型的单价差更大，主要因为大户型的客户多用于改善居住，对户型格局、舒适度的追求比较高。　　　　　（　　）

23. 定价策略应该根据项目本身的情况、市场情况、成本状况、消费构成、消费心理等方面的因素来制定。　　　　　　　　　　　　　　　　　　　　　　（　　）

24. 低开高走定价策略是较常见的定价策略，尤其适合处于宏观经济周期恢复阶段或者人气较旺的待售项目采用。　　　　　　　　　　　　　　　　　　　（　　）

25. 在尾盘销售阶段，应该花费大量营销费用，把希望寄托在项目形象提升、新价值点挖掘、新客户群形成等复杂的营销目标上。　　　　　　　　　　　　（　　）

三、简答题

1. 房地产项目营销策划可划分为哪几个阶段？

2. 房地产项目的本体分析主要包含哪些内容？

3. 房地产项目产品力的内涵是什么？

4. 房地产广告文案的特点有哪些？

5. 一个完整的房地产项目活动策划方案的实施主要包含哪些内容？

四、论述题

1. 营销总纲和营销策略之间的关系是什么？

2. 房地产项目的广告推广大致划分为哪几个阶段？各阶段广告推广的特点是什么？

3. 视频号、短视频平台等新媒体媒介是目前房地产项目短视频推广的重要渠道，其对房地产营销起到什么作用？

4. 阐述渠道对于房地产项目营销的重要意义及发展趋势。

5. 谈一谈对目前市场上房地产项目定价方法的看法。

项目 5

房地产项目销售实务

项目要点

　　房地产销售人员是房地产开发企业最直接接触客户的岗位，良好的仪容形象及洽谈的言谈举止不仅给顾客反映出销售人员的专业性，更对后期销售成功有着至关重要的作用。房地产售楼处的包装应该在满足基本功能的基础上，力求做到彰显项目品质及项目特色，并形成自身独特的风格，将售楼处本身打造成自带流量的"明星"，从而吸引购房者。销售动线作为串联整个售楼处各功能区域的引线，其设计也应讲究体验在前，销售在后，通过"讲故事"的方式展开。售楼处、景观示范区、样板房等模块的次序可以打乱再重组，前场和中场大量设置展示模块，建立客户对项目的好感，到后场售楼人员的推荐会更有说服力，销售自然水到渠成。

　　中国房地产业的发展已步入巨变时代，房地产企业应汲取其他行业消费品营销的长处，实现更好的营销效果。网络科技的不断发展让房地产行业认识到营销线上化的重要价值和发展趋势，信息展示、获客，还是看房、交易等环节，线上化都实现了极大提升。

导学视频

任务 5.1　房地产售楼礼仪

1. 掌握房地产售楼礼仪规范；
2. 熟悉房地产售楼人员需具备的素质要求；
3. 掌握房地产销售各个场景的言辞要点及技巧。

【案例导入】某企业置业顾问的不当言行对品牌造成负面影响

　　某市出台限购政策以来，楼市较为火热，主城区内的某楼盘因地理位置优越，来电咨询的客户较多，楼盘项目建了一些聊天群组，方便给客户发布相关信息。但该项目的一位置业顾问，要求群内所有客户"闭嘴"，否则直接"踢"出群聊，对提出异议的客户，还恶语相向。其他客户看到其如此态度，则纷纷自行退群。该售楼人员的态度在网络上引起热议，新华网刊文批评，对该房地产企业的品牌造成了较大的负面影响。

【思考】房地产售楼人员应掌握哪些礼仪规范？具备怎样的素质要求？

　　研究房地产售楼礼仪，首先要充分了解房地产售楼礼仪的含义，其次要熟悉房地产售楼礼仪的规范做法与房地产售楼人员的素质要求，然后掌握具体的房地产售楼礼仪技巧并加以灵活运用。

5.1.1 认识房地产售楼礼仪

1. 房地产售楼礼仪的含义

　　子曰："人无礼，无以立"。礼仪作为一种文化形象，是道德、习惯、风俗等的综合体现。把礼仪贯穿于销售活动中来，使销售活动转化为心理和情感的交融，成为能够满足心理需要的经济活动，这是销售行为是否成功的关键所在。

　　而房地产售楼礼仪是指房地产销售人员在房地产销售过程中形成的行为规范与准则，具体表现为销售人员的礼貌、礼节、仪表、仪式等。众所周知，树立良好形象，第一印象只是一个开始，由于与购房者的交往是一个长期的过程，房地产商品推介过程中每时每刻体现出的礼仪礼节和交谈来往中透露出的风度才能真正驻留购房者的内心，最终促使房地产的潜在需求者能迅速转化为房地产的现实需求者。

2. 房地产售楼礼仪规范

房地产销售人员是楼盘营销活动的实施者和展示载体，房地产售楼礼仪规范可有效指导和协调售楼人员在营销活动的展开中实施有利于促进交易达成、处理客户关系的言行举止，从而助力房地产公司快速赢得顾客。

房地产售楼礼仪大致可以分为：

（1）仪容仪表

房地产售楼人员身处客服接触企业项目的第一线，代表了开发商和楼盘项目的形象，所以仪容仪表显得十分重要，要求每一位从事售楼工作的员工都要自觉地保持自身容貌、着装的整洁与悦目。

良好的仪容是与购房者展开愉快沟通的基础，是对购房者表明尊重的重要方式。售楼人员上岗前应做好以下几点。身体上做到无异味，保持每日清洁干净。头发：保持干净整洁，男士发型需端庄大方，前发不遮眉、侧发不掩耳、后发不及领，不宜抹过多的发胶；女士发型应文雅干练，不可披头散发、不宜佩戴华丽的头饰。面部修饰：五官不可有污秽物残留，口腔牙齿保持干净洁白；男士须剃须修面，给人以精神焕发的面貌；女士化清爽淡妆，不宜浓妆艳抹，忌用过多或刺激性气味强的香水，给人以优雅美丽的感觉。

我国有"文质彬彬，而后君子"的古训，仪表是个人涵养的外在具体表现，而针对房地产售楼人员的仪表装束更应该体现其专业性与房地产企业良好的精神风貌。职业服装应遵循"TPO"原则[①]，房地产公司有统一制服时售楼人员必须整齐穿戴工作服；男士多以商务西装和皮鞋为准，为西装套装为佳，需打领带、西装大小应合身，全身穿着限制在三种颜色之内，皮鞋皮带与西装相配。女士服装以职业化为准，西裤或裙装均可，穿着应大方得体，松紧合身，不穿奇装异服，不宜穿露脚趾的鞋，不宜佩戴过多首饰等。

（2）举止体态

肢体动作亦称为人的无声语言，能侧面反映出一个人的精神风貌，因而售楼人员应有意识地注重姿势体态与言谈举止，对一些不良习惯的小动作需加以克服。

微笑是一种极具感染力的表达，能充分体现一个人的热情与魅力。因此，房地产售楼人员应以真挚自然的微笑来缩短与购房者之间的距离。微笑要发自内心，自然甜美的笑容有如童稚般灿烂纯真，使购房者感觉心情愉悦。时刻保持自然微笑之余，眼神不可过分锐利、太冰冷、太混沌，最好以温暖柔和、亲切真诚的目光直视对方，视线角度应与购房者保持水平，视线焦点应停留在购房者脸部的三角区，不可左顾右盼也不能紧盯

---

① "TPO"原则，即着装要考虑到时间"Time"、地点"Place"、场合"Occasion"。

对方。在日常售房过程中,售楼人员的目光是否运用得当,将直接影响与客户沟通的效果。

优雅的体态是一个人有教养、充满自信的完美表达。作为一名专业的售楼人员应充分注重自身站立、端坐等多种体态姿势。售楼人员的站姿要求挺拔优雅,双脚要平衡、肩膀要平直、挺胸收腹,重心在两脚中心双手可自然下垂或一只手放置于另一只手上,不得在会见客户或重要场合叉腰或双手交叉抱在胸前。售楼人员正确的坐姿是"坐如钟",上体自然坐直,两肩放松,两腿自然弯曲,女士双膝脚跟必须靠近,给人以端正、稳定的感觉。国际上公认的也是最普遍的坐姿为端坐与侧坐,无论是哪一种做法,都应以娴熟自如的姿势来表达对购房者的尊重和留下端正的印象。此外,优雅的走姿具有其独特的魅力,会让你显得体态轻盈、朝气蓬勃。售楼工作中,应对出现的捡拾东西的状况,宜采用蹲姿,应注意仪态得体,避免出现尴尬的状况。

（3）商务礼节

在售楼人员与购房者交往的过程中,需要注重交谈、握手、递交名片等多方面的商务社交细节,这些细节代表了售楼人员的专业素养的同时,也会在不知不觉间向购房者传递不同的信息与情感。

交谈是销售人员攻破客户心理障碍的利器,作为一名出色的售楼人员,基本要求在于做到声音洪亮、发音标准、语速合理、语调和缓。售楼人员与客户交谈的目的是为了打动客户、感染客户,自信稳定的交谈节奏更能向客户传递出销售人员对自己、对楼盘、对房地产公司的信心,从而加强购房者的信任感。

握手是一种常见的"见面礼",貌似简单却蕴含着复杂的礼仪细节,承载着丰富的交际信息。标准的握手姿势应该是平等式,即大方地伸出右手用手掌和手指用一点力握住对方的手掌。切记遵循上级在先、长者在先、女性为先的原则。此外还有递交名片礼仪、会议礼仪、坐车礼仪等多种商务活动礼节需要加以学习掌握。

5.1.2 房地产售楼人员及其素质要求

房地产销售人员作为房地产开发企业与购房者之间信息沟通的桥梁,承载着满足购房者的购买需求和为公司创造利润的双重责任。如何招聘与培养出优秀的销售人员,将直接影响房地产公司的营销效果与销售业绩。

售楼人员的个人素质与能力,不仅直接影响到楼盘的销售量和销售速度,更是通过"短板效应"直接关系到房地产公司的盈利水平,同时也将对楼盘的市场形象带来不可磨灭的深刻影响。

1. 房地产销售人员的基本要求

（1）房地产售楼人员应掌握广泛和全面的专业知识

房地产是一个涉及很多专业知识的领域。随着市场经济的发展,房地产业务本身也越来越专门化，这就要求房地产售楼人员需要具有较高的知识水平和业务素质。售楼人员不仅仅熟练掌握房地产销售的业务和运作知识，还必须对相关的行业知识有一定的了解。

1）房地产市场营销的行业知识。销售人员应当充分了解房地产营销的各个宏微观环境，特别是经济环境、区域市场等，同时还应对国内外房地产行业发展的现状及趋势有所了解。

2）房地产的产品知识。销售人员应熟悉房地产商品的基本属性、用途、规格等相关的基本知识。只有熟练掌握了房地产商品的基本知识后，售楼人员才能够非常有把握地向消费者介绍房地产产品；相反，如果售楼人员不了解自己所销售的楼盘项目，那么在对消费者进行销售时就会缺乏自信，无法清晰地展示产品的特点。

3）房地产交易过程中应通晓的知识。即交易过程中的服务项目、环节、条件、交割程序以及行业术语等。售楼人员能否得到客户的认可与信赖，都取决于售楼人员对房地产交易信息与技巧的掌握与熟练程度。

4）房地产相关学科的知识。房地产业是一个与其他行业关系密切的行业，诸如建筑、保险、金融、法律、税务、管理、营销等都与房地产密不可分，因此售楼人员也应该对这些行业的相关知识有所了解。

一个优秀的房地产售楼人员面对自己所销售的楼盘会热情高涨。不仅对所售楼盘本身的特点（品位、文化、规划、景观、设计、风格、结构、户型、面积、功能、朝向、便利、价格、公共设施、设备、社区管理、社区文化等）有根本了解，而且对所销售的楼盘地段、周边环境、城市规划、基础设施、开发商实力等有足够的了解。更重要的是对竞争楼盘的优劣有清醒的认识，能够与竞品楼盘进行恰如其分、令人信服的对比分析。在比较中，无原则地贬低竞品项目的做法通常容易引起购房者的逆反心理与厌恶情绪。因此，既实事求是、扬长避短，同时又做到为购房者提供可圈可点的置业意见，使购房者产生强烈的信任感，是一个优秀房地产销售人员的能力体现。

（2）销售人员应具备较强的心理承受能力

目前房地产行业竞争愈发激烈，商品房市场百花齐放，售楼人员在向消费者进行销售过程中可能会遭遇多次的拒绝，在交易的过程中也会遇到很多无法预料的突发状况，因此销售人员应具备较强的心理承受能力，这样才能在销售中达到目标。

1）建立坚韧的意志力。培养较强的心理承受能力首先要建立坚韧的意志力，才能在面对挫折的时候有充分的心理准备、正视挫折。房地产商品是价高值大的商品，在销售过程中销售人员难免会遇到波折，比如顾客的抱怨、拒之门外等，而强大的意志力则是销售人员在业务进展上"披荆斩棘的利剑"。获取客户信任是房地产销售活动中关键的一个因素，但获取客户信任却并非一朝一夕能办到的事，这就要求售楼人员有坚定的信念，坚定不移地往前推动业务。

2）保持积极向上的心态。积极乐观的态度可以调节销售人员低落心情，从而保持旺盛的斗志，战胜挫折。销售工作是一项需要付出大量脑力和体力的艰辛工作，并且有一定的风险。销售人员时刻保持旺盛的热情，要在销售中以积极的心态迎接客户，为客户排忧解难。通过自身的热情感染客户，从而化解购房者的陌生感与不安感，拉近与客户的心理距离。

3）敢于接受挑战。挑战就是把不可能变成可能，把可能变成现实。房地产售楼人员的工作富有挑战性，售楼人员在销售过程中会接触到各种各样的客户，面临各式各样的挫折；此外，同行业间的激烈竞争也使销售工作的挑战性更上一层楼。销售人员必须要有足够的耐心和毅力，敢于面对各种挑战，迎难而上。

4）善于控制自己的情绪。情绪是无所不在的思维体现，保持良好的情绪有利于提高工作效率。销售人员在与客户打交道的时候，必须控制好自己的情绪，避免情绪起伏过大，向客户展示自身优秀工作能力的一面，而不能将自己的不良情绪带到工作中来，更不能将它带到与购房者的洽谈中，否则势必破坏商谈的气氛，不利于销售工作的展开。

（3）房地产售楼人员应具备的意识

1）信息意识。现代社会已然全面进入信息时代，在房地产销售过程中，信息的收集与传播一般都是通过实物渠道、人际渠道和大众媒介进行的。所谓知己知彼、百战不殆，就是对信息传递和分析有绝对的掌握。销售人员在日常销售活动进行中需要树立信息意识，通过信息收集的积累，集腋成裘并充分挖掘信息的潜在价值。成功的销售人员应该能够向顾客传递所销售楼盘更有效满足他们需求的信息点。比如能够告诉购房者：为什么买我们的楼盘，在哪些方面更有利，我们的楼盘能为客户带来什么样的利益与效益等。

2）公共形象意识。公共意识是一种综合性的职业素质，公共意识的中心就是形象意识。一个好的销售人员同时也是一名优秀的公关专家。一个销售人员在社会公众心目中形象的好坏，对其销售目标的实现有重要的影响，有时甚至起着决定性的作用。而公关形象的塑造主要包含两个基本面：知名度与美誉度。售楼人员在服务客户的过程中，通过良好的业务能力和高质量的服务，可以增加楼盘项目的美誉度；同时售楼人员也应善于推销、宣传自己，不断增加自己的知名度。

3）服务意识。销售人员必须具有真正为客户服务的意识，对于房地产市场而言，一个客户满意了，可能意味着同时赢得了几个甚至几十个潜在客户。成功的销售人员，要全心全意地为客户的利益着想，通过自己的全面、周到的高水平服务，赢得客户的信赖。

2. 房地产销售人员应具备的综合能力

（1）察言观色

察言观色是指在与购房者交谈时，通过观察谈话对象的一举一动、一言一行，分析谈话对象的性格、特点、习惯、意图等，然后及时修正和改变与其在后续谈话过程中的内容与方式。观察和理解客户是以丰富的知识为基础、科学的观察方式为工具所进行的有效活动，通过细致的观察，就可能从对方的言谈、举止中发现对方的思想状况和内在意图。

房地产营销是一个巧妙的自我推销过程，在这个过程中，销售人员应主动加强与客户沟通，在交谈的过程中通过察言观色的能力做到有的放矢，了解客户真实目的，提高成交率。

（2）擅长交际

销售是与人交往的艺术。一个销售人员需要具备一定的社交能力，包括与人沟通的能力、使人感到愉快的能力、处理异议的能力以及控制氛围的能力等。社交能力是衡量一个销售人员能否适应现代开放社会和做好本职工作的　项重要指标。销售人员在与各界人士打交道的过程中，需知悉掌握各种社交礼仪，比如各种外交礼仪、宴会礼仪等。

（3）具备基本的调研分析技能

充分的调查是销售人员获取市场信息、科技信息和房地产商品信息的主要方式。销售人员在进行房地产交易活动时，要认真分析自己的房地产商品的质量、价格、售后服务、信誉保证和客户需求，并把自身项目优劣势同具有可比性的竞品业务进行对比分析，从中寻求突破口，策划较好的营销方式。

（4）随机应变

随机应变就是要求售楼人员思维灵活变通。在房地产营销活动中，销售人员所接触的客户数量庞大、角色多变，他们有着不同的籍贯、性别、年龄、文化程度、社会背景和生活习惯。销售人员要认真观察购房者的特点，掌握其不同的个人喜好与具体要求，以便更好地击中客户的需求痛点。而在日常的其他工作中要机警灵敏，随时应对可能会发生的顾客异议和突发事件。对于突发事件的处理，直接关系到销售活动能否顺利打破僵局、走出低谷。

（5）沉着应对危机

在房地产营销的过程中，随时都会有危机出现，当销售人员面临危机来袭，不应选择逃避与推脱，而是以沉着冷静的态度面对，从实际出发，着眼于当下，采取快速有效的措施安抚客户的情绪，使客户对楼盘项目重拾信心。

5.1.3 房地产销售用语

在房地产销售中，销售用语非常重要，很多时候和客户交流，多则十几分钟，短则只有几分钟，那么这么短的时间内，就需要销售员掌握能够打动客户的话术。从营销的角度来说，好的言辞，更容易邀约客户，拉近和客户的距离，让客户更加了解我们的项目，促进成交。

1. 外场迎宾言辞要点

从客户到达项目开始的停车指引、参观路线、营销中心引导、会所指引、活动场地指引、到售楼处客户参观登记、客户判定等，这部分迎接言辞不多，但是需要做到快速判定客户到访目的，确定接待人员、车辆财务安全、参观感受、客户隐私等。

客户进门，每一个看见的销售员都应主动招呼"欢迎光临"。值台置业顾问立即上前，热情接待："先生（女士）您好，欢迎光临××项目，请问您是第一次来吗？"若是肯定回答则进入下一接待程序，若曾经来过，则请出原置业顾问接待。

注意要点：

（1）接待台人员应随时注意门外情况，及时发现客户，做好各项准备工作。

（2）置业顾问的姿态动作应符合礼仪规范，态度热情、诚恳、面带微笑。

（3）接待客户或一人，或两人，一般以二人为限，不要超过三人。

（4）若来者不是真正的客户时，也应照样提供一份资料，作简洁而又热情的招待。严禁挑衅客户或怠慢客户。

（5）注意及时补位，避免影响客户的参观感受。

2. 品牌介绍言辞要点

在房地产销售的接待流程中，首先要介绍的往往不是产品，而是开发商的品牌，品牌传递给客户的是产品第一视觉。开发商品牌介绍，旨在树立自身的品牌，传递品牌能给消费者带来的价值，增强客户的购买信心。

注意要点：

（1）品牌介绍方面要及时更新最新的集团信息，并根据项目的定位有选择地输出。

（2）置业顾问需要用自己擅长的讲解方式进行介绍，做到逻辑清晰，从大到小，突出品牌带来的优势。

（3）置业顾问要去理解品牌赋予的精神意义，才能把这些价值传递给客户。

●────────【案例5-1】××集团××项目销售言辞────────●

首先为您介绍一下××集团，本集团成立于1992年，2007年在我国香港地区联交所主板挂牌上市。高品质项目遍布广东、福建、湖南、江苏、湖北、山东等全国26个省份，近300个城镇，"五星级的家"享誉中国内地、香港等地。2011年起走出国门，在马来西亚、澳洲等地开发项目，得到当地人民认可。2013年，××集团跨入千亿房地产企业行列。2014年实现合同销售金额1288亿元，首次回款超千亿元，位列全国上市房地产企业5强。立业至今，××集团创始人及集团累计参与社会慈善捐款已超20亿元。"建当地最好的社区"一直是××集团努力的方向，现已有超300万业主在该集团项目安居乐业。

3.区域解说言辞要点

区域解说言辞的核心是以提升区域形象为目的,因此地段解说言辞应凸显地段价值,以数据说话,从区域定位、未来发展层面,阐述项目地段价值所在。而配套言辞,则应分教育、景观、商业、文化、医疗、交通等多角度进行全方位的价值输出。

注意要点:

(1)区域解说言辞需涵盖项目的城市规划、地段价值、周边配套、交通价值四大方面,同时应根据项目的定位及客户的情况有所侧重。

(2)采取量化、具象的表述方式。其中涉及距离,10km 以内数据,用"米"表达,传达会更清晰,也便于拉近客户心理距离。

【案例 5-2】×× 集团 × × 项目销售言辞(续)

下面为您简单介绍一下项目周边的区位情况。

×× 项目地处港深都会圈的核心位置——惠东亚婆角旅游度假区内,坐镇珠三角,紧邻深港澳。随着深圳与惠州同城化的进程加快,亚婆角、巽寮湾等滨海旅游度假区共同组成了深圳东部湾地区,成为政府大力规划和打造的世界级度假旅游湾区。目前已有国内知名的八大地产巨头齐聚东部湾地区,投资规模超 3000 亿元,共同开发世界级滨海度假的新时代,缔造媲美三亚的纯正滨海度假生活。

×× 项目作为东部湾区域距离深圳最近的楼盘,距离深圳市区约 40min 车程。40min 的时间可以做到什么,您可以在繁华的都市和宁静的海湾边完成您每日生活的转换。(您想想,白天您还在深圳上班,晚上就可以回到温馨的港湾与家人赏海景、看日落,带着孩子一起在沙滩上玩耍,是一件多么惬意的事啊!)

项目拥有双高铁(厦深高铁、广深港高铁)、三高速(深汕高速、广惠高速延长线、东部沿海高速)以及七大空港(广州、深圳、香港、澳门、珠海、佛山、惠州),1.5h 内可畅达珠三角各大城市,3h 内可到达中国绝大部分的省会城市。×× 项目坐拥这么优越的市政配套,升值空间巨大。

此外项目周边生活配套也是非常完善的,项目 1.5h 可快速通达我国香港地区铜锣湾、尖沙咀、旺角、深圳福田及罗湖等各大购物商圈;也有主题公园及自然人文景观供您游玩,1.5h 的生活圈,让您在本项目可以得到集旅游、娱乐、购物、美食等全方位的休闲感受。而深莞惠 26 个收费站的取消,更把出行的生活成本、时间成本降到最低,实现 365 天全时度假。

4. 沙盘（项目本体）解说言辞要点

沙盘讲解是让客户充分了解项目及获取客户需求信息的重要环节。沙盘解说应按照一定的主线，从整体到局部，从周边到本身，从全部到特殊。从规模、规划、园林和建筑、户型、小区配套及物业等方面展示项目全貌及项目优势。注意在介绍项目的同时，多与客户交流，以了解客户的需求，并针对客户的需求重点讲解从而引起客户的兴趣，为后期促成客户成交做重要铺垫（图5-1）。

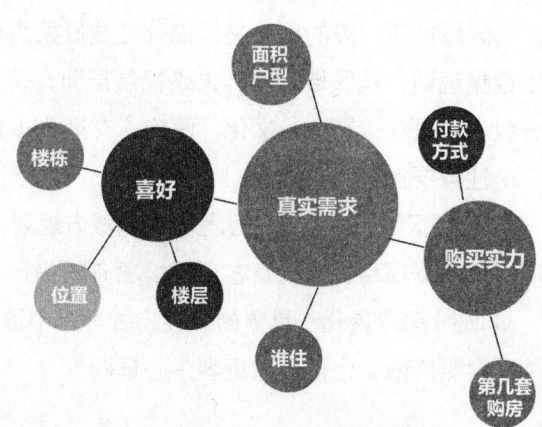

图5-1 沙盘讲解中的客户的初步摸底

注意要点：

（1）介绍沙盘时间不要太长，科学数据表明，人的注意力只能保持5min。

（2）力求做到给客户讲故事，让客户身临其境，产生对未来生活的憧憬。

（3）通过交谈正确把握客户的需求，并据此迅速制定自己的应对策略。

（4）当客户超过一人时，注意区分其中的决策者，把握他们相互间的关系。

（5）在沙盘讲解的时候不能只讲优点，对于自己有把握转劣为优的缺点需主动提及，这样能给客户诚实可信的印象。

5. 样板房解说辞要点

样板间的参观能给客户带来最直观感受，也是影响客户决策的重要环节，因此样板间的参观动线及销售亮点，以及置业顾问的销售言辞要事先安排好。否则销售在带客户参观样板间的时候，会显得举止失措，会失去很多销售机会。

样板间的解说言辞应该传达两个要求：

首先，三个强化记忆点。在样板房解说言辞中，必须强化三个记忆点：户型设计空间多样性、居住实用性、收纳空间人性化。其次，在解说的同时注意对设计亮点进行现场演示，加深客户的印象。

注意要点：

（1）进门前的解说言辞完毕后，3s停留。

目的：给予客户由"参观者"转化为"居住者"的心态转化调整时间。

（2）客厅餐厅之间的位置，销售员静默，3s停留后开始销售言辞。

目的：给予客户3s的停留，然后才开始关于"人性化"的销售言辞，包括故事穿插、细节描述。

（3）参观完一套板房户型后，需要强化户型的稀缺性。

目的：激发购买欲望与决策速度。

───────── 【案例 5-3】进户门言辞 ─────────

重点介绍进户门口的人性化小挂钩、入户门材质、防盗锁。

动作要点：将门口小挂钩打开，让客户体验入户时提有重物将其挂上的便捷。

言辞：您看，在门口我们有细心地为您设计了这个小挂钩，您不要小看了这个小物件，当您购物回家手提重物但又要从包包中找寻钥匙时您完全可以将您的物品挂于这里，打开门后您不用弯腰取购物袋，从挂钩上取下物品即可回家。

动作要点：用手敲击门，看看质地；让客户体验入户门的材质。

言辞：我们的入户门采用的是钢质门，备有智能门锁，它的优势在于防盗防火等级均高于一般入户门。

6. 洽谈环节言辞要点

从样板间回来后引导客户在销售桌前入座，在倒茶寒暄、互换名片，递交楼书后，应根据客户所选户型，作更详尽的说明。同时针对客户的疑惑点，进行相关解释，帮助其逐一克服购买障碍。在客户对产品有 70% 的认可度的基础上，设法说服他付定金购买。

注意要点：

（1）在客户未主动表示时，应该立刻主动地选择一个单位做试探性介绍。

（2）针对客户提出的异议，置业顾问即使完全不同意客户的看法，立刻反驳也是非常错误的。

（3）对产品的解释不应有夸大、虚构的成分。

（4）不可擅自答应客户要求，不是职权范围内的承诺应报现场经理通过。

（5）为客户计算房价，及其一切相关费用（首付款、按揭手续费、办产权证应交税费、天然气集资费、有线电视集资费、公共维修基金等），避免以后引起不必要的麻烦。

───────── 【案例 5-4】洽谈环节言辞 ─────────

客户："你们楼盘的价格太高了。"

置业顾问："我完全理解你的感受。很多人在第一次听到这个价格时也是这么想的。可仔细分析一下我们的产品和价格，他们总是会发现，就当前的市场情况来说，我们的性价比是最为合理的。"

"感知，感受，发现"的话术对于客户的异议是先同意、后反驳，慢慢扭转对抗局面。这种话术的妙处还在于当客户表现出一些充满敌意的行为时，"感知，感受，发现"可以让置业顾问有时间冷静下来，做进一步思考，然后再去回答客户。

7. 送客环节言辞要点

客户离开时，要将其送至大门，并感谢客户的光临，如"欢迎再次光临""谢谢，再见"等。在送客环节，不管客户是否已下定成交，置业顾问均应做到态度亲切，始终如一。同时再次告诉客户联系方式和联系电话，并告知有什么问题均可以随时沟通。

注意要点：

（1）暂未成交或未成交的客户依旧是客户，置业顾问不可因此怠慢客户。

（2）及时分析暂未成交或未成交的真正原因，记录在案。报告现场经理，视具体情况，采取相应的补救措施。

任务 5.2 房地产售楼处包装

学习目标

1. 掌握售楼处包装的要点；
2. 了解近年售楼处的发展与创新情况及其实现的着力点；
3. 理解售楼处销售动线设计的重要性；
4. 掌握销售动线设计的要点。

【案例导入】×× 项目综合体为客户打造未来田园生活

某项田园综合体项目售楼处，利用电影布景的方式，将一个马厩改造成了一个微缩版的 8000 亩田园文旅小镇，把售楼处打造成了一个沉浸式的田园生活体验馆，甚至利用投影制造星空，将田野、萤火虫、树林、石板路都一一还原，提前向参观的客户呈现小镇未来的田园生活（图 5-2）。

【思考】该项目售楼处有什么特点？对房地产项目售楼处包装有什么启示？

售楼处作为房地产项目的门面，承载着楼盘形象、客户体验、销售完成等重要功能。

图 5-2　某田园综合体项目将马厩改造成田园生活体验馆

随着房地产行业不断发展，市面上的房子盖得越来越漂亮的同时，开发商对售楼处的重视程度也越来越高。因为售楼处的包装与销售动线设计能否打动客户、刺激客户的购买欲，将直接影响项目的销售成绩。如何打造出最吸引人的门面，一直是新楼盘面世最关键的一个环节。

5.2.1 房地产售楼处的发展与创新

1. 售楼处包装的要点

售楼处一般应包括以下主要功能设置：前台接待区、沙盘展示区、户型模型区、项目宣传影视区、水吧、洽谈区、签约区、（有条件的售楼处可以设贵宾休息区）现场营销人员办公区、儿童娱乐区、样板间。但在实际营销中，售楼处的作用已经不仅限于客户接待、项目展示，而更多要承载起导客的功能，这也决定了售楼处的功能要更加丰富和多元化。如咖啡馆、图书馆、植物园等多种场景和功能均可视项目需求进行设置。

注意要点：

（1）功能分区明确

在规划多个功能区域的时候须注意各个功能区应相对独立，不能给人"空间复杂"的混乱感。其次要注意做到各个功能区之间连接紧凑，节省面积的同时，也让参观动线更加简洁。

（2）动线简洁分明

售楼处与居家户型一样也讲究"动线分明"。良好的功能动线可以是吸引客流和促进成交的工具。一般来讲，售楼处的条动线需贯穿所有功能区，从品牌介绍—项目宣传片—区域介绍—沙盘讲解—户型展示—样板房，若是动线不明晰，很有可能造成客户没有耐心，直接看样板房从而达不到预期的效果。

（3）注意材质细节打造，凸显项目品质

售楼处不只是一个临时搭建的售楼点，它也是开发商向顾客展示项目质量的有效手段，一个质量好的售楼处能给客户留下项目质量有保证的印象。而在包装售楼处的时候，除了比较明显的地方，厕所、门口、外围、楼道、园区等空间也须做到与整体质感保持一致的水准。

（4）注意氛围营造，增强体验性

售楼处的包装应该注意与项目调性及特色进行结合，紧扣项目特色进行氛围营造，能让客户在参观的过程中增强对项目价值的认可。而互动则能进一步加深客户的印象，因此可适当设置互动性环节（科学技术融入，如纳米互动视频、触摸屏、3D/5D影音室等）。

【案例 5-5】某项目售楼处的氛围营造

某主打绿色生态的项目，在售楼处周围景观区，打造绿谷和坡地营造景观变化。种植高大乔木和花卉颜色鲜艳，在景观区种植不同花色与香气的花卉，既可增强客户的视觉享受，又可让客户呼吸到淡雅清香，嗅觉盛宴。售楼处四周鲜花争奇斗艳，形成自然、生动谷地景观，直观展现项目特色绿谷生态优势，让客户能设身处地感受项目生态特色与景观细节中蕴含的文化情调与人性关怀，切身感受绿色生态带来舒适体验。

---

2. 售楼处的发展与创新

随着近年来房地产营销的多元化发展，越来越多的开发商意识到了售楼处潜藏的价值。很多售楼处开始褪去单一销售目的，与图书馆、艺术馆、咖啡厅等社交场合的属性相融合，在贴合项目特色的同时形成自身独特的风格，将售楼处本身打造成自带流量的明星，从而吸引购房者。售楼处已经从过去的大卖场发展成现在紧扣项目特点进行场景营销的"网红示范区"。

目前市场上做得较好的"网红示范区"的着力点主要有以下方面：

（1）售楼处景点化，扩大项目传播效应

售楼处外部造型如果比较震撼，体验营销可以说就成功了一半，很多售楼处就因为造型成了一道独特的风景，而吸引了大量的客户前往参观，甚至成了"网红打卡处"。

【案例 5-6】重庆某项目营销中心

　　重庆某项目属于山景房，为了最大化展示景观资源，开发选择将售楼处主体建筑置于最高处的岩体之上，极具戏剧性的断崖式高差，巧妙的选择角度后最大化利用景观资源，一望无际的视距，建筑犹如张开双翅的仙鹤傲立于仙岩之上，带给客户非常震撼的感觉（图 5-3）。

图 5-3　重庆某项目营销中心实拍图

　　而对于大部分项目而言，受经费限制，可采取更具性价比的方式，一是在内装上做文章，二是利用"黑科技"手段，带给客户震撼的体验。

【案例 5-7】项目展示的科技时尚元素

　　××地产公司某超级城市综合体，主打科技、时尚、健康、社交。为了传达这些信息，项目展示区专门做了一个近 150m² 的光电地板互动区域，该区域由舞动廊架、数字水幕、光电地板、彩色看台四个主要元素构成。

　　廊架由透光的树脂胶制成，有一定的庇荫作用，同时兼有光影效果；光电地板由黑色玻璃结合白色透光点的做面层，白天能承接廊架的倒影；晚上，光电地板的效果会随着脚步的移动而变化，与游客形成趣味互动。而周围的彩色看台供人们闲坐休息。该互动区由于新奇好玩，吸引了大量的人流到这里打卡，成了当地的"网红地点"。据说开盘当天就有一对情侣在数字水幕下求婚成功，这也为项目制造了一个热门话题。

（2）内容场景化，独特功能增加客户体验感

过去的售楼处功能设置更多考虑成年人的需求，而现在会更加多元化，更能满足全龄化的需求。通过提供差异化的服务体验，让客户舍不得离开。同时为了真正要吸引客户，现在的售楼处还注重在内容上下功夫，一方面功能设置要有独创性，另一方面通过功能配套传递出与项目调性一致的精神内核。

【案例 5-8】示范区的星空探索之旅

重庆某项目的示范区，抛弃了传统的园林模式，以星空为主题，围绕天文台进行主题打造，在示范区建造了一个天文台，为此还配备了专业的双通道智能光学天象仪和 16 英寸专业级天文望远镜。项目依次通过星空幕布、时空隧道、时光漫步、星河漩涡、天文台等让客户体验了一段璀璨星空的探索之旅。

（3）特色化服务，提升客户对项目的好感与感知价值

在售楼处中，服务人员与客户直接接触，他们的形象、言行举止对客户体验有重要影响，因此越来越多的房地产企业开始对服务人员的服务细节和行为要求标准化。具体到每个场景说什么做什么，都要进行设计，力求做到五星级酒店的服务标准。

【案例 5-9】售楼处——"给您头等舱服务的感受"

某集团在其旗下多个项目售楼处引入了头等舱概念，客服人员服务要求做到头等舱的同等水准。比如鞠躬行礼必须保持在 15°，每一位客户莅临的时候，都必须与客户进行目光交流。这样的星级服务对项目的品质也是很大的提升。

5.2.2 房地产售楼处的销售动线设计

1. 售楼处销售动线设计的概念与意义

动线，意指人的移动停留等节点连合起来的线条。优良适宜的动线设计对于公共空间尤为重要，如何让进入空间的人在移动过程中感觉舒适顺畅，停留、转折点没有顿挫之感，是一门高深的学问。如在游乐园和公园项目，辅以规划的交通动线可有效解决人车堵塞的状况；购物中心和百货超市中，通过合理动线铺排可起到增强展示面、延长消费者逗留时间的作用，商业价值大大提升。

而房地产销售过程中，为了达到销售房源的目的，需要对购房者的活动路线进行铺排计划，在客户到访的不同阶段实现不同的客户触点。客户到访的几个小时决定了销售的成败，而通过设计销售动线，准确击中客户触点自然是楼盘项目营销核心竞争力中不可或缺的一环。

2. 售楼处销售动线设计要点

售楼处销售动线设计的本质在于对购房者在案场活动路线的有效管理，透过科学合理的路线规划，让客户高效迅捷地抵达区域的同时全面开展销售人员的工作流程。高质量的销售动线设计应参考以下四点原则：

（1）以客户感受为基础

对于"营销为王"的时代，购房者到访楼盘便已经进入房地产案场营销的范围内，而一般的客户心理过程是：从相对感兴趣、产生犹豫想法，到了解项目、接受服务，再到认可项目、产生冲动，最后是签约购买的行动力。针对客户的不同阶段所产生的心理感受，动线设计需要对客户的各个分项动作进行细致剖析，并通过整体考虑加以整合，让客户在经历整个流程后产生购买动机。

因此，售楼处销售动线的设计元素需要与客户触点高度契合，动线设计不仅要导向明确、视觉清晰，还应通过对客户听觉、嗅觉、触觉上进行刺激，即通过体验营销的触点管理来加深客户印象，推进客户购房行为的心理感受变化。

（2）符合案场布局规划

售楼处的布局总体上可分为核心功能区域和辅助功能区域两部分，其总核心功能区域由完成销售动作的接待区、展示区、沙盘区、样板间、洽谈区等组成，辅助功能区则包括了入口通道、水吧服务厅、多功能厅、VIP 室、办公区、室外景观区域等。具体的销售动线设计应符合这些区域的规划布局，在确保动线合理完善、节点突出的前提下，减少购房者行进路径上的冗余环节。

销售动线一般围绕楼盘营销中心的核心功能区展开，根据不同的功能区域的位置布局，主要有串联型、集中型、对称型等几种形式（图 5-4）。销售动线应将核心功能区域按照一定顺序进行有效连接，并在客户舒适行进的过程中方便售楼人员展开销售行为，

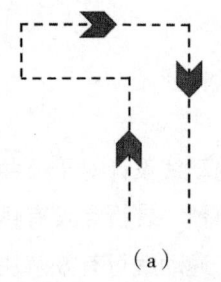 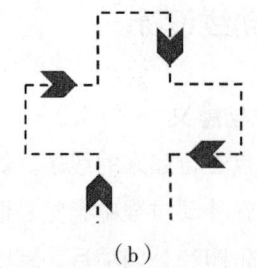 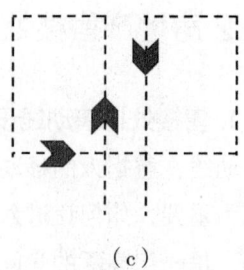

（a） （b） （c）

图 5-4 销售动线设计布局示意图

（a）串联型；（b）集中型；（c）对称型

实现步步为"赢"的目的。

（3）关键节点串联衔接

关于售楼处内购房者的行动路线设计名叫"销售动线"，即可看出案场的整体氛围，都是以营销导向的，目的在于让客户在短时间内做出签约决定，因此案场内的销售动线，每一个停留的节点都需要配合营销作用。

在常规的客户到访中，销售动线中包含多个关键节点或者是承接流转，通过对关键节点的包装修饰、岗位服务特色等内容来加深客户对楼盘项目的印象。如售楼处外部良好的项目导视系统可以减弱购房者对区域的陌生感；训练有素的安保人员会加强客户对楼盘项目的期待，营销中心的内部装潢、接待人员的服务周到程度更彰显项目的品质等。而这些关键节点，一般由案场物业服务的主要岗位来实现，应通过语言、动作等保持销售过程的衔接。

（4）整体动线流畅完整

自购房者进入楼盘项目区域至离开，各个环节对应的服务动线都应全程流畅方便、完整无缺，并能在此过程中向购房者展现出售楼处乃至整体楼盘项目的特点，涵盖需要展现给客户的案场规划布局、样板景观、项目形象以及其他细节等。

合理的动线设计会贯穿客户到访的所有关联节点，并从考虑购房者逐步认知的角度把节点有序排列成整体流程，在客户从进入楼盘项目到离开项目所参观的整个环节中没有明显的停顿等待之感，在整个服务流程中保持接待人员的对接，彰显项目服务团队的细节与品质，而流畅完整的动线设计是全面细致的服务流程开展的基础。

3. 售楼处销售动线设计创新

房地产营销体系发展多年所带来的售楼处创新已完全颠覆以往的售楼处"产品包装"的风格与认知，时下售楼处的设计与服装设计、家居设计一样，在兼顾实用性之外，展现出高超的艺术效果亦是一大重要的流行趋势。而售楼处的销售动线是整体设计方案首要考虑的因素，要打造高档次有调性的营销中心，别出心裁的动线设计是必不可少的基石。

　　传统的销售动线设计循规蹈矩，一般按照"入口→大门→售楼处→样板房通道→样板房→洽谈区"的流程进行，但这样从头到尾都是在讲产品，在售楼处先把项目信息释放给客户，再去参观样板房的流程动线设计，缺少了个性化、对客户的吸引力不高。目前售楼处的动线设计更讲究体验在前，销售在后，通过"讲故事"的方式展开。售楼处、景观示范区、样板房等模块的次序可以打乱再重组，前场和中场大量设置展示模块，建立客户对项目的好感，到后场售楼人员的言辞更有说服力，销售自然水到渠成。

　　（1）结合极致景观体现项目调性

　　售楼处前置的营销体验感受对于打造项目营销核心力非常重要，通过结合外部景观而精心设计的销售动线往往能从接触服务人员之前就为客户创造出惊喜。

【案例 5-10】某项目的项目调性

　　某项目通过戏剧化设计外部展示区和售楼处的关系。客户由右侧的主入口进入项目，经过一个长长的甬道进入，在客户行走过程中，可以从各种角度欣赏天空、大海、沙滩。项目售楼处利用高差，隐于地下的"负空间"。将极致的景观资源提前到外部展示，透过观景平台形成视觉冲击，带领客户的情绪到达一个小高潮，开门见海的节奏感把项目的调性刻入购房者脑海（图 5-5）。

图 5-5　某临海项目营销中心实景图

　　（2）迂回拉长动线，小场地做出大效果

　　对于项目资源加以利用可打造出高档大气的售楼处，但受制于项目区位条件、面积规划、营销费用限制等条件，如何打造售楼处效果、做出调性，则需用通过销售动线的创意设计与精细工艺弥补不足。

　　在项目实操中，富丽堂皇的高总价营销中心并非每一个项目的最优解，如何在有限场地中为购房者打造大空间的错觉，如采用迂回的手法拉长销售动线，增强客户的体验感，让空间足够讲完一个"引人入胜的故事"。

【案例 5-11】某楼盘的销售动线

合肥某楼盘的体验区面积仅设置了 $800m^2$，对比其他项目动辄成千上万平方米的售楼处示范区，使用折廊或汀步来串联空间，将交通流线和景观紧密结合在一起，让动线变得曲折有趣；同时塑造了三个空间序列，分别为"远观潭水、旱溪寻源、近赏瀑布"，描述了一个山林鹿影般的生活场景，三大空间游览过程中有步移景异的效果，不同的景观丰富了整个售楼处的层次（图 5-6）。

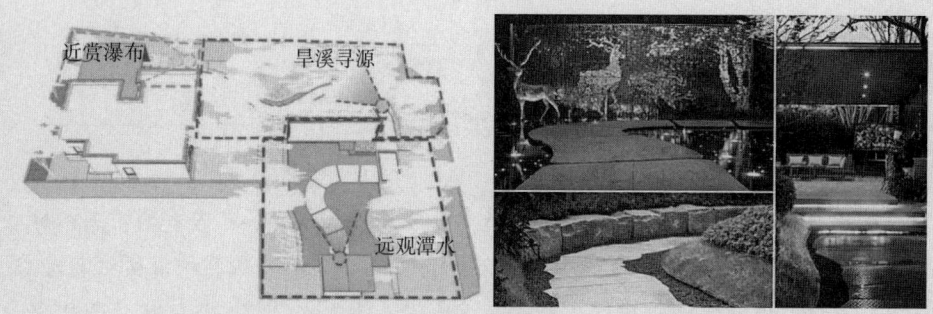

图 5-6　合肥某项目营销中心空间示意图与实景图

任务 5.3　房地产项目营销方式创新

学习目标

1. 理解圈层营销的特点，掌握圈层营销的实操要点；
2. 了解各新媒体营销平台的特点；
3. 了解线上售楼处需具备的功能及主要的几种线上直播卖房方式的特点；
4. 理解 IP 营销，掌握房地产 IP 营销的实操要点；
5. 了解三种房地产联动营销的特点并掌握其实操要点；
6. 理解自媒体营销，掌握房地产自媒体营销的实操要点。

【案例导入】某地产新冠肺炎疫情期间率先开启线上营销

2020 年年初，我国受新冠肺炎疫情影响，经济活动大幅停摆，全国各地售楼处全面叫停。而此时"宅经济"顺势而起，某地产率先开启线上销售节奏，创下 3 天时间内认购 47500 套房源的佳绩。随后各大房地产企业加速线上营销推进，我国房地产市场进入线上营销新元年。

◆ **【思考】新形势下我国房地产营销展示了哪些新趋势？**

科学技术是第一生产力，创新是引领发展的第一动力。随着科技的发展、移动互联网的普及、新媒体时代的到来，房地产项目营销方式也与时俱进，不断创新，发生着深刻的变化，并时时满足着人们对美好生活的向往。

5.3.1 圈层营销

1. 认识圈层营销

圈层营销，作为较早应用于房地产行业营销方式之一，经过近几年间的地产营销发展仍历久弥新。始于奢侈品销售中划定客群圈子并进行定向推广的方案升级演变，圈层营销即通过把具有相同特征的目标客户划进一个层次的圈子，通过针对他们的一些信息传递、体验互动，并不断维持或扩大圈层中的客户所进行的营销推广模式。

有别于各行业适用的精准营销概念，圈层营销更倾向于把目标客户聚集到一起，通过小圈子强关系的人际关系进行信息的传播流转，以此营销扩大产品力。如何通过对目标圈层进行传播链路的打通以及带来更长远的收益，是圈层营销的重要作用之一。我们在网络媒体上看到品牌房地产企业的项目举办一些酒会、特定主题沙龙、高尔夫球赛等，其实就是圈层营销的外在表现形式，但其背后有着该销售策略特有的特征，从圈层营销的特征出发也可以判断一个项目是否适用这种策略。

【案例 5-12】圈层营销的经典案例

文旅项目在地产行业中是一块"不好啃的骨头"，受限于大盘长期规划、生活配套体系、可售货值庞大等一系列问题，很多项目所耗费高额营销成本却不见成效，而某地产公司在惠州的大型文旅项目却成功通过圈层营销出圈。作为一个占地近 160 万 m² 的五星级滨海度假项目，项目营销计划定位的核心客群就是高收入人群，营销计划从总部制定战略管控，往下进行细致的区域分工，最后全方位开拓圈层营销策略，针对多个不同圈层制定最有效果的方案，定向攻破。

广东"百城千镇"方案是该项目内的一个优秀圈层营销成功案例，该方案打造了一个"国际滨海度假体验之旅"尊贵专享推介会，针对全广东省内的"已购买其地产公司高端产品的置业人群"进行吸引推广，邀请他们到该文旅项目进行度假，通过举办上百场这个形式的圈层活动，极大提升了项目的成交量。

通过品牌房地产企业的一个优秀范本，我们可以从中对圈层营销的形式和本质窥探一二，从中得出圈层营销的几个特点：

（1）适配产品

作为坐拥优质的滨海旅游资源的项目，该项目在打造之初便已经定下高端大气的整体定位，高收入人群的客群定位也定下了圈层营销策略执行的客群基础。当中圈层的抓取需要与项目定位工作同步进行，甚至是提前展开，为达到协助房地产项目完成价值构造，同时能够满足目标圈层客户的需求，圈层客户定位不能偏离项目客群定位，圈层营销策略要完全适配产品。

（2）自我扩容

圈层营销的目的就是通过已有目标客户来吸引有相同特点的潜在客户加入这个圈层，是否能够实现圈层内客群的自我裂变，是该营销策略的重要验证方式。某地产公司"百城千镇"的尊贵专享推介会，正是借助原有的高端购房客户的名望和人脉，吸引同一阶层的、存在强大消费力的购房者，并逐渐扩大该圈层。

（3）精准互动

精准营销，逐点击破，这是圈层营销的具体做法，经过了圈层的精准划分，能够与圈层中的个体进行互动，通过服务维持已有的关系，让他们产生一种归属感和荣耀感，从而加强已有客户对于品牌的依赖。如通过针对"全省范围内"的为购房者提供的免费滨海旅游活动，在为原有业主提供高端服务、增加客户黏性的同时让潜在的客户产生对品牌的兴趣，扩大消费群体。

2. 圈层营销的实操要点

圈层营销作为一种带有强烈定向的营销手段，说明其不具备面向大众的普适性，那么作为一种小众的营销，圈层营销的实操需要把控以下几个关键点：

（1）精准细分圈层

圈层营销的首要重点，就是要精准寻找圈子并对其进行细化的划分。圈层不等同于定位客群：哪怕在同一区域内，不同的消费群体之间也有很明显的差别；同一级别的消费人群也会有各式各样的喜好和生活方式。在进行圈层划分时，一定要考虑到这些细化的差别，了解同一定位中消费人群的不同心理需求进行细分并最终抓取圈层。可针对不同的圈层，做出不同的营销方案，但对每个单独圈层需要有针对性地进行营销活动。

【案例 5-13】投客户所好，打造"旗袍爱好圈"

某地产公司通过深挖已开盘成交项目的业主资源，通过分析了解到一位业主日常接触的客户群体及生活圈有较多较有实力购房的客户，该业主还有另一重身份为摄影家协会会员，且业主的朋友、客户等圈子大多有摄影爱好。在此通过"摄影爱好者""城市新贵"等标准划定圈层。最后经过与业主的沟通邀请，在某项目内的景观空间打造了"旗袍摄影会"，邀请旗袍爱好者协会至现场进行拍摄和交流，对该圈层内的资源进行深度挖掘。

（2）寻找关键人物

每个群体里都会在无形中产生领袖，同样的，每一个圈层里也有类似的关键人物，这种人在因兴趣爱好、职业技能等划分出的特定圈层内得到了一致的认同和口碑，或者说在整个客户圈层中具有影响力、号召力，他们的行动和建议会被多数人跟风或赞同。在划分核心攻克的圈层后，找到这位"领头羊"，先通过完善的客服体系与其打好交道，并通过其影响着该圈层内客户群体的消费选择和心理，以形成圈层内的营销传播路径。

（3）挖掘专属渠道

不同的目标圈层所进行信息传播的渠道存在一定的差异性，通过对目标圈层的研究与深入挖掘，找出这个圈子内获取信息的来源渠道，针对核心渠道进行项目信息点、附加值的推广，既能有效避免大肆铺张的广泛传播，又能通过逐点击破从而扩大项目潜在影响力。接下来通过"关键人物"的带动作用，强化项目信息的传递、加大项目品牌力的灌输，让项目的高评价在圈层内目标客户的脑海中软着陆，留下良好的初印象。

（4）激活品牌效应

针对不同阶段目标圈层的生活模式、心理需求等多重特征，根据他们特定的圈层活动，组织开展具有针对性的活动，聚集人气，在全程中产生足够的影响力，让目标客户群体验产品或项目诉求。譬如针对某目标圈层所喜好知名品牌、品鉴活动"红酒、鸡尾酒、茗茶"、高端运动"高尔夫、马术"等，结合项目的场地提供，将楼盘与目标客户群所喜好的东西联系起来，通过知名品牌的内涵，隐喻出营销项目的内涵，使目标圈层客户在潜意识中迅速将与自己有关的联想调用出来，从而让目标客户心理上对购买的决策有充分的理由。

（5）维护保养圈层

事实上，不管什么关系都需要细心维系经营，要维系圈层内的持续效应，品牌房地产企业必然需要不断付出，让圈层感受到房地产企业周到体贴的客户服务体系，通过活动来加强项目品牌和圈层的互动性，而不在于销售楼盘过后便停止一些"营销层面"上的互动来往。事实上，一般成功的圈层营销活动非常人性化，为的正是在推广传播的同时也能让参与者感受到品牌房地产企业的诚意，并愿意主动为品牌方贡献出自己的人脉资源。而在这过程中，房地产企业可以完成"旧圈层"的升级拓展或者"新圈层"的跃迁，形成整个圈层营销的链路闭环。

【案例 5-14】星级私宴不断开拓圈层

汕尾某项目作为一个高品质主城区豪宅楼盘，在价格高于同区域多数竞品的情况下开盘仍取得较好的成绩，而后为助力往后阶段的开盘去化，该公司开启了"星级私宴"答谢成交业主的圈层营销活动。考虑到成交业主大多来自广深两地以及香港地区，举办私宴的地点设置在深圳某五星级酒店，私宴邀请了成交业主与意向客户，通过多次私宴活动不断收集客户资源并提升自身品牌影响力，同时也为未来二期项目圈层拓展，储备客源基础。

在地产圈内，圈层营销主要仍在房地产高端项目应用得较为普遍，因为大众产品和平价品牌的受众较广，层次差距大，划分圈层烦琐、成本过高。而小众圈层具有高辨识度，房地产企业能够将有效资源和营销成本集中在某一类人身上。

但伴随互联网媒体"社交裂变"的内容发展，部分大众产品和平价项目基于圈层营销的裂变精髓打造出"老带新"的营销策略，比如原有业主带新意向客户，老业主享受物业费减免、车位打折等，新成交业主享受购房优惠等方式，此类营销方式也掀起了一定的折扣浪潮。未来伴随各类算法技术的强大，圈层营销或将演变为更丰富全面、更多维的策略。

5.3.2 新媒体平台营销

国内房地产市场经过多年高速发展，行业利润下滑成本上升。面对移动互联网时代的冲击，大众接触信息点变得宽泛、关注点开始分化，针对传统媒介的营销推广力度大幅减弱，营销主战场开始向新媒体转移，房地产行业也积极响应"转型新媒体"号召。

新媒体营销并非把线下广告转移线上的简单操作，其底层逻辑在基于大数据的品效共振和精准打击，快速与用户建立连接以达到信息高效传播的目的。因此，如何构建和利用海量数字传媒的流量平台是房地产新媒体营销的正确打开方式。

1. 房地产企业自建数字化平台

进入移动互联网时代以来，线上新媒体逐步取代传统媒体成为使用率最高的媒体形态，这对依赖于制作巨型广告牌和派发传单进行宣传的房地产开发商建立在线渠道以及培养客户提供了有效途径。但对于购房者来说，新媒体渠道所形成巨量信息会爆炸式地呈现给受众，容易让人产生倦怠。

如何巧妙通过新媒体平台打造私域流量池，并将巨量的公域流量进行有效引导，行业内的大型开发商们已经交出了优秀的答卷：通过搭建自建数字化平台探索新媒体营销之路。据统计，截至 2020 年已有超过一百家房地产企业搭建线上营销平台，其中主要以微信小程序的形式承载，部分头部房地产企业更同时结合集团公众号、手机 APP 等平台共同上线。

> **•——【案例 5-15】某地产公司开发的全国直营购房营销平台——•**
>
> 　　某地产公司开发的全国直营购房平台，囊括了微信小程序端和 PC 端，相当于其线上官方旗舰店。而该平台贯穿售前、售中到售后的全流程，整合了找房、看房、选房、购房等多个业务模块，充分满足营销信息的高度集中与品牌私域流量池的打造。通过搭载新媒体，以用户为中心，该地产公司逐步探索出数字化营销转型之路。

2. 平台合作

房地产企业自主搭建平台需要耗费高额的研发成本，那么在营销成本日益高企的今天合作共赢便是众多房地产品牌的另辟蹊径。

（1）跨界合作电商平台

伴随互联网的全面普及，电商平台凭借零售快消品销售积累的用户基础，无论是在整体规模方面还是消费能力方面都展示出庞大的流量资源，与电商平台合作成为各大房地产企业转型新媒体营销、吸引流量的又一增长机遇。

房地产企业和电商巨头紧密合作的新型线上卖房模式看似故意炒作，其背后是房地产行业在电商浪潮冲击下的明智之举。自头部某房地产企业进驻某房产交易平台打开房地产企业与电商平台合作的先河后，随后陆续有房地产企业开始与电商平台进行跨界合作，房地产产品的"商品"属性将逐步加强。

——【案例5-16】某知名购物平台卖房，房地产开发商陆续进驻——

某知名购物平台与某房地产企业发布战略合作联合推出"××好房"房产交易平台，通过这个平台，购房者只需打开该购物平台APP，足不出户即可完成在线选房、看房、签约等众多环节，让买房就像逛商场一样方便。该APP继而为房地产企业定制专门旗舰店，各大房地产企业进驻，该模式引起社会热议。

（2）开辟房地产第三方电商平台

哪里有需求哪里就有服务，随着房地产市场规模的扩大与分工的日益精细，在开发商寻求新媒体转型、数字化转型的同时，代理商也在不断更新迭代。对比起以往的中介服务，新媒体营销平台具有强烈的电商性质，但受制于房地产产品的大宗商品交易导致电商模型无法完成交付功能，第三方房地产平台仍主要对新媒体营销、数字化营销产生较大的作用力。

目前主流的第三方平台，整合了房地产企业的房源信息和个人用户信息，通过互联网的规模性来导入各种流量以及营销资源，然后通过线下报备从而为开发商卖房。而未来如何捕捉购房者的个人需求、达到点对点式精准营销将成为较多的房地产电商平台之间的分水岭。

3.社交媒体营销

不管是自建平台还是选择合作平台，其营销方案的实质受众主要仍集中于有意向的购房者群体，而在信息高度透明、资讯传播迅猛的今天，如何打通房地产项目对群众的传播路径，挖掘潜在的房产消费者，实现流量的私域，我们仍需要从社交娱乐媒体平台营销入手。

（1）微博、微信如日中天

————【案例5-17】微博、微信如日中天————

据波士顿咨询公司（BCG）携手腾讯营销洞察（TMI）发布的《2019年中国社交零售白皮书》研究表明，网络社交媒体在中国的渗透率已高达97%，中国消费者平均每天在手机上花费近4h，其中在网络社交媒体上花费2.3h以上。在中国流行的社交媒体中，微信的月活人数突破了11亿、微博则接近5亿。

微博作为一种面向大众的网络社交工具,因其强大的信息传递能力和爆发式扩展催生出微博营销方式,各行业及时把握当中蕴含的巨大商机开展营销活动,目前部分大型开发商均已建立起自己的官微并进行企业品牌运营、开发项目推广、与网友高效互动等方式有效私域引流。微博营销发展已久,信息传播途径由一开始的文本与图片逐渐加入短视频和直播形式,但受其主要透过"博客"式信息的推广,对于目标客户的抓取存在一定难度,因此主流房地产微博营销主要通过"引人注目的方案设计"和"创造热门话题讨论"开展。

【案例 5-18】×× 地产推出专属狗猫表情包引爆春节热议

狗年新春来临之前,×× 地产在官方微博首先推出一篇预热文章,其后在全国微博房产的官微发送出一款狗猫的表情包,引发 80 后、90 后微博用户的强势关注,最后根据 ×× 楼盘定制生活场景进行线下导流,并进行微博抽奖活动。在短短 7 天内,该话题的阅读量就达到 113.1 万,博文的阅读量则达到了 40.5 万,此款微博营销收益颇丰。

对比起微博的广度传播,微信的平台属性更侧重于用户之间的深度社交,反映到营销层面上来看,微信营销更为"精准"。基于微信平台所形成的社交网络有强关系、互动性高、闭环交流等性质,其传播路径较为私密,但同时信息转化率高,但受制于其关系网络的双向性,以前主要依赖于微信公众号和营销人员的个人社交网络进行展开,信息传播效率不高。而近几年间,基于算法的升级,经过严格审核和定向选择的朋友圈广告,使房地产项目透过客群筛选达到精准营销的目的。加之已被大众熟知的公众号与小程序,微信营销成为房地产营销中的热门方式。

【案例 5-19】"×× 家园"
——第一个在朋友圈广告吃上"螃蟹"的房地产楼盘

在微信推出第一波信息流广告开始就有不少知名品牌开始进行定向广告推送。但受制于动辄上千万的广告费用,房地产公司迟迟未入局。随后某地产企业跟进营销,但是以品牌运营进行推广,另一地产集团也迅速跟进,但推广的是旗下饮用水产品。直至微信宣布可以进行"分城市投放"机制，杭州一个百万平方米级别的大盘"××家园"项目首现朋友圈并结合自媒体博主宣传，广告投放后迎来超 300 万曝光量，随后多个房地产企业项目入局朋友圈广告。

（2）短视频平台"异军突起"

【案例 5-20】短视频平台"异军突起"

据某公司公布的《2020 年短视频平台数据报告》显示，截至 2020 年 12 月，某短视频平台日活跃用户突破 6 亿，日均视频搜索次数突破 4 亿。该短视频平台正在发展成为继微博、微信公众号之后的另一大内容传播平台，这其中不仅有自媒体、"网红"也有很多商业机构以及政府宣传部门的参与。

高度信息化时代，公众注意力开始向碎片化、视觉效果强的地方转移。从文字到图片再到视频，主流传播媒介发生更替，营销方式也开始质变。当下的市场营销已逐渐呈现"内容为王"的风向，一众短视频平台正在以不可抵挡之势席卷全球。

而优质的平台、流量是营销的基础，巧妙的创意往往具有吸睛作用，能够放大营销效果。以某短视频平台为例，其国民级流量影响力，通过内容裂变式传播和引导社交潮流正成为地产营销的黄金流量阵地。伴随短视频平台功能的不断开拓，房地产企业如何驾驭短视频平台实现营销突围，以下介绍三类具备实操性的地产短视频营销新方法：

1）话题热点类地产短视频

在信息时代，如何快速占据热点话题，是产品营销手段中非常重要的一点。"热点"本身就具有广泛的传播度和关注度，正确适当地蹭热点、造话题能在短时间内提高曝光量，增加流量。诸如"发起挑战赛""节日热点"等都是地产企业可以快速捕捉的营销内容方向。

【案例 5-21】苏州某项目的"大话三国"挑战赛

苏州某项目抓住短视频用户爱模仿的特点，发动"大话三国"挑战赛，邀请大家来模仿，然后设置一个重要的奖项，将爱模仿的人吸引到项目楼盘进行拍摄，通过自带粉丝的"网红"带动项目营销节奏，使项目得到巨大曝光量的同时吸引大量客群。

2）品牌推广类地产短视频

好内容源自好洞察。品牌可以基于社会人群、消费人群、参与人群建议洞察维度，发现行为共性，创作内容，引发更广泛的观看、更有效的转化和更积极的互动。品牌树立人格，形成公众鲜明的"记忆点"，对产品的生硬卖点实现内容软植入。目前已有较多的大型房地产企业瞄准了短视频平台推出的"企业蓝 V"的红利，深耕运营短视频平台企业号。

3）剧情类地产短视频

剧情类短视频包括品牌房地产企业聘请演员或让售楼处人员进行剧情演绎等，突出美、新奇、感人等这些容易吸引网友的特点。通过新奇有趣剧情能给别人营造出一种品牌形象，可以增加客户们对项目好感度，同时也增加客户的黏度。

【案例 5-22】某地产集团发布微电影出圈

某地产集团精心拍摄了一系列微电影，浏览量最大的一部《家人在哪里，家就在哪里》引发全网热议，视频浏览量超 500 万，发出的话题播放量高达 39 亿次，该集团被广大网友成为"地产界网红"。

新媒体相比传统媒体，更容易实现品效共振，但房地产作为决策高度复杂的大宗交易，很难实现立即成交。这就需要房地产企业通过新媒体平台触达来唤醒客户的品牌认知，当客户有购买需求的时候，就会优先考虑已认知品牌，然后主动去搜索获取相关信息。

从品牌触达到后面购房成交之间的时间间隔不等，再加上新媒体平台渠道多样，很容易使项目品牌触达和后面成交之间形成断流，影响新媒体投放效果和最终成交转化率，房地产市场新媒体营销势在必行，但仍存在较大的优化完善空间。

5.3.3　走进数字化营销时代

数字化营销并非全新的模式，但受制于互联网技术的不完善和房地产行业的特殊性，线上看房售房一直进展缓慢，但对于瞬息万变的 21 世纪而言，拥抱数字化时代是房地产行业的必然选择。而影响全球的新冠肺炎疫情让线上途径成为房地产企业对外展示的唯一窗口，线上卖房全面铺开，加速线上售楼处的形成。

1. 线上售楼处全面铺开

线下售楼处，作为一直以来房屋成交的主力场所，在经历新冠肺炎疫情后逐步复工，但针对线下营销同质化严重、购房场景单一、营销痛点愈加凸显等问题，房地产数字化营销破局重生，线上售楼处掀起热潮愈发重要，那么线上售楼处是否把线下售楼处的展示洽谈部分完全搬到网络上？其对线下营销又起到了什么作用？我们将对线上售楼处进行剖析。

线上售楼处——一种基于互联网平台、为满足广大网友购房需求而开发的一种房地产营销产品。一个完善的线上售楼处应具备以下几种功能特性：

（1）3D/全景看房

在交互性层面上，透过三维可视化技术、云计算等领先技术的融合发展，使购房者可直接在线上 360° 无死角地详细浏览样板房全景、小区内配套设施、园林景观等，享受沉浸式看房体验，提升客户感官度。电商发展高度成熟的当下，"卖家秀"的过度美化成为线上选购的一大困境，相比传统的图片看房，这种全景技术可最大限度保留场景真实性，配合录制的售楼人员讲解，生动展示房源环境、规模和服务等，可有效增加客户对楼盘项目的信赖度，大大提升购买率。

【案例5-23】多盘实拍上传，
地产CG建模（计算机图形建模）打造虚拟样板间

项目节奏高周转的某地产公司，从拿地到开盘仅在数月内完成，强大的项目运转使其能快速建设起楼盘样板房的实景，通过全景技术对多项目多样板间的实景进行拍摄上传，实现其品牌多地区多项目的线上看房。而另一地产商应用CG技术建模为其项目打造虚拟样板房，以媲美实景的视觉效果，有效实现线上看房，完成营销前置蓄客的动作（图5-7）。

图 5-7　全景 VR 看房实况（左）及线上 VR 样板房模型（右）

（2）数字沙盘

传统的线下看房过程中首先接触到的信息都是项目的开发商品牌、区位介绍和沙盘展示等，而线上售楼处对于这些楼盘的这些信息则可以做得更直观丰富，通过三维动画以及计算机程控实现，利用矢量地图、卫星影像、数字模型等有机结合形成虚拟的电子沙盘。数字沙盘实现动态视觉，可充分展现区位特点、日照模拟、规划布局等信息，给体验者更直观的沙盘体验。

━━【案例 5-24】某地产佛山某项目线上售楼处打造高端数字沙盘━━

某地产某佛山项目打造线上售楼处，在全景看房之外，通过 3D 技术打造数字沙盘，通过动画与模型展示项目的城市区位、周边景观资源、开发商品牌宣传、归家路线规划等一系列功能，立体可视化效果惊艳了一众购房者（图 5-8）。

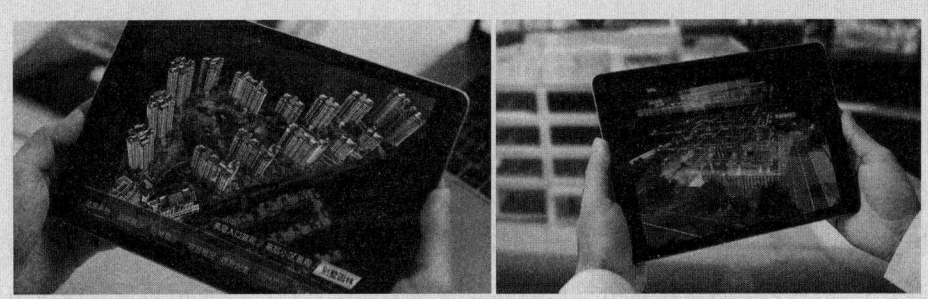

图 5-8　线上售楼处中对微沙盘与 AR 沙盘的展示图

（3）配套服务

相对比线下售房有专业的售楼人员服务，线上销售可通过 3D 看房和数字沙盘为购房者分析讲解项目品牌介绍、分析项目楼盘城市资源、区位利弊等条件；但针对购房者的需求分析、楼盘推荐、房贷计算等附属服务，线下售楼人员仍具有较大的优势，因此线上售楼处也需尽可能地从服务配套的功能上进行完善，以求客户能达到尽善尽美的线上体验（图 5-9）。

帮我找房　　房贷计算　　购房服务　　业主赚佣金　　不限购

图 5-9　某房地产企业线上售楼处辅助功能展示

（4）即时沟通

线上售楼处通过网络信息端口与购房者产生实际连接，可有效避免线下售楼处面对较大客流时售楼人员分身乏术的难题，对线上展示过程与项目有购买意向的客户可通过"销售热线"对接售楼人员进行即时沟通，从数据端有效筛选客群，实现精准打击。后台连接"售楼人员"，降低客服人员的投入成本，有效针对市场中意向客户的需求作出反应，也成为线上售楼处节省营销成本的有效方式。

【案例5-25】线上售楼处的"专属客服"

目前众多房地产企业跻身线上营销路径，在网络上面对琳琅满目的房地产项目，部分房地产企业更是对不同项目做出差异化处理。某房地产企业在热点楼盘设置"专属客服"，通过录制"售楼人员"对样板间、沙盘等的详细讲解，更大限度消除购房者对项目的陌生感；此外还有该项目楼盘的专属对接销售热线，确保客户购房意向的有效转化。

线上售楼处有着效果可视化、全天候开放、数据精准、降低客服人员成本等一众优势，但针对中国传统的实物交易理念的根深蒂固，加之房屋买卖价格较高，线上售楼处并非以替代线下售楼中心的角色出现，而更多体现出"打开房地产营销新渠道、线上流量引导到线下"的作用。现实中部分购房者甚至在线上售楼处货比三家后再决定是否莅临现场，线上售楼处的发展仍任重道远，预计未来线上售楼处将成为房地产企业营销不可或缺的重要手段之一。

而在疫情阶段，与购房相关各方线上交互的比例逐步走高，新的服务需求将同时推动房产服务线上服务方式的优化与改进，更多交易场景将由线下向线上迁移，在除去线上看房外，线上签约的服务也在逐渐突破，比如部分房地产企业提供的异地签约、线上贷签等服务、某房地产平台的"线上核签室"都在推进房地产线上交易升级。在未来，如何打通房地产线上交易闭环，或将让线上购房成为主流方式。

2. 线上直播成新生力量

在足不出户的推动力下线上售楼处成为潮流大势，而新旧交替下另一股数字化营销浪潮是5G时代促成的网络直播的兴起。线上网络直播透过其强大的交互性，为商业营销创造出新场景、新渠道，颠覆了以往的传统线下购物形式。不局限于零售商业，直播风潮席卷了越来越多行业，而房地产行业也加入到了直播带货的行列当中来，并逐渐发展成别树一帜的新模式。

【案例 5-26】房地产"直播带货"造节升温

2020 年 2 月 16 日，洛阳某产品举办中原首届房地产短视频平台商业化直播产品发布会，面向河南洛阳地区做产品推介，累计曝光数接近 230 万次，直播间人流总数超过 2.1 万次。2020 年 2 月 29 日，另一地产公司在短视频平台发起直播活动，开启了地产界短视频平台全时段商业化直播的先河。期间，活动成功助力劲销 102 套房源，官方发布认购额破 2 亿元，堪称 2020 年房地产行业开年第一营销大事件。新冠肺炎疫情助推"直播带货"成为房地产企业复工复产、品牌升温的重要举措。

作为房地产市场开启直播营销的元年，新冠肺炎疫情发生以来已有超 150 家房地产企业加入直播大军，而行业内的头部房地产企业更是全力开启直播活动"争奇斗艳"，目前主要形成了几种主流直播方式：

（1）"网红"直播卖房

自"网红经济"崛起以来备受年轻人追捧推崇，而直播时代的到来更是推动了"网络红人"圈子的发展，"网红"自然也就成为"直播赛道"上的常客与佼佼者。但和常规的快消品零售直播模式不同，房地产交易涉及消费者更多层次的考虑，针对线下房地产项目的销售人员需要具备一定的房地产行业相关知识水平和职业素养。

在网络直播的场所内，由于项目讲解、推广等环节可以提前排练和进行直播节奏的把控，具备一定相关知识水平的"网红"开始加入房地产直播销售的"战场"中来，从一系列的房地产营销事件可看出，"网红经济"已逐步渗入房地产营销领域。通过高热度发酵、"网红"私域流量转化等途径取得地产营销新突破。

（2）明星直播卖房

继直播带货界的"网红"尝试直播卖房后，各路明星也渐次加入这场特殊的直播带货的活动当中来。而对比一众"网红"，明星自带作品流量，在知名度方面更容易掀起热潮。一直以来均有大型房地产企业邀请明星为其重点楼盘代言，如今明星直播卖房宣传不仅可以拓宽房地产企业品牌的知名度，还可以为房地产企业导流促进商品房销量。目前已形成单个明星直播卖房、多个明星组合卖房、明星搭配"网红"直播卖房等组合形式。

（3）房地产企业总裁直播卖房

俗话说隔行如隔山，"网红"、明星等对于房地产销售并不了解，那么对于具备专业技能和职业素养的项目开发商人员进行直播的模式自然有其市场空间。对比直播卖房的活动，观看者更看重于房地产企业直播中的优惠力度，而对给出"营销折扣"有话语权的总裁身份进行直播，自然在营销层面吸引到购房意向强烈的线上观看者。

> **━━ 【案例 5-27】某地产公司 29 个分会场同步直播，规模之大行业首创 ━━**
>
> 　　行业新风口下，某龙头房地产企业地产公司不甘寂寞，于 2020 年启动 "5爱 5 家直播购房节"，一次性推出上万套特惠房源，覆盖全国 16 个省份 60 多个城市。与此前房地产企业固定单一场景的直播方式不同，该地产公司分设主会场和 29 个分会场，会场之间打通流量入口，来自山东、湖北、广东、辽宁、甘肃等地的公司区域总裁、副总裁们走进直播间直接卖房带货。一系列举措加持下，该地产公司此次直播连同 29 个分会场合计观看人数近 800 万，规模之大为行业首创。

　　在各类房地产企业巨头和平台巨头的推动下，较多客户已经逐渐培养起线上看房的习惯，这对于房地产行业来说传统的营销逻辑已发生转变。但在目前各种"引爆眼球"的直播营销背后所带来的巨额流量对商品房的成交量转化并不高，各类直播卖房目前更多还是承担了营销推广与品牌宣传的角色。

　　数字化时代来临，房地产营销变革被不断放大，数字化营销转型成为各大房地产企业迫在眉睫的挑战，但因房产交易的低频、复杂属性，线上浪潮还难以颠覆房地产的传统营销模式，线上卖房则成为诸多地产企业流量引入和推动营销的新方式和普遍共识，如何将线上线下有机融合仍是房地产市场较长一段时期内的营销破局之路，数字化营销任重道远。

5.3.4 IP 营销

1.IP 营销是什么?

　　IP 原本是英文 "Intellectual Property" 的缩写，直译为"知识产权"，在互联网界已经有所引申。互联网界的"IP"可以理解为所有成名文创（文学、影视、动漫、游戏等）作品的统称。也就是说此时的 IP 更多的只是代表智力创造的比如发明、文学和艺术作品这些著作的版权。

　　进一步引申来说，能够仅凭自身的吸引力，挣脱单一平台的束缚，在多个平台上获得流量，进行分发的内容，就是一个 IP，它是能带来效应的"梗"或者"现象"，这个"梗"可以在各种平台发挥效应，因此 IP 也可以说是一款产品，能带来效应的产品。

　　那么，IP 营销是什么? 简单来说，IP 营销的商业逻辑就是品牌通过捆绑 IP 进而实现人格代入，通过持续产出优质内容来输出价值观，通过价值观来聚拢粉丝，粉丝认可了价值观，实现了身份认同和角色认可，然后就会信任其产品。同时 IP 营销也是具有话题性和传播性的，具有庞大的粉丝基础和市场，是一种可以产生裂变传播的新型营销方式。

2. 房地产 IP 营销

目前 IP 营销在地产营销中最常见的就是通过直接嫁接热门 IP 进行借势营销，借势 IP 营销具有操作简单、效果见效快的优点，但相对来说热度来得快去得快，需不停寻找新的热门 IP 来维持热度。

而除了借势营销外，目前已经有越来越多的房地产企业通过打造项目自身品牌 IP 来进行推广营销。打造项目独有的 IP 能更有效地与受众建立情感链接，从而也更容易让受众认可项目的价值。

（1）借势 IP 营销

在互联网时代，一个热点瞬间就能成为全民瞩目的焦点，房地产的借势 IP 营销正是通过抓住时下热点话题与热点 IP，将项目与热点话题或 IP 进行嫁接，进而大幅提升项目曝光度及关注度。借势成熟的 IP 进行推广营销可节省烦琐的前期培育步骤以及后期持续的大量内容输出，是一种短平快的 IP 营销方式。

注意要点：

1）紧盯时下热点，拓宽信息渠道

借势 IP 营销首要做的便是时时刻刻了解最新热点，这是最基本的。而要了解热点，我们要善于利用网络社交媒体等来获取热点信息，比如可以通过手机订阅大量相关的公众号，针对娱乐、体育、社会、历史、政治、天文、科技、教育等方面的热点，每天早中晚各关注一次。

2）勤策划，快速反应

很多可能被借势营销的热点及 IP 很可能稍纵即逝，营销者应快速捕捉战机迅速作出反应。为保证能在热点引爆的第一时间抓住时机，营销者应提前结合项目的特点及客户的敏感点，对各种可利用的热点 IP 进行梳理，提前做好筹划准备。

3）IP 选取需贴合项目调性

选取的 IP 的调性应该注意项目匹配，并且要求能够引起目标客群的足够关注度。

4）紧扣客户喜好，及时采用新 IP

每一个 IP 都是有周期的，伴随时间的推移，消费人群的更新，营销策划人员需要对 IP 的植入进行场景与业态创新或者更换新 IP，以持续吸引消费者。

【案例 5-28】某地产项目借助热门电视剧营销

趁着某电视剧火爆之时，某地产项目借助该 IP 推出了这一系列海报《如果一个地产项目也迷上了〈×××××〉……》，海报将剧中的经典台词进行了改编，植入了该地产项目。这样的做法不算新鲜，技术难度也不大，也不容易出错，只要能做到毫无违和感，就能博得客户会心一笑。

（2）自建 IP 营销

随着消费升级，房地产企业与购房者之间的关系不再仅仅是简单的买卖关系，而影响购房者选择的因素也不再只基于产品的品质，房地产企业对品牌的塑造以及通过产品输出的企业文化形成的感情链接开始成为影响购房者决策的重要因素。因此，房地产企业如果能打造一个强大的品牌 IP 定能够让消费者清晰地识别并唤起消费者对品牌的联想，进而促进消费者对其产品的需求。尤其是对于单一的大盘项目来说，开发周期长，多期产品类型业态不一，要形成长期的营销积累，一个专属的自建 IP 更是能够降低每期推广的成本。

注意要点：

1）自建 IP 营销同样需要注意寻找爆点，才能吸引粉丝参与，这样都有助于建立一个可触碰、可拥有和用户共同成长的 IP 品牌。

2）自建 IP 需要有持续的内容产出，才能形成长时间、完整的品牌记忆，需要提前规划、编排完整的故事线及准备好相关的内容进行输出。

3）做 IP 营销，就是要建立一种价值观图腾，建立一种具有独特价值和辨识度的精神符号，应注意结合房地产企业或项目的精神内核进行价值输出。

【案例 5-29】一只 Hey 猪空降苏州

2019 年（我国传统生肖猪年），苏州某地产公司联合苏州知名现代艺术家推出了春节营销的卡通 IP 形象：Hey 猪。通过对春节节点的分析与洞察，该地产公司发现除了温情的返乡情绪，新年立新目标也是春节营销的一个重要情绪切入点，基于此，本次传播整合线下户外路广资源，集中发力，反式营销传播，用"Hey 猪"表情包 IP 拟人化的叙述，以悬念话题引起了苏州市民的广泛关注。

该地产公司通过新年立新目标来引起受众强烈共鸣之时，提出观点："新年每个人都想成为更好的人，更美丽、更博学、更有钱，而这些愿望的最终目的都是为了更幸福，而大家所追求的幸福感，其实一所温暖的房子就可以全部满足。"

该地产公司用"2019，你会拥有一所大房子"迅速回收本次悬念炒作的话题并释放出线下新春购房节的活动信息。

5.3.5 联动营销与全民营销

1. 联动营销

（1）联动营销释义[①]

联动营销是指两个以上的企业或品牌拥有不同的关键资源，而且彼此的市场有某种程度的区分，为了彼此的利益，进行战略联盟，交换或联合彼此的资源合作开展销售活动，以创造竞争优势。

联动营销最大好处是可以使联合体内的各成员以较少费用获得较大的营销效果，有时还能达到单独营销无法达到的目的，降低竞争风险，增强企业竞争能力。

（2）房地产联动营销

目前在房地产营销中采取的联动营销形式主要包括品牌多盘联动、"二、三级联动"及跨界营销。

1）品牌多盘联动

房地产品牌多盘联动营销是指单个房地产企业在同一地区或城市，同时开发、建设及销售的多个定位、产品及功能不同的楼盘合作开展营销活动，提升竞争优势的营销模式。

通常来说，房地产企业如果想深耕一个城市，便会加大对城市的布局力度，这样就会出现在同一城市有多个项目在售的情况。如果前期的项目能够获得客户的认可，那么后期开发的其他项目就会拥有一定的客户基础优势，老业主可以自己再买，或者是给项目介绍新的客户。这种情况下，大多数房地产企业会进行品牌多盘联动，多盘联动不仅给开发商提供了一个很好的展示平台，也给购房者提供了集中选房购房的机会。

对于房地产企业来说，将低意向客户转介给同品牌的其他项目，既能帮助客户找到心仪的产品，也能确保客户资源价值的最大化！而客户在看房过程中，一次次接受品牌、产品的多维度灌输，让他们对品牌的认同感高于其他竞品，成交率和复购率将更高，也让品牌在各区域更具竞争优势。

---

① 资料来源：百度百科。

【案例 5-30】扬州 5 盘联动营销

　　2020 年年底，某地产公司在扬州推出"×× 五盘联动 创全年特惠"的多盘联动营销活动，除了认购送好礼、签约砸金蛋、推荐有奖励及盘盘特价等优惠外，该公司携手某餐厅，为扬州人送出年终赏味大补贴！12 月 12 日起凡到访该公司扬州 5 盘者，参与活动即可领取该餐厅代金券、定制礼盒以及神秘盲盒！

　　2)"二、三级联动"

　　"二、三级联动"是指通过整合二、三级市场的优势资源，项目现场代理公司与二手房中介通力合作，实现快速去化的同时达到双赢目的的一种联动营销方式。

　　"二、三级联动"的特点是不需要太多的广告，大量地利用三级市场门店经纪人的力量把客户带到销售地点，只要是把客户带到销售地点就算完成任务。接下来的任务将由营销现场的销售人员完成。而当这个客户成交后把他带来的三级市场经纪人将得到佣金。"二、三级联动"可以深度挖掘并盘活多方面客户资源，拓展新客户，增强推广力度，扩大项目及品牌影响，提升成交率，进而满足快速走货的要求。

　　注意要点：

　　①合理的利益分配

　　进行二、三级联动时，需注意平衡好二级代理和三级中介的利益分配问题，对于成长性房地产企业而言，建议保持原二级代理公司的佣金费率不变，以免带来代理公司的置业顾问对转介客户的接待热情不高，导致转介客户成交率低的问题。而对于管理成熟度高的品牌房地产企业，则可以采取差异化的佣金费率以降低营销成本。

　　②突出对三级中介业务员的激励

　　由于转介费率往往较二手房佣金提点要低，所以对于三级中介业务员来说激励性可能不足，可采取"佣金费率＋现金奖励"模式，最大程度激发三级中介业务员工作积极性。

　　③清晰职责划分，设定客户有效期

　　进行二、三级联动时，二级代理单位与三级中介机构的职责划分也很关键，否则过程中的抢客、撞单就难以避免，从而引发后续矛盾，甚至引起案场冲突。可通过设定明确的客户归属规则或客户有效期进行规避。

【案例 5-31】东莞某项目二、三级联动

东莞某项目 2015 年上半年 6 个月仅卖出 44 套洋房，均价 5991 元 /m²；在启动二、三级联动后，7 月至 9 月 15 日，仅仅两个半月，该项目卖出了 346 套洋房，成交均价也上涨至 6774 元 /m²。不仅成交量迅速回升，成交价比起上半年也上涨了 13.1%。

3）跨界营销

房地产跨界营销是指根据本项目的市场定位、形象、产品，目标客群的消费习惯、消费心理及生活习惯，选择客群与本项目有所重叠的其他行业建立一种长期、稳定的联盟关系，取长补短，增加项目的附加值，提高客户的忠诚度，并让其他行业的客户成为本项目的忠实客户，实现客户的资源的共享。

在如今互联网高度发展的时代，不同行业之间边界相互融合、渗透。跨界的联合能有效地将客户资源进行整合，在更快获取受众的注意的同时，能够将品牌印象立体化与纵深化，在众多竞争对手中独树一帜，并且还能更加准确地将信息传递给更加细分的客群。

注意要点：

①充分了解客户，投其所好

跨界营销要想准确锁定目标客群，提高客户资源利用率，投其所好无疑是个好办法。充分了解目标客群的需求，通过跨界对象将目标客群的特点放大，双管齐下，才能拉近距离。

②合适最重要，实现"1+1 ＞ 2"

对于跨界品牌的选取，应从品牌调性、用户特性等方面进行考虑，选取与本项目主力客群有直接或将间接联系的品牌。从而实现优势互补、资源最大化整合，提升营销效果。

③互补原则，"大家好才是真的好"

跨界营销应精确把握合作双方的痛点，注意营销策略中双方利益点的最大化，只有以双方资源整合及利益点的互补为基础，才能让跨界整合的资源得到最高效的利用。

④用户体验为王，地产跨界要"走心"

跨界营销要注意以用户体验为中心，为用户创造越来越多的美好而新鲜的生活体验，让用户在服务体验中形成品牌偏好，从而实现品牌印象纵深度提升。

【案例 5-32】房地产与航空的跨界营销

××项目是某地产进驻新疆市场后首个战略级项目，其主力客户为乌鲁木齐中高端改善性客群。然而在项目营销过程中，出现了品牌在当地知名度低、营销费用严重不足、竞争力弱的难题。为此，××项目通过与拥有的 30 万高端会员的某航空公司进行跨界营销，实现了高端客户资源的高效整合，快速打开市场。

针对合作双方的需求及痛点，项目推出了航空里程抵房款、包机看房团的活动，在提升航班上座率的同时将项目的信息高效地传递给目标客群。与此同时，由该地产公司出资，该航空公司负责会员召集，通过在营销中心为该航空公司会员提供一系列的高端定制服务，提升了双方在自身客群心中的印象加分。

2. 全民营销

随着房地产行业的竞争日益激烈，房地产企业近些年来一直在尝试创新的营销模式，全民营销就是其中的一种。这种模式鼓励最大化调动员工、会员、业主、合作伙伴乃至社会成员，迅速积累有效客户，促进销售成交，成功推荐购房人后推介人将获得一定比例的佣金。2012 年至今，全民营销共经历了三个阶段，由最初的线下，转为线上，到如今辅以主题月活动，不断升级完善，为企业业绩加码（图 5-10）。

全民营销本质上就是增加编外销售人员的数量，高额薪酬回报则能吸引大量的社会各界人士成为项目无底薪销售员，以口口相传的形式，增加项目的曝光度从而起到宣传的作用，进而促进客户到访与成交。从效果来看，这种形式十分有利于项目的区域性推广。与传统营销渠道相比，全民营销具有以下优势：

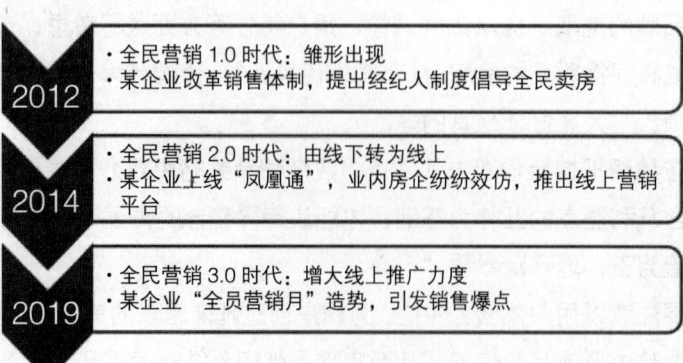

图 5-10　全民营销发展情况

（1）全民营销经纪人与购房者多为熟人，更为了解购房者的需求，让最了解需求的人帮忙介绍客户，可实现精准获客。

（2）全民营销增加了获客渠道，可避免房地产企业过度依赖渠道，激活竞争，提高效率。

（3）全民营销按结果付费，房地产企业没有任何前置成本，只有当个人给房地产企业带来收益时，才会产生佣金成本，成本后置能让房地产企业和成千上万人进行合作。

注意要点：

1）首选中介代理的置业顾问

中介代理掌握了大量的客户资源，但房地产企业与中介代理合作，需要重重让利，而从源头入手，将握了客户资源的代理行置业顾问发展成全民营销经纪人能实现高效拓客同时降低营销成本。

2）充分利用其他行业的销售人员

保险、车行、理财等从业人员手上掌握了大量的优质客户资源，虽然不能确保都有购房意向，但如果能充分利用这部分庞大的客户资源，将能为项目带来相当一部分的客户。

3）管控是成败的关键

通过提高各环节管控水平，避免飞单现象及各方利益主体之间相互竞争，保证全民营销顺利执行。

5.3.6 自媒体营销

1. 自媒体营销是什么？

（1）自媒体的概念

自媒体是指普通大众通过网络等途径向外发布他们本身的事实和新闻的传播方式。"自媒体"，英文为"We Media"，是普通大众经由数字科技与全球知识体系相连之后，一种提供与分享他们本身的事实和新闻的途径，是私人化、平民化、普泛化、自主化的传播者，以现代化、电子化的手段，向不特定的大多数或者特定的单个人传递规范性及非规范性信息的新媒体的总称。

（2）自媒体营销

自媒体不等同于新媒体，新媒体只是一个相对的时间观念的区分，一百年前报纸也是新媒体。自媒体是个传播模式的巨大转变。

自媒体营销主要指利用自己的官方网站、企业微博、微信公众号、认证大 V 微博等系列相关的媒介上，传播自己信息从而获得外界对自己关注及认可。这种私人化、平民化、自主化传播者视角，加上电子信息化营销手段向特定目标群众传递规范性营销内容。

2. 房地产自媒体营销的运用

随着传统地产营销的成本投入越来越大，同质化竞争激烈，营销效果大不如前。进入自媒体时代，房地产市场营销已不再是单纯的推销工作，而是企业以满足客户需求为中心的整体经营活动，因此创新的营销模式应势而出，房地产营销将全面进入自媒体营销时代。

相对于传统地产营销，自媒体营销无论是传播速度、受众规模、还是营销成本都有明显优势。主要体现在以下方面：

（1）有利于降低成本

传统的地产促销需要投入很多的资金和人力进行市场调查，传统媒体费用很高，而采用自媒体网络营销发布广告的平均费用仅为传统媒体的三分之一，这样从成本和销售方面可以很好地降低房地产企业营销成本。

（2）能帮助房地产企业增加销售商机

与传统营销相比，自媒体营销不受时间及地域的限制，可为房地产企业提供全天候的广告及服务，甚至还可以把广告与订购连为一体，促成购买意愿，助力企业更好地促进销售，从而提高企业的市场占有率。

（3）有极强的互动性，有助于实现全程营销目标

自媒体营销具有主动性与互动性的特点，并且可以无限延伸。在传统的营销中，房地产企业与客户之间的沟通较为困难，而在自媒体环境下，房地产企业与客户之间的联系得到加强，企业可以有效地了解顾客的需求信息，从而指导其营销规划。

（4）可以有效地服务于顾客，满足顾客的需要

自媒体营销是一种以顾客为主，强调个性化的营销方式，它更能体现顾客的"中心"地位。另外，自媒体营销能满足顾客对购物方便性的需求，提高顾客的购物效率，通过网络，顾客可以在购房前了解到相关信息，购买后也可与地产商取得联系。

（5）具有高效性

网络具有快捷、方便的特性，自媒体营销使地产商进行营销活动的效率提高了，使房地产企业的营销过程更加快捷并及时适应市场的发展要求。

注意要点：

1）明确定位及运营目标

做自媒体营销首先应明确定位（公司定位、产品定位、品牌定位），所有的工作都应以定位为基础开始。除了明确定位之外，还要明确新媒体运营的目标，是主要做形象，还是主要做成交。

2）做好用户画像，针对性输出内容

注意做好客户画像，从年龄、喜好、消费水平、性别等方面对目标客户进行分析，它决定着你要提供什么样的内容给客户，选择什么样的自媒体平台进行推广。

3）不局限内容形式，原创转载相结合保证内容丰富度

自媒体营销的内容形式多样，文章、视频、H5 等多种形式可以结合使用，在创作度方面，原创作品当然是最好的，但为保证内容的丰富度，有些比较火爆的内容，也可以适当引入，但要注意获得版权方的授权。

4）确保内容的准确性，切忌夸大宣传

自媒体营销的内容以吸引消费者关注为目标，但切忌为了流量进行夸大甚至虚假宣传，应尽量保证内容大方向的准确性，这样才能获得消费者的信任，从而持续扩大影响力。

●──【案例 5-33】济南某地产公司推出《生活实验室》购房科普微喜剧 ──●

济南某地产公司在其公众号上推出名为《生活实验室》的购房科普微喜剧，《生活实验室》用一种趣味性接地气的方式来讲述严肃的话题，视频通过对于生活有关的有趣采访，讲解产品和生活的理念。让购房者在轻松愉快的观看过程中对产品有着更深度的了解。通过对居住产品或生活上的意见进行探讨总结，输出该公司对生活品质的追求，并反馈到他们的产品上，做到了真正关注居住者的需求。

项目小结

1. 房地产售楼礼仪是指房地产销售人员在房地产销售过程中形成的行为规范与准则，大致可以分为：仪容仪表、举止体态、商务礼节等方面。

2. 房地产销售人员的基本要求有：

（1）应掌握广泛和全面的专业知识，包括房地产市场营销的行业知识、房地产的产品知识、房地产交易过程中应通晓的知识、房地产相关学科的知识等。

（2）应具备较强的心理承受能力，包括坚韧的意志力、保持积极向上的心态、敢于接受挑战、善于控制自己的情绪等。

（3）应具备信息意识、公共形象意识、服务意识等。

除此之外，房地产销售人员还应具备察言观色、擅长交际、基本的调研分析技能、随机应变、沉着应对危机等综合能力。

3. 在房地产销售中，销售用语非常重要。好的言辞，更容易邀约客户，拉近和客户的距离，让客户更加了解我们的项目，促进成交。

4. 售楼处包装要点有：

（1）功能分区明确；

（2）动线简洁分明；

（3）注意材质细节打造，凸显项目品质；

（4）注意氛围营造，增强体验性。

目前市场上做得较好的示范售楼处的着力点主要有以下方面：

（1）售楼处景点化，扩大项目传播效应；

（2）内容场景化，独特功能增加客户体验感；

（3）特色化服务，提升客户对项目的好感与感知价值。

5. 售楼处销售动线设计要点有：

（1）以客户感受为基础；

（2）符合案场布局规划；

（3）关键节点串联衔接；

（4）整体动线流畅完整等。

6. 售楼处销售动线设计创新主要表现在：

（1）结合极致景观体现项目调性；

（2）迂回拉长动线，小场地做出大效果等。

7. 随着网络与数字科技的不断发展圈层营销、新媒体平台营销、数字化营销、IP营销、联动营销、全民营销、自媒体营销等成为房地产营销的重要发展方向。

复习思考题

一、选择题（每道题有1个或多个正确答案）

1. 房地产售楼礼仪大致可以分为：　　　　　　　　　　　　　　（　　）

　　A. 仪容仪表　　　　　　　　　B. 文案撰写

　　C. 举止体态　　　　　　　　　D. 商务礼节

2. 良好的仪容是与购房者展开愉快沟通的基础，是对购房者表明尊重的重要方式。

售楼人员上岗前应做好以下几点：   （   ）

    A. 身体上做到无异味，保持每日清洁干净

    B. 头发：保持干净整洁，男士发型需端庄大方，前发不遮眉、侧发不掩耳、后发不及领，不宜抹过多的发胶；女士发型应文雅干练，不可披头散发、不宜佩戴华丽的头饰

    C. 面部修饰：五官不可有污秽物残留，口腔牙齿保持干净洁白；男士须剃须修面，给人以精神焕发的面貌

    D. 女士化清爽淡妆，不宜浓妆艳抹，忌用过多或刺激性气味强的香水，给人以优雅美丽的感觉

3. 以下选项不属于房地产销售人员的基本要求的是：   （   ）

    A. 较强的心理承受能力　　　　B. 掌握基本的专业知识

    C. 具备公共形象意识　　　　　D. 察言观色，擅长交际

4. 区域解说言辞需注意涵盖项目哪些方面：   （   ）

    A. 城市规划　　　　　　　　　B. 地段价值

    C. 周边配套　　　　　　　　　D. 交通价值

5. 以下关于沙盘讲解的顺序，正确的是：   （   ）

    A. 先讲自己熟悉的内容，不熟悉的内容少讲避免出错

    B. 应按照一定的主线，从整体到局部，从周边到本身，从全部到特殊

    C. 根据客户的反应进行调整，客户兴趣不大就快速跳过，抓紧时间看样板房

    D. 从规模、规划、园林和建筑、户型、小区配套及物业等方面展示项目全貌及项目优势

6. 下面哪一项不属于售楼处的功能设置区？   （   ）

    A. 前台接待区　　　B. 沙盘展示区

    C. 样板间　　　　　D. 洽谈区、签约区

7. 售楼处包装应该注意哪些要点？   （   ）

    A. 在规划多个功能区域的时候须注意各个功能区应相对独立

    B. 功能尽可能多，尽量满足参观客户的各种需求

    C. 动线注意做到简洁分明

    D. 紧扣项目特色进行氛围营造，增强体验性

8. 以下选项，不属于高质量的销售动线设计原则的是：   （   ）

    A. 售楼处景点化，扩大项目传播效应

    B. 符合案场布局规划

    C. 关键节点串联衔接

    D. 以客户感受为基础

9. 以下选项，不属于销售动线布局类型的是： （ ）

   A. 串联型　　　　　　　B. 环绕型　　　　　　C. 集中型　　　　　　D. 对称型

10. 圈层营销作为一种带有强烈定向的营销手段，不具备面向大众的普适性，因此我们在实操中需要注意哪些关键点？ （ ）

   A. 尽可能扩大信息推广渠道，获取更多的目标客户

   B. 精准寻找圈子并对其进行细化的划分

   C. 寻找在整个客户圈层中具有影响力、号召力的关键人物

   D. 持续通过活动来加强项目品牌和圈层的互动性，维护保养圈层

11. 借势 IP 营销应该注意的要点是： （ ）

   A. 紧盯时下热点，拓宽信息渠道

   B. 勤策划，快速反应

   C. IP 选取需贴合项目调性

   D. 紧扣客户喜好，及时采用新 IP

12. 以下选项，不属于圈层营销特点的是： （ ）

   A. 适配产品　　　　　　　　　B. 以人为本

   C. 精准互动　　　　　　　　　D. 自我扩容

13. 关于微信平台所形成的社交网络，以下选项正确的是： （ ）

   A. 强关系、互动性高

   B. 传播路径较为私密

   C. 精准度不足

   D. 闭环交流

14. 完善的线上售楼处应具备哪些功能？ （ ）

   A. 3D/ 全景看房　　　　　　　B. 数字沙盘

   C. 即时沟通　　　　　　　　　D. 分享砍价

15. 与"网红"及明星直播卖房相比，总裁直播卖房最大的优势是： （ ）

   A. 具备专业技能和职业素养

   B. 对给出多大"营销折扣"有话语权

   C. 知名度更大

   D. 自带流量

16. 房地产企业如果能打造一个强大的品牌 IP 定能够让消费者清晰地识别并唤起消费者对品牌的联想，进而促进消费者对其产品的需求。要做好自建 IP 营销需注意的要点有： （ ）

   A. 不断地寻找新的热门 IP 来维持热度

   B. 需要注意寻找爆点，吸引粉丝参与

C. 提前规划及编排完整的故事线及准备好相关的内容进行输出

D. 注意结合房地产企业或项目的精神内核进行价值输出

17. 借势 IP 营销具有操作简单、效果见效快的优点，但其不足是： （　　）

A. 前期投入大，见效慢

B. 技术难度大，容易出错

C. 热度来得快去得快，需不停寻找新的热门 IP 来维持热度

D. 需要有持续的内容产出，才能形成长时间、完整的品牌记忆

18. "二、三级联动"可以深度挖掘并盘活多方面客户资源，拓展新客户，增强推广力度，扩大项目及品牌影响，提升成交率，进而满足快速走货的要求。但在实操时需注意： （　　）

A. 需注意平衡好二级代理和三级中介的利益分配问题

B. 最大程度激发三级中介业务员工作积极性

C. 清晰职责划分，设定客户有效期

D. 充分了解客户，投其所好

19. 与传统营销渠道相比，全民营销具有哪些优势？ （　　）

A. 全民营销经纪人与购房者多为熟人，更了解购房者的需求，可实现精准获客

B. 可避免房地产企业过度依赖渠道，激活竞争，提高效率

C. 将低意向客户转介给同品牌的其他项目，能确保客户资源价值的最大化

D. 全民营销按结果付费，房地产企业没有任何前置成本

20. 相对于传统地产营销，自媒体营销无论是传播速度、受众规模、还是营销成本都有明显优势。主要体现在以下哪些方面： （　　）

A. 有利于降低成本

B. 有极强的互动性，有助于实现全程营销目标

C. 能帮助房地产企业增加销售商机

D. 可以有效地服务于顾客，满足顾客的需要

二、判断题（根据以下表述判断，正确画"√"，错误画"×"）

1. 交谈作为销售人员攻破客户心理障碍的利器，作为一名出色的售楼人员，基本要求在于做到声音洪亮、发音标准、语速合理、语调和缓。 （　　）

2. 职业服装应遵循"TPO"原则，男士多以商务西装和皮鞋为准，女士服装以职业化为准，西裤或裙装均可，穿着应大方得体、松紧合身，不穿奇装异服，不宜穿露脚趾的鞋，但首饰可按个人喜好配搭。 （　　）

3. 洽谈环节客户提出的异议，置业顾问应立刻反驳，以免客户对项目产生不好的印象。 （　　）

4. 客户提出的要求如有超出个人的职权范围，特殊情况下为了促成成交，可先答应

客户要求，事后再与现场经理报备。 （　　）

5. 在沙盘讲解的时候不能只讲优点，对于自己有把握转劣为优的缺点需主动提及，这样能给客户诚实可信的印象。 （　　）

6. 在包装售楼处的时候，比较明显的地方应该注意材质细节打造，凸显项目品质，而厕所、门口、外围、楼道、园区等空间的品质水准如受经费限制，可酌情下降。
（　　）

7. 售楼处销售动线的设计元素需要与客户触点高度契合，动线设计不仅要导向明确、视觉清晰，还应通过对客户听觉、嗅觉、触觉上进行刺激，即通过体验营销的触点管理来加深客户印象。 （　　）

8. 售楼处的布局总体上可分为核心功能区域和辅助功能区域两部分，销售动线的设计应该尽可能完全串联这些区域，增加参观者的停留时间。 （　　）

9. 圈层营销即通过把具有相同特征的目标客户划进一个层次的圈子，通过针对他们的一些信息传递、体验互动，并不断维持或扩大圈层中的客户所进行的营销推广模式。
（　　）

10. 房地产作为决策高度复杂的大宗交易，新媒体营销很难实现立即成交，房地产企业没必要在这上面投入过多成本。 （　　）

11. 房地产企业选择新媒体平台应该符合品牌调性，短视频平台内容良莠不齐，应该谨慎选择。 （　　）

12. 虽然微博的传播范围更广，但微信的平台属性更侧重于用户之间的深度社交，因此微信营销更为"精准"。 （　　）

13. 俗话说隔行如隔山，"网红"、明星等对于房地产销售并不了解，因此并不适合带货买房。 （　　）

14. 由于项目讲解、推广等环节可以提前排练和直播节奏的把控，具备一定水平的"网红"开始加入房地产直播销售的"战场"中来。 （　　）

15. IP营销具有话题性和传播性的，具有庞大的粉丝基础和市场，是一种可以产生裂变传播的新型营销方式。 （　　）

16. IP营销在房地产营销中最常见的方式有两种，第一种是通过直接嫁接热门IP进行借势营销，另一种是通过买断热门IP进行推广营销。 （　　）

17. 联动营销最大好处是能达到单独营销无法达到的目的，降低竞争风险，增强企业竞争能力，但存在利益分配不合理的隐患。 （　　）

18. 对于房地产企业来说，通过品牌多盘联动营销，将低意向客户转介给同品牌的其他项目，可实现客户资源价值的最大化。 （　　）

19. 自媒体营销的内容以吸引消费者关注为目标，在刚起步阶段为了流量可适当地夸大宣传，但应尽量保证内容大方向的准确性。 （　　）

20. 自媒体营销的内容形式多样，文章、视频、H5 等多种形式可以结合着用，在创作度方面，原创作品当然是最好的，但为保证内容的丰富度，有些比较火爆的内容，也可以适当引入，但要注意获得版权方的授权。　　　　　　　　　　　　（　　　）

三、简答题

1. 房地产销售人员应具备怎样的综合能力？

2. 在洽谈环节销售用语有哪些注意的要点？

3. 客户对你抱怨你销售的楼盘价格太高了，并且和周边楼盘相比有某方面的不足，此时你应怎样说？

4. 简述近年来售楼处创新着力点及其效果？

5. 列举售楼处销售动线设计创新的案例？（不能是本教材中出现的案例）

6. 圈层营销的外在表现形式有哪些，列举一个房地产项目圈层营销的案例？（不能是本教材中出现的案例）

7. 简述微信平台与微博平台的区别？

8. 简述目前数字化营销的主要手段及其意义？

9. 列举一个房地产跨界营销案例？（不能是本教材中出现的案例）

10. 相对于传统地产营销，自媒体营销的优势体现在哪些方面？

参考文献

[1] 刘薇.房地产营销策划 [M].北京：化学工业出版社，2012.

[2] 卢新海.房地产市场营销 [M].北京：首都经济贸易大学出版社，2015.

[3] 应佐萍.房地产营销与策划 [M].北京：中国建筑工业出版社，2016.

[4] 余洁.房地产营销策划与执行 [M].2 版.北京：化学工业出版社，2018.

[5] 吴翔华.房地产营销策划 [M].3 版.北京：化学工业出版社，2018.

[6] 栾淑梅，魏晓晶，王莹.房地产市场营销实务 [M].4 版.北京：机械工业出版社，2018.

[7] 克而瑞信息集团.房地产咨询方法工具大全 [M].北京：中国经济出版社，2014.

[8] 秦虹，苏鑫.城市更新 [M].北京.中信出版社，2018.

[9] 郑健力，张红.城市房地产投资环境评价 [M].北京：清华大学出版社，2011.

[10] 中国房地产业协会.中国房地产年鉴 2020[M].北京：企业管理出版社，2020.

[11] 陈利文.房地产营销 19 讲 [M].广州：广东经济出版社有限公司，2010.

[12] 汪吉，汪豪.房地产营销 30 讲 [M].北京：企业管理出版社，2019.

[13] 胡超.极简市场营销 [M].北京：北京联合出版有限公司，2020.

[14] 周中元.房地产市场营销 [M].重庆：重庆大学出版社，2007.

[15] 谭立立.自媒体环境中的危机信息传播研究 [J].新闻界，2009（1）：4.